W9-AHU-122

SUMMA PUBLICATIONS, INC.

Thomas M. Hines
Publisher and Editor in Chief

William C. Carter
Associate Editor
Director of the Marcel Proust Series

Editorial Board

Editorial Address and Orders:
P.O. Box 660725
Birmingham, AL 35266-0725
Fax: 205-822-0463

**France in the Twenty-First Century:
New Perspectives**

**La France au XXIᵉ siècle :
Nouvelles Perspectives**

France in the Twenty-First Century: New Perspectives

La France au XXIᵉ siècle : Nouvelles Perspectives

Marie-Christine Weidmann Koop

and

Rosalie Vermette

Editors

SUMMA PUBLICATIONS, INC.

Birmingham, Alabama

2009

Table of Contents –
Table des matières

List of Illustrations -
Liste des illustrations

Foreword – Avant-propos

Ten years ago, when I was trying to find a wider variety of professionally-conceived and -written books that would be useful to the students in my French Culture class, *France at the Dawn of the Twenty-First Century* proved to be an invaluable resource. While there was and still is no lack of accessible materials to assist the teaching of French literature, the field generally known as Culture and Civilization was long a *parent pauvre* of the profession. In terms of research and scholarly publications, it had quickly acquired depth and breadth, in no small part due to the trailblazing efforts of Laurence Wylie. When it came to works that could be of practical value to students, however, French culture was a relatively thin field. That situation, happily has changed. A broader selection of books, collections of articles, and other valuable materials is now available. Within that evolving selection, *France in the Twenty-First Century: New Perspectives* will prove to be of exceptional usefulness, just as the earlier volume was ten years ago. The main objective of this new book is still to bring together in one volume the categorized contributions of several specialists in the field, thereby producing an up-to-date portrait of French society. Readers of French culture who wish to pursue further study of a given topic will find in the final chapter a discussion of the ways to access supplementary resources through both "old" and "new" media.

When it comes to political, social, and cultural evolution, ten years can be a long time, perhaps especially so in France, which has seen significant change since the turn of the millennium. In political terms, the end of the Jacques Chirac presidency and the transition to the "hyperprésidence" of Nicolas Sarkozy in 2007 were accompanied by several major shifts: an increased majority for a more unified (and less Gaullist) right-wing party; the decline of the extremist *Front National*, whose influence had peaked with the 2002 election; the reshuffling of movements, leadership, and alliances on the Left, with the Socialist Party still hesitating between new potential partners (environmentalists, centrists); a new tone and substance for French-American relations, which had been frayed after the invasion of Iraq. As has become customary, the French economy is a study in contrasts, and it remains to be seen how well or how badly it will emerge from the worldwide recession.

Social transformations have accelerated in France. More diversity in ethnic and religious terms has strained the *assimilationniste* model of secular republicanism, and led to more pressures to move toward American or Canadian-style multiculturalism. How French society deals with the issues related to "les banlieues sensibles" will determine whether impoverished neighborhoods become permanent ethnic ghettos. Durably high unemployment rates among young people, meanwhile, provide evidence that "l'ascenseur social," a once-potent metaphor for rising expectations from one generation to the next, seems to be "en panne." Saddled with higher levels of economic inequality that can be correlated with factors such as age, gender, and race, France has made little progress at reducing what has come to be known as "la fracture sociale." The principal institution that was partly designed to promote a degree of social homogenization, the national educational system, now appears directionless, still producing an elite cadre of graduates from the *Grandes Écoles*, but apparently no longer suited to the task of transmitting common knowledge and values to increasingly diverse cohorts of students (as is reflected in the 2008 film, *Entre les murs*).

Since the seventeenth century, French literature (and by extension a collection of widely-shared representations of the broader national culture) has been among the best-known and most influential throughout the world. The French literary tradition has also become one of the defining attributes of national identity, to a greater extent than for many other countries. The disproportionate literary influence of a country that comprises only 1% of the world's population constitutes a historical anomaly that lasted well into the twentieth century. It will be interesting to see if a more broadly defined set of Francophone literary traditions can maintain that level of worldwide influence in the current century. The image and more importantly the status of the French language and its associated cultural production remain crucial issues (at the political as well as at the economic level) for French-speaking countries—and for French instructors around the world.

The study of French Culture typically delves into fields as diverse as history, political science, economics, demographics, and cultural criticism. Instead of dealing with a relatively fixed literary corpus and an evolving array of literary theories, Culture and Civilization must at once identify long-term societal trends and provide an up-to-date snapshot of an entire nation—in this case, one that has a history of sudden internal transformations and a complex web of institutionalized external links with the European Union and the Francophone world. It is a comparatively unstructured field that requires both extensive background knowledge and keeping a watchful eye on a constantly changing society in an age of globalization.

Edward Ousselin
Creative Works Review Editor & Editor in Chief designate, The *French Review*
Western Washington University

Preface – Préface

The success with which our previous volume, *La France à l'aube du XXIᵉ siècle : Tendances et mutations / France at the Dawn of the Twenty-First Century, Trends and Transformations*, met following its publication in 2000 led us to envisage a second volume of articles on contemporary French culture. That first volume presented a mosaic of studies that provided a broad picture of France and French culture at the close of the twentieth century, just as the new millennium was dawning. This new work updates the reader on current political, social, and cultural trends and issues in France in the first decade of the twenty-first century.

In 2007, exactly ten years after work on the first volume began, a call was issued to the scholars who collaborated with us on that work. We are happy to say that many of those contributors agreed to participate in this second project organized by the Commission on Cultural Competence of the American Association of Teachers of French (AATF). In addition to the original collaborators, we invited other specialists in the field to contribute articles on topics that would complement those already being covered.

We wish to express our appreciation to the nineteen colleagues who have contributed to this second work on contemporary France. Our special thanks go to Summa Publications, and especially Professor Thomas Hines, Publisher and Editor in Chief, for guidance throughout the development of this volume. We are also grateful to the AATF, the University of North Texas—College of Arts and Sciences and Office of the Vice President for Research and Economic Development—and the IU School of Liberal Arts and its French program at Indiana University–Purdue University Indianapolis for grants in support of the publication of this current volume.

Once again it is our hope that the present collection of studies on France will provide a view into some of the important events and issues that have left their stamp on this country and have influenced the French as we advance into the new millennium. The seven major themes around which this work is organized are similar to those covered in the first volume—politics, social issues, identity, culture, France and the European Union—plus some new ones—economics, multiculturalism, social mobility, women, France and the rest of the world. The volume ends with an overview of the resources available to help Francophiles explore and keep up with events and activities in contemporary France.[1] As in the previous work, each author was free to use his or her own individual approach when discussing a topic. The overriding theme of this volume remains an analysis of the cultural trends of French society that serve to shed light on France and its culture but now focusing on the first decade of the current *siècle*.[2]

The four chapters in the first section examine political, economic, and politico-cultural issues in France. Jean-Pierre Lalande raises a number of questions about the presidential election of May 2007, notably what happened during the eight months preceding the election that allowed the rather unexpected victory of the *Union pour un Mouvement Populaire* (UMP) party's candidate Nicolas Sarkozy over the Socialist Party's Ségolène Royal, and what the results of this election point to in the future. Lalande argues that the social, economic, and political climate in France since 2005—the year in which the French voted against the adoption of a constitution for the European Union (EU) in May, the International Olympic Committee rejected in July Paris's bid to host the 2012 games, and riots broke out in the *banlieues* in October and November— pointed to a fall from grace for the right and a desire on the part of the electorate for change on the political scene. For the first time in the history of the Fifth Republic, Lalande affirms, all of the leading candidates in 2007 broke with the past and advanced agendas that promised change. Voters responded to the campaign and elected the candidate who represented most convincingly the change they were looking for. The final question that Lalande poses is how successful will President Sarkozy be in fulfilling his campaign promise of breaking with the past and in carrying out his proposed reforms.

Within two months of becoming president, Nicolas Sarkozy launched the *Grenelle de l'Environnement* initiative to put France squarely on the path to sustainable development. In his examination of the Sarkozy government's policy on the environment, Fred Toner places the *Grenelle de l'Environnement* (or *Grenelle Environnement*) plan within a broader social and political context in an attempt to discover why it has become such a polarizing factor in France, another indicator of how deeply divided the French nation has now become. The economic and environmental crises facing the country are becoming increasingly intertwined and are influencing governmental decisions that impact ecological issues. Some ecologists, Toner informs us, mistrust the president's commitment to environmental concerns and his policies, and some among that group have actually organized a *Contre-Grenelle de l'Environnement*, an avowed anti-Sarkozy faction. At the other end of the spectrum are the moderate ecologists who are willing to work with the government on problems caused by global warming and climate change. Toner ends his study on a cautious note, exhorting President Sarkozy to keep in mind *le BIP (Bonheur Intérieur Brut)*, or the quality of life of the nation, as his government engages in the green revolution.

Next, Thierry Warin examines the economic situation in France at the beginning of the twenty-first century and wonders if France could be the new "sick man of Europe." Polls taken indicate that there exists a definite pessimism among the French population despite the fact that economic indicators point to obvious strengths within the economy. In September 2007 people on the right and on the left believed that France was on the brink of collapse. The underlying premise for this uneasiness was the fear that France is no longer economically competitive. As Warin writes, the slight but important nuance between "all is not well" (« tout ne va pas bien ») and "all is doing badly" (« tout va mal ») must not be overlooked when studying the situation. In order to treat the economic "mal français," it is important to know which France exactly is not doing well. The situation in the *banlieues*, France's economic integration into the EU, its high unemployment rate, its failed *contrat première embauche* (CPE) of the previous administration, societal problems, these are all factors that must be considered when analyzing France's seemingly unhealthy economic condition. The dichotomy between the economic reality of France and the perception of that reality can be illustrated, claims Warin, by referencing two seventeenth-century plays by Molière. In some cases, France is suffering socially from a gap between the haves and the have-nots that resembles the world of the *Bourgeois Gentilhomme*. In other instances, the country resembles more the *Malade Imaginaire*.

Christian Roche and Ann Williams reflect on the meaning and importance of decentralization and the administrative Regions of France. Inscribed for the first time in the French Constitution in 2003, the notion of decentralization represents a reversal of the economic, cultural, and political centralization that had characterized the French Republic since its origins and a reflection of the government's recognition of plurality as a basic element of democracy. The authors argue that by elevating decentralization to a constitutional mandate, the French government has granted a greater autonomy and legitimacy to the administrative regions of the country and has helped them preserve and develop their local identities. Through a historical examination of the administrative evolution of France, Roche and Williams arrive at the current situation in which the regions find themselves and bring to light methods being used today by local regions to emphasize their unique regional identities. Cultural decentralization, according to the authors, is one of the major ways in which regions can underscore their unique distinctions, and local amateur theater is a particularly fruitful medium for expressing the authentic, genuine identity of a region. The authors then examine one such local theatrical movement in southern France to illustrate this argument.

The second section of the book explores the social changes that mark the first years of the twenty-first century. Jacqueline Thomas examines the new eating habits of the French, and questions what these new habits indicate about French society today and what effect they will have on French society in the future. She wonders what will become of the venerated culinary traditions long-admired throughout the world and especially in France itself. Traditional stereotypes are juxtaposed with current reality to reveal the magnitude of the change that is occurring today in the eating habits of the French. Topics such as obesity, heart disease, the danger of alcohol, heretofore never associated with the art of eating in France, are an important part of the discussion. Thomas explores the modern trends in eating in France and incorporates a great deal of amusing vocabulary pertinent to the new world of "la bouffe française." In the end the author wonders what will become of the traditional gastronomic values of France and the French culture.

Marie-Christine Weidmann Koop's article examines the relationship between education and social mobility in France today. In her analysis Koop provides a historical perspective on the question. Looking back to theories from the 1960s that confirmed that rather than have an impact on social mobility education was instead a tool for reproducing and maintaining the social classes, Koop moves forward in her study to recent reforms that have aimed at democratizing the educational system. Of particular interest to the author is whether or not the democratization of the French academic system has in fact affected the social mobility of students, especially of those from the working and immigrant classes of society. Koop includes in her study tables that present information about the various social categories over time, as well as degrees obtained and professions practiced at all levels of society in the past five decades.

She looks closely at the role the social class of students plays in the academic opportunities afforded them in secondary and post-secondary education, particularly in light of the new baccalaureate degrees instituted at the secondary level in recent years that have allowed many more students to obtain a coveted *bac*. There has been quantitative democratization of French education in the past few years, but it remains to be seen if that is enough to improve social mobility and integration into the work force for all young people in France at the beginning of the twenty-first century.

In his study Johann Sadock presents a snapshot of what it means to be a young person in France today. He begins his exploration by asserting the premise that, whether at the lower echelons of society or among the rich, what distinguishes the French youth of this generation is the anxious awareness that their future is determined early and irrevocably. The author maintains that the anxiety-provoking context of their lives influences the attitudes of today's youth towards education, work, and future aspirations. Factoring in numerous variables such as social class, ethnic origin, geographic location, level of education, use of slang, gender, religion, access to modern technologies, Sadock attempts to figure out what values as well as social and cultural practices distinguish today's youth from each other and from previous generations of French youth. The choices that young people make that help determine their future, he states, are viewed in large part by this generation as not being arrived at independently by them but are strongly influenced by their socio-economic milieu, their heritage, their family situation, their educational opportunities. Social mobility for the youth living on the fringes of mainstream society is not available to all, the author points out, as he wonders what the new political administration will do for the future of the young people of the "T OU" generation.

Next, Marie-Christine Weidmann Koop returns to discuss the situation of women in France today. She presents an overview of the progress that women have made in the past fifty years in their march toward greater social, political, and economic equality, including their mastery of birth control, and their place in the work force and at various echelons of the administration and government. Koop then refers to the acts of violence that have been perpetrated against women and the difficult situation in which immigrant women often find themselves in the *banlieues*. In this respect, she interviews Sihem Habchi, the current president of the controversial militant women's association *Ni Putes Ni Soumises* against the backdrop of women's progress. What the interview with Habchi underscores in particular are the difficulties that still exist for women in the *banlieues* and the significant role that her organization plays in the battle to effect change for women in that milieu.

Michel Sage brings to a close this section of the book with a chapter on new religious trends in France and the loss of influence that traditional religions have experienced in recent years. Catholicism, Protestantism, and Judaism no longer have a monopoly on determining the value system of the French, especially not with young people who, according to Sage, are seeking more personal expressions of spirituality. The Muslim religion alone among the traditional religions is in fact gaining ground in France amid the rapid growth of numerous religious sects. The blossoming of new sects and new forms of spirituality are troublesome for some French who are concerned about the country's secular traditions. Of particular interest to the author is the question of how the Muslim religion will be integrated into the fabric of a modern secular European society such as France. Sage examines the new spiritual life of the French against the background of France's commitment to secularism to determine how the secular state's values, practices, and legal mechanisms can be adapted to fit into the changing religious landscape. An interesting question tackled by Sage is how France will be able to preserve its strict separation of Church and State in the face of the new individualized and personal expressions of religiosity, as well as against compelling external forces such as globalization, multiculturalism, pluralism, and communalism ("communautarisme").

The third section of the book looks at multiculturalism, a social issue that has developed far-reaching political, economic, and cultural dimensions in France today. Christopher Pinet reviews the history that surrounds the debate leading up to the passage in spring 2004 of the law banning the wearing of conspicuous religious symbols, that is, "signes ostensibles," in all public academic institutions from primary through high school. In his chronicle of the build up to the passage of the law that served to reinforce the secular nature of French society and its aftermath, Pinet takes us back to critical events that occurred at the end of the last century and discusses topics crucial to a clear understanding of the main issue, *Loi no. 2004-228*. The place that Muslims and *Beurs* hold in France today, the "affaire des foulards" of 1989, the stance of the political right with regard to immigrant and Muslim populations, France as a secular society are some of the topics explored by Pinet as he paints a picture of French society at the end of the twentieth and the beginning of the twenty-first century. Pinet concludes his study with a look towards the future, at what it might hold for multiculturalism and for young members, especially young female members, of Muslim and non-Muslim minority cultures in France.

Fred Toner examines in this second study the multicultural issue in France today, focusing on the role that the immigrant presence, and the related issues of ethnicity, religion, and identity, played in the presidential elections of 2007. Toner maintains that the immigrant presence in France took center stage as the candidates vied for position in the political campaigns. For the first time questions of cultural identity, race, and ethnicity were prominently displayed on stage in the public sphere, at the center of the public debate. The presence—or, rather, lack of—the "minority voice" in the political debate that focused heavily on the question of immigrant populations is of particular concern to Toner who peruses works by immigrant writers to find traces of that missing voice. The author examines these works to learn about the political and moral stances espoused by the immigrant populations. He turns to these works to hear first-hand from immigrant authors their views on affirmative action (*discrimination positive*), *communautarisme*, national identity, discriminatory practices (in the media, government and business), and the aspirations that motivate the minority communities of France at the beginning of the new millennium.

The social event of seismic proportions that occurred in France over a three-week period in October and November 2005 serves as the springboard for Rosalie Vermette's study of the *banlieues* and their youth population, victims of discrimination and social and economic inequality. Vermette reminds us that the suburban unrest of 2005 was not a series of organized political events but, rather, represented spontaneous eruptions of frustration and anger by *banlieue* youth of North African and Sub-Saharan African backgrounds, similar to lesser social tremors that had been occurring sporadically in metropolitan France since the early 1980s. The young rioters were protesting the lack of their Republican birthrights as French citizens, in particular equality of opportunity and treatment. President Sarkozy's "Plan Espoir banlieues" that went into effect in June 2008 is an innovative urban policy that proposes structural reforms in education, employment, housing, transportation infrastructures, and security in an effort to revitalize the suburban priority neighborhoods. Despite this ambitious policy aimed at the *banlieue* populations and its modest accomplishments to date, Vermette believes that the reverberations from the 2005 social earthquake are not yet over with in France.

The fourth theme of the book addresses the important issue of France's relationship with the new Europe. In the first chapter of the section Michel

Gueldry explores the effects that the integration of the European continent has had on France since the middle of the last century. Reviewing the major historical moments of the evolution in France's relationship with the new Europe, Gueldry underscores the transformational aspects of this relationship that have influenced the politics, economy, public life, and most important of all, national identity of France over the years. The Treaty of Maastricht signed in 1992 by France and the other founding members of the European Union (EU) serves as the watershed event, or critical turning point, in the developing relationship between the French nation and the supranational European organization. The Treaty introduced institutional and functional changes into the dynamics of the member states that, according to Gueldry, were truly revolutionary. For France, he states, these changes triggered not only new opportunities but a series of ongoing political, economic, and cultural crises that have not yet been fully resolved. A particular kind of "French malaise" persists brought on by a wide range of factors, including globalization, the widening gap between the political right and the left, the defense of the traditional French welfare state, and France's constant need to adapt to the constraints imposed on it by the association of European nations to which it belongs.

In the next study Rosalie Vermette looks at the plurilingual aspect of the traditional French nation which, since the Revolution of 1789, officially maintains that it is a monolingual state. The author reviews the changing status of the regional languages of France that are still spoken in areas at the periphery of the Hexagon. The Breton, Basque, Catalan, Occitan, Corsican, Alsatian, Mosellan Frankish, and Flemish languages form the vital core of the old regional cultures that have withstood the test of time as the nation-state saw French gradually become the common language of its citizens through the aegis of legal, educational, and social developments. These languages and their cultures are currently seeing a revival of interest both at the local levels and in the national government. Vermette demonstrates how the cause of these sub-national regional languages and cultures has been strengthened by EU and European institutions. She also explores the relationship of these regional cultures with French national identity, and identifies economic and cultural advantages for France to be a plurilingual nation in an avowed multicultural and multilingual EU.

The EU's recent efforts to standardize higher education degrees as a way to increase the mobility of its citizens serves as the backdrop for Patricia Cummins' review of the major reforms that have taken place in French higher education in the first decade of this century. The European Higher Education Area (EHEA) created by the Bologna Declaration in 1999 initiated a ten-year plan known as the Bologna Process with the aim to increase the mobility of citizens from the 47 member states of the Council of Europe and neighboring countries through enhanced compatibility and comparability of the higher education degree programs in these states. Employers throughout the EHEA would, through the standardization of degree programs and requirements, have a better understanding of the academic credentials of job seekers with higher education diplomas from any of the member states. For France, joining the Bologna Process has resulted in the re-examination of the missions and degree programs of universities and the *grandes écoles*. In French universities, Cummins explains, some degree programs have been eliminated and there has been a redefinition of the *licence, master,* and *doctorat* degrees. Cummins includes in her article helpful tools: an appendix with a chronological listing of key dates for the Bologna Process, a list of recurring acronyms, and a glossary of terms that allows the reader a quick reference on items pertinent to the author's discussion of the higher education reforms occurring in France and other EHEA countries as part of the Bologna Process.

The fifth section of the book offers a window on the place France's language and culture occupy on the world stage today. Samia Spencer raises numerous questions that center around the major issues of whether France has a well-defined linguistic policy with regard to the French language and the Francophone countries of the world, and what kind of official organization and budget the French government provides to preserve and promote the French language and culture throughout the world. Spencer reviews the structure and work of the *Organisation Internationale de la Francophonie* (OIF), the group of 56 countries and 14 observer nations that serves as the official political, economic, and cultural representative for the international Francophone community, and questions the motivations as well as the actual commitment of the member states to French and to their national Francophone cultures. Her concerns extend to the level of commitment of France itself to the promotion, preservation, and even use of French, despite the impressive institutional support the nation has dedicated to the cause of its language. She compares France's efforts to the numerous concrete steps Québec and Canada have taken to assure the safeguard of the French language and its related culture. Spencer recommends that France do more, alongside the OIF and Francophone nations, to preserve the long-standing status of French as a major world language.

In the next chapter Edward Knox reviews a broad selection of non-fiction works on France written by American journalists and other writers in the six-year period between 2002 and 2008. The impressive number of personal accounts from that period about living in France for extended amounts of time generally offer positive views of the culture and the language of the French. This genre, Knox demonstrates, underscores the element of self-revelation that such "out of culture" experiences can provide for the Francophile. Living in France, especially in provincial locales, can often be a transformational experience for the authors of these accounts. Knox also discusses the increase in Internet blogger activity during that six-year period and non-fiction works by American political and social analysts. These works often served as vehicles for elements of America's francophobia, Knox explains, through their presentations of certain themes such as current social situations in France and the country's political stances on world events. In the end, Knox lets us understand, *plus ça change. . . .*

The sixth section looks at art forms as reflections of cultural identity and underlying social issues in France in the early years of this century. In the first chapter Warren Motte examines the current state of the novel in France, with a view toward rethinking our current understanding of the novel as a cultural form. What he means by "novel" is what he first terms the "serious" novel, and later the "critical" novel, the type of novel that appeals more to the professional or semi-professional rather than the popular reader. Following a review of the main trends of the French novel that marked the later decades of the twentieth century, the author discusses their recurrence, reincarnation, rebirth, or refor-mulation in the twenty-first century, as well as new types of novelistic fiction, produced by a wide array of contemporary writers. At first Motte implies that the novel in the new century is an embattled, vexed cultural artifact, well-suited to our embattled, vexed present. Nonetheless, he ends on a note of optimism based on the unique place of the novel among the cultural artifacts of France.

Alan Singerman next explores the *septième art* of film to discern major trends in French cinema over the past few years. Despite a wide diversity in cinematic genres in the past ten or so years, there are certain trends that can be identified, Singerman states, that include "heritage films," the "cinéma du look," and various representations of realism, the traditional hallowed theme of French cinema. In his study Singerman focuses in particular on films produced since 1995, a turning point in the history of contemporary French cinema, and notably on films that belong to an extreme form of naturalism known as the "new French cinema." The realism that distinguishes these filmic productions from earlier realistic films is often described as being brutally, aggressively, shamelessly frank, displaying a "frontal" attack on the sensibilities of the viewer. These films are not at all cheerful but rather dark, pessimistic representations of characters and subjects that populate the margins of today's mainstream society. Violence and brutality abound both in verbal and physical interactions between the characters in these films. The overriding pessimism of this new genre, according to Singerman, is mitigated by a poetic realism that characterizes the depiction of reality in many of these new French films. The poetry of the representation of real, unexpurgated life, Singerman asserts, is the saving grace of films of the "new" French cinema that can otherwise be so brutally difficult for viewers to watch.

In the next chapter Colette Levin turns our attention to the recent cinematic depiction of the world of work in France. Through a select body of films by noted French directors since the beginning of the twenty-first century, Levin proposes a view into the work world of the French and a look at the place work holds in their lives. As she states, work and the workplace have held a fascination for French film-makers since the earliest days of the cinema, beginning at the end of the nineteenth century. Over the years the depiction of the theme has evolved under the guidance of various film directors. The working world of twenty-first century France continues to provide French cinema with fruitful storylines and characters from the factory worker to the industrial magnate, the teacher to the self-employed entrepreneur. For the characters in the films Levin selected, work is either central to their lives, a defining element of their existence; or it is peripheral to the main thrust of their lives (usually the search for love and happiness), a means to personal fulfillment or creative expression. As Levin demonstrates, these films provide the viewer with a sense of the importance of work in the private and professional lives of a cross-section of French society at the beginning of the twenty-first century.

The next chapter moves us from the world of the cinema to the contemporary music scene in France. Olivier Bourderionnet offers us an overview of the multiple trends and styles of popular French music that have dominated the musical scene and the media outlets in France in the past twenty years. Bourderionnet begins his discussion by defining what is known as "musiques actuelles," the term used to designate the array of musical genres that have popular appeal today in France. A major characteristic of the "musiques actuelles" is the mixing or blending of cultural and musical influences in all aspects of the creation and distribution of French popular music. In his study

Bourderionnet introduces us to the main artists, notably the leading female artists, associated with the current French music scene. The new generation of nationally and even internationally acclaimed French-speaking singers, writers, composers, and performers is looking back to the 1960s and 1970s, the author maintains, adapting lyrics, beats, melodies, and marketing practices from that earlier period, while at the same time turning to its own cultural heritages for inspiration to produce music that reflects the French society at this point in time.

James Baldwin brings to a close our examination of France and French culture at the beginning of the twenty-first century with a review of resources available for keeping up to date with current events and issues in France. Baldwin offers a critical look at a wide variety of French and American print and electronic media that regularly provide information about various aspects of contemporary French cultural life. His annotated bibliography serves as a helpful guide for teachers, students, and general enthusiasts who wish to remain *au courant* with the rapidly evolving social, political, economic, and cultural life of *la belle France*.

Marie-Christine Weidmann Koop and Rosalie Vermette

Notes

[1] For those who wish to make use of this collection of scholarly studies as a text in an advanced undergraduate or graduate course on contemporary France, a Web site offering activities and questions corresponding to the material in this volume is available at http://www.forl.unt.edu/~koop/FranceTwentyFirstCentury.htm. This Web site is updated on a regular basis.

[2] Many of the topics on contemporary issues and events in France required considerable consultation of Web sites to obtain the most current information. All of the Web sites found in the Reference section of each study were consulted by the editors during the final stages of preparation of the manuscript. For this reason no dates for individual consultations by the authors are provided in their bibliographic citations.

List of Acronyms and Abbreviations –
Liste des sigles et abréviations[1]

AATF   American Association of Teachers of French

ACCT   Agence de coopération culturelle et technique

AFC   Associations familiales catholiques

AIF   Agence intergouvernementale de la Francophonie

AGCS   Accord général sur le commerce des services

ANEF   Association nationale des études féministes

ANPE   Agence nationale pour l'emploi, devenue Pôle emploi

AUE   Acte unique européen

BCE   Banque centrale européenne

Benelux   Economic union of three neighboring countries—**Be**lgium, the **Ne**therlands, and **Lux**embourg—formed before the establishment of the European Union

BEP   Brevet d'études professionnelles

BIT   Bureau international du travail

CAF   Caisses d'allocations familiales

CAP   Certificat d'aptitude professionnelle

CAPES   Certificat d'aptitude à l'enseignement secondaire

CDD   Contrat à durée déterminée

CDI   Contrat à durée indéterminée

CDN   Centre dramatique national

CECA   Communauté européenne du charbon et de l'acier

CED   Communauté européenne de défense

CEE	Communauté économique européenne
CEJ	Cour européenne de justice
CEP	Certificat d'études primaires
CEVIPOF	Centre d'étude de la vie politique française
CIO	Comité international olympique
CNCDH	Commission nationale consultative des droits de l'homme
CNED	Centre national d'enseignement à distance
CNPT	Chasse, nature, pêche et tradition (parti politique)
CNRS	Centre national de la recherche scientifique
CNV	Centre national de la chanson de variétés et de jazz
CoR	Committee of the Regions (within the European Union)
CORIF	Conseil de réflexion de l'islam en France
CPAM	Caisses primaires d'assurance maladie
CPE	Contrat première embauche
CPGE	Classes préparatoires aux grandes écoles
CRAN	Conseil représentatif des associations noires
CRIF	Conseil représentatif des institutions juives de France
CSA	Conseil supérieur de l'audiovisuel
CSLF	Conseil supérieur de la langue française
CSP	Catégories socioprofessionnelles
DARES	Direction de l'animation de recherche, des études et des statistiques
DESS	Diplôme d'études supérieures spécialisées
DDJS	Direction départementale de la Jeunesse et des Sports
DGLFLF	Délégation générale à la langue française et aux langues de France
DOM	Départements d'outre-mer
DRAC	Directions régionales des affaires culturelles
EADS	European Aeronautic Defence and Space Company
EBLUL	European Bureau for Lesser-Used Languages
ECHO	European Community Humanitarian Office
EDF	Électricité de France

ENA	École nationale d'administration
ENS	École normale supérieure
ENVEFF	Enquête nationale sur les violences envers les femmes en France
EPR	European Pressurized Water Reactor
EU	European Union
EURATOM	Communauté européenne pour l'énergie atomique civile
EUROJUST	European Union's Judicial Cooperation Union
FCPE	Fédération des conseils des parents d'élèves
Fémis	École nationale supérieure des Métiers de l'Image et du Son
FIPF	Fédération internationale des professeurs de français
FIS	Front islamique du salut
FMI	Fonds monétaire international
FN	Front national
FNCC	Fédération nationale des collectivités territoriales pour la culture
FNE	France Nature Environnement
FQP	Formation qualification professionnelle
FRONTEX	Agence européenne pour la gestion de la coopération opérationnelle aux **front**ières **ext**érieures des États membres de l'Union européenne
GNP	Gross National Product
HALDE	Haute autorité de lutte contre les discriminations et pour l'égalité
HCI	Haut conseil à l'intégration
HEC	École des hautes études commerciales
HLM	Habitation à loyer modéré
IDHEC	Institut des hautes études cinématographiques (replaced by the Fémis in 1985)
IEP	Institut d'études politiques de Paris (Science Po)
IFOP	Institut français d'opinion publique
INED	Institut national d'études démographiques
INSEE	Institut national de la statistique et des études économiques

IRMA	Centre d'information et de ressources pour les musiques actuelles
IUT	Institut universitaire de technologie
IVG	Interruption volontaire de la grossesse (avortement)
JMJ	Journées mondiales de la jeunesse
LCR	Ligue communiste révolutionnaire
LO	Lutte ouvrière
MEDEF	Mouvement des entreprises de France
MEN	Ministère de l'Éducation nationale
MLF	Mouvement de libération des femmes
MoDem	Mouvement démocrate
MPF	Mouvement pour la France
MRAP	Mouvement contre le racisme et l'amitié entre les peuples
MSN	Microsoft Instant Messaging
NAI	Nomenclature des métiers et des activités individuelles
NGO	Non-Governmental Organization (ONG in French)
NPNS	Ni Putes Ni Soumises
NT	Nouvelles technologies
OCDE	Organisation de coopération et développement économiques (OECD in English)
OEP	Observatoire européen du plurilinguisme
OIF	Organisation internationale de la Francophonie
OING	Organisation internationale non gouvernementale
OLF	Office de la langue française
OMC	Organisation mondiale du commerce
OMCI	Organisation mondiale du commerce international
ONU	Organisation des nations unies
OTAN	Organisation du Traité de l'Atlantique Nord (NATO in English)
PAC	Politique agricole commune
PCS	Professions et catégories sociales
PDG	Président directeur général

PE	Parlement européen
PECO	Pays d'Europe centrale et orientale
PESD	Politique européenne de sécurité et de défense
PIB	Produit intérieur brut
PME	Petites et moyennes entreprises
PMU	Pari mutuel urbain (on horse races)
PNB	Produit national brut
PPE	Parti populaire européen
PQ	Parti québécois
PS	Parti socialiste
PSC	Pacte de stabilité et de croissance
RAR	Réseau ambition réussite
RDA	République démocratique allemande
REP	Réseau d'éducation prioritaire
RFA	République fédérale allemande
SDF	Sans domicile fixe
SEGPA	Section d'enseignement général et professionnel adapté
SME	Système monétaire européen
SMS	Short Message Service
SNCF	Société nationale des chemins de fer français
SNEP	Syndicat national de l'édition phonographique
SOFRES	Société française d'enquêtes par sondage
STS	Sections de techniciens supérieurs
TOM	Territoire d'outre-mer
TRAC	Théâtre rural d'animation culturelle
TSF	Télégraphie sans fil
TSS	Tout sauf Sarko (Sarkozy)
TVA	Taxe à la valeur ajoutée
UDF	Union pour la démocratie française
UE	Union européenne

UIT	Union internationale des télécommunications
UMP	Union pour le mouvement populaire
UNCTAD	United Nations Conference on Trade and Development
UNEF	Union nationale des étudiants de France
UNESCO	United Nations Educational, Scientific and Cultural Organization
UOIF	Union des organisations islamiques de France
UPM	Union pour la Méditerranée
URSS	Union des républiques socialistes soviétiques (USSR in English)
WTO	World Trade Organization (Organisation mondiale du commerce or OMC in French)
ZEP	Zone d'éducation prioritaire
ZUF	Zone urbaine franche
ZUS	Zone urbaine sensible

Note

[1] The list of acronyms specific to higher education appears in the chapter by Patricia Cummins.

I. Politics, Economics, and Government – Politique, économie et administration

1

Les Français et le paysage politique : Questions et réflexions sur les élections présidentielles de 2007

JEAN-PIERRE LALANDE
Moravian College

Plus ça change, plus c'est la même chose ! L'élection de Nicolas Sarkozy à la présidence en mai 2007 va-t-elle démentir le célèbre dicton et apporter le changement dont le paysage politique français a besoin depuis longtemps, ou bien allons-nous assister à un retour des débats politiques stériles et des promesses non tenues ? Après 12 années de présidence Chirac, dont les dix dernières furent caractérisées par une absence remarquée de projets (raisons de cohabitation pour cinq d'entre elles et de rivalités de personnes et de courants au sein de l'Union pour un Mouvement Populaire (UMP), parti de la majorité au pouvoir, pour les cinq autres), cette question est revenue encore et toujours sur les lèvres tant la campagne électorale a connu un déroulement inattendu. En effet, nombreux étaient ceux qui, déçus de ces années Chirac, pensaient en toute logique que seule la gauche allait être capable d'apporter le renouveau attendu. Jusqu'à la fin de l'été 2006 le Parti socialiste n'était-il pas donné favori par la plupart des sondages ? Or, c'est l'inverse qui se produisit. Que s'est-il donc passé dans les huit mois qui ont précédé les élections pour expliquer ce renversement d'opinion, quels enseignements peut-on tirer de la campagne électorale et des résultats du vote quant à l'état d'esprit de la majorité des Français, et enfin quelles perspectives ces élections ont-elles ouvertes pour l'avenir ?

La campagne présidentielle s'est engagée à un moment où le pays traversait une période difficile, marquée par une succession d'avatars qui avaient considérablement discrédité la classe politique et l'image du pays, tant d'un point de vue national qu'international. Les émeutes des banlieues d'octobre–novembre 2005 avaient empoisonné le climat social, le scandale d'Outreau[1] quelques semaines plus tard avait étalé au grand jour les dysfonctionnements du monde politique et de l'institution judiciaire, et la réforme avortée du Contrat première embauche (CPE) avait fini de jeter le discrédit sur un Premier ministre déjà en difficulté. À cela venaient encore s'ajouter un chômage de masse (et surtout des jeunes) qui n'en finissait pas de perdurer, une éducation nationale toujours inadaptée aux exigences économiques et sociales, et un déficit des dépenses publiques qui ne cessait de creuser la dette et de plomber la croissance. Sur le plan international, le tableau était lui aussi bien triste : depuis le non référendaire à l'Europe de mai 2005, la France projetait dans l'Union européenne et dans le monde l'image d'un pays en pleine morosité, en repli sur lui-même, refusant les réformes et l'ouverture sur la mondialisation. Le 6 juillet 2005, le rejet par le Comité international olympique (CIO) de la candidature de Paris pour les Jeux Olympiques de 2012, au profit de Londres, n'a fait qu'ajouter à cette morosité nationale.

Rien d'étonnant donc si, à l'approche de la campagne électorale, un grand nombre de Français, désabusés par un débat politique stérile entre une droite quelquefois xénophobe et arrogante, souvent nationaliste et rarement libérale, et une gauche démagogue et coincée entre gauchisme et social-démocratie, semblaient (au vu des sondages de l'époque) avoir pris conscience de la nécessité de réformes modernisatrices immédiates, et attendaient des candidats à l'Élysée qu'ils ouvrent un grand débat public, aussi large et clair que possible, afin de proposer des solutions innovatrices pour sortir le pays de l'impasse et éviter le déclin.

Étant donné un tel contexte, il semble donc logique que la campagne se soit effectuée sous le signe de la nouveauté. Pour la première fois dans l'histoire de la Ve République, les candidats possédant des chances sérieuses d'être élus appartenaient à une nouvelle génération de figures politiques. Renonçant à entretenir un faux suspense, comme c'était souvent le cas dans le passé, ils ont dévoilé leurs intentions plus tôt que d'habitude[2]. Dès la rentrée parlementaire d'août 2006, les candidatures de Nicolas Sarkozy et de Ségolène Royal (qui écrasaient déjà leurs concurrents dans les sondages)[3] ne faisaient aucun doute et, fait nouveau, leur désignation s'est effectuée sous la pression des militants, en dehors et même en dépit des appareils politiques. Le Parti socialiste a même poussé l'innovation jusqu'à organiser des « primaires » qui ont eu pour effet de provoquer l'élimination immédiate du Premier secrétaire du parti lui-même.

Conscients que les Français attendaient un changement, trois des quatre principaux postulants à l'Élysée se sont appliqués à se placer sous le signe de la nouveauté, et même de la rupture, dont ils ont essayé d'incarner au moins un grand thème. Pour la première fois dans l'histoire de la Vᵉ République, aucun candidat ne s'est présenté comme le garant de la continuité, bien au contraire. Nicolas Sarkozy a cherché à plaire en se proclamant le champion de l'action tous azimuts et en dénonçant la passivité des gouvernements précédents. Bien que lui-même ministre de l'Intérieur jusqu'en mars, il n'a eu de cesse de se démarquer de la majorité au pouvoir et de s'afficher comme le leader d'une nouvelle droite. Ségolène Royal, première femme dans l'histoire de la République en position de présidentiable, a cherché à plaire aux Français fatigués d'une classe politique distante en jouant sur le thème de la proximité. N'étant pas issue du sérail, elle se voulait incarner une façon différente de faire de la politique. Enfin François Bayrou a recherché les faveurs de l'opinion en jouant sur le thème de la sérénité. En se présentant, non pas comme le candidat d'un parti mais comme un candidat au-delà des partis et en surfant sur le thème « ni à droite, ni à gauche » pour transcender la fracture droite-gauche, il se voulait incarner un nouveau centrisme de synthèse, d'union nationale, que son discours sage et réaliste rendait d'autant plus rassurant.

Cette recherche de nouveauté a, bien entendu, eu ses revers. Dès leur entrée en campagne, les candidats se sont vus dans l'obligation de démontrer l'originalité de leurs intentions tout en banalisant celles des autres. Se réclamant alors de tout et de son contraire, leurs programmes sont restés flous et flottants. Sarkozy a particulièrement excellé dans ce registre, alternant l'apologie du communautarisme et la défense de l'identité nationale, se faisant le champion du libéralisme économique tout en promettant de restaurer l'autorité de l'État, se déclarant hostile à la guerre en Irak tout en affirmant son soutien à la politique de George Bush. Enfin, se proclamant rassembleur, il a surtout parlé d'exclusion, et tout en axant sa campagne sur le thème de la sécurité, il a soigneusement évité de présenter un véritable bilan de son action en tant que ministre de l'Intérieur sortant. Royal n'a pas été plus claire. Après avoir déclaré qu'elle voulait donner à la gauche une nouvelle image sur le thème du social (ce qui la rendait populaire auprès de beaucoup), elle n'a jamais placé une grande question économique ou sociale au cœur du débat. Son pacte présidentiel, sous la forme des 100 propositions, était trop long et trop confus pour focaliser sa campagne, et beaucoup trop flou quant à son mode de financement pour convaincre. Elle a préféré cultiver sa popularité en mettant l'accent sur sa personnalité. Quant à Bayrou, il a lui aussi joué une partition flottante: alors qu'il avait depuis toujours œuvré pour la création d'un grand parti de centre-droite, il a axé sa campagne sur un refus des partis, tout en appelant à la création d'un nouveau parti qui dépasserait le clivage droite-gauche. Enfin tous les trois ont parlé à profusion de l'identité française, mais aucun ne s'est appliqué à la définir. Il faut reconnaître qu'en ces temps de mondialisation et de communautarisme, l'exercice devient de plus en plus périlleux.

Ce flou n'a toutefois entamé en rien l'intérêt que les Français ont manifesté pour la campagne, comme le prouve la forte participation dès le premier tour (83,77% des inscrits, du jamais vu depuis 1974). Au contraire, les votes se sont polarisés autour des trois candidats qui se réclamaient du changement. Alors que Jacques Chirac arrivait en tête du premier tour en 2002 avec seulement 19,88%, Nicolas Sarkozy a obtenu 31,18% ; là où Lionel Jospin n'avait fait que 16,18% pour le Parti socialiste en 2002, Ségolène Royal a réalisé 25,87% et a plus que doublé le nombre des votes recueillis par son prédécesseur. Enfin François Bayrou est passé de 6,84% à 18,57%, et a fait mieux que tripler ses suffrages de 2002. À l'inverse, les candidats qui n'avaient pas su ou voulu renouveler leur rhétorique ont subi un effondrement sans précédent. Jean-Marie Le Pen, dont les refrains sont restés les mêmes que par le passé, a perdu plus d'un million de voix par rapport à 2002, tombant de 16,86% à 10,44%. Beaucoup de sympathisants, soucieux de voter utile, ont choisi d'aller vers Sarkozy. Les candidats des petits partis ont subi le même sort : Arlette Laguiller, gardienne de l'orthodoxie trotskiste pour Lutte Ouvrière (LO), est passée de 5,72% en 2002 à 1,33% ; la candidate communiste, Marie-Georges Buffet, avec 1,93% des votes, a confirmé le déclin de son parti (3,37% pour Robert Hue en 2002) ; Dominique Voynet n'a obtenu que 1,57% pour les Verts alors que Noël Mamère avait réalisé 5,27% en 2002 ; enfin Philippe de Villiers, leader du Mouvement pour la France (MPF), n'a pas fait mieux, il n'a obtenu que 2,23% des votes, bien au-dessous de ses 4,74% en 1995, date de sa dernière candidature. Seul Olivier Besancenot, candidat de la Ligue communiste révolutionnaire (LCR), a réussi à se maintenir (4,08% en 2007 contre 4,25% en 2002)[4].

Dans un tel contexte, la victoire de Nicolas Sarkozy, somme toute assez nette, sur les deux autres candidats ne constitue pas vraiment une surprise car, mieux que les autres, il a su démarrer sa campagne très fort et incarner le changement de façon plus convaincante. Donné perdant au départ par les sondages à cause de la dureté de son langage (les banlieues peuplées de « racaille » qui devaient être nettoyées au « Kärcher », par exemple)[5] et de son ultra-libéralisme qui en effrayait beaucoup, même au sein de son propre parti, il s'est néanmoins rapidement installé en position de vainqueur. Il a très vite réussi à fédérer les membres de son propre camp et imposer une discipline d'action. À l'exception d'une période de tension avec le Premier ministre, Dominique de Villepin, il est parvenu à faire taire les discordances, à calmer les velléités que sa personnalité et sa candidature suscitaient au sein de l'UMP et a été capable de surmonter les stigmates négatifs de sa participation à un gouvernement impopulaire. Cela lui a permis de garder sa liberté d'expression, de présenter un programme présidentiel volontariste sans provoquer trop de critiques embarrassantes de la part des siens. Au fil des jours il a su exploiter, mieux que les autres, la mauvaise humeur de nombreux Français et adopter un langage capable de capter leur attention. Tout en gardant sa détermination et son discours initial assez dur sur l'immigration et l'insécurité pour séduire les sympathisants frontistes de Jean-Marie Le Pen, il a su prendre des accents plus calmes et plus posés lorsqu'il s'agissait de rassurer son camp et les conservateurs plus traditionnels. Il a aussi réussi à gommer son image ultralibérale en matière d'économie en rappelant son attachement à l'autorité de l'État, à ouvrir un vrai débat autour de l'identité nationale et à donner l'impression d'avoir un projet politique défini qu'il a exprimé de façon claire et volontariste. Mieux que les autres, il a su présenter une image nouvelle de la présidence et convaincre qu'il pouvait gouverner de manière innovante. Son énergie a fait le reste.

À l'inverse, la campagne de Ségolène Royal a démarré mollement au point qu'elle n'a, à vrai dire, jamais vraiment décollé. Dès janvier, les sondages d'opinion indiquaient une chute régulière de sa popularité auprès de l'électorat. En dépit de sa popularité auprès des militants (qui l'avaient plébiscitée en marge de la doctrine officielle du Parti socialiste, car ils la considéraient comme la seule capable de battre Sarkozy), elle n'a en effet jamais réussi à s'imposer aux éléphants de son parti — les personnages importants que sont Lionel Jospin, Laurent Fabius, Dominique Strauss-Kahn et même François Hollande, son compagnon et Premier secrétaire à l'époque, entre autres — qui ne se sont ralliés à elle qu'à contrecœur et sous la pression des militants. Ne pouvant se hisser au-dessus de leurs querelles et faire taire leur cacophonie, elle a essayé dans un premier temps de louvoyer entre les positions de chacun, ce qui a fait douter de nombreux sympathisants. Il convient aussi d'ajouter que les critiques déplacées, et lamentablement machistes, de la part de certains de ses détracteurs jaloux et envieux, ne lui ont pas facilité la tâche. Au contraire, elles ne faisaient que perpétuer le genre de querelles dont les Français ne voulaient plus. N'ayant pas vraiment la liberté de composer son propre programme présidentiel, elle n'a jamais réussi à ficeler les dossiers qu'elle proposait et n'a jamais présenté à l'électorat un projet politique et institutionnel convaincant. Malgré elle, et surtout par crainte d'exacerber les tensions, elle a cédé aux idées de chacun et s'est contentée de rabâcher les vieux thèmes chers au parti qui consistent à ne mécontenter personne mais qui ont perdu toute crédibilité. Elle-même d'ailleurs ne semblait pas vraiment convaincue lorsqu'elle défendait timidement (parti oblige) les 35 heures, alors qu'elle aurait désiré les assouplir, et son projet d'augmentation du salaire minimum ne faisait pas le poids face à la nécessité de réduire les dépenses publiques. Alors que son adversaire de droite menait sa campagne tambour battant sur le ton du volontarisme et sous le signe de l'(hyper)action, elle a trop souvent donné l'impression d'être à court d'idées et de masquer son indécision derrière son sourire et ses accents lyriques. Ses appels aux Français, dont elle a fait un moment ses slogans, « donnez-moi vos idées » ou « vos idées sont les miennes », et son fameux « aimons-nous les uns les autres » lors du discours de Charléty, manquaient singulièrement de conviction politique et ne véhiculaient guère de promesses de réformes. Certains y ont vu son incapacité à focaliser le débat sur un grand thème du moment, et d'autres sont même allés jusqu'à y voir l'expression d'une panne intellectuelle de la gauche. Quoiqu'il en soit, elle a trop longtemps donné l'impression de courir derrière son adversaire de l'UMP. Quand, à la fin du mois de mars, elle a finalement osé s'affranchir de ses critiques et prendre sa liberté vis-à-vis des éléphants de son parti, il était trop tard.

Quant à Bayrou, même s'il a été éliminé dès le premier tour, il n'en reste pas moins que sa campagne a connu un succès certain et que sa performance (bien qu'inutile) a dépassé les attentes de beaucoup[6]. Il a su plaire car il s'est dit vouloir incarner l'aspiration à une politique d'union nationale, programme très louable dans un paysage politique français trop longtemps paralysé par l'opposition droite-gauche. Il a aussi eu le mérite de lancer quelques vrais débats (notamment autour de la dette, dont il a fait de la réduction un grand thème de sa campagne) qui lui ont attiré les faveurs de ceux qui ne voulaient pas se laisser enfermer dans l'alternative Sarkozy-Royal. Sans renier ses racines conservatrices, il a réussi à se démarquer de son principal adversaire à droite en l'associant à la droite dure et au monde de l'argent, et de son adversaire principal à gauche en dénonçant ses promesses irréalistes. En se faisant le champion d'un libéralisme modéré à la Tony Blair, ancien Premier ministre britannique, il est souvent apparu plus crédible que la candidate socialiste et a ainsi pu séduire de nombreux sympathisants de gauche, notamment parmi les cadres et les intellectuels. Enfin, en se réclamant d'une France qui s'ouvrirait sur le monde tout en continuant à chérir ses racines, il s'est attiré la sympathie d'électeurs avides de réformes, mais anxieux face à la mondialisation et inquiets face à la rhétorique de Sarkozy trop ultralibérale à leur goût.

Son échec relatif s'explique par les mêmes raisons que son succès et confirme une réalité déjà connue depuis longtemps du monde politique français. Venant du centre, son aspiration à incarner une politique d'union nationale était tout à fait crédible et légitime, et comme nous l'avons vu, elle répondait aux vœux de nombreux déçus des deux grands partis, c'est-à-dire d'une frange non négligeable de l'électorat. Malheureusement pour lui, le centre en France n'est pas une force politique, mais plutôt un centre-droit où la grande majorité des élus ne le sont qu'à cause de désistements de la droite classique. Il n'y a pas beaucoup de place au centre de l'échiquier politique français pour un postulant à la présidence et encore moins pour la formation d'un grand parti nécessaire pour le soutenir. Le centre est beaucoup moins large que la gauche ou la droite et le cas n'est pas unique à la France. Il en est de même pour toutes les grandes démocraties européennes. En Espagne, il y a peu de place entre le Parti socialiste (PSOE) et le Parti populaire conservateur (PP); au Royaume-uni, les centristes libéraux-démocrates (Lib Dems) ne font guère que recueillir sporadiquement les votes des conservateurs ou des travaillistes mécontents de leur parti traditionnel ; et en Allemagne, les libéraux-démocrates (FDP) n'accèdent au pouvoir que dans le cadre d'une alliance, selon les circonstances et leurs intérêts, avec les chrétiens démocrates (CDU) ou les sociaux-démocrates (SPD). Dans la mesure où François Bayrou s'est refusé à tendre une main franche vers la gauche (dont il se sentait plus proche sur le plan social que de la droite), il s'est non seulement éliminé de la course à l'Élysée dès le premier tour, mais il s'est aussi privé d'une occasion d'assumer un rôle politique de toute importance dans la configuration d'une nouvelle majorité lors des élections législatives. Peut-être devrait-il méditer le cas de l'Italie où les trois dernières fois que des candidats du centre et de la gauche se sont présentés unis sous le même sigle de l'Olivier[7]: aux élections européennes de 2004, aux élections régionales de 2005, et aux élections législatives de 2006, ils ont gagné!

À gauche, la défaite de Ségolène Royal devrait sonner le glas du Parti socialiste tel qu'il existe aujourd'hui. En effet, c'est la troisième fois consécutive que le Parti socialiste perd les élections présidentielles, et une lourde responsabilité lui en incombe. Ségolène Royal n'a jamais réussi à convaincre la majorité des Français parce qu'elle n'est pas parvenue à se démarquer suffisamment des contradictions et hésitations d'un parti socialiste plombé par ses rivalités et ses courants, hésitant encore et toujours entre le gauchisme et la social-démocratie, et incapable de présenter un projet de réformes moderne et crédible, ce qui lui a d'ailleurs valu le qualificatif de « gauche de rejet plutôt que de projet ». Il est impératif que le parti se regroupe, mette un terme au sectarisme de ses courants et décide de la voie qu'il veut suivre. Il faut en finir avec la stagnation style Lionel Jospin et l'attente de son éternel retour, avec les contradictions de Laurent Fabius qui, social libéral dans le passé, a viré de bord dans l'espoir de se faire une place sur l'aile gauche du parti[8], et avec les hésitations de François Hollande qui, trop souvent, donne l'impression de ne pas savoir où il va. Aucune rénovation de fond, aucune réforme intérieure et aucun examen de conscience n'a eu lieu au sein du Parti socialiste depuis la défaite de 2002, au contraire ce dernier a cru que le renouveau viendrait en adoptant une politique de refus du libéralisme et de l'Europe. S'ils veulent avoir une chance à l'avenir, les socialistes français doivent suivre l'exemple de leurs collègues européens. Ils doivent transformer leur parti dans le sens de l'efficacité et devenir réformistes au plus tôt. En ces temps de mondialisation et d'économie de marché, on constate que l'électorat français a glissé vers la droite[9]. Le Parti socialiste va devoir accepter et assumer cette nouvelle situation. Il est donc impératif qu'il effectue la mutation à laquelle s'est livré le SPD allemand (Parti social-démocrate) lors de son congrès de Bad Godesberg en 1959, ou encore le Labour britannique après la période Thatcher, c'est-à-dire qu'il abandonne sa rhétorique marxiste pour s'engager sans aucune équivoque dans la voie de la social-démocratie. Si les hésitations et tergiversations continuent, il y a fort à parier que la majorité UMP et Nicolas Sarkozy ont encore de beaux jours devant eux.

En ce qui concerne la majorité de droite, la grande question maintenant est de savoir comment le nouveau président va s'y prendre pour tenir parole, rompre avec le passé, et effectuer l'ouverture et les réformes promises. Beaucoup, même dans son camp, et non des moindres (Jacques Chirac, Dominique de Villepin), restent très sceptiques quant à sa souplesse et volonté d'ouverture. Ils le trouvent dur, d'un tempérament trop fonceur, trop peu enclin aux compromis et ils acceptent mal son style machiste. Même si ces critiques viennent pour la plupart de rivaux jaloux ou dépités, elles n'en restent pas moins fondées. Le fait qu'une fois élu président, Sarkozy ait initialement refusé l'élection d'un successeur à la tête de l'UMP semble aller dans le sens de ceux qui l'accusent de volonté hégémonique[10]. Aurait-il déjà peur que quelqu'un, dans son propre parti, se mette en travers de sa route à l'orée des prochaines présidentielles ?

Dans un plus proche avenir, ce qui est sûr toutefois, c'est que pour rester crédible, le président va devoir tenir ses promesses. Il va donc être dans l'obligation de se livrer à un grand écart pour le moins acrobatique entre les électeurs du Front national (FN) qui lui ont apporté leur soutien, les électeurs de l'Union pour la démocratie française (UDF) qui l'ont préféré à François Bayrou et les électeurs de gauche séduits par son dynamisme. Il va aussi lui falloir tempérer certaines déclarations excessives et contradictoires de sa campagne. Ses propositions de réduire les impôts tout en réduisant la dette et en augmentant les dépenses publiques, par exemple, soulèvent de nombreuses interrogations, même parmi ses alliés, et vont devoir être réconciliées. Son projet de TVA (taxe à la valeur ajoutée) sociale a vite suscité de nombreuses inquiétudes dans les milieux populaires. Certains ont même vu, dans son annonce prématurée de ce projet, la raison pour laquelle la gauche a quelque peu redressé la tête le 17 juin 2007 lors du deuxième tour des élections législatives. En effet les milieux populaires qui se sentaient déjà menacés de déclassement à court terme ou, pour reprendre l'expression d'Alain Mergier et Philippe Guibert, se sentaient pris dans le « descenseur social » (Mergier et Guibert), percevaient ce projet comme un facteur supplémentaire de précarisation.

Le nouveau président est-il capable de faire taire les critiques qui l'accusent de conduire une politique de la gesticulation en menant à bien les réformes qu'il a promises ? En a-t-il la volonté, les moyens politiques et le support inconditionnel de sa majorité ? Les Français sont-ils prêts à accepter des réformes qui seront nécessairement impopulaires pour un grand nombre d'entre eux ? Il est encore trop tôt pour le savoir. Le paquet fiscal promis, et dûment voté au cours de l'été 2007, n'a pas apporté de réponse convaincante car il ne présentait aucun risque. On serait davantage fixé à l'automne suivant lorsqu'il s'agirait de discuter la réforme des régimes spéciaux de retraite. Le président avait promis de ne pas vouloir passer en force, mais en même temps il réaffirmait sa volonté d'agir. Comment vont réagir les syndicats et la rue face aux grèves qui s'annoncent ? Les échecs d'Édouard Balladur en février 1994, d'Alain Juppé en décembre 1995, et de Dominique de Villepin en avril 2006, tous trois obligés de retirer leur projet de loi sous la pression de la rue, restent présents dans toutes les mémoires[11]. À l'automne 2007, il n'y avait pas encore péril en la demeure, le président jouissait de l'approbation de l'opinion publique, sa méthode d'ouverture à gauche plaisait, y compris aux électeurs de gauche, et l'opposition, trop occupée à régler ses propres affaires, n'était pas en mesure de présenter un obstacle.

En conclusion, on peut donc dire que si Nicolas Sarkozy parvient à convaincre les Français qu'ils doivent accepter de prendre en compte, une fois pour toutes, le fait que le monde est en train de changer et qu'il est temps d'en finir avec la ridicule « exception française », les réformes deviendront possibles. Il aura alors sa chance et ce sera à lui de prendre ses responsabilités et de jouer sa partition. Si, au contraire, les Français restent repliés sur eux-mêmes et craintifs face à la mondialisation, la confiance entre le peuple et la classe politique ne sera pas restaurée, le champ d'action du président sera alors limité et, comme il voudra se préserver, ses discours deviendront de plus en plus vagues et de plus en plus vides, les promesses ne pourront pas être tenues, et les réformes seront repoussées aux calendes grecques. N'a-t-on pas déjà vu ce film quelque part ? Plus ça change. . . .

Notes

[1] Il s'agit d'une erreur judiciaire qui a débuté en 2001 dans la ville d'Outreau située au nord de la France. Suite à des accusations mensongères dans un cas d'abus sexuel sur mineur, plusieurs personnes avaient été accusées à tort d'appartenir à un réseau international de proxénétisme d'enfants et emprisonnées pendant de longs mois ; l'une d'elles est d'ailleurs décédée en prison dans des circonstances qui n'ont jamais été élucidées. Cette affaire avait déclenché une forte réaction dans l'opinion publique.

[2] Ségolène Royal est devenue candidate officielle du Parti socialiste le 23 novembre à l'issue d'un vote des militants, François Bayrou a officiellement annoncé sa candidature le 2 décembre, et Nicolas Sarkozy a officialisé une candidature annoncée depuis longtemps début décembre avant d'être officiellement désigné candidat par l'UMP le 14 janvier 2007.

[3] Fin août 2006 l'Institut IPSOS donnait à Sarkozy 78% des intentions de vote à droite et à Royal 57% des intentions de vote à gauche.

[4] Résultats officiels publiés par le Ministère de l'Intérieur <http://www.france-politique.fr/election-presidentielle-2007.htm>.

[5] Kärcher est le nom d'une société qui fabrique des produits nettoyeurs à haute pression. Nicolas Sarkozy a utilisé cette expression pour indiquer qu'il fallait « nettoyer » les banlieues de leur « racaille » (les voyous).

[6] Il est intéressant de remarquer qu'il a recueilli plus de votes que Jacques Chirac lors du premier tour des présidentielles de 2002.

[7] L'Olivier (l'Ulivo) est le nom donné à la fédération de partis politiques de centre-gauche qui s'est formée en Italie en 1996 sous la présidence de Romano Prodi. Cette

fédération réunissait quatre partis politiques : les Démocrates de gauche (DS) — anciennement Parti communiste —, les Démocrates chrétiens (la Marguerite), les Socialistes démocrates italiens (SDI) et les Républicains européens (MRE).

[8] Le fait que Laurent Fabius n'a obtenu que 18% des suffrages exprimés par les militants lors des « primaires » du Parti socialiste en novembre montre bien que sa politique « à gauche toute » ne fait plus recette.

[9] La France n'est pas le seul pays à avoir connu une telle évolution. Le Labour Party au Royaume-Uni, le SPD en Allemagne, la gauche socialiste espagnole (PSOE), entre autres, ont connu la même évolution depuis une dizaine d'années.

[10] Le 25 septembre 2007, un secrétaire général a finalement été élu à la tête de l'UMP en la personne de Patrick Devedjian dont la personnalité, relativement terne, ne semble pas en mesure de présenter une menace pour le nouveau président au cas où ce dernier déciderait de postuler à un nouveau mandat en 2012.

[11] Édouard Balladur a été contraint de retirer son projet de Contrat d'insertion professionnelle qui visait à institutionnaliser un salaire minimum pour les jeunes, Alain Juppé a dû se résigner à considérablement diluer son projet de réforme du financement de la Sécurité sociale après plusieurs semaines de grèves, et Dominique de Villepin a été lui aussi obligé de retirer son projet de Contrat première embauche (CPE) qui, pendant une période de deux ans, autorisait l'employeur à renvoyer le jeune salarié sans préavis ni justifications.

Références

Mergier, Alain et Philippe Guibert. *Le Descenseur social. Enquête sur les milieux populaires.* Paris : Fondation Jean-Jaurès / Plon, 2006.

2

Recycling Policies: The Environment as Polarizing Issue in Sarkozy's France

Fred Toner
Ohio University

One of the first and most dynamic new initiatives of President Sarkozy's government was the development of the *Grenelle de l'Environnement*. This ambitious plan, announced in July of 2007, unites agencies of the state and representatives from civil society with the common goal of placing France firmly on the path to sustainable development. In the current economic and social crisis in which France finds itself embroiled, progress on environmental issues stands as a bright light in the prevailing gloom. Even so, cracks are forming in the unified environmental coalition and Sarkozy's *Grenelle de l'Environnement* has drawn fire from what would seem to be likely allies. The environment risks becoming the latest example of a growing rift in a nation deeply divided. This study places the debate on environmental policy in a broader context and investigates the factors that contribute to this general process of polarization.

On the surface, the *Grenelle de l'Environnement*, or simply the *Grenelle Environnement*, is anything but polarizing.[1] Under its auspices, representatives from government agencies, non-governmental organizations, local authorities, business leaders, and employees met together to debate the shape of France's green revolution. This group of diverse interests was able to agree on no less than 273 measures designed to move France forward to a greener future. After the Senate approved the first package of recommendations, or "Grenelle I," by 312 votes in February 2009, following the near unanimous vote in the National Assembly in October 2008, Jean-Louis Borloo, among others, hailed "un nouveau vote historique et un grand moment d'unité nationale réaffirmé autour du Grenelle Environnement et de ses engagements" ("Un nouveau vote..."). The success of the "*bonus-malus*" system of rewards and penalties applied to the purchase of automobiles, and the zero percent loan (the "*éco-prêt*") for improving energy efficiency in homes and buildings are two examples of policy influenced by Grenelle that have wide appeal and are already making a positive difference in the environment. The details concerning the application of other initiatives approved in Grenelle 1 will be defined in two further bills, Grenelle 2 (concentrating on the areas of construction and transportation) and Grenelle 3 (relating to agriculture and governance). Although it will no doubt be more difficult to arrive at a consensus on the application and the financing of the laws than it was for the general concept, the *Grenelle de l'Environnement* promises to retain wide-ranging support. There appears to be a growing awareness among the general public and in legislative circles that global warming and climate change are realities and that they are at least in part the result of human actions. To do nothing will only aggravate the situation. The *Grenelle de l'Environnement* offers a common meeting ground for representatives from all sides of France's political spectrum.

To a large degree, the *Grenelle de l'Environnement* has retained its momentum even in the wake of the global economic crisis and France's very vocal social discontent. Sarkozy and other members of France's government may find it politically expedient to highlight the successes of Grenelle in order to draw attention away from their general sense of powerlessness in other areas and the constant stream of depressing economic news. On the other hand, the growing sense of urgency about climate change and other environmental issues has led many politicians to set aside partisanship and enter into unlikely alliances in the name of the greater good.

The two crises, environmental and economic, have received enough attention in the press that the two have in some senses become intertwined. For instance, we can read a recent editorial published in *Le Monde* in favor of the "*biodiversité des banques*" (Detilleux). In another sign of the times, the annual meeting of the economic and financial ministers of the OECD (Organization for Economic Cooperation and Development) meeting in June 2009 in Paris selected global warming as their theme, no longer content to leave the issue of climate change to ministers of the environment or heads of state. After all, the environmental crisis is estimated by some accounts to cost as much as 20% of the world's GNP for the remainder of the twenty-first century (Lemaître). Some have even seen the economic crisis as an opportunity to hasten the green revolution by making broad, systematic changes in the way cities are structured, people are transported, and buildings are constructed, all of which would require the creation of so-called "green jobs," helping the economic situation and the environmental situation at the same time (Caramel, February 2009; Veltz).

So why speak about fissures in this apparent unity of purpose? While there are obvious reasons to celebrate the harmony of the various factions comprising the *Grenelle de l'Environnement*, it is nonetheless the case that some major environmental organizations started distancing themselves from the proceedings soon after the discussions began. Greenpeace France, for example, and other members of the *Alliance pour la planète*, criticize the lack of respect, support, or follow-through shown, notably by the French government, for the recommendations stemming from the first rounds of discussions ("De nombreux sujets . . . "; "Projet de loi Grenelle . . . "). A group of militant ecologists formed the *Contre-Grenelle de l'environnement* in October 2007 with a gathering in Lyon at which the keynote speaker, Paul Ariès proclaimed: "Face au Grenelle sarko-compatible alors que le sarkozysme est non écolo-compatible: Inventons tous ensemble une écologie sarko-incompatible" (*Contre-Grenelle*). This group contests the very idea of "green growth" and sees "*décroissance économique*" as the only honest approach to ecological problems. Yves Cochet, member of the Green Party, former Minister of the Environment (under Jospin), and representative in the National Assembly, has become one of the more vocal skeptics of "*développement durable*": "Pour les adeptes de la notion de décroissance, le développement durable n'est qu'un oxymore sédatif dont l'efficacité mal affirmée et les méthodes luxueuses qu'il nécessite s'inscrivent dans une logique de croissance et de perpétuation des systèmes de production marchande et matérielle" (Cochet).

While these objections have clearly stemmed from a relatively small segment of French society with little political representation and have had little bearing on the ongoing discussions of the Grenelle, other recent decisions by Sarkozy himself have created much more attention and have had a potentially damaging effect on the environmental coalition, eroding confidence in Sarkozy's commitment to environmental issues. Two examples taken from Sarkozy's program of "*relance économique*" are particularly telling. The first example was the announcement in December 2008 that the construction of three new super-highways (*autoroutes*) would be funded. The construction of these highways had been frozen after the first round of Grenelle in October 2007. At that time,

Sarkozy had expressed his determination to channel funding to other, less polluting modes of transportation. The announcement to resume funding was thus seen as a betrayal of the general principles and spirit of the Grenelle. Michel Dubromel, *responsable transports* for the federation *France Nature Environnement* (FNE), an umbrella group for some 3,000 organizations, spoke for many, saying: *"Ce qui nous paraît inquiétant, c'est qu'au moment où il y a une décision stratégique de relancer l'économie, on donne la priorité à des modes de transports qui sont parmi les plus polluants"* ("Plan de relance . . . ").

The second pronouncement that appears to have shaken the foundations of the coalition came in January 2009 and concerned the construction of a new nuclear reactor, an EPR (European Pressurized Water Reactor), in the Seine-Maritime. The EPR is a product of French and German partners, Areva (formerly Framatome) and Siemens, and represents some of the most advanced technology on the market. By building the reactor, France is showing confidence in its own technology and likely enhancing the chances of increasing its share of the global market. Even though Sarkozy had taken the nuclear issue from the table as non-negotiable for the *Grenelle de l'Environnement* from the very beginning, some ecologists again felt stung by the news. For them, the construction of the reactor is clearly at odds with the spirit of the Grenelle initiatives. Greenpeace France was particularly vocal in denouncing the construction: *"Cette relance, décidée sans concertation, sans transparence, sans évaluation des besoins, a un seul objectif : satisfaire quelques lobbies proches du pouvoir, comme Areva, EDF ou GDF Suez . . . C'est le signe qu'en France, on privilégie la consommation tous azimuts, et non l'efficacité énergétique"* (Bezat). The appearance of sacrificing environmental well-being to the profit of big business is a disquieting image to the Grenelle's tenuous coalition, especially to those ecologists who have been traditionally aligned with the political left.

These two pronouncements have taken place in the galling context of the Sarkozy administration's failure to stop the apparent proliferation of other projects, some new some continuing, that fly in the face of recommendations made in the *Grenelle de l'Environnement*. Such projects are highlighted by the *Alliance pour la planète* in the "Carte de France des projets Grenello-incompatibles" on its web site <http://www.lalliance.fr/>. More recent public announcements, such as that by Chantal Jouanno, *la secrétaire d'État à l'Écologie*, in April 2009 revealing a relaxation of the rules governing the oversight of ecologically sensitive industrial installations, have further radicalized environmentalists against Sarkozy's government (Cohignac).

It might be instructive to view Sarkozy's apparent sabotage of the general principles of one of the most successful initiatives of his presidency using a broader lens, and putting these actions in the context of past performance. Several recent studies have purported to see a repeated pattern in Sarkozy's policy making. In a book published in 2009 by Flammarion, *Les réformes ratées du Président Sarkozy*, Pierre Cahuc et André Zylberberg examine the first 18 months of Sarkozy's presidency with a critical eye. Concentrating on one of the principal themes of his presidential campaign, *la valeur travail*, the authors pronounce the President's efforts a failure, *"et cet échec est d'abord celui d'une méthode"* (Guélaud). This "method" consists of two strategies, suffocation and conciliation (*"l'étouffement et la conciliation"*): first, opening numerous initiatives or fronts in an effort to suffocate or exhaust the opposition and then, later, yielding on some seemingly inconsequential demands that nevertheless end up dooming the proposed reforms to failure.

The journalist Françoise Fressoz attributes some of Sarkozy's patterns of behavior to his desire for *"rupture."* In Sarkozy's presidential campaign, he promised a break from the past, a "rupture" both from the left and from those in power in his own party. He clearly wanted to distance himself from Chirac and from the residual depression surrounding France's refusal to ratify the European Treaty of 2005. According to Fressoz, the insistence on breaking with traditional alliances and the refusal to solidify networks of communication established by his predecessor have led to chaos and misdirection, such as the awkward reaction to the crisis in Guadeloupe. For Fressoz, the *"méthode Sarkozy"* is to break with policies established by Chirac before having any clearly articulated substitution strategy in place (Fressoz, February 2009).

In an interesting interview conducted by *Le Monde*'s Thomas Wieder, Patrick Garcia, a scholar associated with the *Institut d'histoire du temps présent*, analyzes Sarkozy's instrumentation of French history and compares it to that of other French presidents (Wieder). Like Fressoz, Garcia signals Sarkozy's desire to separate himself from Chirac. Sarkozy, along with others on the political right, reacted strongly against Chirac's view of French history and his "repentance," exemplified by the public recognition of France's role in the deportation of Jews in his 1995 speech at the *Vél d'hiv* (Vélodrome d'Hiver). According to Garcia, Sarkozy wished instead to commemorate a more glorious France—a history of France *réenchantée*—around which the divided nation could reunite (Wieder).

Garcia also notes that Sarkozy tends to favor emotion "aux dépens de l'analyse" in his use of history and, to illustrate his point, cites Sarkozy's evocation of Guy Môquet and his suggestion that each student in *Cours Moyen* (4th–5th year at the elementary level) be asked to sponsor a child of the Shoah (Wieder). The flair for the dramatic is also evident in Sarkozy's staging of historical commemorations, his predilection for grand gestures, and his sensitivity to the power of the image in evoking history. For instance, he broke tradition by appearing alone on the snowy plateau of Glières in May 2007 to honor the French resistance, and in moving the ceremony for the November 11 armistice from the Arc de Triomphe to a more picturesque and less expected site in the Meuse (Wieder).

The role of affect or emotion and the use of the grand gesture are also noted in the article by Jean-François Méla, "Comment rétablir la confiance après la stratégie du Kärcher?" Sarkozy's promise to "nettoyer au Kärcher" the *cité des 4000* at La Courneuve is seen as emblematic of a repeating, but simple strategy of intimidation: "Le principe de base est d'agir à la hussarde, en prétendant faire violence aux acteurs" (Méla). Méla likens Sarkozy's treatment of university professors in his speech introducing the national strategy on research and innovation in January 2009 to that of the "voyous des banlieues" in November 2005. He characterizes Sarkozy's approach in the two incidences as destructive, provoking emotional opposition, rather than productive, reasoned dialog (Méla). In another article published in *Le Monde* after the second round of public protests against Sarkozy's proposed university reforms, the president of the *Union Nationale des Étudiants de France* (UNEF) appears to second Méla's analysis: "[Sarkozy] est un incendiaire qui jette de l'huile sur le feu" (Dupuis). Françoise Fressoz terms this tendency a "stratégie de provocation" (Fressoz, April 2009).

It is not surprising to learn, after reading the articles and books I have cited, that the president's popularity in early 2009 was at an all time low. It is likely that the actions criticized in the analyses quoted above could be reinterpreted in a more positive light by other writers. What is interesting for the purposes of this study, however, is the fact that so many writers believe they have detected a method, tendencies, strategies, or patterns of behavior in Sarkozy's political career. What do these perceived patterns of behavior indicate about the possibilities of future success for the *Grenelle de l'Environnement* and, more generally, about environmental policy in France?

There are strong reasons to believe that Sarkozy will continue to support the *Grenelle de l'Environnement* and that politicians from opposite sides of the political spectrum can continue to work together. While the economic crisis is of staggering proportions, the risks of the environmental crisis are equally alarming. Climate change is accelerating and coming much faster than scientists thought could be the case even five years ago. Unchecked, it can endanger our very existence. Measures to address both the economic and environmental crises should go hand in hand. As France's Minister of Agriculture, Michel Barnier, dramatically stated in 2009, whereas banking institutions have lost more than 2,200 billion dollars since the beginning of the crisis, the glaciers of Antarctica have lost 103 billion tons in one year (Barnier). By what criteria should we favor one at the expense of the other?

Sarkozy's tendency to favor a positive image (*"réenchantée"*) of France and French history, his predilection for the grand gesture, and his desire to chart a new course all speak for the president's continued support of the *Grenelle de l'Environnement*. Sarkozy is justifiably proud of the progress already made by the coalition founded under his regime. He can take pride in the fact that France is one of the leaders in Europe of environmental reform and, in this respect, has once again become a model for other nations. Postings on the *Grenelle Environnement* web site (under the heading, "À l'étranger aussi") signal France's growing influence in matters of clean energy and in the fight against climate change in various parts of the globe, most recently in its dealings with Romania and India.

On the less optimistic side, I have already mentioned two examples that tend to fit into the *"méthode"* outlined by Cahuc and Zylberberg. Sarkozy's willingness to reverse the recommendations of the Grenelle program by funding new highways and his decision to proceed with the construction of a new nuclear reactor may be interpreted as concessions to economic pressures. Whatever the reason, these kinds of inconsistencies do pose a real danger to the environmental coalition. The risk here is that those who have crossed the divide to collaborate on a UMP sponsored project, those in the working groups of the Grenelle, as well as those who have voted UMP for the first time to support them, may reject not only Sarkozy, but the system itself. José Bové is only the latest to decry the *"crise socioécologique du capitalisme"* and to state categorically that ecology and capitalism are a conflict in terms (Bové).

Various factors have sped the erosion of confidence in the *status quo*. Hope is waning that technological advances alone can save the planet. Recent setbacks, such as the failure of the German and Indian scientists working to successfully sequester carbon dioxide in the Atlantic, highlight the complexity of the problem and the likelihood that progress will be slow (Le Hir). By contrast, the effects of global warming are accelerating and are all too evident. Up to 75% of the 122 species of birds examined in a recent European study are already in decline due to climate change (Caramel, March 2009). According to another study, the use of pesticides and other chemicals has decreased the population of common birds by 30% in rural France between 1989–2006 and has dramatically reduced the biodiversity of plant species at the same time (Dupont). The increasing frequency of violent storms in France and in the world, the dramatic pictures in the media of raging fires and icebergs breaking, and a number of well made documentary films focused on the environment (*Home, Le Syndrome du Titanic*, etc.), keep the ecological crisis in the public eye.

Despite the preponderance of evidence and the shocking images, the public has been slow to adopt eco-friendly behavior. Whereas a March 2009 survey found that 94% of the French feel it is important or very important to practice "sustainable consumption," French shoppers continue to show a preference for individually wrapped servings and well packaged products (Gatinois). Few purchase organic produce because of the higher price, and, explains Bruno Jeanbart, the director of the Opinionway survey, "ils n'en comprennent pas toujours très bien le bénéfice direct sur l'environnement" (Gatinois). Those who are particularly sensitive to ecological issues are puzzled by the general public's contradictory, partially informed behavior, and infuriated by the misappropriation of "green" language, such as the now omnipresent term "*développement durable.*" The continued promotion of nuclear energy as an "ecological alternative" by various business interests—Nicolas Baverez calls the nuclear reactor "EPR" one of the two "mamelles du développement durable" (Kempf)—and even by the present Minister of State for Energy, Ecology and Sustainable Development, Jean-Louis Borloo (Kempf), has antagonized ecologists and led to a hardening of position against Sarkozy and his programs, including the Grenelle. The announcement of plans to build "un circuit de Formule 1 « *durable* »" led bloggers to wish for a "Sarko bio-dégradable en 5 jours" (wearing a "Rolex recyclable"), and another to write, "pour c'est [sic] gens-là, la planète est une marchandise" (Marc).

The ecologist Nicolas Hulot, "la figure de proue de l'écologie en France" (Schmitt) who succeeded in convincing the major candidates in the last presidential election to sign his *Pacte écologique* and who was thus able to bring the environment more solidly into the public consciousness, is a good example of what might be called an "eco-realist." His personal wealth, his frequent appearances on TF1, his association with Chirac and Sarkozy, and the support of major economic powers such as EDF, L'Oréal, and Ibis Hotels as founding partners of the *Fondation Nicolas Hulot* have made him famous in France, but have led some other ecologists to regard him with suspicion. There is even a web site <http://pacte-contre-hulot.org> which features Hulot in a video entitled "Ecotartufes" and asks readers to sign a petition urging Hulot to retire from *l'écologie politique*. This site features a picture of Hulot and Sarkozy smiling at each other, Hulot's t-shirt adorned with a large dollar sign. Although he is at odds philosophically with important aspects of Sarkozy's policy and sees the Grenelle program as only a modest beginning on what needs to be accomplished to save the planet, Hulot has remained dedicated to the effort of working within the system. Eschewing the "alarmist and sectarian language" of the political ecologists that keeps them in a "ghetto électoral," according to Hubert Védrine ("Questions de nature..."), Hulot has been able to reach a wide audience through his more moderate, yet insistent, approach. Preaching sobriety, he often quotes Jean-Baptiste de Foucauld: "Il ne s'agit pas de supprimer voitures et avions. Mais d'organiser la modération avant d'y être contraint. Soit l'évolution sera imposée à nous, soit on l'organisera" (Askolovitch). While he refuses to criticize what others call the slow pace and timid proposals of the *Grenelle de l'Environnement*, he remains fiercely independent and is reported to have told Sarkozy that "le libéralisme ne marche pas" (Askolovitch). In an interview conducted in March 2009 in which he discusses his new documentary, "Le Syndrome du Titanic," one can clearly detect his intensifying sense of urgency: "Le temps des écogestes est révolu. Il faut fermer le ban et précipiter l'étape suivante. [...] Ce qui est en cause, c'est bel et bien notre système économique. Les recettes du passé ne fonctionnent plus. Pire, elles sont les poisons d'aujourd'hui" (Bouvais). He and others feel that it is inevitable that an international organization that makes, coordinates, and presumably enforces environmental policy will be created. For these individuals, the risks are too great not to initiate a fundamental change in governmental policy and public behavior, by whatever means possible.

In January 2008, Sarkozy appointed economics Nobel laureates Amartya Sen and Joseph Stiglitz to advise France on how to include quality of life issues in the way it calculates its growth ("France picks..."). This appointment may be a sign that Sarkozy realizes that the traditional conception of success aligned with capitalism, measured only in financial growth, is untenable. "N'est-il pas paradoxal," says Nicolas Hulot, "de voir que la réparation des dégâts causés par une marée noire permette de faire grimper le PIB (Produit Intérieur Brut) et la croissance?" (Bisson 9). Why not consider other markers of success that bring us from a single focus on *croissance quantitative* to include indicators of *croissance qualitative*, which would necessarily include environmental factors? Amartya Sen, who won the Nobel Prize for work on developing economies and well-being in India is well equipped to help change the focus to a more comprehensive measurement of "quality of life." The more optimistic ecologists may wish to see the appointment of Sen and Stiglitz and the beginnings of the *Grenelle de l'Environnement* as harbingers, if not of *décroissance*, at least of a new *croissance sélective*. Nicolas Hulot, who included in his *Pacte écologique* a request that such quality indicators be considered in governmental decision-making, suggests that we strive to improve *le BIB* (*Bonheur intérieur brut*) and reminds us that our well-being isn't necessarily proportional to the level of our consumption. If Sarkozy keeps this in mind, the green revolution in France may remain a peaceful one.

Note

[1] The *Grenelle de l'Environnement* is presumably named for the "*accords de Grenelle*" conducted in France between the Pompidou government and the labor unions during the May '68 crisis.

References

L'Alliance pour la planète. <http://www.lalliance.fr>.

Askolovitch, Claude, and Etienne Charles. "Nicolas Hulot : L'homme qui veut sauver la terre." *NouvelObs.com* 2183 (Semaine du 7 septembre 2007) <http://tempsreel.nouvelobs.com/index.html> (Archives).

Barnier, Michel. "Pour un Grenelle puissance Vingt-Sept, par Michel Barnier." *LeMonde.fr*. 23 March 2009 <http://www.lemonde.fr> (Archives).

Bezat, Jean-Michel. "Nicholas Sarkozy veut faire des EPR la vitrine du savoir-faire nucléaire français." *LeMonde.fr*. 2 February 2009 <http://www.lemonde.fr> (Archives).

Bisson, Julien. "Entretien : Nicolas Hulot." *France-Amérique: Le Journal français des États-Unis*, September 2008: 8–10.

Bouvais, Walter. "Nicolas Hulot : 'Nos écogestes ne sont pas à la hauteur des enjeux." *Terra-economica.info*. 30 March 2009 <http://www.terra-economica.info/Nicolas-Hulot-Nos-ecogestes-ne,4459.html>.

Bové, José. "José Bové: 'L'écologie n'est pas compatible avec le capitalisme.'" *LeMonde.fr*. 26 March 2009 <http://www.lemonde.fr> (Archives).

Cahuc, Pierre and André Zylberberg. *Les Réformes ratées du Président Sarkozy*. Paris: Flammarion, 2009.

Caramel, Laurence. "Achim Steiner: 'la crise offre l'occasion de décarboner l'économie.'" *LeMonde.fr*. 16 February 2009 <http://www.lemonde.fr> (Archives).

———. "Les oiseaux, baromètre du réchauffement en Europe." *LeMonde.fr.* 6 March 2009 <http://www.lemonde.fr> (Archives).

Cochet, Yves. "'Colloque Degrowth' l'entrée d'un mouvement dans le champ du savoir." *Chronique. Actu-Environnement.com.* 23 April 2008 <http://www.actu environnement.com/ae/news/colloque_degrowth_chronique_cochet_4955.php>.

Cohignac, Yann. "Risque industriel : la réforme gouvernementale scandalise les ONG." *Développementdurable.com.* 9 April 2009 <http://www.developpementdurable .com/politique/>.

Contre-Grenelle de l'environnement. <http://contre-grenelle.info/contre-grenelle1/ index.htm>.

"De nombreux sujets de 'conflit' demeurent." *Autour du Grenelle de l'environnement. Nouvelobs.com.* 29 October 2007 <http://tempsreel.nouvelobs.com/speciales/ autour_du_grenelle_de_lenvironnement/20070927.OBS6807/>.

Detilleux, Jean-Claude. "Plaidoyer pour la 'biodiversité' des banques." *LeMonde.fr.* 24 February 2009 <http://www.lemonde.fr> (Archives).

Dupont, Gaëlle. "Adieu coquelicots, chardons, ivraie, mais aussi biodiversité." *LeMonde.fr.* 16 February 2009 <http://www.lemonde.fr> (Archives).

Dupuis, Marc. "Enseignants-chercheurs : 'Sarkozy est un incendiaire.'" *LeMonde.fr.* 9 April 2009 <http://www.lemonde.fr> (Archives).

"France picks Amartya Sen, Joseph Stiglitz to advise on growth." *Rediff India Abroad.* 9 January 2008 <http://www.rediff.com/money/2008/jan/09sen.htm>.

Fressoz, Françoise. "Rupture : l'effet boomerang, par Françoise Fressoz." *LeMonde.fr.* 20 February 2009 <http://lemonde.fr> (Archives).

———. "Ségolène Royal a la même stratégie de provocation que Nicolas Sarkozy." *LeMonde.fr.* 20 April 2009 <http://www.lemonde.fr>.

Gatinois, Claire. "Haro sur le superflu." *LeMonde.fr.* 1 April 2009 <http://www. lemonde.fr/economie/article/2009/04/01/haro-sur-le-superflu_ 1175127_3234.html>.

Grenelle Environnement. <http://www.legrenelle-environnement.fr/>.

Guélaud, Claire. "*Les Réformes ratées du Président Sarkozy* de Pierre Cahuc et André Zylberberg." *LeMonde.fr.* 21 March 2009 <http://www.lemonde.fr> (Archives).

Kempf, Hervé. "Poisson d'avril à la camomille." *LeMonde.fr.* 5 April 2009 <http:// www.lemonde.fr> (Archives).

Le Hir, Pierre. "Échec de l'expérience Lahofex menée dans l'océan Atlantique." *LeMonde.fr.* 25 March 2009 <http://www.lemonde.fr> (Archives).

Lemaître, Frédéric. "'La croissance est-elle Kyoto-compatible?' par Frédéric Lemaître." *LeMonde.fr.* 1 April 2008 <http://www.lemonde.fr> (Archives).

Marc. "Le développement durable du cynisme : un circuit de formule en Ile-de-France." *Mon Moulins.com.* 8 April 2009 <http://www.monmoulins.com> (Archives).

Méla, Jean-François. "Comment rétablir la confiance, après la 'stratégie du Kärcher,' par Jean-François Méla." *LeMonde.fr.* 18 February 2009 <http://lemonde.fr> (Archives).

"Un nouveau vote quasi-unanime pour la loi Grenelle au Sénat." *Le Grenelle de l'Environnement*. 11 February 2009 <http://www.legrenelle-environnement.fr/>. Path: Acceuil; Loi Grenelle Environnement.

"Plan de relance : les projets de nouvelles autoroutes inquiètent les écologistes." *LesEchos.fr*. 5 December 2008 <http://archives.lesechos.fr/archives/2008/lesechos.fr/12/05/300314260.htm>.

"Projet de loi Grenelle : un texte plutôt conforme au Grenelle, mais qui revoit des mesures à la baisse et reste trop flou sur les moyens." *Grenellorama*. 30 April 2008 <http://legrenelle.lalliance.fr/>.

"Questions de nature : Entretien avec Hubert Védrine." *Hubert Védrine.net* <http://www.hubertvedrine.net/index.php?id_article=221>. Originally printed in *Terre Sauvage Magazine* 223 (Décembre–Janvier 2007).

Schmitt, Olivier. "Elles & ils." *LeMonde.fr*. 3 April 2009 <http://www.lemonde.fr> (Archives).

Veltz, Pierre. "La crise offre l'occasion de réinventer nos modèles urbains." *LeMonde.fr*. 6 March 2009 <http://www.lemonde.fr> (Archives).

Wieder, Thomas. "Les présidents face à l'histoire." *LeMonde.fr*. 20 March 2009 <http://www.lemonde.fr> (Archives).

Zecchini, Laurent. "Un projet de loi prévoit l'indemnisation des victimes des 210 essais nucléaires." *LeMonde.fr*. 24 March 2009 <www.lemonde.fr> (Archives).

3

L'économie française : le syndrome du *Malade imaginaire* ou celui du *Bourgeois gentilhomme* ?

THIERRY WARIN
Middlebury College

La messe est dite : l'économie française s'effondre. François Fillon, Premier ministre, n'hésite pas à confirmer en septembre 2007 ce que beaucoup, de droite ou de gauche, pensent dans les milieux non-officiels: la faillite de la France. Depuis que l'Institut national de la statistique et des études économiques (INSEE) mesure le moral des Français, l'indicateur (- 34) est à son plus bas en janvier 2008 (INSEE, 2008)[1]. Pourtant, sur l'échiquier des doctrines des partis politiques français, certains se satisfont d'un modèle français qui résiste aux sirènes de la mondialisation, même si c'est au prix d'un recul dans les classements économiques ; d'autres, en revanche, se plaignent de tant de ressources gaspillées. Ces deux points de vue peuvent aisément expliquer le clivage gauche-droite d'aujourd'hui. Toutefois, ils reposent sur la même prémisse: la France n'est plus compétitive.

Pourtant, depuis 1993, les indicateurs économiques ne plongeaient pas et tendaient plutôt à s'améliorer dans le moyen terme, jusqu'à l'apparition de la crise en octobre 2008. Sans l'intégration économique européenne, la France aurait sans aucun doute des niveaux de déficits et de dettes publics bien plus élevés que ceux d'aujourd'hui. La crise financière va évidemment changer la donne. Comment les pays vont-ils résister ? Quel en sera l'impact sur la France ? Il est difficile de le savoir au moment de la rédaction de ce chapitre tant les données macroéconomiques sont encore inconnues.

Ce chapitre porte donc davantage sur ce qui se passait jusqu'à la crise, plutôt que de tenter de faire une étude prospective. Plus précisément, il aborde la question de la dichotomie entre la réalité économique française et sa perception. Il y a une nuance entre le « tout ne va pas bien » et le « tout va mal ». En vue de soigner le mal français, la question qu'il faut se poser n'est pas « est-ce que la France va mal ? », mais plutôt « quelle France va mal ? ». Dans bien des cas, la France souffre de la fracture sociale déjà bien connue à l'époque du *Bourgeois gentilhomme*. Dans bien d'autres cas, le pays de Molière rejoue *Le Malade imaginaire*.

L'économie française est européenne

L'économie française est non seulement intégrée mais est une subdivision du marché commun européen. Ce marché est une zone de libre-échange entre les vingt-sept pays de l'UE : les barrières douanières n'existent plus entre les pays membres de l'Union européenne. L'UE est aussi une union douanière, c'est-à-dire que les droits de douane sont les mêmes pour tous les pays de l'UE pour les importations depuis le reste du monde vers l'UE.

Le marché français est régi par les directives européennes en matière de réglementation de la concurrence sur les biens et, depuis peu sur les services, afin d'éviter les distorsions de concurrence créées par des différences dans les réglementations nationales. En plus de la libre-circulation des produits et services s'ajoute le principe de la libre circulation des travailleurs.

De plus, au-delà des directives européennes sur le Marché commun s'imposant *de jure* à la France, la politique macroéconomique est aussi influencée par Bruxelles. En effet, la France fait partie des seize pays en 2009 qui utilisent l'euro avec, comme contrepartie, le besoin de satisfaire les critères du Pacte de stabilité et de croissance (PSC). En bref, la dette publique de l'État français ne doit pas dépasser 60% du produit intérieur brut (PIB), et le déficit public annuel doit être en équilibre ou, en tout état de cause, en-deçà de 3% du PIB.

En 2005, les exportations totales de marchandises de l'Union européenne à 25 pays (UE-25) représentaient 17,15% des exportations mondiales. Quant à elle, la France comptait pour 4,06% des exportations mondiales, contre 3,56% pour l'Italie et 3,67% pour le Royaume-Uni, deux pays de taille équivalente. L'économie française est à ce point européenne que 64,7% de ses exportations sont à destination de l'UE-27 et 61,5% de ses importations proviennent des pays de l'UE-27 (WTO)[2].

L'amélioration de la situation française, comme celle de l'Allemagne ou de l'Italie depuis quelques années, permettait d'ailleurs jusqu'à l'apparition de la crise financière à la zone euro de retrouver de nouvelles marges de manœuvre dans un environnement économique pourtant pas forcément accommodant : un euro fort et une hausse considérable du prix du pétrole (Verdun, 2007).

Les atouts de l'économie française

En observateur assidu de la France, Gumbel écrivait en 2006 : « le coq gaulois dressé sur ses ergots a fait place à une poule mouillée qui a peur de tout. Pourquoi ce vertige français, alors que le pays a tant d'atouts pour rebondir ? » (résumé du livre sur la couverture). Faut-il être un optimiste américain comme Peter Gumbel pour voir les atouts de la France ? Pourquoi les Français ne les voient-ils pas ?

En effet, la faillite de l'économie française n'est pas pour tout de suite... si l'on arrive à comprendre quels sont ses atouts et quelles sont ses faiblesses. Le PIB français par tête (33.408 dollars US en 2006) est à peu près identique à ceux de l'Allemagne, du Royaume-Uni et de l'Italie (WTO)[3]. Le taux de croissance de la France ces dix dernières années a été de 2% en moyenne, 2,1% pour les États-Unis et 2,3% pour le Royaume-Uni. Cependant, l'économie française est également touchée par la crise. Le taux de chômage a atteint 8,6% en février 2008 et le PIB pourrait chuter à - 3% en 2009 (- 4,1% au Royaume-Uni, - 4,4% en Italie et - 5,6% en Allemagne).

La France attire les investissements étrangers, ce que ne ferait pas une économie au bord de la faillite : en 2007, la France était le quatrième pays à recevoir des investissements directs étrangers, après les États-Unis et le Royaume-Uni, et à parité avec la Chine (5,2% des investissements mondiaux)[4]. De plus, en 2005, 46,4% des actions des entreprises françaises cotées en bourse étaient détenues par des investisseurs étrangers. Paris est la deuxième ville au monde, derrière Tokyo et devant New York et Londres, en ce qui concerne le choix d'emplacement des sièges sociaux des entreprises.

Une des raisons ? La productivité de l'économie. Même si le nombre moyen d'heures travaillées par habitant (620 heures en 2008) est inférieur à celui des États-Unis (868 heures), du Royaume-Uni (802 heures), de l'Italie (774 heures), voire de l'Allemagne (693 heures), la productivité de l'économie française permet de compenser ce manque d'heures de travail et son impact sur la production française (voir Tableau 1). En effet, lorsqu'on observe le PIB par heure travaillée, la France se place devant les États-Unis, l'Allemagne, le Royaume-Uni ou l'Italie (voir Tableau 1). Parmi les pays de l'Organisation de coopération et développement économiques (OCDE), la France se place en sixième position en matière de compétitivité devant ses partenaires de taille équivalente (OCDE, 2007b).

Tableau 1. PIB par heure travaillée et PIB par habitant
Source: OECD.Stat, 2009

	PIB par heure travaillée – dollars É-U	Heures travaillées par habitant
Pays		
Luxembourg	74,5	1.070
Irlande	56,8	792
Belgique	55	644
Pays-Bas	53,6	732
France	*52,7*	*620*
États-Unis	52,4	868
Allemagne	49,6	693
Suède	45,9	798
Zone Euro	45,6	721
Autriche	45,5	816
Royaume-Uni	44,5	802
Finlande	43,1	806
Danemark	43	837
Espagne	42	751
OCDE-TOTAL	40,3	811
Italie	39,3	774
Grèce	31,5	903
République slovaque	28,5	706
Portugal	27,3	835
Hongrie	24,3	770
République tchèque	24	1.001
Pologne	20,2	790

Données extraites le 28 mai 2009, 15h21 UTC (GMT), de OECD.Stat

Pourtant, le taux de chômage est souvent utilisé pour expliquer que le modèle touche à sa fin. En réalité, derrière un taux de chômage de 7,9% en 2007 (OCDE, 2007b) et 8,6% en 2008 se cache une réalité beaucoup plus complexe. Par exemple, le nombre d'emplois créés en France dans les dix dernières années a été supérieur à celui d'un pays comparable comme le Royaume-Uni. Il n'en reste pas moins que le taux de chômage demeure élevé en raison, entre autres, d'un taux de croissance de la population active supérieur à celui du Royaume-Uni et à une population plus jeune, mais aussi de problèmes structurels de l'économie française comme, par exemple, l'existence de problèmes d'insertion de la jeunesse. Une France malade qui n'investit pas ? Selon les chiffres de l'UNCTAD (2007), la France était en 2005 le second investisseur dans le monde avec 15% des investissements totaux[5].

En matière de ressources en main d'œuvre, le pourcentage de diplômés de l'enseignement supérieur (dans la population totale ou dans la population de 25 à 34 ans) est élevé en France, « à peu près au même niveau qu'en Suède, plus élevé qu'au Royaume-Uni, en Allemagne ou en Italie. Le pourcentage de diplômés dans les matières scientifiques est élevé aussi, quoiqu'un peu plus faible qu'en Allemagne ou en Suède » (Artus, 2007, p. 17).

L'économie française en mal de compétitivité

Il existe de grandes différences entre l'Allemagne, l'Italie et la France à partir de 2001 en matière de flux commerciaux. Pourtant, au moment où le commerce mondial connaît une forte accélération, la France ne parvient pas à en profiter et présente un déficit commercial sans cesse en augmentation depuis 2004 (Cohen, 2007).

En 2006, le déficit commercial a atteint 27,6 milliards d'euros, soit son plus mauvais résultat depuis 1980 (WTO)[6]. Il est vrai que la force de l'euro protège les pays de l'Union économique et monétaire d'une forte hausse du prix du pétrole, mais ralentit aussi les exportations. Pourtant, dans les mêmes conditions, l'Allemagne est le premier exportateur mondial de marchandises en 2006. De plus, le déficit commercial français est d'abord réalisé avec les pays de la zone euro. Le déficit français correspond à 2,15% de son PIB, quand l'excédent allemand correspond à 2,5% de son PIB (WTO). Comme l'explique Cohen, ce résultat en Allemagne a été obtenu au prix d'une modération salariale drastique depuis 2002 — et dans certains cas d'une hausse du temps de travail sans contrepartie salariale — et d'une sous-traitance d'une partie de la production dans les pays à bas salaires. 22% des exportations françaises sont composées de biens d'équipements et se concentrent sur l'Europe où la croissance est faible, quand 45% des exportations allemandes sont des biens d'équipements à destination de marchés plus réactifs comme l'Asie et l'Europe de l'Est. Comme l'écrit Cohen, « si le diagnostic est correct : faible réactivité de l'appareil industriel français quand le commerce international s'accélère, faible effectif des PME innovantes et exportatrices et faible variété des produits 'made in France', alors c'est au niveau macroéconomique et structurel qu'il faut concevoir la réponse » (55).

Cependant, comme l'explique Madiès :

[. . .] la France se situe à la cinquième place des pays exportateurs de marchandises (derrière l'Allemagne, les États-Unis, la Chine et le Japon) et au quatrième rang mondial de principaux exportateurs de services (derrière les États-Unis, le Royaume-Uni et l'Allemagne). Le taux de pénétration du marché manufacturier français a plus que doublé au cours des trente dernières années. La part exportée de la production manufacturière est passée sur la même période de 20 à 45% actuellement. L'évolution récente montre cependant un ralentissement sensible des exportations françaises en volume depuis 2001 tandis que les importations restent relativement stables sur la période 2000–2005. Le déficit commercial enregistré ces dernières années (qui passe de 8 à 26 milliards d'euros entre 2004 et 2005) ne doit pas faire oublier que le commerce extérieur français a été excédentaire tout au long de la dernière décennie (hormis en 2001) après des années quatre-vingt calamiteuses associées à une forte contrainte extérieure (72).

L'innovation à la traîne

Pour mesurer l'innovation, les économistes utilisent trois indicateurs : les dépenses publiques-privées en recherche et développement (R&D), le personnel de recherche et les dépôts de brevets. En ce qui concerne les dépenses en R&D en 2003, l'Allemagne a investi 2,52% de son PIB, la France 2,18%, le Royaume-Uni 1,88%, et l'Espagne 0,96%. Sans aucun doute, la France a une croissance expliquée par l'innovation, mais elle reste loin derrière les États-Unis (2,68%) et le Japon (3,15%) (OCDE, 2007a).

En termes de personnel de recherche, le nombre de chercheurs pour mille emplois en 2003 était de 6,95 en Allemagne, 7,75 en France, 9,61 aux États-Unis, et 10,38 au Japon (OCDE, 2007a). Bien sûr, il ne suffit pas d'être bien doté en personnel si la productivité de ce même personnel est faible. Le nombre de brevets est un des indicateurs de performance des fonds alloués au personnel de recherche. L'Allemagne a déposé 19.271 brevets en 2001, la France 12.068, le Royaume-Uni 4.838, faisant un peu mieux que les Pays-Bas qui ont déposé 2.972 brevets avec une population largement inférieure. Une autre façon de mesurer est d'utiliser le nombre de citations dans les publications pour un nombre de chercheurs équivalent. Le score est de 58,33 aux États-Unis, 51 au Royaume-Uni, 38,25 en Italie, 32,98 en Allemagne et, loin derrière, 26,68 en France (Guillaume). Selon le rapport Guillaume (2007), l'éparpillement des chercheurs français et leur système actuel d'évaluation ne favorisent pas les meilleures équipes. La France compte 3,7 chercheurs publics pour 1.000 emplois, soit bien plus que la moyenne européenne (2,94). Un chercheur français dispose donc de moins de moyens pour mener ses travaux. En conséquence, le nombre de publications scientifiques est faible et ces articles sont peu cités.

Des inégalités économiques...

Dans l'ensemble pourtant, même si la France rencontre des difficultés économiques, elle présente aussi des atouts certains, la meilleure preuve étant les investissements directs étrangers. Pourquoi dès lors est-ce qu'au fil des élections, le malaise social semble se diffuser de plus en plus largement au sein de l'Hexagone?

Dans les faits et malgré des programmes sociaux nombreux et pourtant souvent efficaces, les études de l'INSEE (2007) montrent que le partage de la valeur ajoutée au niveau national entre rémunération des salariés (58,2% en 2006) et l'excédent brut d'exploitation[7] (31,1%) n'a guère varié ces vingt dernières années[8]. En 2000, les 3% de Français les plus riches concentraient 27% du patrimoine français. Les 10% les plus riches avaient 46% du patrimoine français. Bien pire a priori, les 50% les plus riches possédaient 91% du patrimoine. En d'autres termes, les 50% les plus pauvres ne possèdent que 9% du patrimoine.

Ceci reflète évidemment des inégalités importantes de la société française. Toutefois, une société médiane où 50% des plus riches ont 50% du patrimoine et 50% des moins riches ont 50% du patrimoine ne veut rien dire : en quoi les plus riches sont-ils alors « plus » riches ? De plus, une vision statique conduirait à une mauvaise approche du problème. En effet, les politiques économiques françaises ont bien souvent prôné la redistribution des plus riches vers les plus pauvres avec pour objectif de s'approcher de la société médiane. Effectivement, non seulement ce type de politique a un effet sur une redistribution du patrimoine moins inégalitaire, mais aussi sur la taille du patrimoine français. Les politiques de redistribution, si elles atteignent un seuil trop élevé, vont créer des mécanismes désincitatifs favorisant un ralentissement de la croissance. Il n'est pas certain que ce seront les plus riches qui supporteront à eux seuls ce ralentissement. Il semble plus probable que tout le monde en pâtira. Donc ceux qui étaient autour de la frontière des 50% les plus riches et qui avaient un peu de patrimoine peuvent le perdre dans ce ralentissement économique.

La vraie bonne idée pour réduire les inégalités est de cibler les pauvres en leur facilitant l'accès au patrimoine plutôt que de ne s'intéresser qu'aux « riches ». Cependant, attention à la mauvaise lecture des statistiques, car faire cela va certainement augmenter le patrimoine total, mais pas nécessairement affecter les ratios. Le seul effet est de faire que les plus pauvres soient moins pauvres, même si leur ratio dans la part totale du patrimoine reste faible dans la définition statistique.

À l'autre bout de la chaîne, les informations sont nombreuses pour souligner la montée de la précarité, fruit des inégalités engendrées par le modèle sociétal français.

... et surtout des inégalités sociétales

Les inégalités sociétales sont celles créées par le système institutionnel. Elles constituent essentiellement un mode de réplication sociale plus connu sous le nom de fracture sociale. Celle-ci est plus complexe que les inégalités économiques dans la mesure où ces dernières sont le résultat de cette fracture. S'attaquer aux inégalités économiques comme l'a fait la France ces vingt dernières années aide sans nul doute à atténuer la douleur, mais ne s'attaque pas à la racine du problème. Comment peut-on être certain que c'est moins la France qui est malade de son économie, que les Français qui souffrent de la fracture sociale ? Un indicateur est celui de l'homogénéité du taux de chômage. En effet, le taux de chômage devrait à lui seul représenter toutes les composantes de la société. Or la France a un taux de chômage (au sens du BIT ou Bureau international du travail) qui capture trop souvent le même profil de chômeurs (voir Tableau 2).

La tragédie du chômage est : (1) qu'il touche des personnes pas ou peu instruites — et dans ce cas davantage les femmes que les hommes — (2) que les personnes en manque d'expérience professionnelle (au chômage depuis un an ou plus) constituent la part importante du nombre de chômeurs, et (3) que mécaniquement les gens en situation de précarité professionnelle (contrats à durée déterminée) sont ceux qui se retrouvent majoritairement au chômage.

Cela ne veut pas dire qu'il faille privilégier les contrats à durée indéterminée (CDI) et bannir les contrats à durée déterminée (CDD), mais que les CDD ne

**Tableau 2. Taux de chômage en 2007 selon le diplôme, le sexe et la
durée depuis la sortie de formation initiale, Source: INSEE (2007)[9].**

	Année 2007					
	Enseignement supérieur long	Enseignement supérieur court	Bac et équivalents	CAP-BEP et équivalents	Brevet, CEP et sans diplôme	Ensemble
Sortis depuis 1 à 4 ans de formation initiale						
Hommes	9	11	14	19	36	17,1
Femmes	9	7	13	27	41	14,8
Ensemble	9	9	14	22	37	16,0
Sortis depuis 5 à 10 ans de formation initiale						
Hommes	5	5	6	11	22	9,0
Femmes	5	5	11	14	29	10,4
Ensemble	5	5	8	12	24	9,6
Sortis depuis 11 ans et plus de formation initiale						
Hommes	4	4	4	4	9	5,6
Femmes	5	4	6	6	10	6,8
Ensemble	4	4	5	5	9	6,2

Lecture : en 2007, le taux de chômagne au sens du BIT des hommes sortis depuis 1 à 4 ans de formation initiale et diplômés de l'enseignement supérieur long est 9 %.

BEP : brevet d'études professionnelles – CAP : certificat d'aptitude professionnelle – CEP : certificat d'études primaires.

Champ : France métropolitaine ; actifs sortis de formation initiale.

Source: Insee, enquêtes Emploi (en moyenne annuelle à partir de 2003), données révisées en fonction des estimations démographiques 2007.

sont pas perçus par les employeurs comme des expériences professionnelles
« fortes », d'autant plus si le niveau d'éducation de la personne est faible : en
2007, 37% des personnes sorties de formation initiale depuis 1 à 4 ans (donc
très peu d'expérience professionnelle) avec brevet, CEP et sans diplôme sont au
chômage. En revanche, pour celles sorties de formation initiale depuis 1 à 4
ans qui travaillent, 54% ont un CDI (48% dans le secteur privé et 6% dans le
secteur public), 30% ont un emploi temporaire, et 4% sont des travailleurs
indépendants (voir Tableau 3).

Tous les contrats à durée déterminée ne se transformeront pas en contrats
à durée indéterminée. Ces jeunes connaîtront donc le chômage à un moment
donné. Cependant, cette expérience professionnelle sera un meilleur atout pour
ne rester au chômage que transitoirement. Sans ces contrats à durée déterminée,
il est probable que ces 45% avec un emploi temporaire gonfleraient le nombre
des jeunes sans activité professionnelle plutôt que celui des jeunes avec un
brevet, CEP ou sans diplômes avec un CDI (Klein et Warin 55).

**Tableau 3. Statut d'emploi et type de contrat des actifs occupés selon
le diplôme et la durée depuis la sortie de formation initiale,
Source : INSEE (2007)[10]**

	Année 2007					
	Enseignement supérieur long	Enseignement supérieur court	Bac et équivalents	CAP-BEP et équivalents	Brevet, CEP et sans diplôme	Ensemble
Sortis depuis 1 à 4 ans de formation initiale						
Non salariés	5	6	4	1	1	4
Salariés	95	94	96	99	99	96
Emplois temporaires	22	27	34	38	45	30
dont intérim	2	4	6	9	12	6
Contrats à durée indéterminée du secteur privé	56	55	54	53	48	54
Contrats à durée indéterminée du secteur public	17	12	8	8	6	12
Total	100	100	100	100	100	100
Nombre d'actifs occupés (en milliers)	616	461	466	319	208	2 070

(à suivre)

Tableau 3. Statut d'emploi et type de contrat des actifs occupés selon le diplôme et la durée depuis la sortie de formation initiale, Source : INSEE (2007)[10] *(suite)*

	Année 2007					
	Enseignement supérieur long	Enseignement supérieur court	Bac et équivalents	CAP-BEP et équivalents	Brevet, CEP et sans diplôme	Ensemble
Sortis depuis 5 à 10 ans de formation initiale						
Non salariés	8	6	7	4	5	6
Salariés	92	94	93	96	95	94
Emplois temporaires	9	8	15	22	26	15
dont intérim	1	2	3	6	8	3
Contrats à durée indéterminée du secteur privé	52	69	62	65	63	62
Contrats à durée indéterminée du secteur public	31	16	15	9	6	17
Total	100	100	100	100	100	100
Nombre d'actifs occupés (en milliers)	951	789	901	671	418	3 730
Sortis depuis 11 ans et plus de formation initiale						
Non salariés	17	13	13	13	11	13
Salariés	83	87	87	87	89	87
Emplois temporaires	4	4	6	7	10	7
dont intérim	0	0	1	2	2	1
Contrats à durée indéterminée du secteur privé	45	59	58	64	63	60
Contrats à durée indéterminée du secteur public	33	25	23	16	16	20
Total	100	100	100	100	100	100
Nombre d'actifs occupés (en milliers)	2.338	2.298	3.068	5.628	5.476	18.808

BEP : brevet d'études professionnelles ; CAP : certificat d'aptitude professionnelle ; CEP : certificat d'études primaires.
Lecture : en 2007, parmi les personnes occupant un emploi et sorties depuis 1 à 4 ans de formation initiale, les non-salariés représentent 5 % des diplômés de l'enseignement supérieur long.
Champ : France métropolitaine ; actifs sortis de formation initiale.
Source : Insee, enquêtes Emploi.

Il y a donc des raisons d'être optimiste, sauf que l'économie française n'est pas capable d'intégrer tous ses jeunes avec une formation initiale faible. Et encore une fois, lorsqu'on est jeune, faiblement diplômé, et sans expérience professionnelle, être incapable d'intégrer l'économie française à la sortie de la formation initiale, cela veut dire rester plus longtemps en situation de chômage et donc voir ses chances d'intégrer le marché du travail réduites.

Le problème ne se pose pratiquement pas pour les diplômés de l'enseignement supérieur court et de l'enseignement supérieur long pour qui, si respectivement 27% et 22% d'entre eux ont un travail temporaire, 67% et 73% ont un CDI. Et les emplois temporaires de ce groupe ne sont pas pour la grande majorité des emplois aidés, c'est-à-dire subventionnés par le gouvernement[11].

Si les emplois aidés démontrent une certaine efficacité, il semble néanmoins qu'il y ait un problème avec l'accès à la formation des chômeurs en fonction de leur niveau de diplômes (DARES, 2003; INSEE, 2007). Si 14,9% des chômeurs ont eu accès à un programme de formation en 2003, 13,8% des chômeurs avec un niveau terminale CAP-BEP ont eu accès à la formation, ce chiffre tombe à 7,2% pour CAP-BEP collège, et 6,2% pour les chômeurs sans diplômes. En revanche, 22,6% des chômeurs avec un diplôme bac + 5 (bac + 5 années d'études universitaires) ou plus ont eu accès à la formation, et encore 22,1% des chômeurs avec un diplôme niveau Licence, Maîtrise, 20,3% avec un diplôme niveau bac + 2. Les chômeurs qui sont les mieux armés par rapport aux faiblement diplômés sont ceux qui semblent avoir un meilleur accès à la formation et auront donc plus probablement un emploi aidé (Klein et Warin 67).

Ainsi, le taux d'accès à la formation pour les personnes qui n'ont pas fait d'études est de 6,2% (le plus bas) contre 22,6% pour ceux qui sont diplômés bac + 5 ans. Plus le niveau d'éducation est élevé, plus le taux d'accès à la formation augmente. Bizarrement, ceux qui ont le plus besoin de formation sont moins bien représentés. Des jeunes non qualifiés, des familles pauvres, sans éducation et sans expérience, vont rester dans la même catégorie sociale (Klein et Warin 67). C'est un exemple assez fort de ces inégalités sociétales: un cercle vicieux duquel les jeunes les moins diplômés ou pas diplômés n'ont pas les moyens de sortir.

Un modèle français qui a des coûts : des finances publiques difficilement maîtrisables

Pourtant, tous ces programmes qui constituent une part importante du modèle français ont un coût. En matière de finances publiques, tout en n'étant pas le meilleur élève de la classe, la volonté politique semble s'orienter vers l'amélioration à moyen terme des finances publiques. Toutefois, si cela n'est pas fait et sans modification des orientations économiques pour le long terme, les prévisions sont plutôt mauvaises (Pébereau).

Compte tenu d'un déficit budgétaire de 41,7 milliards d'euros et d'un déficit des comptes sociaux prévu à 8,9 milliards d'euros dans le projet de loi de financement de la sécurité sociale présenté en 2007, le déficit public devrait être ramené à 2,3% du PIB en 2008 (2,4% en 2006) ; en matière de déficit, la performance française est en-deçà de celle de ses partenaires de la zone euro avec une moyenne de 1,6%. La crise vient évidemment changer les perspectives. Le déficit devrait être de 6,2% du PIB en 2009 (5,6% en Allemagne, 13,6% aux États-Unis, et 9,8% au Royaume-Uni). La dette publique serait quant à elle de 63,9 % du PIB à la fin 2007 (63,6% en 2006)[12] contre une prévision antérieure de 64,2% après prise en compte d'une partie de la dette de la SNCF à la demande de la Commission européenne. Depuis 1997, la dette évolue autour des 60% fixés par le Pacte de stabilité et de croissance qui stipule que la dette des pays de l'Union européenne doit être sous les 60%. Le plus préoccupant, c'est que le service de la dette, qui s'est élevé à 39,17 milliards d'euros en 2006, réduit considérablement la marge de manœuvre budgétaire des pouvoirs publics. Il a constitué plus que le déficit budgétaire de l'État (36,2 milliards d'euros), ce qui veut dire que l'État a dû réduire ses dépenses, et qu'en plus il a dû s'endetter pour payer les intérêts de la dette précédente. Le service de la dette, c'est-à-dire le remboursement des intérêts, représente 70% du produit de l'impôt sur le revenu (57,1 milliards d'euros) et constitue le deuxième poste budgétaire après l'Éducation nationale.

La bouffée d'oxygène des finances publiques françaises ne vient pas pour l'instant des réformes internes à la France, mais de la crédibilité de l'euro. Ces dernières années, la baisse des taux d'intérêt a permis de rendre l'augmentation de la dette — ou son maintien à un niveau élevé — relativement indolore. L'État français peut émettre des bons du Trésor à 10 ans à seulement 4,2%. Sans l'euro, la France serait amenée à payer une prime de risque supérieure à ce qu'elle paie aujourd'hui et le service de la dette occuperait une part encore plus importante. La situation budgétaire serait encore plus critique, d'autant plus que la France n'a pas beaucoup de marges de manœuvre en matière de recettes fiscales. En effet après la Suède, la France est le pays parmi ceux présentés dans le tableau 4 où la pression fiscale sur les salaires est la plus élevée.

**Tableau 4. Taux marginaux d'imposition pour
les hauts salaires (en %).**

	2000	2003	2005
Allemagne	53,8	51,2	43,2
France	61,2	56,1	55,0
Italie	46,4	45,9	43,1
Royaume-Uni	40,0	40,0	40,0
Suède	55,4	56,2	57,0

Source: Artus (2007, p. 24).

Conclusion

Sans pour autant rejeter le cœur de l'analyse de Baverez (2003, 2006), on peut affirmer que la France ne tombe pas. En revanche, elle a mal. Alain Peyrefitte le constatait déjà en 1976 dans la première édition de son livre *Le Mal français*. Elle a mal lorsqu'elle constate qu'elle ne s'améliore pas, lorsqu'elle voit ses voisins devenir plus riches, lorsqu'elle se sent obligée de protéger sa culture. Elle a mal aussi lorsqu'on lui propose les réformes à mettre en place (Warin).

Le tsar Nicholas Ier est connu pour avoir appelé l'Empire ottoman « l'homme malade de l'Europe ». Cette qualification fut reprise dans les années 1970 pour qualifier un Royaume-Uni moribond. Dans les années 1990, ce fut le tour de l'Allemagne, puis celui de l'Italie. Au début des années 2000, la France semble être le nouvel homme malade de l'Europe. L'économie française ne fait pas de la France le meilleur élève de sa classe, mais elle ne fait pas pour autant de la France une économie en faillite. L'économie française a toujours de nombreux atouts. Il est certain que, sans changements dans la doctrine économique française qui a appuyé les politiques économiques des années 1980 et 1990, la France se préparerait un avenir sombre. On peut d'ailleurs être pessimiste lorsqu'on voit les sondages des Français sur la perception de leur économie, en particulier au beau milieu d'une crise financière. En revanche, on peut aussi être optimiste lorsqu'on étudie les atouts de l'économie française. Comment peut-on alors expliquer la différence entre la perception et la réalité de l'économie française ? La réponse est certainement à chercher davantage du côté de la fracture sociale plutôt que seulement du côté des performances de l'économie française. L'économie française va bien sans être pour autant au niveau auquel elle pourrait être, mais la perception des Français est négative car, à travers un taux de chômage élevé, ils perçoivent une économie à bout de souffle. Cela suffit à faire de la France une économie hypochondriaque. Or le taux de chômage français est très homogène et capture les phénomènes d'hystérésis de l'économie. En d'autres termes, les Français d'un certain profil sociologique (moins éduqués, jeunes, chômeurs de longue durée, etc.) ont de très grandes difficultés à intégrer l'économie. Davantage que les inégalités économiques, une certaine catégorie de Français souffre de cette fracture sociale et en conclut que c'est l'économie tout entière qui ne va pas bien quand il s'agit en fait du « système » sociétal français. Un peu trop souvent, les Français rejouent *Le Malade imaginaire*.

Notes

[1] <http://www.insee.fr/fr/indicateur/indic_conj/indconj_frame.asp?ind_id=20>.

[2] <http://stat.wto.org/CountryProfile/WSDBCountryPFView.aspx?Language= E&Country=FR>.

[3] <http://stat.wto.org/CountryProfile/WSDBCountryPFView.aspx?Language= E&Country =FR,IT,GB,DE>.

[4] UNCTAD (2007). Foreign Direct Investment Database. *Foreign Direct Investment Database*. <http://stats.unctad.org/fdi/ReportFolders/ReportFolders.aspx?CS_referer=&CS_ChosenLang=en>.

[5] <http://stats.unctad.org/fdi/ReportFolders/ReportFolders.aspx?CS_referer =&CS_ ChosenLang=en>.

[6] <http://stat.wto.org/CountryProfile/WSDBCountryPFView.aspx?Language= E&Country=FR>.

[7] L'excédent brut d'exploitation est le solde du compte d'exploitation, pour les sociétés. Il est égal à la valeur ajoutée, diminuée de la rémunération des salariés, des autres impôts sur la production et augmentée des subventions d'exploitation.

[8] <http://www.insee.fr/fr/ffc/chifcle_fiche.asp?tab_id=179>.

[9] <http://www.insee.fr/fr/themes/tableau.asp?ref_id=NATnon03314&reg_id=0>.

[10] <http://www.insee.fr/fr/themes/tableau.asp?ref_id=NATnon03236&reg_id=0>.

[11] Les emplois aidés sont des emplois entrant dans le cadre de la politique du travail menée par le gouvernement et qui offrent des incitations — souvent financières — à l'employeur public ou privé afin de favoriser l'emploi d'une catégorie particulière de la population.

[12] <http://www.insee.fr/fr/indicateur/cnat_annu/base_2000/finances_publiques/accueil.htm>.

Références

Artus, Patrick. « Quels atouts pour la France dans la mondialisation? ». *In* Philippe Aghion, Patrick Artus, Daniel Cohen et Elie Cohen (dir.). *Mondialisation : les atouts de la France*. Paris : La Documentation Française, 2007, p. 13–34.

Baverez, Nicolas. *La France qui tombe*. Paris : Perrin, 2003.

———. *Nouveau monde, vieille France*. Paris : Perrin, 2006.

Cohen, Elie. « Les atouts de la France dans la mondialisation et la tentation protectionniste ». *In* Philippe Aghion, Patrick Artus, Daniel Cohen et Elie Cohen (dir.). *Mondialisation: les atouts de la France*. Paris: La Documentation Française, 2007, p. 47–60.

DARES. *Les Politiques de l'emploi et du marché du travail*. Paris : La Découverte, 2003.

Fontagné, Lionel. « La France dans la concurrence mondiale : quels atouts pour quelle politique économique ? ». *In* Philippe Aghion, Patrick Artus, Daniel Cohen et Elie Cohen (dir.). *Mondialisation : les atouts de la France*. Paris : La Documentation Française, 2007.

Guillaume, Henri, et al. « Rapport sur la valorisation de la recherche ». Paris : Inspection générale des finances / Inspection générale de l'administration de l'Éducation nationale et de la Recherche, 2007 <https://www.igf.minefi.gouv.fr/sections/les_rapports_par_the/education_recherch/valorisation_de_la_r/view>.

Gumbel, Peter. *French Vertigo*. Paris : Grasset, 2006.

INSEE. *Enquêtes Emplois*. Paris : INSEE, 2007.

INSEE. *Tableaux de l'Économie Française - Édition 2007*. Paris : INSEE, 2007.

INSEE. *Enquête mensuelle de conjoncture auprès des ménages*. Paris : INSEE, 2008.

Klein, M. et Thierry Warin. *La Place de la jeunesse dans le modèle français*. Paris : Le Manuscrit, 2008.

Madiès, Thierry. « La France dans la concurrence mondiale : quels atouts pour quelle politique économique ? » *In* Philippe Aghion, Patrick Artus, Daniel Cohen et Elie Cohen (dir.). *Mondialisation : les atouts de la France*. Paris : La Documentation Française, 2007, p. 71–92.

OCDE. Dépenses intérieures de R&D (DIRD). *Organisation de coopération et de développement économiques*, 2007a.

OCDE. Perspectives économiques - Données annuelles et trimestrielles. Vol 2007, édition 02, 2007b <http://oecd-stats.ingenta.com/OECD/TableViewer/tableView.aspx>.

Pébereau, Michel. *La France face à sa dette*. Paris : Robert Laffont, 2006.

Peyrefitte, Alain. *Le Mal français*. Paris : Plon, 1976.

UNCTAD (2007). Foreign Direct Investment Database. *Foreign Direct Investment Database*, 2007 <http://stats.unctad.org/fdi/ReportFolders/ReportFolders.aspx?CS_referer=&CS_ChosenLang=en>.

Verdun, Amy. « Economic Developments in the Euro Area ». *Journal of Common Market Studies* 45, 2007, p. 213–230.

Warin, Thierry. *L'Exception économique française ou les 35 heurts ?* Paris : Éditions de l'Officine, 2005.

WTO. « Country Statistics ». *World Trade Database*, 2007 <http://www.wto.org>.

4

Mise(s) en scène identitaire(s) : décentralisations administrative et culturelle

CHRISTIAN ROCHE ET ANN WILLIAMS
Denver Center for International Studies et Metropolitan
State College of Denver

La décentralisation de la France a été inscrite dans la Constitution par la loi du 21 mars 2003, qui modifia l'Article Premier, par l'ajout de sa dernière phrase actuelle. Dans le contexte de cet article premier, la modification apparaît dans toute son importance puisque la notion de décentralisation côtoie désormais les vénérés « grands principes » fondateurs de la République. Voici l'article dans son ensemble :

> La France est une République indivisible, laïque, démocratique et sociale. Elle assure l'égalité devant la loi de tous les citoyens sans distinction d'origine, de race ou de religion. Elle respecte toutes les croyances. Son organisation est décentralisée (Constitution 1).

La décentralisation est le fruit d'une réflexion sur les effets pervers de la centralisation économique, culturelle et politique qui caractérisa depuis son origine l'organisation de la République française. En accordant aux régions (ainsi qu'à diverses autres collectivités territoriales) de nouveaux pouvoirs de décision, la France reconnaît aujourd'hui la pluralité comme un facteur de démocratie. L'un des thèmes majeurs de la dernière élection présidentielle était d'ailleurs la « démocratie de proximité », une idée allant dans le même sens puisque visant à rapprocher les citoyens et les décisions prises dans leur région. La décentralisation a donc désormais force de loi et la Constitution, sans retour en arrière possible, oblige le gouvernement à accorder aux régions une autonomie grandissante et légitime. Mais au-delà d'une simple volonté politique, cette légitimité nouvelle renvoie à une autre, plus ancienne, reposant sur la notion d'identité (autre thème très présent durant la dernière campagne présidentielle). En effet, la décentralisation s'est aussi donné pour mission de préserver l'identité des régions, comme on peut le lire dans l'Article 59 de la loi du 2 mars 1982 (Loi Defferre) : « L'institution régionale a compétence pour [. . .] assurer la préservation de son identité ». Mais quelle identité s'agit-il de préserver ? Une identité construite et propagée par le discours des institutions politiques et économiques régionales ? Ou bien une identité qui remonterait aux racines de l'imaginaire d'une population et indissociable d'un certain lieu géographique ? Pour illustrer cette dernière voie, nous nous pencherons sur le cas du TRAC (Théâtre Rural d'Animation Culturelle), une organisation théâtrale pour amateurs, située en Provence. Nous verrons que cette pratique exigeante générée « par le bas », au contact des gens du pays, ne coïncide pas exactement avec la notion d'une identité façonnée « par le haut », avec l'aide d'agences de relations publiques et dans un but de promotion plutôt que de préservation.

Notons tout d'abord que l'affirmation d'une identité régionale se renforce plutôt d'une opposition à l'État que d'une décision prise par l'État (on peut en juger par les actions des mouvements indépendantistes basque et corse dont l'aspiration à l'autonomie est indissociable de leurs revendications identitaires). De plus, les régions présentent des situations bien différentes les unes des autres : parmi les 26 régions actuelles, certaines ont une forte identité historique et géographique, cristallisée par un dialecte, voire une langue propre (la Corse, la Bretagne, l'Alsace), tandis que d'autres sont des constructions artificielles (voir la « Carte administrative de la France » en fin d'ouvrage).

Les historiens s'accordent pour distinguer deux périodes historiques dans la construction du territoire français : une centralisation entamée sous l'Ancien Régime et une décentralisation durant les trente dernières années. On en trouve un résumé fort utile dans ce passage publié par le Centre de la Documentation Française :

> Le territoire français actuel s'est construit selon deux logiques différentes. Depuis l'An-
> cien Régime, c'est une logique fortement centralisatrice qui a imposé une construction
> «par le haut», s'appuyant sur un maillage administratif uniforme — celui des départe-
> ments — que l'État contrôlait étroitement par l'intermédiaire des préfets. Il s'agissait
> d'assurer ainsi l'unité et la cohésion du pays, ce qui se fit en réduisant le rôle des pou-
> voirs locaux. Aujourd'hui une autre logique conduit à une reconstruction du territoire
> français « par le bas », à partir d'initiatives fortement ancrées dans le local (Marconis 1).

Si ce paragraphe indique clairement l'évolution administrative du pays, il ne faut cependant pas en conclure que les identités régionales se sont affaiblies sous l'Ancien Régime. C'est en effet avec le jacobinisme et le bonapartisme que les identités régionales sont apparues en contradiction avec les visées de l'État. La société civile sous l'Ancien Régime présente des différences très marquées entre provinces, corporations et classes sociales, et c'est une période de grande diversité pour ce qui concerne les identités régionales. On peut avancer ici, avec René Rémond, que la monarchie absolue, parce qu'elle ne se sent pas menacée politiquement est paradoxalement un facteur de diversité dans le pays (Rémond 23). Le véritable ennemi de la diversité régionale sera la Révolution française, très menacée politiquement, de l'extérieur comme de l'intérieur[1], et qui s'efforcera d'effacer les identités régionales au profit d'une identité nationale universaliste. Si l'action de l'État s'exerce bien « du haut vers le bas », sous l'Ancien Régime, il faut bien distinguer entre l'avant et l'après-Révolution pour comprendre la situation historique des identités régionales : sous l'Ancien Régime, il y a de fortes identités régionales « de fait », identités qui s'effaceront peu à peu après la Révolution. C'est Napoléon qui sera le fondateur des institutions majeures de la République française moderne et centralisée qui perdure et n'est pas remise en question jusqu'au milieu du XXe siècle.

La publication, en 1947, du livre *Paris et le désert français*, écrit par Jean-François Gravier, annonce les débuts de la décentralisation. Ce livre condamne l'importance démesurée de la région parisienne dans l'économie nationale. Selon l'auteur, la centralisation s'est effectuée au détriment des provinces. En 1950 débute une politique « d'Aménagement du Territoire », visant à répartir l'activité économique sur l'ensemble du pays. En 1969, le général de Gaulle tente de créer des régions ayant une véritable légitimité démocratique. Pour cela il organise un référendum sur la régionalisation le 27 avril 1969[2]. Le référendum est un échec, entraînant le départ définitif du général. La régionalisation est mise entre parenthèses jusqu'en 1972 où l'on passe une loi en faveur des régions, mais c'est entre1981 et 1983 que la décentralisation est réellement affirmée par la loi. La région devient une nouvelle catégorie de collectivité locale. La loi de mars 1982 s'intitule « Loi relative aux droits et libertés des communes, des départements et des régions ». L'Article Premier de la loi dispose que « les communes, les départements et les régions s'administrent librement par les conseils élus »[3]. D'autres lois sont promulguées pendant les années 1990 qui favorisent les groupements territoriaux ; ainsi la loi Voynet, du 25 juin 1999, reconnaît le « pays », qui est un groupement de collectivités territoriales

autour d'un projet précis. Cette volonté d'émancipation d'entités locales, traditionnelles ou à inventer, repose sur le principe de « subsidiarité », qui se
définit ainsi :

> Dans un ensemble où existent plusieurs niveaux institutionnels et différents espaces
> géographiques et culturels, les décisions publiques doivent être prises à l'échelon le
> plus proche possible des citoyens dès lors que la justice et l'efficacité n'imposent
> pas un échelon plus élevé, donc plus lointain (Vauzelle 56–57).

Aujourd'hui, les discours sur l'identité régionale se multiplient, discours
visant à rendre sa région plus attrayante que la région voisine aux yeux des
investisseurs potentiels : les régions sont désormais en concurrence dans la
compétition pour le développement économique.

Cette floraison de discours identitaires a été étudiée par Hélène Cardy,
spécialiste en Sciences de l'Information et de la Communication, selon laquelle
la décentralisation s'accompagne d'un changement dans le jeu politique :

> [. . .] il existe une relation étroite entre deux phénomènes qui ont pris leur essor
> dans les années 1980 : décentralisation et communication. Cette coïncidence
> entraîne une modification des règles du jeu politique local, en accordant une place
> sans cesse croissante aux professionnels de la communication [. . .] (Cardy 2).

Le rôle de ces professionnels sera bien, dans un premier temps, de promouvoir une identité régionale. Mais, selon l'auteur :

> Cette attitude a conduit au fait que l'on est passé de caricatures (qui commencent
> aux discours sur les compétences) en caricatures (finalement toutes les régions
> sont au centre de quelque chose). Le résultat est prévisible : au lieu de renforcer les
> collectivités concernées, ces messages se détruisent par leur similarité. Du fait
> même de son étendue et de sa popularité, cette « mode identitaire », pose elle-
> même ses propres limites, puisque le principe de différenciation qui habite le terme
> d'identité se trouve éliminé (Cardy 3).

En bons professionnels, les experts de chaque région produisent un discours
pré-formaté, visant à décrire la région en termes susceptibles d'attirer les
investisseurs. En termes d'identité, le résultat est à l'inverse du but recherché et
la mise en concurrence économique des régions (elle-même inscrite dans la
décentralisation) induit un effacement des différences. On comprend par cette
analyse que l'identité survit mal à son « instrumentalisation »[4] au service d'une
ambition politique et économique. Ainsi cette forme de discours identitaire a
pour principale faiblesse de répondre à une logique opposée aux pratiques
réelles d'une population, comme l'explique ici Cardy :

C'est que l'ensemble des discours produits sur l'identité est destiné à servir de point de reconnaissance à des comportements privés, voire à des codes d'interdiction. Alors que les pratiques, elles, tiennent par nature compte du contexte, et ne vont pas forcément dans le sens de reconnaissance impulsé par les décideurs et les responsables régionaux (Cardy 3).

Ainsi le réel besoin d'appartenance et d'identité ne saurait être canalisé pour convenir à des enjeux économiques prédéterminés. Les politiques l'ont d'ailleurs fort bien compris puisqu'ils ont par la suite substitué à cette « communication identitaire » (laissant encore supposer un contenu identitaire de fait), une « communication de proximité », où l'on contourne la notion d'identité de fait pour promouvoir explicitement une identité souhaitée. L'identité dépend alors pour exister du discours adéquat que les professionnels aident la collectivité à produire en espérant convaincre. On est ici renvoyé à la théorie avancée par les commentateurs de la « postmodernité », selon lesquels, en l'absence de toute origine et référence solide, les identités sont construites par et à travers les interprétations qu'en proposent les interlocuteurs. Pourtant il existe aussi, liée au concept de décentralisation, une expression identitaire aux visées moins intéressées. Mais il s'agit ici d'une décentralisation culturelle plutôt qu'économique. Alors que le pouvoir politique se préoccupe de plus en plus de la théâtralisation de ses décisions, c'est chez des gens de théâtre que nous retrouverons la trace d'une expression identitaire authentique. Nous prendrons pour exemple le TRAC, dont l'histoire est aussi celle de la décentralisation des institutions culturelles en France.

Le Théâtre Rural d'Animation Culturelle, implanté dans le village de Beaumes-de-Venise dans le Vaucluse, a été créé en 1979 par Vincent Siano, un jeune immigré italien établi dans cette région depuis l'âge de neuf ans. Les missions de cette troupe théâtrale sont multiples : promouvoir un théâtre impliquant la population locale dans tous les aspects de la production et de la vie de la troupe, participer aux différentes manifestations de la vie associative et de l'éducation populaire, former des amateurs et des professionnels du théâtre, faire revivre certaines pièces dites « classiques », créer de nouvelles pièces, et partager son œuvre avec divers publics. Ce qui nous intéresse tout particulièrement ici, c'est que le TRAC, pour remplir ces différentes missions, s'appuie résolument sur divers éléments de la culture et de l'identité provençales. Son histoire s'ébauche dans les années 1960 et 1970, dans le contexte historique d'une France toujours très centralisée[5] et dont le discours identitaire repose résolument sur la notion d'État-nation et non pas de régions. Ce qui, nous l'avons déjà souligné plus haut, avec le cas de l'Ancien Régime, n'est pas forcément contradictoire avec une forte diversité culturelle de fait. L'activité du TRAC est l'héritière d'une longue histoire du théâtre en France dont il est nécessaire de rappeler ici certaines étapes.

Dès le XIXᵉ siècle, on avait assisté à une résurgence des spectacles de rue dans des villes soucieuses de protéger les particularités de leur histoire, accompagnée de la construction de musées consacrés à l'histoire des localités et d'études historiques qui revalorisaient des mémoires locales[6]. Au XXᵉ siècle, sous le Front populaire, une politique théâtrale d'État est née pour rendre la culture accessible au plus grand nombre. En même temps se développait l'Éducation populaire dont les buts étaient la diffusion des connaissances en complémentarité avec l'Éducation nationale et l'accessibilité des loisirs, des sports et des activités culturelles (dont le théâtre amateur) pour tous, quels que soient leur origine, leur classe sociale ou leur lieu de résidence. De cette manière, des théâtres populaires amateurs et des mouvements associatifs ont pu réaliser des spectacles et toucher un public (qui demeure assez restreint). Après la guerre, l'État a fortement augmenté sa participation dans l'irrigation culturelle du pays, notamment avec la renaissance du Théâtre national populaire à Villeurbanne, de cinq Centres dramatiques nationaux (CDN)[7] et du Festival du Théâtre d'Avignon (ce dernier ayant été fondé, tout comme le Théâtre national populaire, par Jean Vilar), en grande partie grâce au travail acharné de Jeanne Laurent. Il est à remarquer, étant donné notre intérêt pour l'identité culturelle régionale, que ni les CDN ni le Festival d'Avignon ne s'était donné comme objectif une représentation de la culture des régions qui les accueillaient, bien que tous aient émergé grâce aux apports des artistes locaux. La nation se remettait toujours de la fragmentation de la guerre et l'unité nationale prenait encore le dessus sur la notion de l'identité régionale. Selon Pascale Goetschel « [...] les Centres dramatiques nationaux apparaissent davantage comme des moyens de consolider la nation en prenant place au plus profond du territoire » (Goetschel 46).

Néanmoins, l'influence des identités régionales s'est parfois fait sentir dans ces lieux artistiques toujours fortement influencés par Paris. Les CDN se sont associés aux auteurs régionaux et certaines pièces portaient sur des questions régionales. Ainsi, en 1949, dans sa ville minière, la Comédie de St.-Étienne a monté *Noces noires* de Jean Lescure et en 1960, neuf ans après la création du Centre Dramatique de l'Ouest en Bretagne, on a enfin assisté à une représentation d'une pièce d'un auteur régional (Rioux 63). De telles tentatives furent rares, car les classiques plaisaient au public et l'on cherchait à « démocratiser le théâtre » plutôt qu'à explorer la culture régionale. Pour reprendre le jargon administratif, on voit que la décentralisation n'était, pendant les vingt ans qui ont suivi la Libération, qu'une « déconcentration » (l'autorité centrale retenant son pouvoir de décision). Le processus que nous étudions ici était pourtant bien engagé : on prenait peu à peu conscience de la nécessité et de l'intérêt de vivifier les pratiques théâtrales en y faisant place à des éléments de la culture locale et non pas seulement du canon classique.

Mais ce sentiment était encore loin de se matérialiser au niveau administratif. Alors que le théâtre professionnel se développait en province, multipliant les occasions de contact entre cet art et les cultures régionales, on décide de la création d'un poste de ministre d'État chargé des Affaires culturelles en 1959 et André Malraux, premier titulaire de ce poste, conçoit l'action de son ministère comme une mission nationale et humaniste :

> Le ministère chargé des affaires culturelles a pour mission de rendre accessibles les œuvres capitales de l'humanité, et d'abord de la France, au plus grand nombre possible de Français ; d'assurer la plus vaste audience à notre patrimoine culturel, et de favoriser la création des œuvres de l'art et de l'esprit qui l'enrichissent (Beaulieu et Dardy 21–22).

Cette politique relève de la déconcentration et non de la décentralisation puisqu'elle insiste clairement sur la dissémination d'un patrimoine culturel national qui ne tenait que très peu compte de la diversité régionale du pays[8]. Malraux a également nui au mouvement de l'Éducation populaire en matière de culture (en croissance depuis la Libération au sein du secrétariat d'État à la Jeunesse et aux Sports), en insistant plutôt sur l'idée élitiste de représentation des œuvres de « haut niveau » (Wong 1).

En même temps, bien entendu, il y avait, sur le terrain, des troupes d'amateurs qui créaient des pièces, des spectacles de rue et d'autres manifestations culturelles chantant la spécificité de leur région ou s'appuyant sur les traditions linguistiques et culturelles. Comme l'explique Pascale Goetschel :

> Plusieurs troupes du Sud misent sur le lien avec la terre et ses cultivateurs : Le Théâtre de l'Olivier procède ainsi à un minutieux travail d'enquête dans le Lubéron qui aboutit à une pièce intitulée Les Paysans, montée en 1977 ; le Théâtre de la Carriera s'intéresse au monde rural et à sa langue en Languedoc (422).

Revenant sur cette époque, Vincent Siano, dans sa recherche sur les pratiques théâtrales amateurs, cite plusieurs paysans du Vaucluse. Ceux-ci, pratiquant aujourd'hui le théâtre amateur, insistent, lors des entretiens, sur l'influence des Pastorales[9] de leur enfance (pendant les années 1950 et 1960) et sur le fait que ces pièces en provençal leur rappelaient les histoires familiales et régionales et toute la tradition ancestrale (Siano, « Mémoire et pratique théâtrale » 153–154).

Donc, à l'orée des bouleversements sociaux de la fin des années 1960, nous avions d'un côté une politique centralisée qui s'était investie dans certaines décisions concernant le patrimoine culturel national et sa dissémination, et de l'autre des cultures régionales qui vivaient et survivaient à travers certaines créations collectives échappant au contexte administratif national. On sait combien les années 1960 ont remis en question les formes et le rôle du théâtre dans la société (notamment avec l'influence de Brecht sur la scène française)[10] et ont renouvelé les pratiques théâtrales d'amateurs. Le travail collectif et une forte politisation ont marqué ce théâtre, au point de lui faire souvent perdre contact avec le public populaire, pour cause d'avant-gardisme. C'est dans ce contexte que Vincent Siano, en 1969, a commencé à vouloir articuler ensemble le théâtre, l'éducation populaire et les traditions dans sa région rurale[11].

On se référera, pour tracer l'évolution du TRAC depuis ses débuts au sein d'une maison des jeunes et de la culture à Aubignan jusqu'à nos jours, à Vincent Siano lui-même, dans son article « Enracinement et autonomie ». Il y parle d' « une revitalisation des valeurs et pratiques du passé » (218) et il y insiste longuement sur le paradoxe inhérent à une démarche artistique qui se veut novatrice tout en « revitalisant » le passé, et se réalise dans un présent qui tend vers un « avenir meilleur ». Prenons à titre d'exemple cette citation qui explique bien les défis de la création théâtrale en milieu rural :

> Être militant culturel dans son village signifiait faire le grand écart entre la culture paysanne traditionnelle, les avancées de la culture citadine et les formes artistiques les plus novatrices. Il fallait composer avec la situation réelle de la demande villageoise en ces temps de balbutiements de la « civilisation des loisirs » et avec le fantasme d'une révolution par la culture (218).

Lors de notre entretien, Vincent Siano a évoqué la situation difficile dans laquelle il s'était trouvé, obligé de concilier les contraintes liées d'une part au contexte social et à la population de sa région (principalement paysans et villageois) avec, d'autre part, son désir de partager avec eux certaines innovations iconoclastes dans le domaine du théâtre. Il a finalement trouvé la bonne voie, en faisant participer cette population à une création artistique née du plus profond d'eux-mêmes (Siano, Entretien). Plus tard dans son article, il parle de l'importance de « racines locales de la tradition du théâtre amateur » (Siano, « Enracinement » 219) et il mentionne des spectacles ayant pour sujet des histoires régionales

(220)[12]. Les spectacles ont lieu non seulement dans des salles de spectacle (ou foyers ruraux ou cantonaux et dans des théâtres en plein air) mais dans des lieux aux fonctions très différentes partout dans la région (dans une ferme, la cour d'une école, dans une carrière ou sur une route de campagne). C'est-à-dire que ce théâtre se fait dans des lieux de symbiose entre l'acteur, le spectateur (issus du pays) et l'environnement (le pays lui-même). Tout concourt alors à la création d'un spectacle dont l'identité culturelle constitue à la fois l'origine, la condition d'existence et l'aboutissement : c'est en effet cette identité qu'il s'agit de célébrer et de manifester par le théâtre.

On imagine bien qu'une telle entreprise ne se réalise pas dans le vide administratif, et les années pendant lesquelles le TRAC se développait ont vu bien des fluctuations dans la politique culturelle française, y compris dans la conception de la décentralisation culturelle. Ainsi la création des Directions régionales des Affaires culturelles (DRAC) en 1977 a marqué une étape importante de cette décentralisation (bien qu'il s'agisse surtout, à vrai dire, d'une déconcentration de certains services). Mais l'arrivée de Jack Lang au ministère de la Culture en 1982 (année, rappelons-le, de la décentralisation administrative de Defferre), témoigne d'une approche de la culture radicalement différente de celle de Malraux, comme on le constate à la lecture du paragraphe suivant :

> Le ministère chargé de la culture a pour mission : de permettre à tous les Français de cultiver leur capacité d'inventer et de créer, d'exprimer librement leurs talents et de recevoir la formation artistique de leur choix, de préserver le patrimoine culturel national, régional ou des divers groupes sociaux pour le profit commun de la collectivité tout entière ; de favoriser la création d'œuvres de l'art français dans le libre dialogue des cultures (sic) du monde (Moulinier 24).

Cette approche, appelée communément « La culture pour tous » cherchait à revivifier la notion d'une culture dite « de proximité » selon le terme aujourd'hui consacré. Les décisions financières, y compris la sélection de projets à subventionner, devaient se faire sans l'intervention de fonctionnaires lointains. Ainsi pendant les vingt-cinq dernières années le ministère de la Culture a peu à peu confié certaines de ses responsabilités aux 22 directions régionales, et aujourd'hui les entités locales (les régions, les départements, les communautés de communes, et les communes) jouent toutes un rôle dans la création et la diffusion culturelle. Selon un article récent :

> Au niveau national, l'État investit 2,9 milliards d'euros pour la culture, tandis que les Régions mettent, au total, 450 millions d'euros, soit deux fois moins que les

départements (1 milliard d'euros). Mais les plus gros financeurs sont les communes, avec 5 milliards d'euros (Desbenoît et Le Chatelier 36).

Et cette tendance va se poursuivre, grâce à la politique dite de « l'expérimentation »[13] qui permet aux administrateurs locaux de prendre plus de décisions et de financer plus facilement des projets de valeur dans leur circonscription.

Ce qui a favorisé l'entreprise du TRAC, malgré la lourdeur des démarches administratives allant souvent de pair avec cette décentralisation. Depuis 2003 le TRAC jouit d'une salle à Beaumes-de-Venise, « La Salle Fracasse » où ses spectacles naissent et sont représentés, où se tiennent ses réunions administratives et où d'autres formes d'animations ont lieu régulièrement. Cet espace est devenu, en 2006, l'un des Pôles de Développement Culturel créés par le Conseil général du Vaucluse pour, notamment, donner forme à sa mission artistique. Le théâtre est en effet une pièce maîtresse dans la redéfinition d'un service public concernant les activités artistiques. Ainsi, grâce en grande partie aux efforts obstinés du TRAC pour se construire un « chez-soi », le Pôle de Développement Culturel des Pratiques Amateurs de Beaumes-de-Venise est devenu exemplaire de ce qu'on peut réaliser lorsque plusieurs entités administratives, concertant leurs efforts et partageant leurs infrastructures, se mobilisent autour d'un projet commun.

Les objectifs et les missions du Pôle, tels que l'on les trouve sur le site Internet sont les suivantes :

• Favoriser les pratiques artistiques et la créativité des amateurs ;
• Inscrire le patrimoine historique dans les enjeux de développement culturel ;
• Favoriser la transversalité et la pluridisciplinarité des projets, en veillant à un équilibre entre traditions et modernité ;
• Favoriser les relations entre les amateurs et professionnels par la formation et les rencontres ;
• Mettre en place les conditions nécessaires à une meilleure accessibilité de l'ensemble des publics ;
• Proposer, hors saison estivale, la formation des amateurs, la stimulation de la créativité, l'organisation de rencontres et d'échanges (TRAC, « Le Pôle » 1).

Nous remarquerons immédiatement l'importance accordée à l'histoire, aux traditions et à une véritable communication (à contraster avec la communication formatée par les professionnels en relations publiques, que nous avons commentée plus haut). Travaillant ensemble autour de ce pôle, on trouve la Commune de Beaumes-de-Venise, la Communauté d'agglomération (CoVe) qui regroupe 25 communes dans la région autour de projets de développement communs, la Direction départementale de la Jeunesse et des Sports (DDJS) du Vaucluse où Siano est chargé des Pratiques culturelles d'amateurs, et le Conseil général du Vaucluse. D'autres partenaires participent régulièrement aux créations du TRAC, dont l'Université Populaire Rurale de Mormoiron (Vaucluse) et des entités aussi diverses que La Chambre d'Agriculture du Vaucluse et l'Union européenne.

Siano a donc su mobiliser toute une infrastructure autour de son rêve de faire du théâtre de qualité avec des amateurs. Pour la plupart des créations, le TRAC travaille en partenariat avec la DDJS assurant des « stages de réalisation » sur le modèle de l'Éducation populaire d'après la Deuxième Guerre mondiale, où la formation des comédiens et techniciens du théâtre fait partie intégrante de la mission. On y prône également la « démocratisation culturelle », et on fait œuvre de pédagogue en promouvant une meilleure connaissance de l'art du théâtre chez les spectateurs[14]. Les participants au TRAC ont, selon l'expression utilisée lors d'une réunion du Conseil d'Administration (juillet 2007), « un engagement citoyen », cristallisé autour du théâtre amateur (cette expression devenue fort répandue prend ici une épaisseur qu'elle n'a pas toujours dans le discours politique). Cet engagement est en effet au cœur de la démarche de Siano qui veut éviter à tout prix les influences extérieures sur les décisions artistiques prises par ses équipes. Mais la liberté de création dont le TRAC bénéficie a un prix : ses participants doivent assumer la lourde tâche qui consiste à chercher sans cesse des partenaires financiers et des subventions ou de protéger le peu de jeunes qui sont payés pour travailler chez eux mais ne bénéficient que d'un statut précaire. De plus, ils semblent condamnés à anticiper constamment les décisions que les fluctuations de la politique nationale vont leur imposer. Mais ces difficultés ne font pas obstacle à une débordante activité. Il y a, à tout moment de l'année, des pièces qu'ils jouent dans leur salle, des spectacles qui tournent dans le Vaucluse et dans le monde entier, des créations en train de se développer, des commandes à considérer et des collaborations qui s'ébauchent. Et tout cela grâce à une équipe très réduite de gens « du coin » et à quelques stagiaires attirés par la réputation du groupe. C'est ainsi que le TRAC se fait le porte-voix de la culture du « pays » au sens traditionnel du terme.

Et c'est justement lors d'une visite touristique en Provence que nous avons été amenés à nous poser des questions sur l'identité régionale qui ont débouché sur cette étude. Pendant ce voyage, nous avons vu les panneaux indiquant le passage d'une région administrative à une autre (de Rhône-Alpes en Provence-Alpes-Côte d'Azur), d'un département à un autre (de la Drôme au Vaucluse), d'un village à un autre. Ces panneaux destinés à être furtivement aperçus par les touristes distraits, sont des signes qui pourraient à eux seuls donner lieu à une étude passionnante, à mener par des sémioticiens de l'identité culturelle. Mais en arrivant à Mormoiron, sachant que les « théâtreux » du TRAC proposaient un petit spectacle sur une colline, dans une oliveraie, nous nous sommes pris à espérer une autre représentation, plus poétique et moins superficielle, de l'identité culturelle de la région : nous n'avons pas été déçus ! *L'Olivier : poèmes et musiques* (2006) nous a enchantés, ce spectacle remplissant à merveille sa tâche de mise en valeur d'une des nombreuses couches de l'identité provençale, à déguster lentement par le touriste (enfin attentif) ou par l'habitant de la région. Les poèmes et textes d'auteurs régionaux et antiques inspirés par le thème de l'olivier inscrivaient la Provence dans l'ancienne culture méditerranéenne, secondés par les accents régionaux des acteurs et les simples musiques jouées sur les instruments traditionnels ; la magie du spectacle se nourrissait de la magie du lieu, et se prolongeait durant la conviviale dégustation (huiles d'olive sur croûtons et ail) après le spectacle. On était bien loin des (trop) habiles stratégies de communication en vogue en politique et en commerce. Que l'on soit touriste de passage ou habitant du village, un oléiculteur ou un comédien évoquant le terrible gel de 1956, nous avions tous, après cette petite heure de lectures et de musique, un fonds commun de culture et un respect pour l'histoire et l'identité provençales.

Le TRAC a d'ailleurs développé tout un projet d'éducation populaire rurale autour du thème de l'olivier, projet qui s'est étendu sur une période de deux ans. Dans le résumé du projet sur l'olivier nous trouvons cet objectif : « Sensibilisation et formation de divers publics au thème de l'olivier (stage d'écriture, de théâtre, de scénographie... » (TRAC « L'Assemblée » 2). Au bout de ces deux ans, le TRAC a pu présenter une version transposable sur scène de l'originelle *Assemblée des oliviers* (2007). Cette pièce, écrite par Siano, met à contribution les artifices que le théâtre autorise en matière de mise en scène pour personnifier les arbres et imaginer ce que les oliviers nous diraient s'ils pouvaient parler : leurs origines mythologiques et leur histoire, l'utilité de leur fruit pour l'homme, leur beauté et leur symbolisme remontant à l'Antiquité, ainsi que la grande diversité d'oliviers de par le monde. On y évoque aussi les abus sacrilèges de ceux qui traitent ces arbres et leurs fruits comme de vulgaires marchandises et comment l'orientation mercantile des sociétés modernes instrumentalise jusqu'à la notion même d'identité culturelle. L'une des scènes les plus touchantes représente deux vieux oliviers se retrouvant après le gel de 1956, se parlant — nous parlant — de ce qu'ils ressentent, de leurs racines dans leur terre, de leur pays. Comment ne pas comprendre alors que les hommes ont eux aussi des racines ? Lors de notre entretien, Siano s'est rappelé combien ce projet avait permis des rencontres merveilleuses entre les oléiculteurs découvrant le pouvoir du théâtre et les amateurs de théâtre faisant connaissance avec la richesse du thème de l'olivier.

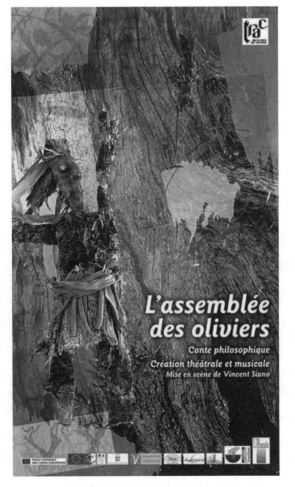

Figure 1. Affiche sur *L'Assemblée des oliviers*

Pour conclure, on ne saurait mieux faire que d'évoquer une autre réalisation du TRAC et de la DDJS. À Pernes-les-Fontaines (Vaucluse) pendant le Festival Font'Arts, début août 2006, on a représenté « *Chivau-Frus* », *joutes territoriales,* une création pour « théâtre de rue ». Le titre renvoie à une fort ancienne tradition provençale où figuraient de faux chevaux. Le participant, sorte de centaure habillé, y représente simultanément un chevalier médiéval avec armure et costume, et son cheval. On imite en les ridiculisant les jeux, tournois et danses des seigneurs médiévaux de la région. Entre les mains de Siano, cette tradition s'est modernisée, et la parodie y vise l'absurdité de certains découpages territoriaux qui ont eu lieu dans le Comtat Venaissin tout récemment, avec la création des communautés de communes (suite à la loi Voynet, 1999). On trouve sur la brochure promotionnelle de « *Chivau-Frus* » :

> Le sens profond de ces rites agraires et de ces cavalcades ayant disparu, nous pouvons, non pas le « folkloriser », mais le détourner au profit d'un imaginaire contemporain.
>
> Il s'agit donc de s'amuser avec la fonction magique du déguisement en cheval, et chevalier, pour traiter de façon festive le thème de « territorialité » (TRAC, « *Chivau-Frus* » brochure).

La scène 7, intitulée « Leçon de territorialité ou la géométrie communautaire avec danse descriptive » se consacre aux tortueuses négociations entre une

Figure 2. Scène des « *Chivau-Frus* »

dizaine de villes et villages pour déterminer qui va créer une communauté de communes et avec qui. La confusion régnant sur ces va-et-vient politiques (basés sur l'histoire d'anciennes disputes entre villages) se joue sous forme de joute et révèle le ridicule d'un système administratif qui veut bien faire mais s'empêtre dans d'inextricables complexités. La scène se conclut sur une réplique ironique qui reflète assez bien l'état d'esprit du chercheur universitaire en quête d'une synthèse de la décentralisation en France : « Limpide, n'est-ce pas ? » (Siano, « *Chivau* » 9).

Nous avancerons que le processus de décentralisation et les difficultés à concilier identités et responsabilités nouvelles des régions révèlent certains dangers. L'un d'entre eux, le clientélisme, consisterait à favoriser certains groupes en leur accordant des aides, ce qui est facilité par l'éloignement de l'État-arbitre et par la proximité entre élus et bénéficiaires de subventions. Autre danger : pour s'éviter tout reproche, les collectivités locales se livrent souvent au saupoudrage. C'est-à-dire qu'elles octroient une somme minime à un maximum d'organisations, non pas selon des critères de qualité du projet, mais pour ne pas s'aliéner des électeurs potentiels[15]. Ce qui oblige les associations à rechercher des fonds auprès d'une multitude de donneurs éventuels, processus qui multiplie le temps consacré aux démarches administratives plutôt qu'artistiques (on remarque que sur l'affiche de *L'Assemblée des oliviers* ne figurent pas moins de dix sponsors !).

Figure 3. Scène de *L'Assemblée des oliviers*

Mais toute la complexité des démarches en vaut bien la peine car, comme nous venons de le faire remarquer, c'est grâce à ces créations locales, avec leur appartenance à différents ensembles administratifs, que l'identité régionale peut prospérer. La France reconnaît désormais l'importance de sa pluralité identitaire et, même si certains enjeux restent à clarifier, il est clair que la diversité est bien vivante dans le travail de création assuré par les associations régionales. Comme l'écrit Siano dans *L'Assemblée des oliviers* : « C'est ici, au cœur des mirages consuméristes, qu'il nous faut enchanter les mémoires du futur ».

Notes

[1] Certains pays étrangers, qui soutenaient le roi et la monarchie, menaçaient d'envahir la France. Par ailleurs, une guerre civile éclata en Vendée (à l'ouest de la France), opposant partisans et adversaires de la Révolution entre 1793 et 1796.

[2] Pour une excellente analyse de ce référendum, voir Dreyfus.

[3] Voir Raymond, p. 166 pour une analyse succincte des changements mis en place par les lois de 1982.

[4] Ce terme, désignant l'exploitation de certains concepts à des fins différentes de celles qu'on affiche, est de plus en plus employé dans les commentaires politiques en France aujourd'hui. Cet emploi vise à entacher de mauvaise foi les mots de l'adversaire. Lorsque la communication est confiée par des politiciens à des experts en communication, on peut en effet craindre que des concepts tels que "identité régionale" soient employés pour des raisons plus électorales que sincères...

[5] Voir notre mention du référendum de De Gaulle, ci-dessus.

[6] Voir à ce sujet Gerson, dont l'excellente étude permet de comprendre également le conflit intellectuel entre l'appartenance à une région, à une nation ou à la race humaine.

[7] En 2007 il y avait plus de quarante centres dramatiques régionaux et nationaux et plus de soixante scènes nationales. Leur répertoire est extrêmement varié et comprend des pièces relatives à l'identité régionale. C'est l'historique et le lent développement de cette attitude positive vis-à-vis de la culture régionale qui nous intéresse ici et nous ne critiquons aucunement le travail de ces institutions théâtrales.

[8] Néanmoins, pour attirer les Français vers la culture, Malraux a également créé des Maisons de la Culture, avec des objectifs semblables à ceux de l'Éducation populaire. Dans les sept villes où ce projet a abouti, l'accès à la culture s'est élargi, y compris dans le domaine de la création théâtrale amateur.

[9] Pièces de Noël qui rappellent des mystères du Moyen Âge, souvent jouées en provençal.

[10] Voir Colette Godard, p. 11–18.

[11] Si l'on veut parler en termes purement administratifs, cette région est historiquement le Comtat Venaissin, dans le département du Vaucluse et elle fait partie, depuis la décentralisation, de la région de Provence-Alpes-Côte-d'Azur.

[12] Notons que le TRAC ne se limite pas aux spectacles portant sur l'identité régionale.

[13] Certains protocoles d'expérimentation sont en place depuis 2001. Signés entre le ministère de la Culture et un certain nombre de régions et de départements, ces accords permettent à ces derniers de suivre un projet de ses débuts à sa réalisation, avec les fonds nécessaires provenant de l'État.

[14] Il est intéressant de noter que Siano et son équipe mettent en œuvre depuis plus de 30 ans, ce qu'un président de Région (Jean-Jack Queyranne, Rhône-Alpes) suggère dans son livre *Pour la culture* (2007), dans les domaines de théâtre amateur et de collaboration (p. 56–62).

[15] Ces questions étaient abordées durant le colloque « Spectacle vivant : pour une réelle décentralisation. Quelles responsabilités de l'État et des Collectivités Territoriales ? » le 16 juillet 2007, organisé par la Fédération nationale des collectivités territoriales pour la culture (FNCC).

Références

Abirached, Robert. « Des premières semailles aux premières réalisations », *La Décentralisation Théâtrale*, 1. Paris : Actes Sud, 2005, p. 13–28.

Beaulieu, Bernard et Michèle Dardy. *Histoire administrative du ministère de la Culture, 1959–2002*. Paris : La Documentation française, 2002 <http://www.culture.gouv.fr/culture/min/comitehistoire/pdf/histoire_administrative.pdf>.

Cardy, Hélène. « Territoires incertains et Communication publique », *Quaderni*, n° 34, hiver 1997–1998, p. 111–127 <http://www.chez.com/helenecardy/car97a.htm?>.

Constitution du 4 octobre 1958 (à jour des révisions constitutionnelles de février 2007) <http://www.conseil-constitutionnel.fr/textes/constit.htm>.

Desbenoît, Luc et Luc Le Chatelier. « La culture en rase Champagne », *Télérama*, 10 janvier 2007 : 32–36.

Dreyfus, François-Georges. « Le Général de Gaulle et la régionalisation : Le projet de loi référendaire du 27 avril 1969 », *Régions et régionalisme en France du XVIIIe siècle à nos jours*. Dir. Christian Gras et Georges Livet. Paris: PUF, 1977. 575–585.

Gerson, Stéphane. *The Pride of Place : Local Memories and Political Culture in Nineteenth Century France*. Ithaca : Cornell University Press, 2003.

Godard, Colette. *Le Théâtre depuis 1968*. Paris : JC Lattès, 1980.

Goetschel, Pascale. *Renouveau et décentralisation du théâtre (1945–1981)*. Paris : PUF, 2004.

Gravier, Jean-François. *Paris et le désert français*. Paris : Flammarion, 1947.

Lavroff, Dmitri Georges. « La Révision de la Constitution : la décentralisation, facteur d'approfondissement de la démocratie », *La République décentralisée*. Dir. Dmitri Georges Lavroff. Paris : L'Harmattan, 2003.

Lévy, Jacques. « France : une géographie à inventer », *French Politics, Culture and Society*, Vol. 25, No. 1, Spring 2007, p. 70–94.

Loi 82-213 du 02 Mars 1982 dite « Loi Defferre » Loi relative aux droits et libertés des communes, des départements et des régions <http://www2.urbanisme.equipement.gouv.fr/cdu/accueil/histoire/loidefferre.htm >.

Marconis, Robert. *France : Recompositions territoriales.* Paris : La Documentation Française, 2006.

Moulinier, Pierre. *Politique culturelle et décentralisation.* Paris : L'Harmattan, 2002.

Pontier, Jean-Marie. « Dossier », *Pouvoirs Locaux,* No. 63, IV, décembre 2004 : 73.

Queyranne, Jean-Jack. *Pour la culture !* Lyon : Stéphane Bachès, 2007.

Raymond, Gino G. « Decentralizing or Deconstructing the Republic ? » *Structures of Power in Modern France.* Dir. Gino G. Raymond. New York : St. Martin's Press, 2000. 165–180.

Rémond, René. « Les identités territoriales dans l'histoire », *L'identité des régions en France et en Europe.* Toulouse : Éditions Privat, 1995. 21–27.

Rioux, Jean-Pierre. « Le théâtre national de la décentralisation », *La Décentralisation théâtrale,* 1. Paris : Actes Sud, 2005. 53–65.

Siano, Vincent. *L'Assemblée des oliviers.* 2006 (Texte inédit).

——. Entretien personnel. 25 juillet 2007.

——. « Enracinement et autonomie », *Du théâtre amateur. Approche historique et anthropologique,* Dir. Marie-Madeleine Mervant-Roux, Paris : CNRS, coll. Arts du spectacle, 2004. 218–228.

——. « Mémoire et pratique théâtrale en milieu paysan ». *Du théâtre amateur. Approche historique et anthropologique.* Dir. Marie-Madeleine Mervant-Roux. Paris : CNRS Éditions, coll. Arts du spectacle, 2004, p. 150–157.

Théâtres en campagne et scènes au village : 1969–2000. Images d'une aventure collective de théâtre d'éducation populaire en Vaucluse. Dir. Vincent Siano. Avignon : TRACES, 2000.

TRAC (Théâtre Rural d'Animation Culturelle de Beaumes-de-Venise). *L'Assemblée des oliviers.* <http://www.trac-beaumesdevenise.org/article-4723889.html>.

——. « *Chivau-Frus* » Brochure promotionnelle (2006)

——. « Le Pôle de Développement Culturel des Pratiques Amateurs de Beaumes-de-Venise », page d'accueil du site Internet <http://www.trac-beaumesdevenise.org/article-2906522.html>.

Vauzelle, Michel. *La France déroutée.* La Tour D'Aigues : Éditions de l'Aube, 2002.

Wong, Alexandre. « Je t'aime, moi non plus. Entretien avec Robert Abirached ». *Cassandre/Horschamp,* mise en ligne le 9 octobre 2005 <http://www.horschamp.org/article.php3?id_article=1355>.

Zeller, Adrien et Pierre Stussi. *La France enfin forte de ses régions.* Paris : Gualino, 2002.

II. Social Change – Des mutations sociales

5

Changing Eating Habits in France: Are Transformations in French Society Threatening Traditional Culinary Values?

JACQUELINE THOMAS[1]
Texas A&M University–Kingsville

Introduction

Stereotypes abound in popular literature and French textbooks about what and how people eat in France. The French are habitually associated with refined culinary sensibility and are believed to think of food in terms of its taste more often than in terms of its nutritive qualities. "The French paradox"—the fact that French women enjoy eating while staying slim and healthy—has been promoted in best-selling diet books. But are these stereotypes based on a traditional France that no longer exists? Have globalization, new trends, and the latest theories about nutrition and diet taken their toll on centuries of gastronomic savoir-faire? Is French society today reflective of the perception of it that is portrayed in the media and instructional materials? If there are new tendencies, how are they being dealt with? This chapter examines the state of the art of eating in France in the twenty-first century and chronicles the transformations that French society is currently undergoing with respect to changing eating habits.

Stereotypes

Wine Spectator devoted its September 2006 issue to "The World of Food." Included, *bien sûr*, in the guide to ten culinary cultures (their history, recipes, specialties, and wine) is an article entitled simply "France." In this article, the up-market monthly magazine states that perhaps France's greatest gift to the world of food is the passion of its people. Patricia Wells, author of *The Food Lover's Guide to France*, is quoted commenting on the time and effort French men and women put into growing, picking, curing, and aging food: "These people . . . are motivated by unlimited zeal for what they do and by centuries of tradition" (qtd. in *Wine Spectator* 83).

The *Wine Spectator* article promotes the perception that France enjoys a reputation for taking food seriously (84), and offers *foie gras* as a good example of the lengths to which the French will go to achieve a superior product. The existence of a *Musée de la Boulangerie* is offered as evidence that the French are very passionate about their bread. And France's great wine is attributed to "something in the character of the French people [that] pushes beyond mere productivity" (*Wine Spectator* 90).

These same images are promoted by Mireille Guiliano in her 2005 book *French Women Don't Get Fat*, which reached third place on the *New York Times* best seller list. Guiliano, who has appeared on the Oprah Winfrey Show, credits French women with "a cultivated respect for freshness and flavor that unlocks the world of sensory delights to be discovered in presentation, color, and variety" (11).

Guiliano further asserts that quality is a passion, "even a compulsion" (66), and that handcrafted quality has always been at the heart of French gastronomy and culture (73). She too contends that bread is special and not to be treated lightly (31); she talks with resentment about the "national bread crisis." The bread crisis lasted from the 1960s through the 1980s when time-honored methods and tools were replaced by industrial equipment and techniques until a law passed in 1993 regulated flour quality, yeast content, fermentation techniques, and taste, thereby guaranteeing that the tradition of good, artisanal bread will continue (Guiliano 195).

As for wine, the author states that "most French consider wine a sacred gift, to be enjoyed but not abused." Guiliano explains that wine creates an ambiance of seriousness, conviviality, refinement, and luxury to a meal (168–69).

Having perpetuated the image of the French as passionate about food and devoted to quality, Guiliano does worry nonetheless that French gastronomic culture is for the first time endangered because of globalization. She states that "[w]ith transnational fast-food outlets appearing in all our cities, it is becoming more difficult to transmit our proudly evolved values to our children." Since

Guiliano feels that a loss of traditional values could launch a French obesity epidemic, she argues that tradition must be honored and promoted (67).

Michel Montignac, on the other hand, does not refer to this challenge to French society in his 2005 diet book, *The French Diet: The Secrets of Why French Women Don't Get Fat*. Thanks to the French paradox, Montignac maintains that "[e]ating delicious, healthy food in satisfying portions three times a day is the basis of a lifestyle that has made the French the envy of the world" (7). However, there is a paradox that Montignac does not talk about. "Derrière le mythe des Françaises minces et sveltes se cache un autre constat: 10% de la population adulte et 12% des enfants souffrent d'obésité, et environ 30% des Français ont des problèmes de surpoids" (Piersanti 9).

Reality

What are the facts? This section answers the following questions: Do the French have one of the lowest rates of obesity and diabetes in the world, as Montignac asserts? Do French people really drink wine every day and take the time to eat traditional cooked meals (Montignac 7)?

In her review of Montignac's book, Piersanti suggests otherwise. Fewer and fewer people are taking the time to eat balanced meals, and many find it easier and less expensive to go to a fast food establishment than to a good restaurant. Furthermore, at home people are consuming less fresh food, partly because fruit and vegetables have become more expensive just as sweet and fat foods have become cheaper (Piersanti 9). This trend is reflected in a recent INSEE report that states that since 1991 French households have increased their spending on foods such as honey; chocolate; ice creams and sherbets; jams, jellies, and spreads; canned fruit; and sweeteners (Besson).

By some estimates, as many as 5.5 million people in France (11% of the population) are obese and 1.2 million people are severely obese. Contrary to popular perception, the percentage of slim French women has decreased recently, so much so that women who could be called stout make up 40% of the population (Biais 45). Obesity is in danger of quickly becoming a major public health problem. Of particular concern is the speed with which France is catching up with the rates of obesity in other countries such as the United States where obesity affects 64% of the population (Mermet 2006, 39).

The increase in obesity began in 1981, and has accelerated since the 90s. While young and old are affected, there are differences in obesity rates according to geographical region, socio-economic status, and gender. The highest rates of obesity are recorded in the East (13%) and the North (14%) of France; people living in rural areas are more corpulent than those living in urban areas. Farmers, workmen, artisans, merchants, company bosses and employees (in descending order of obesity) are consistently more obese than company CEOs (Saint Pol). As Maurin and Savidan put it, the young son of a workman is ten times more likely to be obese than the adolescent whose father is a CEO (45).

Overall, more French women (13%) were obese than men (11.8%) in 2006, the year for which the most recent statistics are available (*Enquête* 25). The difference in obesity rates between men and women according to socio-economic status is more dramatic. Among the most modest households, as many as 13% of women are obese, compared to 10% of men, whereas in well-off households 6% of women are obese, compared to 9% of men (Saint Pol).

More than two million French people are affected by diabetes, 90% of whom have type 2. Known as "*diabète gras*" or "*diabète de la maturité*," this kind of adult-onset diabetes is on the increase in France, and 70–80% of diabetics are now or have been overweight. With 3% of the population affected, France is average compared to the other European countries (Union des Maisons du Diabète, de la Nutrition, et du Cœur).

Heart disease is the biggest cause of death among French women and the second among French men (Mermet 2006, 37). Another French paradox—the beneficial effects of regularly drinking moderate quantities of wine—should be reevaluated because the rates of heart disease in France are higher than in some other countries including Italy and Spain, which, it should be noted, are also wine-drinking countries.

Wine consumption in France, in fact, has been cut almost in half over the last thirty-five years (Mermet 2006, 174). Only 21% of French people drink wine every day or almost every day compared to 51% in 1980. Those drinking wine occasionally make up only 37% of the population (compared to 67% twenty-seven years ago), and over the same period the number of those who do not drink wine at all has doubled (up from 19% to 38%). Wine has become an occasional, festive drink as evidenced by the increase in consumption of fine wines as opposed to table wines (Mermet 2006, 175).

A new way of thinking in France that is bound to profoundly transform the image of alcohol is attributable to an increased awareness of the dangers of alcohol to society. Whereas alcohol used to have a positive image in France and was inextricably linked to the idea of *gastronomie* and *bien-vivre*, alcohol consumption is down, especially outside the home. In addition, some young people rebuff wine, partly because it is associated with their parents' generation and is not considered "modern." Young people's increasing disinclination to drink wine may have as much to do with their response to advertising campaigns promoting soda, mineral water, and beer as with changes in eating habits in general (Mermet 2004, 67).

The myth proposed by popular literature that the French drink wine every day has been exploded. What of the belief that the French take the time to eat structured, cooked meals? The length of time spent eating meals, especially meals with friends and family increased between 1986 and 1999 and has been stable since then. The following are average times for meals that are eaten at home: thirty-three minutes during the week and forty-five minutes on the weekend. Meals that are eaten outside the home last thirty-two minutes, although they used to last an hour and thirty-eight minutes in 1975. Interestingly, the French are spending longer over breakfast during the week than they used to (eighteen minutes compared to five minutes in 1965) (Mermet 2006, 168).

Nine out of ten French people still follow the traditional model of three meals a day eaten about the same time of day, and eight out of ten eat dinner *en famille*. In spite of pressure from busy work and school schedules, the traditional French meal appears to have a rosy future (Régnier et al. 40).

Inviting guests to dinner remains important to a majority of French households. Only 7% never have members of their family over for a meal, while 19% do so at least once a week, 27% do so several times a month, and 24% do so once a month. As for inviting friends to dinner, 15% do so at least once a week, 28% do so several times a month, 29% do so once a month, while only 8% never invite friends to dinner. Inviting co-workers to dinner happens less frequently; in fact 71% of French families never do so. Meals served to guests are different from regular meals in terms of the quality of the ingredients used, and tend to be more traditional or sometimes more exotic. These are special meals the goal of which is sensorial pleasure and conviviality. These meals are accompanied by fancy silverware and table decorations (Mermet 2006, 169) and may be the ones that are commonly portrayed in popular literature.

Regular meals, however, are less and less frequently composed of the traditional three courses. Almost one evening meal in three is composed of one dish (which could be a large *entrée*) and a dessert, and as many as 74% of all dinners are simplified in some way. The traditional *repas complet* is eaten by only 17% of people, most of whom are over fifty-five. The decrease in consumption of raw vegetables may be in part due to the fact that hors-d'œuvres are being eaten less frequently (Mermet 2006, 169).

While the meals may still be structured—albeit abbreviated—and cooked at home, the French have been taking less time to prepare meals over the past thirty years. This is due to the increase in kitchen equipment such as microwave ovens and freezers as well as to the fact that more women are working outside the home. Many families use *la cuisine d'assemblage* rather than cooking every meal from scratch. Cooking from packets and mixes, however, means that fewer young people are learning their family's culinary traditions. Forty-five percent of people over fifty-five admit that they have not taught their offspring how to cook (Mermet 2006, 173).

The French have discovered snacking between meals! Seventy-five percent of the population admits to eating between meals at home at least once a week; 26% snack in the street; and 12% snack while traveling. "*Nomadisme alimentaire*" is the term for this phenomenon, which reflects the fact that the French are showing their individualism by eating whenever they are hungry or whenever they have the time or the inclination to eat, and wherever they are (Mermet 2006, 170). *Le grignotage*, which is largely a phenomenon among the better off, is often blamed for more French people being overweight today, and may be linked to stress, among other factors (Mermet 2006, 189-90). The image of the French snacking and becoming overweight has rarely been portrayed in popular literature and is a recent phenomenon.

Trends

The term "*le fast food*" first appeared in the *Petit Larousse* in 1984, and refers traditionally to hamburgers. "*Malbouffe*" refers to an unbalanced diet or any food considered unhealthy or eaten without thinking about the consequences, and carries the negative connotation of junk food (Abramson 161). To protest against *malbouffe* and globalization, José Bové famously vandalized a partly constructed McDonald's in Millau in 1999. Emblematic of the anti-globalization movement known as *altermondialisme*, Bové, who was a candidate for the 2007 presidential election, is the spokesman for *Via Campesina*. Opposed to the World Trade Organization and genetic engineering, this organization of farmers demonstrates at meetings of the G8, for example. Globalization remains a source of fear for 52% of the French population as opposed to 38% who consider it a source of hope (Dandine 14).

Often perceived as the symbol of world-wide uniformity and the archetype of fast food, McDonald's has adopted a deliberate strategy of adapting to the local host country. In Paris, for example, many of the McDonald's restaurants do not sport the golden arches. Further, in 1998 the restaurants began to be remodeled to make them more comfortable and up-market, and this remodeling has translated into increased sales. *La macdonaldisation* of French society is explained by low prices, a guaranteed standard of hygiene, and the fact that each customer is treated in the same way, regardless of class or age (Régnier et al. 76). But because almost half of the customers at McDonald's are families with young children, the fast food institution guarantees the continuation of the family meal, just as it seems to undercut it. This is true because, unlike in a good restaurant, children can transgress certain rules, such as eating with their fingers and leaving the table quickly. One of the functions of transgression—as long as it is channeled between fixed limits—is that it maintains the social order (Régnier et al. 77).

The popularity of *le fast food anglo-saxon*, however, is decreasing while fast food *à la française* (represented by Brioche dorée and Buffalo Grill, for example) continues to maintain steady growth. The French eat eight times as many sandwiches as hamburgers, and many get their lunch from *boulangeries-traiteurs* or *saladeries*. Because of an increased awareness of the dangers of obesity, there is a rising interest in *le rapide chic*, which includes fresh produce, fruit juices or home-made soups, and dishes that are both more sophisticated and more expensive (Mermet 2006, 176–7).

A new trend, *le coffee shop*, has taken hold in Paris. Before Starbucks arrived at the beginning of 2004, France had seen a dramatic decrease in the number of *cafés de quartier*, down from 300,000 a hundred years ago to 43,000. By August 2006 there were twenty-seven Starbucks coffee shops in Paris. The American chain and its French competitor Columbus (which also has coffee shops outside of Paris) provide a comfortable, smoke-free place for predominantly young people—predominantly females—to drink coffee (flavored with vanilla, coconut or caramel), access the Internet, relax, or even work. Customers are called by their first name, which is written on their cardboard coffee cup. The coffee and pastries are made on the premises. While some might opine that Starbucks is the symbol of "une uniformisation mondiale du café," the chain is adapting to its French surroundings by adding French touches such as "la cafetière à pistons, les viennoiseries et un pain perdu" (Langlais 13). Moreover, Starbucks champions fair trade. This new way of drinking coffee will challenge the *petit noir* of the traditional bistro.

Another trend at the other end of the alimentary spectrum is "*fooding.*" Formed by combining "food" and "feeling," the neologism is attributed to Alexandre Cammas, who produced *Le Guide du fooding.* The movement began eight years ago, and is a reaction against the snobbery associated with traditional French gastronomy, the "académisme culinaire des restaurants étoilés." *Le fooding* appeals in particular to younger people, who are attracted to the ambience and novelty of gay or organic and vegetarian restaurants, those that serve "world food" or some variety of fusion food (Abramson 134). According to the credo, food must taste good, but it should also feed the soul and the senses, and be authentic. Gastronomy should not be reserved for the wealthy elite, and it should be glamorous, even "sexy." Moreover, it should not be overpriced (Tchoungui 1).

Reacting against the "iron collar" that symbolizes the struggle to retain prestigious Michelin stars, some chefs are downsizing to smaller restaurants, where the customers do not have to "pay for fancy curtains," and where the chef is also host. These neighborhood restaurants focus on food, not frills, and provide good quality at a good price (Herrmann Loomis). Alain Senderens is one of the chefs who think that "[d]ining has become too intellectual." And Senderens is critical of the Michelin rating system, which he describes as old-fashioned and outdated. At sixty-five, Senderens decided to throw away his Michelin stars and start anew in 2005 by opening a restaurant with a younger look and a smaller staff, which in turn translates into much lower prices for the patrons. Other famous chefs who are part of this trend include Joël Robuchon, Dominique Bouchet, and Christian Etchebest (Sciolino, "Whose Stars").

If the neighborhood restaurant with the chef-host sounds to you like a bistro, you are partially right; but these establishments combine the conviviality and informality of the bistro with the cuisine associated with a great restaurant. Another neologism captures this phenomenon: "*bistronomique*" (from "*bistrot gastronomique*"), which was coined during "*la Semaine du Fooding* 2003" (Gaudry 10). Time will tell if this "plate revolution" heralds the demise of the cult associated with the French master chef. Alexandre Lobrano, European correspondent for the American magazine *Gourmet*, suggests that the change represented by *bistronomie* may be a good thing: "La cuisine française se remue, s'interroge, se dispute, cela a toujours été son moteur pour avancer. C'est quand elle sera confite et muséifiée, qu'il faudra s'inquiéter" (qtd. in Gaudry 12).

Because of social and economic changes in France, more French people dine out more often today than ever before. The huge demand for restaurants in the middle of the food chain has led to a wholesale revision of what it means to be a chef and given rise to "gastro-entrepreneurs," chefs who have become culinary-consultant businessmen or women. The phenomenon of French chefs going global is a huge and historic change. Twenty years ago, Alain Ducasse, for example, had only just obtained his second Michelin star. Today he heads a global culinary empire of restaurants that range from Michelin three-stars in Paris and Monte Carlo to country inns, a hotel chain and fusion-cooking tables from Japan to Tunisia (Lobrano 26). His empire also includes a school, a publishing company and a *boulangerie-épicerie*. Such small but spectacular "local empires" may be the wave of the future because, by remaining in a small geographical area, they encourage fresh creativity while allowing a higher return on investment (Lobrano 27).

Response to the Trends

There is a public response to obesity, "the new French sickness." A national advertising campaign was organized by the National Collective of Associations of the Obese, an educational and lobbying organization: the message is "obesity kills." In fact, an estimated 55,000 people in France die of obesity-related illnesses every year. On January 7, 2006, National Weighing Day, hundreds of pediatricians set out to weigh and measure children (among whom obesity is rising about 17 percent annually) and to educate them about the health risks of obesity. At that rate "the French could be ... as fat as Americans by 2020" (Sciolino, "France Battles"). In September 2005 France banned soda-and-snack vending machines from public schools in response to the perception that one of the causes of obesity is "the ubiquity of unhealthy snacks." Misleading television and print food advertising was also banned, and the law imposed a 1.5 per cent tax on the advertising budgets of food companies that did not encourage healthy eating.

At the same time, there is evidence that the French may have begun to embrace the large woman. The winner of the hit talent and reality show "Star Academy" in December 2005 was a 19-year-old student who was 5 feet 1 inch tall and weighed 165 pounds. "Une apologie des rondes" appeared in a March 5, 2006, *Version femina*, a supplement to the newspaper *Midi Libre*. The issue was devoted to a celebration of women's curves, suggesting that plumpness may gradually be becoming more accepted in France. Not only were there articles with such titles as "Témoignages: 'Ronde et bien dans ma peau'" and "J'ai des rondeurs, la loi me protège," but on the cover and in the fashion section of the magazine the model was described as "belle et ronde." In an article entitled "Je suis ronde, et alors?" five women in their 30s and 40s explained how to live in France as a stout woman. While one mentioned severe professional handicaps (Hélary 40), the women identified the major disadvantage of being overweight as a lack of role models, "des gens ronds qui réussissent, qui le vivent bien" (Hélary 38).

Throughout the country and involving twenty million people, *La Semaine du Goût* plays an important role in promoting culinary and gastronomic education and reveals concerns about the threat to national cultural identity due to Europeanization and globalization (Abramson 109–10). Originally established as *La Journée du Goût* in 1990, the day became a week in 1992. *La Semaine du Goût* preserves rich French gastronomic traditions and brings good taste to the French public. Each October there is a "mass of foody events" (*Tasting Week* 1): food tastings, workshops, demonstrations, and gourmet exhibitions. French chefs go into schools to initiate children into delicious and healthy cooking, and restaurants offer traditional menus at reduced prices. Neighborhood meals involve households cooking a meal and placing a table out in the street so that people discover the joys of home cooking and local dishes.

In response to fast food, the International Slow Food Movement was founded in 1986 in Italy. *Le Mouvement International Slow Food* was founded in Paris in 1989, and a Slow Food organization office was opened in France in 2003. The movement espouses the same concerns as *La Semaine du Goût*, promoting local artisans, local farmers, and local flavors through regional events such as taste workshops, wine tastings, and farmers' markets (*Slow Food France* 1). The objective is to develop a less intensive and less harmful agricultural model, which both preserves and improves biodiversity. Moreover, the movement seeks to cultivate eating pleasure with a sense of responsibility towards the environment: One cannot be a true "gastronome" without protecting local dishes and animal and plant species that are in danger of extinction (*Slow Food France* 1–2).

Another movement—new in 2006—is growing in response to the ubiquity of frozen foods and prepared dishes in cans and packets: home cooking (Bouguereau 6). Presented as proof of a new enthusiasm for home cooking are the increase in cooking classes for amateurs, the proliferation of cooking magazines, increased sales of recipe books (which almost doubled between 2000 and 2004), blogs of anonymous gourmets, and popular television shows about cooking. The renewed interest in quality home cooking symbolizes a desire to affirm one's identity, culture and way of life, rather than a return to tradition due to a fear of globalization, according to Véran (9–10).

One other budding counter-trend may be important as a barometer of the future: corner cafés and retro-look bistros are making a comeback in Paris. As a reaction to the lack of authenticity of some bars in Paris, young people are returning to the traditional old *buvettes*. These establishments are seen as "les derniers îlots d'une certaine forme de mixité sociale, dans un Paris déserté par les classes populaires" (Gourdon). Some young people at least are showing evidence of a feeling of nostalgia for the traditional institutions that are being threatened by international companies like Starbucks.

Conclusion

Stereotypes, such as those about what and how French people eat, grow up around a nucleus of reality. Yet stereotypes are by nature formulaic and reflect an oversimplified conception of the truth. Certain behaviors and values, like those associated with refined culinary sensibility, should not be considered as conforming to an unvarying pattern. Placing too much faith in stereotypical beliefs can lead to a distortion of reality, and belies the fact that the French are individuals.

There are changes in French society: obesity is a growing problem, the image of alcohol is undergoing a transformation, and French people are spending less time preparing meals and are not always eating the traditional three courses. In contrast to people over fifty-five, young people snack more, weigh more, drink less wine, and frequent establishments like Starbucks or McDonald's. Moreover, the young reject the snobbery associated with traditional French gastronomy.

But there are organized responses to trends that are considered threatening to the values and traditions that have characterized French society for centuries. *La Semaine du Goût* and *Le Mouvement International du Slow Food* are examples of such responses. The campaign against obesity is another. Young people enjoy good food as long as it is served in novelty restaurants with atmosphere and at a price they can afford. And some young people who did not learn to cook as they were growing up are learning to prepare meals at home from the Internet, from television, and from cookbooks.

One cannot predict the future, of course, but while it is true that young people are departing from the traditions of their parents, they in turn will become parents and may nostalgically seek out the savoir-faire of their forebears. Who, if not the future generation, is attending the cooking schools and buying the cookbooks? Given the responsibility of transmitting the traditional gastronomic values, who is to say they will not be up to the task? Maybe once again the French will demonstrate that "Plus ça change, plus c'est la même chose."

Note

¹ Thanks go to the following people for helping me find sources for this essay: George Boatwright, Mary Mattingly, and Carol Wood. Thanks go to D. Wayne Gunn and David Sabrio for reviewing earlier versions of the essay.

References

Abramson, Julia. *Food Culture in France*. Westport, CT: Greenwood, 2007.

Besson, Danielle. "Quinze ans d'achats de produits sucrés: moins de sucre, davantage de produits transformés." *Insee Première* n° 1088, July 2006.

Biais, Jean-Marc. "Le Français sous toutes ses formes." *L'Express*, 24 Aug. 2006: 44–45.

Bouguereau, Jean-Marcel. "Ces jeunes chefs qui révolutionnent nos assiettes." *Le Nouvel Observateur*, 20 Jul. 2006: 6–8.

Dandine, Myriam. "L'altermondialisme à la française." *Journal Français*, Feb. 2006: 14.

Enquête épidémiologique nationale sur le surpoids et l'obésité: Une enquête INSERM/TNSHealthcareSOFRES/Roche. ObÉpi 2006 (Neuilly-sur-Seine: Roche 2006). Can be accessed on Web at www.roche.fr.

Gaudry, François-Régis. "Bistronomie." *L'Expressmag*, 2 Feb. 2006: 8–12.

Gourdon, Jessica. "Le grand retour du troquet." *Journal Français*, Feb. 2006: 19.

Gourmet-France. « Food and Wine Events. » Gourmet-France.com, 2009 <http://www.gourmet-france.com/events-france.html>.

Guiliano, Mireille. *French Women Don't Get Fat*. New York: Knopf, 2005.

Hélary, Marc. "Je suis ronde, et alors?" *Version Femina*, 6 Mar, 2006: 38–40.

Herrmann Loomis, Susan. "When Chefs Downsize." *France Magazine*, Summer 2005: 48.

Langlais, Pierre. "Les 'coffee shops' séduisent Paris." *Journal Français*, Aug. 2006: 13.

Lobrano, Alexandre. "Culinary Empires." *France Magazine*, Summer 2005: 25–29.

Maurin, Louis and Patrick Savidan. *L'État des inégalités en France, 2007*. Paris : Belin, 2006.

Mermet, Gérard. *Francoscopie 2007. Pour comprendre les Français*. Paris: Larousse, 2006.

——. *Francoscopie 2005. Pour comprendre les Français*. Paris: Larousse, 2004.

Montignac, Michel. *The French Diet: The Secrets of Why French Women Don't Get Fat*. New York: DK Publishing, 2005.

Piersanti, Jessica. "Mais pourquoi les Françaises sont-elles si minces?" *Journal Français*, Oct. 2005: 8–9.

Régnier, Faustine, Anne Lhuissier, and Séverine Gojard. *Sociologie de l'alimentation*. Paris: La Découverte, 2006.

Saint Pol, Thibaut de. "L'obésité en France: les écarts entre catégories sociales s'accroissent." *Insee Première* no 1123, February 2007.

Sciolino, Elaine. "Whose Stars Are They, Anyway?" *New York Times*, 15 Jun. 2005: D6.

——. "France Battles a Problem That Grows and Grows: Fat." *New York Times*, 25 Jan. 2006: A4.

Slow Food. Page d'accueil Slow Food France, 2009 <http://www.slowfood.fr/france>.

"Tasting Week - La Semaine du Goût." *Whatsonwhen*, 2006 <http://www.whatsonwhen .com/sisp/index.htm?fx=event&event_id=35732>.

Tchoungui, Elizabeth. "Le Fooding à Paris." FRANCE 24: 11 December 2006 <http://www/france24.com/france24Public/fr/dossiers/20061206-CUISINE-DOSSIER/FOODING.FR>.

Union des Maisons du Diabète, de la Nutrition et du Cœur. « L'épidémie du diabète en France », 31 août 2005 < http://www.maison-diabete.info/index.php?option= com_content&task=view&id=103&Itemid=133>.

Véran, Sylvie. "À vos fourneaux!" *Le Nouvel Observateur*, 20 Jul. 2006: 9–11.

Wine Spectator. 30 Sep. 2006: 80–92.

6

Éducation et mobilité sociale en France

MARIE-CHRISTINE WEIDMANN KOOP
University of North Texas

Introduction

Les questions liées à l'éducation font régulièrement la une de l'actualité en France, qu'il s'agisse des épreuves du baccalauréat, de l'application de la laïcité, ou encore des actes de violence recensés dans les établissements scolaires. Les familles suivent de près les réformes proposées ou mises en place par le ministère de l'Éducation nationale et n'hésitent pas à manifester dans les rues, aux côtés des enseignants, pour réclamer l'amélioration des conditions lorsqu'elles sont jugées inadéquates. La principale préoccupation est celle de la réussite scolaire qui détermine l'insertion professionnelle dans la mesure où un quart des jeunes de moins de 24 ans sont victimes du chômage. Cette situation paraît paradoxale car le ministère publie chaque année les résultats des épreuves du baccalauréat, montrant ainsi qu'un nombre croissant de jeunes obtient ce diplôme qui représente le sésame de leur avenir puisqu'il ouvre les portes de l'enseignement supérieur. Cependant, malgré les progrès enregistrés dans ce domaine, et le fait que les Français sont de plus en plus diplômés, il semble que l'ascension sociale reste encore limitée. On est donc en mesure de se demander s'il y a eu démocratisation du système éducatif et si les facilités d'accès aux diplômes favorisent réellement la mobilité sociale.

Si l'on veut mesurer l'impact de l'éducation sur la mobilité sociale, il faut tenir compte de trois facteurs : l'origine sociale, le niveau du diplôme le plus élevé et la position sociale de l'individu. La synthèse de ces trois facteurs permettra alors de déterminer (1) s'il y a en effet égalité des chances à l'école et donc démocratisation du système éducatif, (2) si la possession d'un diplôme supérieur à celui de ses parents permet d'accéder à des postes plus élevés dans la hiérarchie sociale, et (3) si les individus qui détiennent un diplôme équivalent accèdent aux mêmes postes quel que soit leur milieu social (Bonnewitz 105–106).

Dans un premier temps, nous analyserons la répartition des catégories socioprofessionnelles et les mutations qui se sont opérées au cours des dernières décennies. Nous observerons ensuite l'évolution suivie par la scolarité pour la même période afin de déterminer s'il y a eu démocratisation de l'enseignement. Nous tenterons enfin de tirer des conclusions à partir des données présentées pour savoir si l'on peut affirmer qu'il y a eu mobilité sociale et quel est le rôle joué par l'éducation.

Évolution des classes sociales

Sous l'Ancien Régime, la société française était divisée en trois ordres : le clergé, la noblesse et le Tiers État. Théoriquement, le clergé occupait le sommet de la hiérarchie sociale mais la noblesse jouissait d'un plus grand prestige ; ces deux ordres bénéficiaient de privilèges qui ont été supprimés pendant la Révolution de 1789. Quant au Tiers État, il concernait les agriculteurs, les artisans et les commerçants (Bonnewitz 16). Il y avait bien eu quelques tentatives de classification de la population en catégories sociales pour le prélèvement des impôts mais il semble que ce soit à partir du recensement de 1851 qu'on aurait demandé aux individus de préciser leur profession. Entre 1896 et 1936, on distinguait cinq catégories professionnelles : les chefs d'établissements, les employés, les ouvriers, les personnes isolées et les chômeurs. Avec le développement des conventions collectives dès 1936 (sous le gouvernement socialiste du Front populaire) et la division du travail ouvrier, il est devenu nécessaire d'obtenir des statistiques précises sur la population. En 1947, on a élaboré une première « nomenclature des métiers et des activités individuelles » (NAI) qui comprenait quelque 800 métiers organisés autour de 91 groupes, et c'est en 1954 que l'INSEE (Institut national de la statistique et des études économiques) a créé une nomenclature de catégories socioprofessionnelles (CSP) en neuf groupes subdivisés en 30 catégories. Cette nomenclature a été modifiée en 1982 pour devenir les professions et catégories sociales (PCS) (Beitone et al, 193). Les PCS comprennent six catégories qui réunissent plusieurs sous-groupes (voir Tableau 1).[1]

**Tableau 1. Part des professions et catégories sociales (PCS)
dans la population active (en %):**

Professions et catégories sociales (PCS)	1962	1985	1995	2005	2007
1. Agriculteurs exploitants	20,8	6,5	3,2	2,4	2,1
2. Artisans, commerçants, chefs d'entreprise	12,0	7,4	7,0	5,7	6,2
3. Cadres et professions intellectuelles supérieures	2,9	8,4	12,1	14,0	15,6
4. Professions intermédiaires	5,9	18,8	20,0	22,2	23,6
5. Employés (et personnels de service en 1962)	14,5	26,1	29,0	29,3	29,7
6. Ouvriers (et ouvriers agricoles en 1962)	39,8	31,0	27,3	24,8	22,8

Source: Bourdieu et Passeron, *Les Héritiers*, p. 20–21 ; Chauvel, p. 88–89 (*Enquêtes Emploi*, INSEE 1985–2005 et 4ᵉ trimestre 2007).

Certains sociologues préfèrent une division de la société en trois grandes catégories. C'est ainsi que dans *La Distinction*, Pierre Bourdieu[2] identifie : a) la classe dominante qu'il considère comme la plus hétérogène (les professeurs et cadres administratifs supérieurs à fort capital culturel, ainsi que les industriels et gros commerçants, ingénieurs et professions libérales à fort capital économique), b) la petite bourgeoisie qui espère s'élever dans la hiérarchie sociale grâce aux études (employés, techniciens, artisans, petits commerçants, instituteurs, cadres administratifs moyens), et c) les catégories populaires à faible capital culturel et économique (manœuvres, ouvriers, salariés agricoles, contremaîtres, agriculteurs) (Bonnewitz 185–186).

Sous l'Ancien Régime, la division sociale en trois ordres était liée à la naissance ; elle était officiellement acceptée et légale. De nos jours, l'égalité sociale des individus est le but vers lequel on tend mais les inégalités subsistent. Elles sont dues à divers facteurs — économiques, sociaux, culturels — et font appel à la notion de justice. On ne sait pas très bien comment définir ce que l'on recherche : « faut-il viser l'égalité des conditions, l'égalité des droits, [ou] garantir l'égalité des chances ? » (Bonnewitz 18). Dans certains cas, lorsque l'égalité ne peut jamais être atteinte, on parle plutôt d'équité. Nous ne reprendrons pas ici les théories fondatrices de l'analyse des classes : le déterminisme économique de Karl Marx qui divise la société entre les propriétaires des moyens de production ou capitalistes (la bourgeoisie) et le prolétariat (les ouvriers) ; l'approche multi-dimensionnelle de Max Weber avec ses « groupes de statut » fondés sur le prestige lui-même conféré par la naissance ou la profession qui déterminent un certain style de vie ; ou encore les sociologues américains des années 1940 et 1950 tel Lloyd Warner[3]. Nous nous attarderons plus loin sur les théories de Pierre Bourdieu et Jean-Claude Passeron, Raymond Boudon et les sociologues français contemporains en relation avec le système éducatif.

En observant l'évolution de la répartition des catégories sociales au sein de la population active depuis une cinquantaine d'années, on peut déceler quatre transformations principales : augmentation du nombre des salariés et donc déclin des professions indépendantes ; expansion du secteur tertiaire des services ou « tertiarisation » ; croissance de la classe moyenne des professions intermé-diaires ou « moyennisation » ; et croissance vers le haut des classes supérieures (Chauvel 88–89). On parle souvent de la fin de la classe ouvrière mais celle-ci représente toutefois près d'un quart de la population active (22,8%), proportion non négligeable.

La mesure de la mobilité sociale est très complexe car il faut tenir compte de plusieurs variables. En ce qui concerne le contexte du système éducatif, il s'agit de savoir si le pourcentage des élèves ou étudiants, au sein de certaines filières, correspond au pourcentage qu'ils représentent dans la population totale, en fonction de leur origine sociale et, dans la négative, si ce pourcentage est en augmentation. Le degré de démocratisation du système éducatif sera donc mesuré en fonction du degré de mobilité sociale à l'intérieur des différentes filières. Il convient cependant d'être prudent car, en fin de parcours, les enfants qui ont un diplôme plus élevé que celui de leurs parents n'occupent pas nécessairement un statut social plus élevé que ces derniers (Beitone *et al*, 212).

Évolution de la scolarisation

Depuis 1960, les taux de scolarisation de 11 à 17 ans ont enregistré une poussée vertigineuse même si cette augmentation s'est stabilisée depuis 1995 (Merle 34). En effet, l'accès au baccalauréat par génération a quintuplé, passant de 11,3% à 63,6% aujourd'hui[4]. Cette croissance résulte de plusieurs décisions de politique éducative et surtout de la création des bacs technologiques en 1969, puis des bacs professionnels en 1985 (voir Tableau 2).

Quant à l'enseignement supérieur, il s'est vraiment développé à partir de la fin du XIXe siècle, avec des variations sensibles selon la filière et le niveau du

**Tableau 2. Taux d'obtention du baccalauréat par classe d'âge
ou génération (en %) :**

Année	1960	1970	1980	1990	2000	2008
Taux d'accès	11,3	20,3	26,5	44,4	61,7	63,6
–dont filles	48,7	52,5	58,2	55,2	54,0	69,5
–dont bac général	11,3	16,8	19,0	24,8	32,6	34,4
–dont bac techno	–	3,5	7,5	14,3	18,3	16,6
–dont bac pro	–	–	–	6,3	10,8	12,6

Sources: Ministère de l'Éducation nationale (MEN), reproduit dans Merle 37 ; Perelmuter 1–5.

diplôme (voir les principales filières de formations en appendice). Il comprend
l'université, organisée en trois cycles, divers types d'écoles spécialisées et les
« grandes écoles »[5]. Ces dernières accueillent un nombre limité d'étudiants au
moyen de concours très sélectifs qui se préparent en deux ans dans les classes
préparatoires aux grandes écoles ou CPGE. À cela s'ajoutent les filières
supérieures courtes d'une durée de deux ans : les sections de techniciens supérieurs
ou STS, créées en 1959, et les instituts universitaires de technologie ou IUT,
mis en place en 1966. Dans l'étude de la démocratisation de l'enseignement, il
faut prendre en compte cette diversité de filières qui détermine le statut des
étudiants, la durée des études et les débouchés professionnels.

En quarante ans, l'effectif des étudiants a été multiplié par plus de six en
suivant toujours de fortes variations en fonction de la période et des différentes
filières : on constate aujourd'hui une légère baisse des effectifs à l'université et
dans les CPGE alors que le taux de croissance des effectifs dans les sections
techniques courtes de deux ans (STS et IUT) reste stationnaire. Cette variation
va de pair avec la diversification des filières de l'enseignement secondaire. Ainsi
le développement des bacs technologiques explique la croissance des sections
STS dans le supérieur (Merle 40).

Le pourcentage des diplômés n'a cessé de croître. En effet, la loi d'orientation
de 1989 avait fixé l'objectif d'amener 80% d'une classe d'âge au niveau du bac,
ce qui a influencé la politique éducative de l'époque, notamment par la création
des bacs professionnels. Le nombre des diplômés de l'enseignement supérieur a
plus que doublé sur la même période, passant de 15,2% à 37,4%. En 2006, à
l'inverse, 7,1% des jeunes ont quitté l'enseignement secondaire sans diplôme
contre 9,3% en 1998 et 27,8 en 1980 (Merle 41–43 ; *Repères et références 2008*,
255). L'amélioration est donc régulière, mais des milliers de jeunes demeurent

toujours sans qualification. Face à de tels résultats, on a commencé à s'interroger sur la valeur des diplômes. C'est ainsi qu'en 1988, Baudelot et Establet ont analysé les résultats des conscrits aux tests de l'armée et en ont conclu que, contrairement à ce que l'on pense souvent, le niveau général des connaissances des élèves ne cesse d'augmenter (Baudelot et Establet).

Parmi les personnes nées dans les années 1930, 41% des enfants de cadres étaient bacheliers contre seulement 2% des enfants d'ouvriers. En comparaison, et parmi les jeunes nés de 1979 à 1982, 89% des enfants de cadres sont bacheliers contre 48% des enfants d'ouvriers. Ces chiffres représentent un progrès énorme mais l'écart entre les deux extrémités de l'échelle sociale demeure très important (*État de l'école* 2007–2008, 33). À la fin des années 1990, les jeunes de milieux favorisés poursuivaient leurs études jusqu'à 25 ans au moins, alors que ceux de milieux modestes sortaient de l'école à 17,2 ans au plus. On sait que c'est à partir du collège que les enfants d'ouvriers commencent à prendre du retard, raison pour laquelle on appelle d'ailleurs le collège le « maillon faible du système éducatif ». Dans le supérieur, la situation n'est guère meilleure. En effet, les universités françaises demeurent encore sélectives à en juger par le pourcentage relativement faible des enfants d'employés et d'ouvriers qu'on y recense (un quart). Ces derniers se retrouvent majoritairement en cursus licence alors qu'en cursus doctorat, leur proportion est très inférieure à celle des enfants de cadres et professions libérales (voir Tableau 4). Néanmoins, force est de constater que la durée moyenne de la scolarisation a fortement augmenté, passant de 14,8 ans à 18,5 ans depuis les années 1960 (Maurin 2007, 101).

Démocratisation du système éducatif

Ce sont les lois de Jules Ferry des années 1880 qui avaient institué l'instruction obligatoire, gratuite et laïque pour tous les enfants des deux sexes de 6 à 13 ans. Cependant, cette école de la IIIe République n'avait pas pour objectif de démocratiser l'enseignement car il existait toujours ce qu'on a appelé une école à deux vitesses, d'une part les écoles primaires supérieures qui pré- paraient les enfants des classes populaires au certificat d'études primaires (CEP)[6] et, d'autre part, les lycées qui préparaient les enfants des classes privilégiées au baccalauréat et conduisaient à l'enseignement supérieur. Il faudra attendre la loi Haby de 1975 sur l'établissement du « collège unique » pour que tous les élèves suivent le même cursus jusqu'en classe de 3e. Les années 1970 et 1980 ont donc vu la massification de l'enseignement secondaire, notamment avec la création des bacs technologiques puis professionnels qui permettent maintenant à 64% d'une génération d'être titulaires de ce diplôme contre 11% au début des années 1960 où seul existait le bac général[7]. Mais il semble que l'on ait maintenant atteint un plateau dans la progression de l'obtention de ce diplôme (voir Tableau 2).

De nombreuses études ont montré que la réussite scolaire est influencée par plusieurs facteurs tels que la catégorie sociale, le sexe, le quartier ou l'établissement scolaire (Koop 2000). Devant l'augmentation du nombre des diplômés, on est en mesure de se demander si l'enseignement s'est réellement démocratisé ou si les inégalités sociales perdurent. La première étude importante à ce sujet a été réalisée par l'Institut national des études démographiques (INED) en 1962, à partir de 20.000 élèves dont on a analysé la scolarité et les modalités d'orientation. On a ainsi remarqué que la majorité des enfants d'origine populaire (80%) était orientée systématiquement vers les classes de fin d'études primaires ou les collèges, filières courtes de l'enseignement secondaire. En revanche, la majorité des enfants de cadres supérieurs (75%) était dirigée vers le lycée en vue de poursuivre des études longues (Girard et Bastide, cité dans Merle 62). Paradoxalement, ces inégalités d'orientation ne s'expliquent pas toujours par les différences de résultats scolaires puisqu'on a constaté que les bons élèves d'origine populaire sont souvent orientés vers les filières courtes alors que les élèves moyens et même médiocres d'origine aisée sont automatiquement orientés vers le lycée. L'orientation scolaire ne suit donc pas toujours le principe de méritocratie, situation confirmée par d'autres études récentes (Lemaire 1).

On retrouve le même phénomène dans le second cycle de l'enseignement secondaire (classes de seconde, première et terminale). Même si l'on enregistre une forte augmentation des titulaires du baccalauréat d'une génération à l'autre, les filières générales, technologiques et professionnelles recrutent leurs élèves en fonction de leur origine sociale. Les séries générales — et surtout la série scientifique préparant au bac S, seule série permettant l'accès aux études supérieures dans toutes les disciplines — accueillent de préférence les enfants d'origine aisée alors que les filières technologiques et professionnelles scolarisent surtout les enfants d'origine populaire. La généralisation de l'accès au bac n'a donc pas vraiment modifié les inégalités sociales de cursus, et la ségrégation sociale est ainsi toujours présente à l'intérieur des filières (voir tableau 3).

L'enseignement supérieur témoigne de la même diversification sociale. À l'université, les enfants de cadres et professions intellectuelles supérieures représentent 43,5% des étudiants des filières de santé (médecine, pharmacie,

Tableau 3. Origine socioprofessionnelle des élèves de l'enseignement secondaire en 2007–2008 (en %)[8] :

	1er cycle (classes de 6e à 3e)	Classes de 1re et terminale générales	Classes de 1re et terminales technologiques	2nd cycle professionnel (CAP, BEP, bac pro)	Proportion de cette PCS dans l'enseignement secondaire	Proportion de cette PCS dans la population totale en 2005
Agriculteurs exploitants	2,2	2,3	2,1	1,5	2,1	2,4
Artisans, commerçants, chefs d'entreprise	9,3	9,4	9,6	7,9	9,2	5,7
Cadres, professions libérales	16,1	28,8	13,3	6,0	16,9	11,4
Professions intermédiaires	13,7	16,8	16,7	11,8	14,3	19,2
Enseignants	3,4	6,7	2,4	1,0	3,6	5,6
Employés	18,1	15,5	20,5	20,0	18,1	29,3
Ouvriers	25,9	13,7	24,6	34,0	24,7	21,7
Sans activité, chômeurs n'ayant jamais travaillé	9,8	4,6	7,5	14,0	9,2	3,1

Source : *Repères et références statistiques 2008, 97 ; L'État de la France 2007–2008,* 88–89.

odontologie) et sont surreprésentés en sciences. À l'opposé, les études de lettres (y compris langues et sciences humaines), qui offrent moins de débouchés professionnels, accueillent une proportion plus réduite d'enfants d'origine supérieure (27%). La ségrégation sociale s'accentue lorsqu'on se dirige vers les niveaux les plus élevés de l'enseignement supérieur (*Repères et Références 2008,* 191). Les enfants de cadres et professions intellectuelles supérieures représentent 29% des étudiants du cursus licence et 38,6% du cursus doctorat alors que cette catégorie sociale ne représente que 15,6% de la population active contre 22,8% d'ouvriers (Voir Tableaux 1 et 4).

Tableau 4. Origine socioprofessionnelle des étudiants français dans les universités, hors IUT, par sexe et par cursus LMD⁹ en 2007–2008 (%) (France métropolitaine + DOM) :

	Cursus licence			Cursus master			Cursus doctorat			Ensemble	
	Hommes	Femmes	Tous	Hommes	Femmes	Tous	Hommes	Femmes	Tous	Hommes	Femmes
Agriculteurs	1,7	2,2	2,0	1,5	2,0	1,9	1,2	1,2	1,2	1,6	2,1
Artisans, commerçants, chefs d'entreprise	7,1	7,3	7,2	5,8	6,2	6,0	4,3	4,8	4,6	6,6	6,9
Professions libérales, cadres supérieurs	31,2	27,4	29,0	39,0	36,7	36,9	38,7	38,4	38,6	34,0	30,8
Professions intermédiaires	15,5	15,0	15,2	13,8	13,8	13,5	11,1	11,2	11,1	14,8	14,5
Employés	14,6	15,6	15,2	9,9	10,3	10,1	7,2	7,6	7,4	12,8	13,7
Ouvriers	11,2	12,6	12,0	6,8	7,0	6,7	4,3	4,4	4,4	9,5	10,5
Retraités, inactifs	11,0	12,0	11,6	11,4	11,5	11,9	15,2	15,4	15,3	11,3	12,0
Indéterminé	7,6	7,8	7,7	11,7	12,5	13,0	18,0	16,9	17,5	9,4	9,6

Source : MEN, *Repères et références statistiques 2008*, 191.

Dans les autres filières de l'enseignement supérieur (voir Tableau 5), la distance sociale la plus importante se retrouve entre les CPGE (50,4% d'enfants de cadres et 5,1% d'enfants d'ouvriers) et les classes de STS (respectivement 15,0% et 20,3%). Les IUT, peu recherchés par les enfants de cadres en 1975 (seulement 14,7%), sont devenus progressivement beaucoup plus prisés (27,8%) car les diplômés des IUT, ayant reçu une formation pratique, trouvent plus facilement un emploi que les titulaires des diplômes universitaires à contenu plus théorique (voir Tableau 5). Mais ces données ne prennent pas en compte la part croissante des cadres et professions intellectuelles supérieures dans la population active (8,4% en 1983, 11% en 1991, 12,6% en 1999, et 15,6 en 2007) (Merle 74 ; INSEE 2007).

Quant aux grandes écoles, certaines remontent à la Révolution de 1789 et sont principalement réservées à l'élite sociale. Elles accueillent aujourd'hui 47,1% d'enfants de cadres contre seulement 3,4% d'enfants d'ouvriers ; il en va de même pour les écoles normales supérieures avec 48,7% et 3,1% respectivement (Voir Tableau 5). Par ailleurs, 60% à 70% des étudiants concernés proviennent des classes préparatoires parisiennes, en particulier des lycées Henri-IV et Louis-Le-Grand, réputés depuis plus de deux siècles comme les meilleurs de France. Il est difficile de mesurer le degré de démocratisation de l'accès à ces établissements dans la mesure où la part des ouvriers dans la population est en déclin et celle des cadres en augmentation. Différentes études semblent toutefois s'accorder sur la stabilité d'un recrutement social avec une suprématie constante des classes supérieures. Pour les enfants des couches moyennes, les chances d'accès ont diminué (Merle 77).

Afin de réduire les inégalités sociales au sein du système éducatif, le ministère de l'Éducation nationale a mis en place, en 1981, un grand dispositif de discrimination positive — appelé éducation prioritaire — autour du principe de « donner plus à ceux qui ont moins ». Les 363 premières zones d'éducation prioritaire ou ZEP regroupaient des écoles, des collèges et des lycées situés dans des quartiers où les problèmes sociaux étaient particulièrement graves et qui connaissaient un échec scolaire important. Les établissements scolaires sont homologués comme ZEP en fonction de critères bien définis : taux des catégories socioprofessionnelles défavorisées, des élèves boursiers et d'origine étrangère, des élèves en retard de plus de deux ans à l'entrée en classe de 6ᵉ ; taux d'évitement de l'établissement ; hétérogénéité des classes ; pourcentage des demi-pensionnaires (élèves qui déjeunent sur place) ; et stabilité des équipes pédagogiques (Koop 2005, 86–87). On leur accorde davantage de moyens financiers et moins d'élèves par classe. Dans ces zones, on vise les mêmes objectifs scolaires avec les mêmes programmes et les mêmes enseignants qu'ailleurs en France, mais chaque ZEP doit élaborer un « projet de zone » supervisé par un animateur de zone et coordonné entre écoles maternelles et élémentaires et collèges (parfois lycées), avec la collaboration des partenaires locaux. Une enquête approfondie a été effectuée en 1996–1997 afin de déceler les critères d'efficacité de ces structures et de formuler des recommandations en vue de leur amélioration. Les résultats ont permis une relance de ce programme (Koop 2005, 92). En 1999, on a regroupé les établissements scolaires concernés en réseaux d'éducation prioritaire (REP) qui comprennent un contrat de réussite dont les orientations sont clairement précisées. On a ensuite créé des pôles d'excellence. Depuis 2007, on emploie la dénomination Réseau Ambition Réussite ou RAR (Observatoire des zones prioritaires) qui, en 2007–2008, comprenait 1700 écoles publiques, 253 collèges et 25 lycées (*Repères et références statistiques 2008*, 62). Le dispositif de l'éducation prioritaire ne semble pas avoir eu de résultats convaincants. En effet, on ne peut pas vraiment affirmer que les élèves scolarisés en ZEP sont avantagés par rapport à ceux de même milieu social inscrits hors ZEP car les études menées à ce sujet ne présentent pas toujours les mêmes conclusions. On sait toutefois que les politiques de soutien, dont les études dirigées et l'aide individuelle à l'élève, semblent améliorer le degré de réussite des élèves et donc favoriser l'égalité des chances dans l'enseignement (Merle 93).

En 2001, l'Institut d'études politiques de Paris (IEP ou Sciences Po) a signé une convention avec des lycées de ZEP pour permettre aux élèves brillants d'origine populaire d'être admis dans cet établissement prestigieux sur dossier et sur entretien, sans passer par le traditionnel concours national très sélectif qui favorise les jeunes de milieux privilégiés. L'objectif de cette tentative était d'encourager les meilleurs élèves, qui auraient normalement choisi une voie moins sélective par manque d'ambition ou d'encouragement, à s'orienter vers des filières d'excellence. Malgré le scepticisme qui entourait cette tentative, les étudiants originaires de ZEP ont obtenu des résultats comparables à ceux de leurs camarades de milieux privilégiés. Devant ce premier succès, l'IEP a signé des conventions avec d'autres lycées situés en ZEP et un nombre croissant d'autres grandes écoles ont suivi son exemple (Koop 2005, 96–97).

Face à ces évolutions et aux mesures éducatives qui ont été mises en place pour réduire les inégalités, on est en mesure de se demander s'il y a eu démo-cratisation. Antoine Prost (1986) distingue démocratisations « qualitative » et « quantitative ». Il définit la démocratisation « **qualitative** » en fonction de

Tableau 5. Répartition en 2007 des étudiants français selon la PCS du chef de famille (%), France métropolitaine et départements d'outre-mer ou DOM :

	Agriculteurs, artisans, commerçants, chefs d'entreprise	Cadres et professions intellectuelles supérieures	Professions intermédiaires	Employés	Ouvriers	Retraités et inactifs	Non renseignés
Universités	8,6	32,2	14,6	13,3	10,1	11,7	9,5
IUT	11,0	27,8	18,0	16,7	14,5	8,4	3,6
Grands établissements	9,1	47,1	8,9	7,0	3,4	12,1	12,4
IUFM	8,4	25,4	15,5	12,7	11,1	14,0	12,9
STS	12,1	15,0	15,6	18,2	0,3	14,0	4,9
CPGE	9,7	50,4	13,9	10,2	5,1	7,3	3,5
Formations comptables non universitaires	11,5	14,2	16,1	17,2	21,9	13,1	6,0
Université de technologie et INP	9,8	48,3	16,0	8,2	6,3	7,7	3,7
Autres formations d'ingénieurs non universitaires (1)	17,1	39,8	11,3	6,6	3,5	5,0	16,7
Écoles de commerce, gestion, vente et comptabilité	12,7	35,6	8,7	6,0	2,1	4,6	30,4

Tableau 5. Répartition en 2007 des étudiants français selon la PCS du chef de famille (%), France métropolitaine et départements d'outre-mer ou DOM (Suite) :

	Agriculteurs, artisans, commerçants, chefs d'entreprise	Cadres et professions intellectuelles supérieures	Professions intermédiaires	Employés	Ouvriers	Retraités et inactifs	Non renseignés
Établissements d'enseignement universitaire privé	13,9	31,5	8,0	5,4	4,3	9,1	27,9
Écoles normales supérieures	7,7	48,7	9,3	5,5	3,1	6,0	19,6
Écoles normales supérieures artistiques et culturelles (2)	10,5	24,3	8,5	7,9	2,5	4,8	41,4
Écoles paramédicales et sociales	11,8	18,8	12,0	18,9	17,6	2,1	18,7
Autres formations (3)	11,8	23,5	11,4	9,9	6,6	7,3	29,5
Total	9,9	30,1	13,6	13,2	10,8	10,5	11,7
Population française (4)	8,0	11,0	16,0	11,0	25,0	29,0	

(1) Y compris les formations d'ingénieurs en partenariat. (2) Y compris écoles supérieures d'architecture, de journalisme et de communication. (3) Groupe non homogène (écoles vétérinaires, autres écoles dépendant d'autres ministères,...). (4) Source INSEE : recensement de la population 1999.

Remarque - Les données concernant les établissements d'enseignement universitaire privé, les Écoles normales supérieures, des grands établissements et des Écoles supérieures artistiques et culturelles sont celles de 2006. Pour les formations comptables non universitaires, les autres formations d'ingénieurs non universitaires, les écoles de commerce, gestion, vente et comptabilité ainsi que les autres écoles et formations, les données sont celles de 2004.

Source : MEN, *Repères et références statistiques* 2008, 191.

l'augmentation de la durée des études obligatoires (13 ans en 1882, 14 ans en 1936, 16 ans depuis 1959), mais aussi par rapport à une volonté de l'État de récompenser le « mérite individuel » afin que la sélection soit moins dépendante de l'origine sociale. Quant à la démocratisation « **quantitative** », elle correspond généralement à l'augmentation de la durée moyenne des études. Il faut cependant rester prudent car on constate un déplacement des inégalités sociales vers le haut, non seulement au niveau de l'enseignement secondaire avec le choix des filières du bac, mais également dans le supérieur (Merle 77–78).

Le même phénomène a été mis au jour par Goux et Maurin (1995) qui, suite à des enquêtes effectuées de 1970 à 1993, ont montré que les élèves de tous les milieux sociaux poursuivaient leurs études plus longtemps et obtenaient des diplômes plus élevés. Ils ont proposé la notion de « démocratisation **uniforme** » qui fait référence à la fois à une démocratisation quantitative et à l'hypothèse d'un déplacement des inégalités (Merle 80). Dans la mesure où l'augmentation du nombre des diplômés touche toutes les catégories sociales, on enregistre une accentuation des écarts sociaux déjà au niveau du bac : les séries professionnelles accueillent un nombre croissant d'élèves d'origine populaire alors que la section scientifique (menant au bac S), continue à recruter les élèves issus de la bourgeoisie et demeure ainsi élitiste. C'est ce mouvement que Pierre Merle qualifie de « démocratisation **ségrégative** », expression qui rend compte de l'augmentation de l'accès au bac toutes classes confondues, mais aussi de la différence croissante du recrutement social entre les différentes séries du bac (81).

S'il y avait une véritable démocratisation, le recrutement social de chaque filière d'enseignement se rapprocherait de la structure sociale de la population active. Mais, dans la mesure où les grandes écoles accueillent toujours la même proportion écrasante issue de la même classe sociale minoritaire dans la population active, on ne peut pas vraiment affirmer qu'il y a eu démocratisation. Les jeunes font des études de plus en plus longues, mais l'augmentation de la durée de scolarisation du groupe le plus bas est toujours inférieure à celle du groupe le plus élevé. En fait, l'écart des durées de scolarisation entre les 10% les moins scolarisés et les 10% les plus scolarisés s'est accru d'une année entre 1988 et 1998, passant de 6,9 à 7,9 années, ce qui va dans le sens contraire de la démocratisation. D'autres données confirment l'embourgeoisement des formations élitistes (CPGE, cursus master et doctorat) et une prolétarisation des formations les plus courtes telles que les filières professionnelles de l'enseignement secondaire, à savoir les SEGPA, le CAP et le BEP[10] (Merle 86–88). Cette situation semble confirmer que l'expression de Bourdieu et Passeron (1964) considérant l'université comme une « image renversée de la nation » s'applique toujours aujourd'hui. L'allongement de la scolarisation n'a donc pas permis une véritable démocratisation de l'enseignement. On parle même d'une « élimination différée » de l'accès aux formations élitistes pour les jeunes d'origine populaire (Œuvrard 1979, cité dans Merle 89).

Plusieurs mesures ont été prises sous la présidence de Nicolas Sarkozy afin de démocratiser le système éducatif : assouplissement de la carte scolaire (inscription des élèves dans l'établissement de leur quartier), accompagnement éducatif à l'école après 16 h 00 (pour l'aide aux devoirs), réforme de l'enseignement primaire avec recentrage sur les savoirs fondamentaux (maîtrise du français et des mathématiques), service minimum d'accueil en primaire (en cas de grève des enseignants), ou encore reconquête du mois de juin (pour éviter que les établissements cessent leurs cours lors des sessions du brevet et du baccalauréat, ce qui raccourcirait ainsi l'année scolaire des élèves non concernés par ces examens). Une nouvelle réforme des lycées, pour accroître la proportion des bacheliers, a bien été proposée en 2008, mais cette initiative ne fait pas l'unanimité.

Mobilité sociale

C'est au travers des différentes enquêtes Formation qualification professionnelle (FQP) de l'INSEE, menées depuis 1970, qu'on a étudié la mobilité sociale en France, c'est-à-dire l'ascension sociale d'une génération à l'autre. On compare pour cela la catégorie socioprofessionnelle des hommes actifs âgés de 40 à 49 ans avec celle de leur père (Beitone *et al*, 199). La mobilité sociale suit généralement une marche ascendante d'une génération à l'autre, passant de la catégorie la plus basse à la plus haute sur l'échelle sociale : ouvrier agricole d'abord, ouvrier, puis employé ou indépendant (artisan, commerçant, chef d'entreprise), profession intermédiaire ensuite, et enfin cadre et profession intellectuelle supérieure. L'immobilité sociale, ou stagnation d'une génération à l'autre, est la plus forte aux deux extrémités de la hiérarchie : parmi les ouvriers d'une part (46% avaient un père ouvrier en 2003) et parmi les cadres et professions intellectuelles supérieures d'autre part (52% avaient un père de même catégorie sociale) (Beitone *et al*, 203). Il est toutefois indéniable que nous assistons en France à une mobilité sociale régulière depuis un demi-siècle :

> Si en 1953, 50,7% des hommes étaient classés dans le même groupe social que leur père, ils n'étaient plus que 40% en 1970 et 35,1% en 1993. Pour les femmes, la mobilité observée augmente encore plus fortement. Elles appartenaient en 1953

pour 47,6% au groupe social de leur père ; mais ce chiffre a baissé à 36,2% en 1970 et à 22,9% en1993. Aujourd'hui, deux hommes sur trois et trois femmes sur quatre quittent leur milieu d'origine (Beitone *et al*, 212).

Ces chiffres montrent que la mobilité sociale varie selon le sexe. De même, elle est plus prononcée chez les personnes issues de l'immigration que parmi les Français d'origine. En effet, entre 1992 et 2002, la part des ouvriers a reculé de 13,5 % parmi les immigrés ayant un emploi contre seulement 1,8% pour les non-immigrés. Sur la même période, les professions intermédiaires ont progressé davantage pour les immigrés : 3,5% contre 1,3 %. Il faut cependant préciser que les immigrés sont plus souvent au chômage que les Français d'origine (16,1% contre 7,2% en 2005). Par ailleurs, les personnes originaires du Maghreb (Algérie, Maroc, Tunisie), d'Afrique subsaharienne et de Turquie sont plus touchées par le chômage que celles venues d'Espagne, d'Italie ou du Portugal qui souffrent moins de discrimination raciale et s'intègrent mieux sur le plan culturel (Tavan 3–4).

Dans *La Reproduction* (1970), Bourdieu et Passeron ont voulu montrer que la culture scolaire était au service de la reproduction des classes sociales, qu'il s'agisse des contenus scolaires ou des jugements portés par les professeurs sur leurs élèves. La culture scolaire favorise la réussite des enfants d'origine aisée car elle correspond à l'univers culturel de leur milieu. En mélangeant des élèves issus de classes sociales différentes, on se retrouve avec des enfants qui n'ont pas le même capital culturel, ce qui ne favorise pas la réussite des plus démunis. Pour ces auteurs, on ne peut pas parler de démocratisation de l'enseignement. L'augmentation de la scolarisation et du nombre de diplômés ne fait qu'entraîner une dévaluation des diplômes et une sélection accrue vers le haut (Merle 103).

Malgré les nombreuses mesures adoptées pour favoriser l'égalité des chances, la position sociale des enfants demeure toujours fortement liée à celle du père. Différentes études s'accordent sur le rôle déterminant joué par le niveau d'études des parents (père et mère) et son influence sur les inégalités des parcours scolaires (Goux et Maurin, 1995 ; Thélot et Vallet, 2000 ; Duru-Bellat et Kieffer, 2000 ; cités dans Merle 104). Le phénomène de la reproduction aurait donc toujours cours mais de manière générale seulement. On relève en effet ce qu'on appelle des « réussites paradoxales » pour faire référence aux jeunes d'origine populaire qui parviennent à intégrer les filières les plus élitistes. Ces réussites inattendues ne sont pas exceptionnelles et quelques études (Terrail, 1990 ; Lahire, 1995) montrent d'ailleurs que le déterminisme social n'est pas inévitable car d'autres facteurs interviennent en fonction des circonstances.

Une autre théorie a en effet été émise par Raymond Boudon (1973) qui postule que l'inégalité des chances scolaires est fondée sur les stratégies employées par les élèves. Il explique qu'à chaque palier d'orientation, ces derniers établissent un choix à partir d'une évaluation de leurs chances de réussite et du rendement de ce choix. À compétences scolaires égales, il semble que les élèves d'origine populaire choisissent des filières courtes à l'issue desquelles le rendement, c'est-à-dire l'insertion professionnelle, correspondra à leur investissement (durée et coût des études). Par un phénomène d'autosélection, ils évitent ainsi de se lancer dans des études longues dont les résultats leur paraissent incertains. En revanche, les jeunes de milieux aisés, qui ont à leur disposition davantage de ressources et dont les parents sont diplômés de l'enseignement supérieur, n'hésitent pas à entreprendre des études longues.

Les théories de Bourdieu et de Boudon n'expliquent pas tout. Elles ont été complétées par de nouvelles approches suscitées par la sociologie de l'éducation qui s'est développée en France dans les années 1960 (Bonnewitz 111). On sait maintenant que l'origine sociale n'est pas le seul facteur déterminant de la réussite scolaire. Un autre élément qui intervient est ce qu'on appelle « l'effet-maître » qui fait référence à l'influence de l'enseignant dont les pratiques de classe semblent être étroitement liées à la réussite des élèves. Certains professeurs sont plus « efficaces » et font progresser leurs élèves plus que d'autres. D'autres enseignants sont plus équitables, ce qui permet une diminution des écarts de compétence entre les élèves faibles et forts. La qualité et la quantité d'enseignement seraient donc aussi déterminantes que l'origine sociale des élèves (Merle 109).

On sait aussi que les jeunes peuvent réussir lorsqu'il existe, dans leur famille, un projet d'ambition de promotion sociale. Alors que les familles ouvrières avaient pour habitude d'encourager leurs enfants à acquérir un métier, elles ont maintenant pris conscience de l'importance de la scolarité (Bonnewitz 112–113). Cette position a entraîné une demande accrue d'instruction de la part de toutes les catégories sociales et l'on se demande aujourd'hui quelle est la valeur de certains diplômes, notamment le bac. Créé par Napoléon en 1808, ce diplôme était autrefois réservé à l'élite et 1% d'une génération en était titulaire en 1900 (bac général seulement) contre 64% aujourd'hui (tous bacs confondus). À l'époque, le bac donnait accès à des postes de cadres. La sélection s'est déplacée vers le haut et il faut aujourd'hui des diplômes de l'enseignement supérieur pour être cadre. Le sociologue François Dubet résume bien l'attitude générale des Français à l'égard de ce diplôme :

Ça fait bientôt vingt-cinq ans que le bac s'est massifié. Or quand on écoute les manifestations de lycéens, on garde l'idée que le bac est toujours l'examen d'entrée dans la bourgeoisie. L'image d'un diplôme qui vous arrache à votre sort, vous fait monter dans la hiérarchie sociale, est restée extrêmement présente en dépit des réalités. [...] [L]e problème du bac, l'examen national qui donne le droit d'entrer à l'université, [...] c'est que sa dimension symbolique et magique est bien plus importante que sa dimension pratique (cité dans Dupuis 34).

La possession de diplômes de l'enseignement supérieur constitue un enjeu plus important aujourd'hui car le recrutement des cadres, qui autrefois se faisait par l'intermédiaire de la famille et des relations, est maintenant déterminé par les titres scolaires. Par ailleurs, il s'avère de plus en plus difficile de devenir cadre par promotion interne. En 2001, 51% des cadres occupaient déjà cette position douze ans auparavant contre 33% des cadres en 1978, ce qui confirme l'importance croissante du diplôme (Baraton). Dans la mesure où le niveau scolaire monte, on assiste à une véritable course aux diplômes qui profite toujours aux mieux nantis. Et l'on sait qu'à facteurs égaux (même diplôme, sexe, âge, expérience), les enfants de cadres ont toujours un avantage dans l'accès aux professions supérieures grâce aux relations sociales entretenues par les familles (Bonnewitz 115–117). Pour qu'il y ait mobilité sociale, il faudrait que le lien entre origine sociale et diplôme diminue en importance (Galland et Lemel 56). Il est vrai qu'un nombre croissant d'individus occupent un statut social supérieur à celui de leurs parents et, dans ce sens, on peut affirmer qu'il y a eu progrès. Cependant, le profil des cadres supérieurs révèle toujours l'influence de l'origine sociale. En effet, la part des cadres dans l'emploi salarié a presque triplé depuis les années 1970, passant de 6 % en 1978 à 16 % en 2001. Mais une enquête Forma- tion et qualification professionnelle (FQP) de l'INSEE effectuée en 2003 montre qu'un fils de cadre avait 52% de chances de devenir cadre à son tour contre 9% de chances pour un fils d'ouvrier, c'est-à-dire six fois plus que ce dernier (Beitone *et al*, 201). La même enquête montre qu'en 1977, les chiffres étaient de 48% pour les fils de cadres et 8% pour les fils d'ouvriers (Dupays 348), ce qui laisse présager une lente progression des deux groupes avec cependant un écart de même proportion entre les deux (six fois plus pour les fils de cadres).

Conclusion

La notion d'égalité des chances sous-entend l'égalité d'accès à l'école. Or on ne peut pas éliminer les différences initiales car les capacités de chaque individu sont déterminées par l'éducation familiale et la socialisation, deux facteurs dont dépend l'adaptation aux normes du système éducatif. Ainsi la méritocratie n'est pas vraiment applicable, à l'exception des rares individus brillants qui s'intègrent au système malgré leur handicap social de départ ; le système continue donc à reproduire les inégalités sociales (Duru-Bellat 2005, 200). Les élèves à faible capital culturel accusent des faiblesses par rapport aux autres dès la maternelle. Or ces écarts se creusent tout au long de la scolarité. De plus, les élèves de milieux défavorisés se retrouvent plus souvent dans des établissements scolaires moins performants et devant des maîtres moins expérimentés que ceux des établissements des beaux quartiers. Ils ne peuvent donc pas avoir les mêmes chances de réussite que les enfants de milieux favorisés qui cumulent les conditions favorables. Malgré une bonne volonté affichée, l'école est matériellement incapable de compenser les inégalités initiales ni d'appliquer le principe de méritocratie.

On doit ainsi se résoudre à reconnaître que la démocratisation de l'instruction n'a pas entraîné un degré de mobilité sociale significatif. Le niveau général d'instruction augmente mais, malgré un taux croissant d'obtention du bac, les différences sociales demeurent : on retrouve toujours une proportion écrasante de jeunes issus de milieux privilégiés dans les classes terminales scientifiques et dans les CPGE. Même si d'autres facteurs interviennent comme le degré d'ambition des familles, l'effet-maître ou l'effet-établissement, le système éducatif continue à reproduire la même hiérarchie sociale, d'autant plus que la sélection s'effectue de plus en plus vers le haut et que les classes populaires n'y ont toujours pas accès. Stéphane Beaud fait référence à la première génération de lycéens, enfants d'ouvriers et d'immigrés, qui ne veulent pas vivre les conditions précaires de leurs parents et ont mis tout leur espoir dans la scolarité. En fait, la majorité d'entre eux sont des élèves jugés « moyens » : « Les élèves moyens sont vite évincés de la compétition scolaire au lycée. Ils se retrouvent orientés ou relégués [...] dans les sections les moins prestigieuses, vivant souvent cette expérience comme une forme d' 'exclusion de l'intérieur' » (Beaud 213). Ces élèves finissent soit par arrêter leurs études, soit par travailler en dehors du lycée, ou enfin à développer un comportement de révolte qui se manifeste par des absences ou du chahut en classe. Bien qu'on commence à voir un nombre croissant de jeunes titulaires d'un bac pro s'inscrire à l'université, décidés à suivre des études longues malgré les obstacles qui se présentent sur leur parcours, le taux de réussite de ces individus est plutôt bas. C'est ainsi qu'on fait allusion aux « fausses promesses de l'école » car l'échec dans l'enseignement supérieur entraîne un « déclassement par le bas » accompagné d'un fort ressentiment (Beaud 219).

Louis Maurin (2005) remet en cause la capacité de l'école à réduire les inégalités sociales. En effet, on attend peut-être trop de l'école que l'on rend responsable, souvent à tort, de tous les maux de la société, dont le chômage. En effet, l'école ne peut pas résoudre tous les problèmes, en particulier lorsqu'ils sont économiques. On sait que les pays où l'échec scolaire est le plus bas sont ceux où les différences sociales sont les plus réduites et dont l'économie se porte bien. Mais si l'école ne peut pas tout, elle doit rester vigilante et veiller à ne pas produire davantage d'inégalités scolaires. Elle ne peut pas prétendre démocratiser son système sans transformer ses méthodes pédagogiques. Or le système éducatif français reste parmi les plus élitistes et « fonctionne pour beaucoup sur la sélection par l'échec et sur la peur qu'elle suscite [...] tandis que les moyens mis à la disposition des enfants et des jeunes pour les aider et les soutenir dans leur travail personnel restent dérisoires dans le cadre du système lui-même » (Maurin, *op. cit.*).

Au sommet de Lisbonne de 2000, les pays de l'Union européenne (UE) ont décidé d'accroître le niveau d'instruction et de formation professionnelle des jeunes pour atteindre 85% de diplômés du second cycle de l'enseignement secondaire d'ici 2010. En 2003, cinq objectifs ont été formulés à cet effet : « généralisation du second cycle de l'enseignement secondaire, réduction des sorties précoces, développement de la 'formation' des adultes, amélioration des compétences de base en lecture, et augmentation des flux de diplômés de sciences et technologie » (*État de l'école* 1). En 2006, 82% des jeunes Français possédaient un diplôme de l'enseignement secondaire — contre 78% des jeunes Européens — mais 13% avaient quitté le système éducatif sans qualification. L'objectif européen est de se limiter à 10% d'ici 2010 alors que la proportion était de 18% en 2000 et 15% en 2006. Il y a donc progrès dans ce domaine, aussi bien au sein de l'UE qu'en France (*État de l'école* 1).

En théorie, il y a bien démocratisation quantitative de l'enseignement. Mais, dans la pratique, les jeunes de milieux défavorisés ont du mal à rattraper le retard qu'ils accusent en capital culturel, et les réussites « paradoxales » font toujours figure d'exception. Il y a bien progrès dans la mesure où le niveau général d'instruction augmente. De même, les enfants occupent de moins en moins la même position sociale que leurs parents. Mais les jeunes de milieux défavorisés éprouvent toujours des difficultés à intégrer les filières les plus élitistes du système éducatif (bac S, CPGE, grandes écoles, cursus doctorat), ce qui les empêche d'atteindre les niveaux les plus élevés de la hiérarchie sociale (cadres, professions libérales, professions intellectuelles supérieures). Le chemin à parcourir est encore long et il ne faut pas oublier que la réussite scolaire est étroitement liée à la conjoncture économique. Il faut donc espérer que les politiques éducatives, en collaboration avec les politiques sociales, continueront à œuvrer dans le sens d'une démocratisation qualitative de l'éducation afin de contribuer à la réalisation d'une mobilité sociale réelle.

Notes

[1] Nomenclature des professions et catégories sociales (PCS) (INSEE, 2006, cité dans Beitone *et al*, 194–195):

   a. **Agriculteurs exploitants** : sur petite, moyenne et grande exploitation.

   b. **Artisans, commerçants et chefs d'entreprise de dix salariés au plus.**

   c. **Cadres et professions intellectuelles supérieures** : professions libérales (avocats, médecins, dentistes, vétérinaires, architectes, etc.); cadres de la fonction publique ; professeurs (secondaire et supérieur) et professions scientifiques, professions de l'information, des arts et des spectacles ; cadres administratifs et commerciaux d'entreprise ; ingénieurs et cadres techniques d'entreprise.

   d. **Professions intermédiaires** : instituteurs et assimilés ; professions intermédiaires de la santé et du travail social ; clergé religieux ; professions intermédiaires administratives et commerciales des entreprises ; techniciens ; contremaîtres, agents de maîtrise.

   e. **Employés** : employés civils et agents de service de la fonction publique ; policiers et militaires ; employés administratifs d'entreprise ; employés de commerce ; personnels de services directs aux particuliers.

   f. **Ouvriers** : ouvriers qualifiés de type industriel ; ouvriers qualifiés de type artisanal ; chauffeurs ; ouvriers qualifiés de la manutention, du magasinage et du transport ; ouvriers non qualifiés de type industriel ; ouvriers non qualifiés de type artisanal ; ouvriers agricoles.

   g. **Chômeurs n'ayant jamais travaillé** : ils constituent une catégorie à part.

[2] Bourdieu a tenté d'analyser l'organisation de la société qui, selon lui, s'articule autour du principe de la domination. L'espace social se composerait ainsi de **dominants** et de **dominés** dont la position, plus ou moins favorable, serait déterminée par le **capital économique** (fortune, salaires, revenus) et le **capital culturel** (connaissances, diplômes, bonnes manières). Par ailleurs, Bourdieu a démontré qu' « à chaque classe sociale correspond une classe d'**habitus** (ou de goûts) » et que nos jugements et goûts personnels (langage, manières, habillement, alimentation, loisirs, art, musique, décoration, sports) sont généralement le reflet de notre position dans l'espace social. Les normes nous seraient donc inculquées dès l'enfance par la socialisation (en famille, à l'école) et par des processus idéologiques que Bourdieu désigne sous le nom de **violence symbolique** (Cabin 24–27). Les théories de Bourdieu ont fortement influencé la sociologie de l'éducation en France ainsi que les politiques éducatives et les réformes scolaires qui ont vu le jour depuis les années 1960.

[3] L'anthropologue et sociologue Lloyd Warner (1898–1970) a étudié plusieurs groupes de population et publié les résultats des ses enquêtes en cinq volumes qui ont fait date : *The Social Life of a Modern Community* (1941), *The Status System of a Modern Community* (1942), *The Social Systems of American Ethnic Groups* (1945), *The Social System of a Modern Factory* (1947), and *The Living and the Dead: A Study in the Symbolic Life of Americans* (1959). Il fut l'un des premiers chercheurs à traduire les pratiques sociales en chiffres, ce qui lui a valu de nombreuses critiques à l'époque.

[4] Le nombre de bacheliers par classe d'âge ou génération correspond à la proportion des lauréats par rapport à la population totale de la classe d'âge (16–19 ans) susceptible d'avoir le baccalauréat.

[5] Les « grandes écoles » du secteur public ont été fondées dès le XVIIIe siècle pour former les cadres de la nation. Elles sont rattachées à différents ministères en fonction de leur spécialisation. Les plus prestigieuses sont les suivantes : École polytechnique dite l'X (1794, Défense), École centrale des Arts et Manufactures (1829, Éducation nationale), Écoles nationales supérieures des Mines (1783–1817, Industrie), École nationale des Ponts et Chaussées (1747, Transports), École nationale supérieure agronomique de Paris (1848–1876, Agriculture), Écoles vétérinaires (1761–1766, Agriculture), École normale supérieure de la rue d'Ulm ou ENS (1794, Éducation nationale), École nationale d'Administration ou ENA (1945, Premier ministre-Fonction publique), École militaire spéciale de Saint-Cyr (1805, Défense), École des hautes études commerciales ou HEC (1881, Chambre de Commerce de Paris).

[6] Créé par Victor Duruy en 1866, le certificat d'études primaires (CEP) ou « certif » se préparait en deux ans dans les cours primaires supérieurs. Jusqu'à la Deuxième Guerre mondiale, il avait presque la même valeur que le bac aujourd'hui. Il a été pendant longtemps le premier diplôme exigé pour la titularisation dans les administrations, les services publics et les collectivités territoriales. Il a été supprimé en 1989.

[7] Il existe trois séries de baccalauréats : les bacs généraux (Littéraire ou L, Sciences économiques et sociales ou ES, Scientifique ou S) qui conduisent aux études supérieures longues ; les bacs technologiques ou technos (créés en 1969) qui conduisent aux études supérieures courtes (deux ans, généralement) ; les bacs professionnels ou pros (créés en 1985) qui offrent une qualification dans les métiers manuels et permettent d'entrer directement sur le marché du travail.

[8] Ces chiffres sont issus de données différentes dont nous reproduisons ici la synthèse. Certaines catégories, comme celle des retraités, n'apparaissent pas ici.

[9] Afin de favoriser la mobilité des étudiants au sein de l'Union européenne, les pays membres se sont accordés pour harmoniser les niveaux principaux de l'enseignement supérieur. En France, cela donne le LMD (licence, master, doctorat) ou 3-5-8, chiffres correspondant aux années d'études après le bac pour obtenir chacun des diplômes LMD (voir le chapitre de Patricia Cummins dans le présent ouvrage).

[10] SEGPA = section d'enseignement général et professionnel adapté ; CAP = certificat d'aptitude professionnelle ; BEP = brevet d'études professionnelles.

Références

Baraton, Manuela. « De la difficulté à devenir cadre par promotion ». *INSEE Première*, n° 1062, janvier 2006 < http://www.insee.fr/fr/ffc/ipweb/ip1062/ip1062.html>.

Baudelot, C. et R. Establet. *Le Niveau monte*. Paris : Seuil, 1988.

Beaud, Stéphane. « Le bac pour tous... et après ? » *In* Martine Fournier et Vincent Troger (dir.). *Les Mutations de l'école. Le regard des sociologues*. Paris : Éditions Sciences Humaines, 2005, p. 209–220.

Beitone, Alain, *et al. Sciences sociales*. 5ᵉ éd. Paris : Dalloz, 2007.

Bonnewitz, Patrice. *Classes sociales et inégalités. Stratification et mobilité*. Paris : Bréal, 2004.

Boudon, Raymond. *L'Inégalité des chances. La mobilité sociale dans les sociétés industrielles*. Paris: A. Colin, 1973.

Bourdieu, Pierre et Jean-Claude Passeron. *Les Héritiers. Les étudiants et la culture*. Paris : Éditions de Minuit, 1964.

Bourdieu, Pierre et Jean-Claude Passeron. *La Reproduction. Éléments pour une théorie du système d'enseignement*. Paris : Éditions de Minuit, 1970.

Bourdieu, Pierre. *La Distinction. Critique sociale du jugement*. Paris : Éditions de Minuit, 1979.

Cabin, Philippe. « Dans les coulisses de la domination». Dossier « Le monde selon Bourdieu ». *Sciences Humaines* n° 105, mai 2000, p. 24–28.

Chauvel, Louis. « Stratification sociale. Grandes tendances ». *L'État de la France 2007–2008*. Paris : La Découverte, 2007, p. 86–95.

Dupays, Stéphanie. « En un quart de siècle, la mobilité sociale a peu évolué ». *Données sociales*. La société française. Éd. 2006. Paris : INSEE, 2006, p. 343–349.

Dupuis, Marc. « Il ne vaut plus rien, mais si on ne l'a pas, c'est tragique ». Entretien paru dans le dossier « Bac 1808–2008 ». *Le Monde de l'Éducation*, juin 2008, p. 32–34.

Duru-Bellat, M. et A. Kieffer « La démocratisation de l'enseignement en France : polémique autour d'une question d'actualité ». *Population*, n° 1, 2000, p. 51–80.

Duru-Bellat, Marie. « L'école peut-elle réduire les inégalités ? ». *In* Martine Fournier et Vincent Troger (dir.). *Les Mutations de l'école. Le regard des sociologues*. Paris : Éditions Sciences Humaines, 2005, p. 199–208.

L'État de l'école. N° 17. Paris : Ministère de l'Éducation nationale, 2007.

Galland, Olivier et Yannick Lemel. « La stratification sociale : glissement vers le haut et permanence des structures inégalitaires ». *In* Olivier Galland et Yannick Lemel (dir.). *La Société française. Pesanteurs et mutations : le bilan*. Paris : Armand Colin, 2006, p. 17–71.

Girard, A. et H. Bastide. « La stratification sociale et la démocratisation de l'enseignement ». INED, « *Population* ». Paris: PUF, 1970, p. 91–128.

Goux, D. et E. Maurin. « Origine sociale et destinée scolaire ». *Revue Française de Sociologie*, XXXVI, n° 1, 1995, p. 81–121.

INSEE. *Enquêtes emploi*. Paris : INSEE (publiées régulièrement) <www.insee.fr>.

Koop, Marie-Christine Weidmann. « Démocratisation de l'enseignement en France : illusion ou réalité ? ». Ed. Marie-Christine Weidmann Koop. With the assistance of Rosalie Vermette. *France at the Dawn of the Twenty-First Century : Trends and Transformations/La France à l'aube du XXe siècle : tendances et mutations.* Birmingham, AL : Summa, 2000, p. 97–114.

——. « Discrimination positive en France : l'expérience de l'éducation prioritaire ». *Contemporary French Civilization,* Vol. XXIX, n° 1, Winter/Spring 2005, p. 85–104.

Lahire, B. *Tableaux de famille. Heurs et malheurs scolaires en milieux populaires.* Paris : Gallimard/Seuil, 1995.

Lemaire, Sylvie. « Disparités d'accès et parcours en classes préparatoires ». *Note d'Information* n° 08.16, mars 2008, p. 1–6.

Marx, Karl et Friedrich Engels. *Le Manifeste du parti communiste* (1848). Trad. Émile Bottigelli. Paris : Flammarion, 1998.

Maurin, Louis. « L'école peut-elle réduire les inégalités sociales ? » *Alternatives économiques,* n° 64, avril 2005 <http://www.alternatives-economiques.fr/index .html>.

——. « Inégalités sociales. Grandes tendances ». In *L'État de la France 2007–2008.* Paris : La Découverte, 2007, p. 96–102.

Merle, Pierre. *La Démocratisation de l'enseignement.* Paris : La Découverte, 2002.

Observatoire des zones prioritaires. « Histoire et définitions » <http://www.association-ozp.net/rubrique.php3?id_rubrique=96>.

Œuvrard, François. « Démocratisation ou élimination différée ? » *Actes de la Recherche en Sciences Sociales,* n° 30, 1979, p. 87–97.

Perelmuter, Delphine. « Résultats définitifs de la session 2008 du baccalauréat », *Note d'Information* n° 09.10, mai 2009, p. 1–6.

Prost, A. *L'Enseignement s'est-il démocratisé?* Paris : PUF, 1986.

Repères et références statistiques sur les enseignements, la formation et la recherche. Paris : Ministère de l'Éducation nationale, 2008 <www.education.gouv.fr/publications>.

Tavan, Chloé. « Les immigrés en France : une situation qui évolue ». *INSEE Première,* n° 1042, 2005, p. 1–4.

Terrail, J.-P. *Destins ouvriers.* Paris : Presses universitaires de France, 1990.

Thélot, C. et L.-A. Vallet. « La réduction des inégalités sociales devant l'école depuis le début du siècle ». *Économie et Statistique,* 334, 4, 2000, p. 3–32.

Weber, Max. *Économie et société* (1921). Paris : Plon, 1995.

7

Être jeune en France aujourd'hui

JOHANN SADOCK
Massachusetts Institute of Technology

Une récente exposition de jeunes artistes contemporains à Marseille, « Enlarge your practice » (en référence à ce *spam* qu'on reçoit tous), rendait compte à travers des œuvres inspirées par des émissions comme *Jackass* (MTV) et « l'esthétique vidéo amateur type YouTube », de tout ce qui constituerait « la jeunesse actuelle » (Lequeux). Dans le film d'un jeune vidéaste français, Olivier Dollinger, où des jeunes gens casqués dans une voiture « semblent attendre le signal du départ pour se lancer dans un crash test », Emmanuelle Lequeux, envoyée spéciale du *Monde*, voyait un « portrait du XXIᵉ siècle » : « cette légère anxiété et ce sens du défi, cette adrénaline et déjà l'ennui qui s'annonce de la vie recommencée » (Lequeux)[1].

C'est de cette jeunesse du XXIᵉ siècle qu'on ne sait pas trop comment appeler en France — génération zapping, parodie, numérique — qu'il va être question. Et immédiatement, en réaction à ces références globales (« Jackass », « crash test », « YouTube »), la question se pose de savoir ce qui distingue ces jeunes Français, qui semblent habiter le même univers culturel, désirer les mêmes biens de consommation et être à la recherche des mêmes sensations, des jeunes d'un peu partout. À la lecture d'un certain nombre d'études et d'enquêtes récentes, il semble que ce qui distingue les jeunes Français, c'est un rapport à eux-mêmes et à la société, déterminé par l'impression que leur avenir se joue très tôt et de façon irréversible — et ceci, à des titres différents, aussi bien dans les milieux populaires que plus favorisés. Comme l'a expliqué Cécile Van de Velde dans une étude comparative à l'échelle européenne, en France, « la jeunesse est pensée comme le moment de prendre des 'rails' qui fixeront de façon quasi définitive la trajectoire adulte. Le choix de la filière... apparaît scellé par l'absence de droit à l'erreur » (5). Cette idée qu'on ne se relèvera pas, ou en tout cas pas si facilement, d'un échec, ou même d'un mauvais départ, d'une erreur d'aiguillage ou de parcours, semble aussi caractériser le contexte français. Le premier enjeu de cet essai est de mieux comprendre comment ce contexte anxiogène affecte spécifiquement ces jeunes générations, en particulier dans leur rapport à l'éducation, au travail et à leur avenir.

Dans le sens courant, l'idée de génération fait référence à une tranche d'âge « partageant un même événement considéré comme fondateur » (Percheron et Rémond 144). Il est en fait difficile d'isoler *un* événement fondateur pour ces générations de jeunes âgés de 15 à 25–29 ans[2] — sinon, par défaut : il s'agit de générations qui n'ont pas participé à Mai 68. Comme de nombreux commentateurs de la société française contemporaine l'ont noté par ailleurs, il peut y avoir une certaine convergence de comportements, de goûts, de pratiques et de valeurs entre des jeunes de 11–13 ans qui adoptent de plus en plus tôt des modes d'adolescents ou même d'adultes. Cela correspond au phénomène des « adonaissants » décodé par François de Singly, les jeunes adultes qui ont du mal à être financièrement autonomes et à qui il arrive de « régresser » — concept d'« adulescence » élaboré par le spécialiste de psychiatrie sociale Tony Anatrella et vulgarisé par Marie Giral — et des baby-boomers qui refusent de vieillir — « jeunisme » satirisé par Régis Debray dans *Le Plan vermeil*[3].

À l'inverse, plusieurs ouvrages — *Génération 69, les trentenaires ne vous disent pas merci* d'abord et, plus récemment, *Comment nous avons ruiné nos enfants*, le *Papy Krach* et *Nos enfants nous haïront* — ont insisté sur ce qui sépare les baby-boomers (au sens de soixante-huitards) des jeunes générations, en déclinant la thèse d'une « spoliation des jeunes par les vieux » développée par Louis Chauvel dans *Le Destin des générations* (1998) et *Les Classes moyennes à la dérive* (2006). Ces derniers livres ont eu le mérite de donner une plus grande visibilité dans les médias aux jeunes classes moyennes souvent reléguées au second plan par la thématique de l'exclusion (Montclos). Mais, comme l'expliquait Jean-Pierre Le Goff dans un article sur « le nouveau fossé des générations », ce procès fait aux « vieux » est problématique à la fois parce qu'il donne à croire que des baby-boomers accrochés « à leurs privilèges » maîtrisent « les évolutions sociales et historiques » et parce que cette rhétorique opposant les générations ne met pas assez en relief des phénomènes d'entraide familiale, d'interdépendance des destins familiaux et un certain nombre d'acquis communs sur le plan social, économique et culturel (96–97). En conclusion d'une enquête sur les valeurs des jeunes de 18–29 ans, Olivier Galland notait que, loin de manifester un « décrochage générationnel », l'évolution depuis vingt ans indique que « dans presque tous les domaines, les valeurs des jeunes se sont considérablement rapprochées de celles des adultes » (« Les valeurs des jeunes », 178).

Entre ces deux visions, la première qui insiste sur une communauté de destin, de valeurs et de mœurs entre baby-boomers et les plus jeunes générations, et la seconde qui souligne de multiples décalages, l'autre enjeu de cet essai est de mieux cerner les valeurs, les mœurs et les pratiques culturelles autour desquelles les jeunes Français se retrouvent et se démarquent à la fois les uns des autres et des générations précédentes.

En amont ou en aval, de nombreuses variables entrent aussi en jeu : origine sociale, géographique et ethnoculturelle, niveau d'études, genre ou sexe, religion, etc. Autant que possible, je tiendrai compte de ces variables et de leurs diverses combinaisons au sein de ces jeunes générations.

Au cours d'un débat organisé au printemps 2005 par *Le Monde de l'Éducation* à la suite des violences de jeunes casseurs lors de manifestations de lycéens contre l'introduction d'une dose de contrôle continu au bac, Georges Felouzis rappelait que si les lycéens qui ont manifesté « trouvent dans leur parcours scolaire une intégration sociale forte », il n'en va pas de même pour « ceux qui sont relégués aux frontières des villes comme de la société » (Perruca 46). Aussi schématique qu'elle soit, cette opposition entre lycéens qui manifestent et « ceux qui sont relégués aux frontières des villes et de la société » donne une idée d'un premier clivage qui sépare les jeunes jusque dans leur scolarité. Dans un pays où le métier des parents demeure le premier indicateur de réussite scolaire (Beaumard 57), « d'où l'on vient », « où l'on habite » et « où l'on étudie » continuent d'être déterminants dans la réussite scolaire des enfants. Comme on est aujourd'hui prêt à l'admettre en France, il y a en outre des discriminations qui affectent plus spécifiquement certaines catégories de jeunes marqués par leur origine ethnique, leur nom ou la couleur de leur peau et ceci dès de début de leur scolarité. Dans les orientations vers certaines filières dévalorisées en France, l'origine ethnique n'est pas la seule à jouer un rôle : des travaux ont par exemple insisté sur l'importance de l'identité sexuée dans les choix d'orientation et les orientations « forcées » (Duru-Bellat 126), mais nombre de jeunes sont abusivement orientés vers certaines filières ou certaines formations du fait de leur origine ethnique[4]. Dans ce contexte, Cyprien Avenel soulignait à juste titre, dans une étude de 1999 sur des jeunes issus de l'immigration maghrébine, la frustration que peut engendrer l'objectif officiel d'amener 80% d'une classe d'âge jusqu'au bac, pourcentage qui n'est pas encore atteint puisqu'il s'élevait en 2006 à 69,7% (« Taux d'accès au niveau du baccalauréat ») :

> Il se développe des attentes très fortes, en même temps que des comportements de rejet face à une école perçue elle-même comme ségrégative. La déception de ces jeunes est en effet parfois d'autant plus grande qu'ils intériorisent les attentes de mobilité sociale de leurs parents (orientation vers les filières générales longues) (Avenel 215)[5].

Au terme de la scolarité des jeunes en France, il y a bien sûr des diplômes de valeur inégale, mais il y a aussi des disparités entre ceux qui peuvent bénéficier d'une aide familiale dans la période de transition vers leur indépendance et les autres qui sont livrés à eux-mêmes. C'est aussi en ce sens que « d'où l'on vient » influence ce que l'on devient et où l'on atterrit dans la société française d'aujourd'hui. Dans un récent rapport, *La France prépare mal l'avenir de sa jeunesse*, l'Académie des sciences morales et politiques affinait cette analyse :

> Pour les garçons les moins diplômés, l'ordre de passage des étapes de l'âge adulte [formation/travail/famille] est maintenu, mais retardé par les difficultés d'insertion sur le marché du travail. La situation des jeunes filles est quelque peu différente. [...] les deux tiers d'entre elles accèdent aujourd'hui à l'emploi et au logement indépendant avant de fonder un foyer. Seules les jeunes filles les moins diplômées n'accèdent à l'indépendance que par la vie en couple, avant l'emploi (93).

Comme le soulignait encore le rapport de l'Académie des sciences morales et politiques, au-delà de ces disparités entre diplômés et non (ou moins) diplômés et entre ceux qui peuvent bénéficier d'une aide familiale et les autres, la dépendance des jeunes vis-à-vis de leur famille caractérise plus largement la France dans la mesure où elle résulte d'un « choix politique » : celui de « traiter les problèmes des jeunes à travers des mesures socio-économiques destinées aux familles » plutôt que par des mesures encourageant une réelle autonomie comme dans d'autres pays européens (97). C'est surtout l'accès à un logement autonome (location et propriété) qui est beaucoup plus difficile pour ces jeunes générations que pour celle du baby-boom dans les années 1960–1970 (94) mais, comme l'indiquait une enquête de l'INSEE datée de septembre 2007, même parmi les jeunes qui ne vivent plus chez leurs parents — 5 millions de jeunes de 18 à 29 ans — la pauvreté en terme de « conditions de vie » est aussi un phénomène qui affecte plus cette génération que l'ensemble de la population (Jauneau).

Ce manque d'autonomie et cette plus grande pauvreté — qui s'expliquent par le chômage, la précarité des premiers emplois et l'offre tardive de moyens permettant un « réel autofinancement » (Van de Velde) — demandent aussi à être replacés dans le cadre d'un débat sur l'évolution du rapport des jeunes Français au travail et aux types d'emplois qui leur sont offerts[6]. On sait que la campagne présidentielle de 2007 a mis à l'ordre du jour la revalorisation du travail. Dominique Méda, qui a mené de nombreux travaux sur les rapports entre travail et identité, déclarait récemment à ce sujet : « Parler de la valeur travail sans dire que le premier problème est un manque de travail, c'est un tour de passe-passe. Toutes les enquêtes prouvent que les gens sont prêts à accepter n'importe quel emploi » (Lacroix et Polony 70). La réalité est sans doute plus complexe. L'un des chiffres les plus cités ces dernières années est ce sondage selon lequel plus de 75 % des jeunes aimeraient travailler dans la fonction publique. Ce chiffre s'explique non seulement par les caractéristiques du marché du travail, mais par l'évolution de la conception et de la place du travail dans la vie. Selon Bernard Roudet (qui revient ici sur les conclusions d'Olivier Galland à propos d'une enquête sur les valeurs des jeunes datant de 1999), le travail occupe « une place centrale dans la vie des 18–29 ans comme de l'ensemble des Français » mais, chez les jeunes, on assiste dans les années 1990 au « retour d'une conception plus matérialiste de l'activité professionnelle (salaires, horaires, sécurité de l'emploi) » par opposition à la conception de la décennie précédente privilégiant « la réalisation de soi (intérêt, responsabilités, sentiment de réussite) » (16). Comme l'expliquait Arnaud Gonzague, ironiser sur les aspirations des jeunes à entrer dans la fonction publique, « c'est oublier ce que beaucoup de jeunes fonctionnaires savent : que la vraie vie est ailleurs qu'entre les murs de l'entreprise. » Et que « [s]i l'on ne peut pas vivre de sa passion […] on la vivra après le travail » (Gonzague).

S'il semble bien, comme le concluait Roudet à propos de cette enquête, que « les 18–29 ans ne conçoivent pas le travail comme le domaine exclusif de l'accomplissement personnel », il faut certainement là encore tenir compte d'un certain nombre de variables. Certains sociologues établissent ici une première distinction autour de la variable « sexe ». Marie Duru-Bellat expliquait par exemple qu'« on valorise davantage la sécurité de l'emploi et la perspective de carrière chez les garçons, le caractère intéressant d'un travail choisi pour les filles » (127). Pour Duru-Bellat, il s'agirait là de ce préjugé — souvent intério-risé — selon lequel « l'exercice d'une profession renvoie chez les premiers à une nécessité vitale, chez les secondes à une possibilité d'épanouissement »

(127). Ce type d'analyse occulte en fait l'importance de plus en plus grande donnée à un emploi stable parmi les jeunes femmes en quête d'autonomie financière et d'indépendance — l'exemple le plus souvent cité étant celui des jeunes femmes des cités s'accrochant à leurs études pour s'en sortir et qui, de fait, s'en sortent souvent mieux que les garçons. Dans un commentaire de cette même étude sur les valeurs des jeunes mais élargie à l'Europe, Jean-François Tchernia rappelait l'effet prépondérant du niveau d'études sur la manière de concevoir le travail : « Plus le niveau d'instruction est faible, et plus les jeunes ont tendance à considérer que le travail passe avant tout » (Tchernia 221). Dans une large mesure, en France, la distinction entre travail stable et travail épanouissant s'efface pour les moins diplômés devant le désir de décrocher un « vrai emploi » par opposition à un emploi intérimaire. Comme le disait un animateur à mi-temps âgé de 23 ans, interviewé par Cyprien Avenel dans le cadre d'une enquête sur les jeunes d'origine maghrébine : « tout le monde rêve d'un emploi, mais d'un vrai emploi. Mais on te propose que des trucs bidons ! [. . .] le jeune, lui, il veut plus travailler dans tous ces trucs bidons » (Avenel 218). En outre, et comme le révélait une enquête de *La Croix*, « la raréfaction du travail n'entraîne pas nécessairement docilité »,

> dans la restauration, l'artisanat, le bâtiment, toute une série de métiers offrent des emplois dont personne ne veut parce qu'ils sont synonymes de contrainte, de pénibilité. Ceux qui sont en bas de l'échelle sociale ont aussi des exigences [. . .] Quitte, pour ces jeunes, à assumer le risque de la précarité plutôt que de s'engager dans des formations menant à des métiers dont les contraintes sont jugées trop lourdes (Schwartz).

Il faut voir dans cette acceptation d'une certaine précarité une forme de résistance. Ce que la société française ne réussit pas assez souvent à faire, c'est à transformer cette résistance en vecteur de mobilité sociale, notamment en encourageant et en soutenant la prise d'initiatives et de risques professionnels par l'octroi de crédits aux créateurs d'entreprises ou de micro-entreprises. Dans une société difficile à bousculer, le salut pourrait également venir d'une plus grande flexibilité dans l'embauche et le licenciement — comme le prévoyait le Contrat première embauche ou CPE. Il s'agissait en effet, avec le CPE, de dédramatiser l'accès au premier vrai emploi tout autant que la perte d'emploi. On peut ne pas vouloir d'un monde du travail où les jeunes sont prêts en permanence à sauter d'un job à l'autre à l'instar de la génération Y aux États-Unis, mais on gagnerait à encourager en France une culture de la première et de la deuxième chances, aussi bien d'ailleurs pour les employés que pour les entrepreneurs. Comme l'a mis en évidence la période qui a suivi l'éclatement de la bulle Internet au début des années 2000, la société française devra permettre aux entrepreneurs de se relever plus facilement d'un échec. À ce sujet, Edward Roberts, professeur de management à la *Sloan School* du MIT, rappelait que, dans une société comme la société française, on est en quelque sorte « damné » quand on a échoué en tant qu'entrepreneur (Halpern). C'est plus largement le monde de l'entreprise qu'il faudrait réhabiliter parmi les jeunes, ou pour le moins le faire mieux connaître aux jeunes (et donc d'abord aux enseignants) en établissant de plus nombreux ponts avec le monde de l'éducation[7].

On comprend que pour beaucoup de jeunes, dans une société qui sanctionne très tôt l'échec et qui n'encourage pas la prise de risques, le temps libre et ce que François de Singly appelle les « terrains de jeu » deviennent le temps et le lieu, privilégiés, de l'expérimentation. Dans les lignes qui précèdent, parallèlement à la variable « niveau d'études » ou « diplôme », il est possible de distinguer plusieurs frontières qui séparent les jeunes par origine sociale ou ethnoculturelle, ou par genre. À l'exception de la scolarité et de l'avenir professionnel, la question à double entrée qu'il reste à poser est la suivante : est-ce qu'il y a des valeurs communes et une manière semblable de concevoir ce qui, pour beaucoup de jeunes, est « la vraie vie » ? Et dans quelle mesure certaines évolutions récentes dans les pratiques culturelles et les loisirs contribuent-elles à créer une expérience, voire une identité de groupe parmi ces jeunes générations ?

Dans un article de 2003, ayant pour titre « Individualisation des mœurs et choix culturels », après avoir fait le constat de la désuétude du schéma de transmission culturelle entre les générations décrit par Bourdieu dans *La Distinction*, Olivier Galland discernait trois nouvelles tendances dans la société et chez les jeunes en particulier : une individualisation des mœurs (volonté de décider pour soi ce qui est bon ou mauvais), un affaiblissement de la socialisation familiale (affirmation de goûts et de pratiques en partie indépendants des normes et des choix familiaux) et un primat des relations sur les activités (préférence exprimée pour des activités pratiquées en groupe). Si l'ensemble des jeunes partagent des valeurs libérales sur le plan de la vie privée et des mœurs, une distinction s'impose dans le rapport à la vie publique de « deux jeunesses dont l'une, exclue de l'éducation et de la culture, se révèle beaucoup plus extrême » (87). Comme le rappelle encore Roudet qui cite une autre étude d'Olivier Galland : « Les jeunes Français sans diplôme rejettent une société dont ils ont le sentiment qu'on les rejette » (27).

Il y a bien là un cercle vicieux rendu évident par la médiatisation des émeutes de novembre 2005 et la confusion entre jeunes de cités et émeutiers qui cherchaient, entre autres choses, à attirer l'attention du reste de la société sur leur condition[8]. Si les émeutes de novembre 2005 ont tant frappé l'imaginaire collectif en dépit de leur relatif confinement dans les cités, c'est au moins en partie parce qu'à travers leur propagation et leur médiatisation — une certaine ségrégation spatiale ne semblant plus aussi bien jouer son rôle — la société française dans son ensemble s'est mise à craindre le déferlement de ceux que certains appellent les « nouveaux barbares ». Il faut donc rappeler ici qu'on ne peut évidemment pas réduire le quotidien des jeunes des cités aux phénomènes visibles et médiatisés des émeutes ou même des violences diverses rapportées dans les médias : rodéos (vols et courses de voitures), voitures brûlées, « bizness » ou tournantes (viols collectifs). Ce quotidien des jeunes dans les cités est souvent un quotidien de défis (notamment scolaires) relevés, d'échanges et de solidarité[9]. Et comme on l'a vu, et sans les excuser, les actes de délinquance et les « incivilités » reflètent aussi l'échec de la société française à insérer les jeunes par l'école ou le monde du travail et sont au moins en partie une réaction à un certain nombre de discriminations.

Sur le plan des valeurs auxquelles les jeunes sont attachés, il faut d'ailleurs relativiser les oppositions géographiques et sociales. Comme le révèle une enquête réalisée auprès d'élèves du cours moyen 2e année (CM2 ou 5e année d'école primaire) à la troisième (dernière année du collège) par le ministère de l'Éducation nationale en 2005, « [s]ur la plupart des thématiques, comme la lutte contre les discriminations, l'écologie ou la liberté d'expression, les plus jeunes répondent de la même façon quelle que soit leur origine [. . .] réfutant ainsi l'idée d'une césure entre jeunes des quartiers populaires et jeunes plus privilégiés » (Bronner). Et même si tous les jeunes n'ont pas les mêmes opportunités de mobilité géographique, la plupart des jeunes sont pro-européens en ce sens que la libre circulation des biens et des personnes à l'intérieur de l'Europe est pour eux un acquis. Peu d'enquêtes récentes ont été réalisées sur les jeunes en milieu rural mais, dans une étude de 1999, Olivier Galland rappelle par ailleurs que, malgré une vie sociale différente du fait d'un plus grand isolement, les jeunes ruraux « n'ont pas des valeurs très éloignées » de celles des jeunes des villes (« Jeunes ruraux » 131–134)[10].

Une certaine individualisation des mœurs s'illustre aussi dans le domaine des croyances, des pratiques religieuses et de l'engagement des jeunes. Comme l'explique Jean-Marie Donegani : « Est religieux, ce à quoi on tient le plus. Au lieu d'une définition extérieure, objective et institutionnelle du religieux, on a une définition personnelle et mouvante » (Donegani)[11]. Et comme le rappelle Bernard Roudet, dans ce contexte général de « renforcement des valeurs d'individualisation » qui caractérise aussi les mœurs et les pratiques culturelles des jeunes, même « l'appartenance associative […] apparaît davantage centrée sur l'accomplissement personnel, voire les relations interpersonnelles et la sociabilité amicale » (cité par Richez 11). Plusieurs enquêtes ont souligné par ailleurs le rapport paradoxal à l'engagement politique d'une génération qui connaît un taux d'adhésion faible dans des partis ou des syndicats, mais qui est prête à se mobiliser ponctuellement pour des causes touchant notamment à l'environnement, aux droits de l'homme et, plus récemment, aux idées alter-mondialistes. Indépendamment de la participation massive à certains tours des élections présidentielles[12], le désintérêt pour la politique institutionnelle s'accentue depuis vingt ans chez les jeunes de 13 à 29 ans, mais on ne peut pas ignorer que cette dépolitisation se double d'une consommation de parodie politique — *Guignols de l'info*, images et « petites phrases » détournées — aujourd'hui multipliée par le Net.

Sur le plan des pratiques culturelles des plus jeunes, Dominique Pasquier rappelait récemment, dans un entretien accordé au *Débat*, cette évolution majeure corroborée par une enquête qualitative en région parisienne et un questionnaire adressé à un millier de jeunes sur les pratiques culturelles au lycée : « un décrochage de la culture humaniste » et « un renforcement de la culture populaire, avec un poids central de la culture commerciale comme culture commune entre les jeunes » (« Les lycéens » 142). En 2007 comme dans les années 1990, la télé et la radio occupent une place majeure dans le temps libre d'une très grande majorité de jeunes. Dans une certaine mesure, ces médias de masse contribuent aussi à une uniformisation du parler des jeunes à travers des innovations qui peuvent varier selon les villes et les régions, mais qui partent depuis de nombreuses années des cités et qui imprègnent le langage de l'ensemble des jeunes sous l'influence de personnalités comme Jamel Debouzze (Legrand). Bien qu'en constante évolution, ce langage des cités (qui incorpore de nombreux mots en verlan) a récemment été consigné dans des dictionnaires comme « Le dictionnaire de la zone » de Cobra le cynique ou le très médiatisé « Lexik des cités » du Collectif Permis de vivre la ville[13].

Par le biais des « textos » par SMS (short message service) sur portable ou MSN (Microsoft instant messaging) sur ordinateurs, les jeunes sont aussi en train de donner naissance à un langage écrit phonétique qui leur est souvent commun. Au-delà de ce phénomène d'uniformisation, il semble qu'on puisse, avec Pasquier, opposer deux modèles chez les plus jeunes :

> Un modèle masculin fondé sur le « faire avec », avec une organisation de réseaux de coopération et de pratiquants stables et réguliers [. . .] très sensible dans le secteur des jeux vidéo par exemple [. . .] Et un modèle féminin du « parler de », qui s'inscrit dans une culture de la confidence et qui tend à utiliser les produits culturels moins pour des pratiques collectives que comme des supports à l'exploration des subjectivités. De plus, les filles n'hésitent pas à afficher des goûts culturels plus commerciaux (« Les lycéens » 149–150).

Les jeunes Français de moins de 18 ans passent aujourd'hui en moyenne cinq heures et 30 minutes par jour devant un écran d'ordinateur et la France est le pays où l'accès des foyers à l'Internet croît le plus rapidement. Mais malgré cette explosion et cette apparente ubiquité des ordinateurs et de l'Internet en France, tous les jeunes n'y ont toujours pas un égal accès et il y a encore aujourd'hui d'importantes disparités d'utilisation selon l'origine sociale[14]. Dominique Pasquier a par exemple montré qu'on utilise moins souvent l'Internet à des fins pédagogiques dans les familles moins aisées (Cultures 105). Cela étant dit, les nouvelles technologies (NT) ont des répercussions sur la vie familiale et sur les relations sociales des jeunes de tous les milieux — la première étant que la ligne de partage entre le dedans (le cercle familial) et le dehors est aujourd'hui beaucoup moins nette. Si le Net et les NT facilitent un contact quasi permanent avec des amis et des pairs, ils permettent aussi de leur échapper à travers des liens nés de nouveaux intérêts forgés en ligne. Il est plus difficile d'échapper à la pression conformiste, en particulier sur l'apparence, qu'exercent les amis et les pairs au lycée. Ce phénomène a trouvé un écho particulier dans les médias où l'on divise communément aujourd'hui les plus jeunes en tribus — skateurs, rappeurs, raveurs[15], etc. — selon un modèle de « communauté émotionnelle » théorisé par Michel Maffesoli dès les années 1980 dans *Le Temps des tribus*.

En ce qui concerne les loisirs, un sondage effectué en 2003 auprès des 15–24 ans montrait que ces derniers rangeaient leurs activités préférées dans l'ordre suivant : « les amis » (52%), « le sport » (38%), « écouter de la musique » (37%), « la fête » (33%) (Dagnaud 152). L'essentiel, c'est bien entendu ce qui se passe (pratiques, comportements, représentations) derrière ces mots. Pour n'approfondir qu'un exemple, celui de la fête, Monique Dagnaud a brossé ce tableau général :

> Pour beaucoup de jeunes, la fête consacre une habitude : entre 10% et 15% des 15–24 ans (soit entre 600.000 et un million de jeunes) participent au moins une

fois par semaine et souvent plus à des virées nocturnes dans des boîtes, bars, salles de concert ou espaces privés ; le sel de ces soirées, c'est l'exacerbation des émotions — fusion avec les pairs autour de la musique, délire partagé que stimulent l'alcool coulant à flots et psychotropes. La fête prend son sens dans le frisson et la démesure. Tous les jeunes, certes, ne s'y adonnent pas avec la même frénésie, mais elle émerge comme une tendance en hausse parmi leurs pratiques de loisirs (152).

À l'intérieur de ce cadre général, on peut parler des jeunes qui vivent au rythme des « raves » comme le fait Monique Dagnaud dans cet article, revenir sur les sorties des jeunes des cités en se concentrant sur l'impact psychologique qu'ont sur eux les discriminations sous forme de rejet à l'entrée de certaines boîtes, et s'intéresser aux motivations de celles et de ceux qui évoluent dans le monde des rallyes ou qui se lâchent dans les soirées *open bar* dans les grandes écoles. On peut même, comme Magdalena Jarvin, faire une étude comparée entre les sorties de nuit en bars à Stockholm et à Paris. Dans cette étude, Jarvin arrive à un certain nombre de conclusions sur les conceptions de la fête parmi les jeunes de Paris et de Stockholm. Si un même besoin de se mettre en spectacle unit les jeunes des deux villes, les Parisiens semblent mettre l'accent sur des mots comme « convivialité » et « familiarité » pour expliquer leurs choix de bars et prônent « l'idéal d'un espace public comparable à l'espace privé » (156) — importance peut-être accentuée par le fait d'habiter plus tard chez ses parents en France ? Toujours selon Jarvin, à l'encontre des jeunes de Stockholm, les jeunes Parisiens favorisent encore des interactions qui ne se limitent pas essentiellement aux regards, mais qui sollicitent la parole — peut-être par opposition à ce qui se passe dans la rue parisienne (156–157). Si Paris est une ville provinciale par certains côtés, ce n'est pas toute la France et on peut enfin vouloir rappeler que de nombreuses villes de France ont développé des scènes nocturnes variées dans les années 1990 avec des dominantes (parfois alternatives ou *underground*) comme la musique techno pour Amiens, le *ragga* (musique d'origine jamaïcaine apparue dans les années 1980) pour Angers, etc.

On aura peut-être remarqué que, dans les activités préférées des jeunes citées plus haut, la sexualité n'apparaît pas explicitement. S'il en a été question après l'avènement du SIDA (notamment dans l'éducation sexuelle défaillante à l'école), le discours sur la sexualité a pris en France une tournure prophylactique qui a tendance à l'éloigner du plaisir, les préférences et les pratiques sexuelles, quand elles sont librement consenties et exercées, étant en général mieux acceptées par les jeunes Français. Pour ne prendre qu'un exemple, traiter un autre jeune de « pédé » reste une insulte de premier ordre dans certains milieux

(Pasquier, « Les lycéens » 147) mais l'homosexualité est mieux acceptée parmi les jeunes générations en France. Les enquêtes sur la sexualité des jeunes montrent qu'elle a relativement peu changé ces trente dernières années pour ce qui est de l'âge du premier rapport (17 ans environ) et quelque peu baissé pour le premier « vrai » baiser (autour de 13 ans). Mais, au-delà de ces étapes significatives, on doit aussi se demander si la sexualité des jeunes est en train d'évoluer dans sa fonction sociale ou de sociabilité et dans ses représentations. S'arrêter au seul indicateur de l'âge, c'est en effet négliger un nombre de variables et de questions dont il faut avoir conscience : avec qui, comment, ou selon quelle gradation et pourquoi ? Entre les sexes, comme Pierre Coslin le rappelait par exemple, « les relations diffèrent aussi par le nombre de partenaires, les raisons de leur choix, l'implication affective et les fantaisies sexuelles conscientes » (306). En outre, et comme Florence Maillochon l'a souligné, une variable comme le sexe — pour autant qu'elle doive être considérée comme une catégorie indépassable, sorte de « degré zéro » dans la sexualité (ce qui n'est pas évident comme le rappelle Maillochon) — « n'intervient pas "directement" dans la différenciation des comportements mais à travers un ensemble de facteurs médians » — la religion exerçant par exemple « des influences différentes sur les garçons et les filles » (275).

Dans le rapport des jeunes à leur apparence et à leur intimité conçues dans un sens plus large, il semble à l'inverse que les médias aient eu dans les années 1980 et 1990 un effet homogénéisant sur les deux sexes. C'est un des traits distinctifs de cette génération : la très grande majorité des jeunes a développé un rapport médiatisé à son intimité. Il faut rappeler ici qu'avant même l'Internet, il s'agit des premières générations de jeunes massivement exposées à la pornographie (Canal +), à l'érotisme (de M6 à FR3), et avec la libéralisation de la FM dans les années 1980, à un certain nombre de programmes spécialement conçus autour de la sexualité des jeunes. Aujourd'hui, par un phénomène de boucle médiatique, certains sites comme Emergenceweb et des radios populaires parmi les jeunes comme SkyRock sont à la pointe du mouvement des réseaux sociaux sur le Net et servent ainsi de relais à une médiatisation de soi (Emergenceweb <http://emergenceweb.com/blog/?p=63>). Un nouveau seuil dans cette médiatisation de son intimité a donc été franchi en France avec l'explosion des NT (nouvelles technologies). Entre 2001 et 2007, on est ainsi passé de ce que Serge Tisseron a appelé l'« intimité surexposée » de quelques-uns à, virtuelle-ment, une surexposition de l'intimité (« extimité ») de tous. Il suffit pour s'en convaincre de revenir sur l'évolution d'un autre phénomène de synergie cette fois entre l'Internet et des chaînes de télé : M6 pour *Loft Story* en 2001 et TF1 pour sa variante de l'été 2007 (*Secret Story*)[16].

En 2001, *Loft Story* a suscité des liens d'identification entre une audience composée à 70–75% de 15–24 ans et des participants issus de milieux populaires et de milieux plus privilégiés, l'un des sujets les plus commentés étant, avec la place et le sort réservés aux jeunes appartenant aux minorités visibles dans l'émission, les relations intimes des candidats. Cet été-là, les occupants du *Loft* ont joué pour les adolescents un rôle d'« éducateurs » et pour les jeunes plus âgés celui de miroir plus ou moins déformant (Dupont-Monod). Si dans sa variante de l'été 2007 (*Secret Story*), la formule a connu un succès d'audience, il est clair qu'à l'heure où la très grande majorité des jeunes Français surfent régulièrement sur le Net, une émission de télé réalité de ce type ne peut plus vraiment tenir la même fonction « éducative ». Aussi instructif que le *Loft* ait semblé en 2001, ce type de télé réalité, filtrée par un contrôle sur le contenu, ne répond plus aux nouveaux besoins de « mise en relation sociale et d'exposition de soi » des jeunes de 2007[17].

Les NT sont là encore en train de transformer les mœurs et pas seulement parce que dans les cités, « les garçons se sont mis à l'écriture plus intime via l'ordinateur » ou parce que, comme le notait encore Dominique Pasquier, même ceux qui ont des problèmes dans leur scolarité « peuvent devenir leaders sur les *chats* notamment dans les milieux populaires » (cité par Legrand)[18]. À une certaine distance de cette vision pacifiée, les nouvelles technologies de communication sont aussi instrumentales dans certains phénomènes de violence — souvent filmés — où la virilité est en jeu et en compétition.

Par ailleurs, on ne peut pas ignorer le rôle qu'ont joué les téléphones portables à la fois dans les émeutes de novembre 2005 et dans un événement qui, selon de nombreux commentateurs tels que Marcel Gauchet, Emmanuel Todd ou divers éditorialistes, aurait été le *tournant* de la dernière campagne présidentielle : les bagarres entre policiers et deux cents jeunes qui se sont retrouvés à la Gare du Nord quelques minutes après l'arrestation d'un jeune immigré voyageant sans billet en 2007. Si deux cents jeunes et leurs portables peuvent influencer le cours d'une campagne en provoquant une surenchère dans la rhétorique de l'identité nationale, c'est bien sûr, comme on le disait, parce qu'il y a un autre cercle constitué en spectateurs de ces violences par médias interposés, mais c'est aussi parce que la société française est devenue une société à laquelle *l'idée* de ces jeunes fait peur. Mais peut-être pas assez. Car si comme le disait un jeune du quartier de Hautepierre à Strasbourg en juillet 2005, plus d'un an après une visite de Nicolas Sarkozy alors ministre de l'Intérieur dans ce quartier, « l'insécurité pour les jeunes de Hautepierre, c'est de ne pas avoir d'avenir » (Calinon), le vrai danger pour la société française, c'est précisément le manque d'avenir de ces jeunes.

Au-delà des mouvements de rejet intenses à l'égard de l'ancien ministre de l'Intérieur — le mouvement anti-Sarko ou TSS, Tout Sauf Sarko, était particulièrement relayé par les jeunes sur le Net —, les élections présidentielles de 2007 ont suscité une attente réelle. Il y a même eu une forme d'espoir chez certains. Nicolas Sarkozy, qui porte cet espoir, sait qu'il n'a pas le droit de décevoir les jeunes en général et ceux du TSS en particulier. Comme la culture de l'attente de résultats qu'il a instituée à l'égard de ses ministres, à l'instar de la « Ministère Academy » (Labarre 122), le rapport de ces jeunes à Nicolas Sarkozy est et sera pragmatique. Dans ces « zones urbaines défavorisées » qui ont pour la plupart voté pour Ségolène Royal, on juge et on jugera le président « sur ses actes » (Rousselot). Paradoxalement, à l'heure de la mondialisation et alors que la capacité du politique à changer radicalement la donne interne d'un pays est limitée, le plus grand défi qui attend Nicolas Sarkozy est de changer « le logiciel mental » des Français (Suleiman) pour leur faire accepter et prendre en charge les réformes nécessaires. Pour cela, comme l'ont montré les manifestations lycéennes de 2005 et celles contre le CPE en 2006, il ne peut pas même compter *a priori* sur les jeunes les plus insérés. Il n'en reste pas moins que celui qui a fait sien « le parler public du show-biz » jusqu'au tutoiement collectif de Coluche — « *Attends!* » — (Encrevé) et dont on a pu dire qu'il est le plus « bling-bling »[19] des politiques (Pliskin), celui qui s'est encore décrit comme un « Français au sang mêlé », pourra compter sur les jeunes et notamment sur les jeunes des cités pour l'accompagner dans l'évolution de la société française sur d'autres plans : ceux des pratiques culturelles, de sociabilité et de communication. C'est mieux que rien dans la mesure où, contrairement à ce qu'on aimerait croire, cette histoire n'est pas l'histoire d'un homme seul face à son public dans la société du spectacle. Mais cela ne suffira pas. Comme un éditorial récent du *Monde* le notait, « il ne faut pas se raconter d'histoires » : pour les jeunes de ces banlieues qui ne sont pas toute la société française mais qui sont bien le « miroir grossissant des fractures de la société française», il va falloir « du temps et un projet de société autrement solidaire. C'est l'affaire d'une génération » (« Banlieues, la fracture »). Une affaire, pour parler à l'américaine, en forme de vrai défi à relever. Une occasion de trouver sa place pour la génération « T OU ? ».[20]

Notes

¹ Le film représente en fait une compétition de SPL (Sound Pressure Level), « discipline » qui consiste à optimiser la pression acoustique dans une voiture via les haut-parleurs.

² À ces bornes, 15–25 ans, qui correspondent à la définition de la jeunesse selon l'Union européenne, il faut ajouter en 2008 des marges d'environ cinq ans lorsque certaines études et enquêtes l'exigent. Compte tenu des diverses dates de ces références, dans une moindre mesure, il va donc aussi être question de la génération de trentenaires dite X aux États-Unis. On a diversement appelé en France cette génération X (personnes nées entre les années 1960 et le début des années 1980) : de « génération bof » à « génération 69 » (génération ayant perdu ses illusions).

³ François de Singly a développé le néologisme d' « adonaissants » pour désigner les jeunes de 11–13 ans et Olivier Galland a, quant à lui, mis en avant l'idée d'une post-adolescence pour souligner ce qu'il appelle « l'allongement de la jeunesse » en France (« Les valeurs des jeunes » 177–183).

⁴ De fait, « ils sont surreprésentés en lycées technologiques et professionnels puisque 55,1% de ces jeunes s'y trouvent quand ce taux ne dépasse pas les 44,6% chez les non-immigrés » (Beaumard 56).

⁵ Une étude de Jean-Paul Caillé, datant de 2005, sur les enfants d'immigrés — définis comme des jeunes dont les deux parents sont nés à l'étranger — a montré que « toutes choses égales » par ailleurs, ces derniers « réussissent au moins aussi bien à l'école que leurs homologues des mêmes catégories socioprofessionnelles [. . .] sortent moins souvent sans qualification et sont plus ambitieux que les enfants nés de parents français exerçant les mêmes métiers que les pères de ces familles » (Beaumard 56). Mais, comme le soulignait *Le Monde de l'Éducation*, « on se retrouve à comparer la grande masse des enfants d'immigrés à une petite frange de la population autochtone. Preuve que l'essentiel des migrants qui ont souvent fait une bonne partie de leur carrière professionnelle ici sont restés en bas de l'échelle sociale » (Beaumard 57).

⁶ Pour une enquête de fond portant sur le rapport au travail de l'ensemble de la société, lire Christian Baudelot et Michel Gollac, *Travailler pour être heureux ? Le travail et le bonheur en France*.

⁷ À ce sujet, lire le dossier « L'entreprise note l'école » dans *Le Monde de l'Éducation* de mai 2007, p. 18–36.

⁸ Ces émeutiers étaient d'origines diverses selon les régions et avaient en moyenne 16–17 ans. Sur les caractéristiques sociales et la diversité des émeutiers, lire par exemple Gérard Mauger, 63–71.

⁹ À ce sujet, lire par exemple Michel Korkoreff, *La Force des quartiers*.

¹⁰ Pour ce qui est notamment des représentations du travail et de la famille, les écarts sont faibles. Il y aurait un rapprochement, entre les jeunes des milieux urbains et ruraux, en ce qui concerne la conception du rôle des femmes dans la société.

¹¹ Donegani rappelle que, si ce détachement vis-à-vis de la religion institutionnelle et un certain penchant pour des « religions à la carte » affecte la société française dans

son ensemble et les autres sociétés occidentales développées, la question de l'enseignement des religions reste un problème non résolu pour l'Éducation nationale. La théologie est par exemple « interdite de cité à l'Université française, au contraire des autres pays ». Dans *15/25 ans*, le sociologue et théologien Guy Lescanne suggère que l'origine de cette crise du « croire », qui affecte les jeunes non seulement dans leur rapport à la religion mais dans leur vie en général, est d'abord une crise de confiance (du croire en soi) accentuée par une certaine indécision devant trop de choix.

[12] Au premier tour des élections présidentielles de 2002, Jean-Marie Le Pen, candidat du Front national (parti d'extrême droite), s'est trouvé en deuxième position derrière Jacques Chirac, ce qui a choqué les Français dont un grand nombre se désintéressaient de la politique. En réaction à une situation jugée dangereuse, le taux de participation au deuxième tour a été supérieur à la moyenne, donnant plus de 82% des suffrages à Chirac pour assurer la non-élection de Le Pen.

[13] Le verlan consiste généralement à inverser les syllabes et à parler à l'envers : *verlan* pour l'envers, *ripou* pour pourri, *chébran* pour branché, *ziva* pour vas-y. Dans certains cas, des altérations se produisent, notamment dans les mots d'une syllabe, pour répondre à des besoins linguistiques : *beur* pour arabe, *keuf* pour flic, *meuf* pour femme, *keum* pour mec. Pour des articles académiques plus spécifiquement sur le langage des cités, lire Jean-Pierre Goudaillier, « La langue des jeunes des cités. Comment tu tchatches ! » (Goudaillier est également l'auteur du dictionnaire *Comment tu tchatches. Dictionnaire du français contemporain des cités*). Sur le verlan, lire par exemple Natalie Lefkowitz, *Talking Backwards, Looking Forwards : The French Language Game Verlan* pour l'une des premières études exhaustives consacrées au sujet. Pour un traitement socio-linguistique plus récent, lire Meredith Doran, "Between bourge and racaille : Verlan as youth identity practice in suburban Paris". Parmi les films qui reprennent ce langage des cités, voir par exemple *La Haine* (1995) de Mathieu Kassovitz, *Le Ciel, les oiseaux... et ta mère* (1999) de Djamel Bensalah (avec Jamel Debouzze), *L'Esquive* (2007) d'Abdellatif Kechiche ou *Entre les murs* (2008) de Laurent Cantet (adapté du roman du même nom de François Bégaudeau).

[14] Dans les écoles françaises, l'exploitation pédagogique des ressources de l'Internet est encore loin d'être généralisée.

[15] Les raveurs sont ceux qui participent aux soirées « rave » se déroulant dans des endroits inhabituels, souvent en plein air, et où l'on écoute de la musique techno.

[16] Concept développé aux Pays-Bas (« Big Brother ») et repris dans de nombreux pays, *Loft Story* a été un phénomène de société en France — objet de débats et de controverses, notamment dans les médias — regardé par quatre millions de téléspectateurs chaque soir et six millions lors de l'émission hebdomadaire.

[17] Cette formule est la formule promotionnelle de MySpace.

[18] On utilise en France l'anglicisme « chat » pour faire référence à la messagerie instantanée. Au Québec, on a créé le terme « clavardage » (pour bavardage au clavier).

[19] Le terme « bling-bling » est issu de la culture hip-hop en faisant référence au port ostentatoire de bijoux et de vêtements. On a appliqué ce terme à Nicolas Sarkozy, le qualifiant de « président bling-bling », quand il a commencé à afficher des signes

extérieurs de richesse tels que lunettes de grandes marques et un style de vie ostentatoire (yacht, soirées dans des endroits luxueux, etc.).

[20] « T OU ? » est l'abréviation de « t'es où ? » (où es-tu ?) en langage texto sur téléphones portables.

Références

Académie des sciences morales et politiques. *La France prépare mal l'avenir de sa jeunesse*. Paris : Seuil, 2007.

Artus, Patrick et Marie-Paule Virard. *Comment nous avons ruiné nos enfants*. Paris : La Découverte, 2006.

Avenel, Cyprien. « Quelle autonomie pour les jeunes issus de l'immigration maghrébine? » *In* Claire Bidart (dir.). *Devenir adulte aujourd'hui: perspectives internationales*. Paris : L'Harmattan, 1999. 211–227.

« Banlieues, la fracture ». Éditorial. *Le Monde*, 25 octobre 2007 <http://alain.laurent-faucon.over-blog.com/article-13380514-6.html>.

Baudelot, Christian et Michel Gollac. *Travailler pour être heureux ? Le travail et le bonheur en France*. Paris : Fayard, 2003.

Bégaudeau, François. *Entre les murs*. Paris : Gallimard, 2007.

Beaumard, Maryline. « Lycée : fils d'immigrés et motivés ». *Le Monde de l'Éducation*. Mai 2005: 56–57.

Bronner, Luc. « Les collégiens et les écoliers sont moins respectueux des règles ». *Le Monde*. 15 septembre 2006 <http://www.lemonde.fr/societe/article/2006/09/14/les-collegiens-et-les-ecoliers-sont-moins-respectueux-des-regles_812944_3224.html>.

Calinon, Thomas. « Un an et demi après, conséquence zéro d'une visite à Strasbourg ». *Libération*. 28 juillet 2005. <http://sarkostique.over-blog.com/archive-07-2005.html>.

Chauvel, Louis. *Le Destin des générations : structure sociale et cohortes en France au XXe siècle*. Paris : PUF, 1998.

——. *Les Classes moyennes à la dérive*. Paris : Seuil, 2006.

Cicchelli, Vicenzo, Olivier Galland, Jacques de Maillard et Séverine Misset. « Les jeunes émeutiers de novembre 2005 : retour sur le terrain. » *Le Débat* 145 (2007) : 165–180.

Cobra le Cynique. 5 mai 2009 <http://www.dictionnairedelazone.fr/>.

Collectif Permis de vivre la ville. *Lexik des cités*. Paris : Fleuve Noir, 2007.

Coslin, Pierre G. « Déviances et délinquances à l'adolescence ». *In* Yannick Lemel et Bernard Roudet (dir.). *Filles et garçons jusqu'à l'adolescence: socialisations différentielles*. Paris : L'Harmattan, 1999. 303–320.

Dagnaud, Monique. « La teuf comme utopie provisoire ». *Le Débat* 145 (2007) : 152–164.

Debray, Régis. *Le Plan vermeil*. Paris : Gallimard, 2006.

Donegani, Jean-Marie. « L'Église sera vaincue par le libéralisme». *Le Monde*, 22 janvier 2007 <http://www.lemonde.fr/archives/article/2007/01/20/l-eglise-sera-vaincue-par-le-liberalisme_857644)0.html>.

Doran, Meredith. « Between bourge and racaille : Verlan as youth identity practice in suburban Paris ». *In* A. Pavlenko & A. Blackledge (dir.). *Negotiation of Identities in Multilingual Contexts.* Clevendon, UK : Multilingual Matters, 2004.

Dupont-Monod, Clara, Jean-Claude Jaillette et Georges Kaplan. « La France d'Amélie Poulain contre la France de Loft Story. » *Marianne* 14-20 mai 2001 : 14–19.

Duru-Bellat, Marie. « Les choix d'orientation : des conditionnements sociaux à l'anticipation de l'avenir ». *In* Yannick Lemel et Bernard Roudet (dir.). *Filles et garçons jusqu'à l'adolescence : socialisations différentielles.* Paris : L'Harmattan, 1999. 117–150.

Encrevé, Pierre. « Pierre Encrevé, linguiste, après le "dégueulasse" d'Amara et le "petit con" de Guaino, » entretien avec Éric Aeschimann. *Libération*, 13 octobre 2007 <http://www.liberation.fr/actualite/politiques/284397.FR.php>.

« L'entreprise note l'école ». Dossier spécial, *Le Monde de l'Éducation*, mai 2007, p. 18–36 <http://www.lemonde.fr/mde/anciens/mai2007.html>.

Galland, Olivier. « Individualisation des mœurs et choix culturels ». *In* Olivier Donnat et Paul Tolila (dir.). *Le(s) public(s) de la culture : politiques publiques et équipements culturels.* Paris : Presse des Sciences Po, 2003. 87–100.

——. « Jeunes ruraux, jeunes urbains ». *In* Olivier Galland et Bernard Roudet (dir.). *Les Valeurs des jeunes : tendances en France depuis 20 ans.* Paris : L'Harmattan, 2001. 131–134.

——. « Les valeurs des jeunes et des adultes se sont rapprochées. » *In* Olivier Galland et Bernard Roudet (dir.). *Les Valeurs des jeunes : tendances en France depuis 20 ans.* Paris : L'Harmattan, 2001. 177–183.

Giral, Marie. *Les Adulescents : enquête sur les nouveaux comportements de la génération Casimir.* Paris : Le pré aux Clercs, 2002.

Gonzague, Arnaud. « Précarité, version Fort Boyard ». *Le Nouvel Observateur*, 30 mars 2006 <http://hebdo.nouvelobs.com/hebdo/parution/p2160/dossier/a299864-precarite_version_fort_boyard.html>.

Goudaillier, Jean-Pierre. *Comment tu tchatches. Dictionnaire du français contemporain des cités.* Paris : Maisonneuve & Larose, 2001.

——. « La langue des jeunes des cités. Comment tu tchatches ! » Conférence du Casnav de l'académie de Paris. Lycée Denis Diderot, Paris, 27 janvier 1999.

Guimier, Laurent et Nicolas Charbonneau. *Génération 69 : les trentenaires ne vous disent pas merci.* Paris : Michalon, 2005.

Halpern, Jake. « The New Me Generation ». *The Boston Globe Magazine*, 30 septembre 2007 <http://www.boston.com/news/globe/magazine/articles/2007/09/30/the_new_me_generation/>.

Jarvin, Magdalena. « Sortir la nuit à Stockholm et à Paris : un indicateur de la transition biographique. » *In* Claire Bidard (dir.). *Devenir adulte aujourd'hui : perspectives internationales.* Paris : L'Harmattan, 2006. 145–159.

Jauneau, Yves. « L'indépendance des jeunes adultes : chômeurs et inactifs cumulent les difficultés. » *INSEE Première* n° 1156. Sept. 2007 <http://www.insee.fr/fr/themes/document.asp?ref_id=ip1156&reg_id=0>.

Jeanbar, Denis et Jacqueline Rémy. *Nos enfants nous haïront*. Paris : Seuil, 2006.

Korkoreff, Michel. *La Force des quartiers*. Paris : Seuil, 2003.

Labarre, François de. « Sarkozy invente la "Ministère Academy". » *Paris-Match*. 11 octobre 2007, p. 122.

Lacroix, Alexis et Natacha Polony. « Vous avez dit "valeurs" ? » *Marianne*, 2–8 juin 2007 : 68–70.

Lagrange, Hugues et Marco Oberon. *Émeutes urbaines et protestations, une singularité française*. Paris : Presses de la Fondation nationale des sciences politiques, 2006.

Lahire, Bernard. *La Culture des individus : dissonances culturelles et distinction de soi*. Paris : La Découverte, 2004.

Lefkowitz, Natalie. *Talking Backwards, Looking Forwards : The French Language Game Verlan*. Tübingen, Germany : Gunter Narr Verlag, 1991.

Le Goff, Jean-Pierre. « Le nouveau "fossé des générations" ». *Le Débat* 141 (2006) : 86–102.

Legrand, Christine. « Les jeunes bousculent la langue française ». *La Croix*, 16 novembre 2005 <http://www.la-croix.com/parents-enfants/article/index.jsp?docId=2248801&rubI=24298>.

Lequeux, Emmanuelle. « Le mal de vivre d'une jeunesse branchée exposé à Marseille ». *Le Monde*, 30 juillet 2007 <http://www.lemonde.fr/cgibin/ACHATS/acheter.cgi?offre=ARCHIVES&tyepe_item=ART_ARCH_30J&objet_id=999556>.

Lescanne, Guy. *15/25 ans : « on ne sait plus qui croire… »*. Paris : Cerf, 2004.

Maffesoli, Michel. *Le Temps des tribus : Le déclin de l'individualisme dans les sociétés de masse*. Paris : La Table Ronde, 2000.

Maillochon, Florence. « Entrée dans la sexualité et identité sexuée ». *In* Yannick Lemel et Bernard Roudet (dir.). *Filles et garçons jusqu'à l'adolescence : socialisations différentielles*. Paris : 1999. 269–303.

Mauger, Gérard. *L'Émeute de novembre 2005 : une révolte protopolitique*. Broissieux : Éditions du Croquant, 2006.

Montclos, Violaine de. « La grande colère des classes moyennes ». *Le Point*, no 1774, 17 janvier 2007 < http://www.lepoint.fr/actualites-societe/2007-01-17/la-grande-colere-des-classes-moyennes/920/0/14349>.

Pasquier, Dominique. *Cultures lycéennes : la tyrannie de la majorité*. Paris : Éditions Autrement, 2005.

———. « Les lycéens et la culture. Entretien avec Dominique Pasquier ». *Le Débat* 145 (2007) : 142–151.

Percheron, Annick et René Rémond. *Âge et politique*. Paris : Economica, 1991.

Perruca, Brigitte. « La fracture lycéenne passée au crible ». *Le Monde de l'Éducation*. Mai 2005 : 44–49.

Pliskin, Fabrice. « Une âme de rappeur américain ». *Le Nouvel Observateur*, 17 mai 2007 <http://hebdo.nouvelobs.com/hebdo/parution/p2219/dossier/a344610-une_ame_de_rappeur_americain.html>.

Richez, Jean-Claude (dir.). Avant-propos. *Quand les jeunes s'engagent : entre expérimentations et constructions identitaires*. Paris : L'Harmattan, 2005. 9–12.

Roudet, Bernard. « Appréhender les valeurs des jeunes et leurs évolutions depuis 20 ans ». *In* Olivier Galland et Bernard Roudet (dir.). *Les valeurs des jeunes : tendances en France depuis 20 ans.* Paris : L'Harmattan, 2001. 9–28.

Rousselot, Fabrice. « Tout reste à faire ». *Libération*, 24 juillet 2007 <http://www.liberation.fr/actualite/evenement/evenement1/268671.FR.php>.

Schwartz, Arnaud. « Les jeunes veulent travailler autrement ». *La Croix*, 10 mars 2004 <http://www.la-croix.com/parents-enfants/article/index.jsp?docId=2207011&rubId=24298>.

Singly, François de. *Adonaissants.* Paris : Armand Collin, 2006.

Spitz, Bernard. *Le Papy Krach.* Paris : Grasset, 2006.

Suleiman, Ezra. « Sarkozy peut-il changer le logiciel mental des Français? ». *Le Figaro*, 14 mai 2007 <http://lefigaro.fr/debats/2007/05/14/01005-20070514ARTFIG90144-nicolas_sarkozy_peut_il_changer_le_logiciel_mental_des_francais.php>.

« Taux d'accès au niveau du baccalauréat par type de formation ». In *France portrait social 2007.* Paris : INSEE, 2007 <http://www.insee.fr/fr/ffc/chifcle_fiche.asp?tab_id=370>.

Tchernia, Jean-François. « Les jeunes Européens, leur rapport au travail ». *In* Olivier Galland et Bernard Roudet (dir.). *Les Jeunes Européens et leurs valeurs : Europe occidentale, Europe centrale et orientale.* Paris : La Découverte, 2005. 205–227.

Tisseron, Serge. *L'Intimité surexposée.* Paris : Hachette, 2002.

Velde, Cécile van de. « Autonomie et insertions des jeunes adultes : une comparaison France-Danemark ». *Horizons stratégiques.* Nº 4, avril 2007 <http://www.strategie.gouv.fr/revue/article.php3?id_article=349>.

8

La condition des femmes en France : état des lieux suivi d'un entretien avec Sihem Habchi, présidente de l'association Ni Putes Ni Soumises

MARIE-CHRISTINE WEIDMANN KOOP
University of North Texas

En ce début de XXIe siècle, la question de la condition féminine continue à resurgir dans l'actualité alors que les femmes ont acquis bien des droits depuis la Deuxième Guerre mondiale. Simone de Beauvoir a bouleversé la conception que l'on se faisait de la nature féminine en affirmant, dans *Le Deuxième Sexe* (1949) : « On ne naît pas femme, on le devient » ; cet ouvrage qui a fait date démontrait en effet que l'état d'infériorité dans lequel la femme avait été placée n'était en fait que le produit de la société. Puis, le Mouvement de libération des femmes (MLF), lancé en 1970, a provoqué une prise de conscience. C'est alors que les études féministes, qui étaient déjà bien développées dans les pays anglo-saxons, notamment aux États-Unis, ont fait leur apparition en France avec des recherches qui abordaient l'absence des femmes dans l'histoire, la pérennité des stéréotypes sexués dans les manuels scolaires et la publicité, et les rapports sociaux de genre. Il faut savoir que, contrairement à la popularité dont elles jouissent aux États-Unis, les études féministes ne sont pas encore très répandues en France bien qu'elles soient en progression ; l'Association nationale des études féministes (ANEF) a joué un rôle dans ce sens, et plusieurs publications spécialisées sont maintenant disponibles. À en juger par les différentes lois qui ont été votées et les mesures prises par le gouvernement, on s'attendrait à ce que l'égalité des droits soit maintenant chose acquise. Il semble toutefois que les mentalités représentent toujours un frein à l'évolution, en particulier dans certains domaines. C'est le cas du temps libre qui est toujours plus important pour les hommes (40 minutes de plus par jour en moyenne) que pour les femmes ainsi que l'a démontré l'enquête « Emploi du temps » de l'INSEE de 1999 (Dumontier et Pan Ké Shon 2).

La maîtrise de la fécondité a sans doute été l'étape la plus importante dans l'émancipation des femmes avec la légalisation de la contraception en 1967 (loi Neuwirth) et de l'avortement ou IVG (interruption volontaire de grossesse) en 1974 (loi Veil) ; elle est d'ailleurs remboursée par la Sécurité sociale depuis 1982. Cependant, il existe des groupes de pression, et les commandos anti-IVG poursuivent leur action. Le gouvernement est allé plus loin en essayant de limiter les grossesses parmi les adolescentes avec, en 2001, la suppression de l'autorisation parentale pour l'accès des mineures à la contraception et l'aménagement de la mise à disposition de la contraception médicamenteuse (pilule RU 486) dans certaines conditions, mesure qui se heurte toujours à de nombreuses protestations.

En ce qui concerne les droits civils, ce n'est que depuis 1965 que les femmes peuvent gérer leurs propres biens, exercer une profession et ouvrir un compte en banque sans l'autorisation du mari ; jugées irresponsables dans le Code civil de 1804, elles pouvaient jusque-là disposer seulement d'un compte de caisse d'épargne qui ne comporte pas de chèques et donc aucun risque d'être à découvert. En 1970, la loi relative à l'autorité parentale conjointe supprime la notion de « chef de famille » du Code civil, alors qu'auparavant le père possédait seul l'autorité sur les enfants. Enfin, le divorce par consentement mutuel existe depuis 1975.

Le droit du travail a également amélioré la condition des femmes. Suite aux manifestations autour du slogan « À travail égal, salaire égal », on instaure l'égalité de rémunération entre les hommes et les femmes en 1972, puis l'égalité professionnelle en 1983 (loi Roudy). Une autre loi de 2001 prévoit des dispositions pour garantir une représentation des femmes proportionnelle à leur part dans la population active, objectif qui est encore loin d'être atteint dans la mesure où l'on ne compte que 17,2% de femmes parmi les dirigeants d'entreprise et que leur salaire est inférieur de 32% en moyenne à celui des hommes avec cependant des variations selon les secteurs d'activité. Parmi les cadres, on recense 29,6% de femmes avec un écart de salaire de 21% par rapport à leurs homologues masculins (*Chiffres clés* 12). Les femmes occupent 59% des emplois dans la fonction publique d'État mais seulement 15% des emplois supérieurs

(*Chiffres clés* 16). En règle générale, elles se retrouvent toujours concentrées dans certains métiers des services, de l'éducation et de l'action sanitaire et sociale. Par ailleurs, elles sont un peu plus touchées par le chômage que les hommes, même si l'écart tend à diminuer (voir Tableau 1).

Tableau 1. Taux de chômage en France en %
(Femmes et hommes - Regards sur la parité) :

	1990	1995	2000	2005	2007
Femmes	10,2	11,9	10,1	9,8	8,5
Hommes	6,2	8,5	7,2	8,0	7,4

Source : INSEE, séries longues sur le marché du travail, 2008.

Le droit de vote et d'éligibilité date de 1944 mais le pourcentage de femmes élues à des fonctions administratives demeure restreint, surtout en comparaison avec d'autres pays. La loi de 2000 sur la parité en politique obligeait bien les partis politiques à présenter un nombre égal d'hommes et de femmes à certaines élections (municipales, législatives) sous peine d'amende mais les résultats demeurent décevants. Si les femmes représentent 53% de l'électorat, leur pourcentage parmi les élus est toujours inférieur : c'est ainsi qu'en 2009 on enregistrait 21,8% de sénatrices et 18,5% de députées élues en France, avec 44% de Françaises aux élections européennes de la même année. Ces chiffres représentent un progrès croissant mais placent la France derrière plusieurs pays de l'Union européenne (UE) pour la part des femmes à l'Assemblée nationale et au Sénat (*Chiffres clés* 6). Aux élections municipales de 2008, on a élu 34,8% de femmes parmi les conseillers municipaux, mais seulement 13,9% de femmes maires (www.insee.fr). Après l'élection de Nicolas Sarkozy à la présidence en 2007, son gouvernement, dirigé par François Fillon, se composait de sept femmes et huit hommes ministres, une première en France ; on notera que, parmi les femmes ministres et secrétaires d'État, certaines étaient issues de l'immigration ou des départements d'outre-mer dont Rachida Dati (Garde des Sceaux et ministre de la Justice), Fadela Amara (Secrétaire d'État chargée de la Politique de la ville) et Rama Yade (Secrétaire d'État chargée des Affaires étrangères et des Droits de l'Homme).

Les violences envers les femmes demeurent le problème le plus grave, qu'il s'agisse de violence physique, sexuelle ou psychologique exercée au sein de la famille ou de la société. L'UE s'était déjà dotée d'un Observatoire de violences envers les femmes et ce n'est que récemment qu'un observatoire s'est créé dans chacun de ses pays dont la France (http://observatoireviolencesfemmes.org). La première « Enquête nationale sur les violences envers les femmes en France » (ENVEFF) a été réalisée en 2000 auprès d'un échantillon de 6.970 femmes âgées de 20 à 59 ans et résidant en France métropolitaine (Jaspard). Les résultats de cette enquête ont inspiré plusieurs mesures dont la loi de 2006 qui renforce la prévention et la répression des violences au sein du couple ou commises contre les mineurs (*Chiffres clés* 48). D'autres études ont suivi et il s'avère que 30% des femmes ayant subi des violences verbales, physiques ou sexuelles sont victimes d'un membre de leur famille, en général un homme. En 2007, par exemple, 166 femmes sont décédées ; par ailleurs, 65.000 femmes et fillettes sont mutilées ou menacées de l'être. En octobre 2008, le Service des Droits des femmes a lancé une nouvelle campagne contre les violences faites aux femmes avec la mise en place d'un site Internet (www.stop-violences-femmes. gouv.fr) pour venir en aide aux victimes. Aujourd'hui en France, une femme sur dix subit des violences de la part de son conjoint ou de son ex-conjoint. Or les femmes issues de l'immigration hors d'Europe — Afrique du Nord et Afrique subsaharienne surtout — sont plus souvent victimes de violences de toutes sortes, deux fois plus que les Françaises de naissance. Ces actes touchent en particulier les résidentes des Habitations à loyer modéré (HLM) ou des zones urbaines sensibles où la proportion d'immigrés et de chômage est la plus élevée (Tournyol du Clos et Le Jeannic). Depuis le début des années 2000, une nouvelle forme de violence s'est développée dans les banlieues, les viols collectifs ou « tournantes » qui affectent les jeunes filles issues de l'immigration ; ces actes ont d'ailleurs été dénoncés dans un ouvrage de Samira Bellil, *Dans l'enfer des tournantes*. Les victimes portent rarement plainte de peur de déshonorer la famille, ce qui aurait pour conséquence un mariage forcé ou le renvoi au village des parents en Afrique du Nord (Djider et Vanovermeir). Dans ces quartiers où se répand l'intégrisme religieux et où les hommes exercent un contrôle social très fort sur les femmes, la loi du silence reste la règle. Parmi les violences, il faut aussi mentionner d'autres situations qui affectent principalement les femmes originaires d'Afrique subsaharienne surtout, en particulier les mutilations sexuelles dont l'excision, qui ne se pratique sans doute plus en France depuis la condamnation d'exciseuses en 1993, et la polygamie ; cette dernière est interdite et concerne généralement les épouses africaines en situation irrégulière.

Suite aux abus subis par les femmes des banlieues et des quartiers sensibles, un mouvement s'est formé, Ni Putes Ni Soumises, pour sensibiliser le reste des

Français à cette situation. Fadela Amara, sa fondatrice, a raconté le combat mené dans un ouvrage et fut nommée ministre en 2007. Sihem Habchi, l'actuelle présidente de l'association, a bien voulu m'accorder un entretien à Dallas le 12 avril 2008 alors que je l'avais invitée au colloque international de Women in French que j'avais organisé avec ma collègue Marijn S. Kaplan de l'Université de North Texas. Née en Algérie, c'est à l'âge de trois ans que Sihem Habchi a rejoint son père en France où elle a grandi et fait ses études. Elle est titulaire d'un diplôme d'études supérieures spécialisées (DESS)[1] de l'Université de Paris VI - Pierre et Marie Curie. En 2003, elle a rejoint le mouvement Ni Putes Ni Soumises dont elle est devenue présidente en 2007.

MCK : Pourriez-vous résumer brièvement les origines du mouvement Ni Putes Ni Soumises (NPNS) ?

SH: Ce mouvement est né des quartiers populaires et dénonce la violence faite aux femmes de ces quartiers[2], qui sont victimes de discrimination et de violence. Depuis des années, personne ne prêtait attention aux souffrances de toutes ces femmes. Nous avons organisé, en 2001, les États généraux des femmes des quartiers pour justement faire en sorte que nous soyons entendues. Trois cents femmes se sont réunies à la Sorbonne, en huis clos, et ont témoigné des souffrances, des violences — mariages forcés, excisions, violences conjugales, polygamie — dont elles sont victimes depuis plusieurs années. Les pouvoirs publics ne faisant rien, nous avons lancé le « Manifeste des femmes des quartiers », qui était à l'origine de l'appel NPNS que nous allions adresser à l'ensemble de la société en 2003. C'était l'époque des élections présidentielles[3] et cet appel a été lancé à tous les candidats, mais personne n'y a prêté attention. Nous avons donc décidé d'organiser une marche symbolique sur toute la France, dans 28 villes, afin de dénoncer les discriminations, les violences faites aux femmes, le ghetto et l'enfermement. Puis, de ville en ville, il y avait de plus en plus de monde, les médias venaient et il y a eu un véritable écho dans la société. Nous avons terminé ces étapes le 8 mars[4] 2003 avec 30.000 personnes derrière la banderole Ni Putes Ni Soumises, ce qui représentait un succès inespéré. Et là, nous avons été accueillies le jour même dans le bureau du Premier ministre, M. Raffarin à l'époque, ce qui symbolisait la reconnaissance, par les pouvoirs publics, de cette souffrance et de ce cri que lançait NPNS.

MCK : Sur quels aspects particuliers porte votre combat ?

SH : Notre combat porte sur deux aspects. NPNS est d'abord un mouvement militant qui a pour objectif d'occuper l'espace médiatique pour informer et dénoncer. La deuxième facette, c'est que nous avons lancé un espoir en direction de toutes ces femmes et donc, dès 2003, nous avons été assaillies par des lettres et des femmes victimes de violences qui venaient nous voir et qui avaient besoin d'aide. Ces femmes nous consultent plus facilement parce que les services sociaux ne font rien pour elles. Et nous faisons pression sur les services sociaux pour qu'ils fassent leur travail. Nous avons développé un accueil psychologique et juridique pour toutes ces femmes mais aussi, parallèlement, nous faisons de la prévention en direction de la jeunesse avec trois volets. Premièrement, il s'agit de savoir comment vivre ensemble, filles et garçons ; à cet effet, nous avons édité *Le Guide du respect* (Habchi et Lebdi) pour parler de plaisir, de désir, de sexualité, des traditions qui enferment comme les mariages forcés, mais aussi des violences et du racket. Ensuite, il y a la gestion de l'urgence pour les femmes qui sont victimes de violences, comment les aider au mieux et le plus vite possible en travaillant avec les pouvoirs publics. Enfin, il y a l'aspect médiatique et politique, aspect important du mouvement NPNS, pour se faire entendre non seulement dans nos frontières mais aussi au-delà puisque nous avons, depuis 2007, le statut consultatif auprès des Nations unies. Notre action politique s'étend donc au niveau international.

MCK : En quoi consiste cet aspect consultatif auprès des Nations unies ?
SH : Depuis 2003, nous sommes interpellées par des femmes qui nous ont contactées du Maroc, du Liban, d'Algérie, d'Arabie Saoudite, d'Afghanistan ou d'Iran, mais aussi d'Europe et du Canada, et nous avons décidé d'investir ce champ. Or le meilleur moyen pour cela était de créer des comités. Nous avons donc des comités européens à Bruxelles, à Stockholm, à Genève, à Barcelone, à Amsterdam, en Italie, bientôt en Angleterre et cela se développe à une vitesse vertigineuse. Pour vraiment s'imposer, il faut aller sur place pour fournir des rapports, pour dénoncer à la fois la politique en France, qui ne prend pas en compte l'ensemble de nos actions, mais aussi dénoncer le fait qu'au niveau international, on a été trop complaisant, notamment en ce qui concerne le relativisme culturel. En effet, on a tout accepté au nom du respect des cultures, on a accepté le mariage forcé, la polygamie, on a fermé les yeux sur le voile[5], se disant tout simplement que cela faisait partie de la culture de l'autre. La culture de l'autre ne doit pas enfreindre la liberté des femmes. C'est là quelque chose de fondamental, et nous travaillons donc avec toutes ces femmes d'Europe, du Moyen-Orient, du Maghreb et d'Afrique pour faire entendre cette cause auprès

des instances européennes, des instances internationales et des Nations unies. Les Nations unies sont extrêmement critiquées aujourd'hui pour leur inefficacité et nous avons décidé de reconstruire un dialogue et, surtout, par nos actions un peu choc, d'essayer de réveiller ces nations pour leur faire entendre le cri de NPNS. Nous avons obtenu le statut consultatif grâce aussi à deux pays importants, le Qatar et l'Égypte. Si ces deux pays, ainsi que les Nations unies, entendent et comprennent le message de NPNS, c'est une pierre posée, et il faut absolument continuer.

MCK : Vous avez inauguré en 2006 la Maison de la mixité à Paris. Pourquoi avoir choisi ce terme de « mixité » ?

SH : Pour nous, il ne suffisait pas de dire « Femmes, levez-vous ! Femmes, battez-vous pour l'égalité ! ». Il était aussi important de parler aux hommes et de dire que, sans eux, nous n'arriverons pas à éliminer ce système patriarcal, ces traditions qui enferment. Nous avons donc initié cette Maison de la mixité qui est pour nous le symbole du vivre-ensemble. Nous devons nous battre ensemble pour le respect de l'égalité et de la liberté tout simplement parce que nous n'avons plus le choix, nous sommes dans des situations de survie dans beaucoup de cas où la violence se manifeste à chaque coin de rue, et cette violence est souvent autodestructrice comme nous l'avons vu lors des émeutes de 2005 et de 2007[6]. Cette violence, majoritairement masculine, nous alerte sur une situation qui entraîne aussi des familles et aussi beaucoup de mères dans des situations complètement hallucinantes. Si l'on veut investir ces mères, c'est aussi pour qu'il y ait un changement de mentalité et pour que ces jeunes hommes puissent aussi regarder autrement le monde qui les entoure et se dire que détruire la vie d'une femme, s'opposer à une femme, casser une femme, c'est aussi se détruire un peu. C'est en travaillant sur la prévention qu'on arrivera à changer les choses. Il y a donc aujourd'hui 25% à 30% d'hommes parmi nous.

MCK : Quelles sont les actions qu'on organise à la Maison de la mixité ?

SH : La Maison de la mixité est un lieu d'échange — on y accueille surtout les femmes qui sont victimes de violences — mais elle offre aussi beaucoup d'actions d'information, de prévention en direction des jeunes. Nous organisons tous les mois les Mercredis de la mixité qui se présentent sous la forme de débats — informations où nous accueillons une personnalité du monde intellectuel, médiatique ou associatif pour discuter et débattre sur la manière de faire avancer cette mixité.

MCK : D'où provient le soutien que reçoit votre mouvement ?

SH : Le soutien provient tout d'abord des pouvoirs publics dans la mesure où nous restons une association soumise à la loi de 1901[7], et nous tenons à ce que les pouvoirs publics respectent leur engagement en direction des citoyens. Nous recevons des subventions depuis 2005, le manque de moyens nous poussant de plus en plus à aller vers des fonds privés de fondations et d'entreprises, sans lesquels cette Maison de la mixité n'aurait jamais vu le jour. Cela a donc été un travail de fourmi où nous sommes allées taper à toutes les portes pour pouvoir mettre en place cette Maison.

MCK : Avez-vous l'impression que le combat que vous menez est pris au sérieux en France ?

SH : Le mouvement NPNS est extrêmement connu, c'est devenu une marque de fabrique, quelque chose qui est aujourd'hui présent dans l'inconscient collectif. C'est aussi une espèce de laboratoire qui promeut des personnalités, qui forme aussi des gens. Avec Fadela Amara qui a quitté le mouvement pour aller au gouvernement[8], NPNS est aussi perçu comme un espace de formation pour cadres, ce qui est important pour la question du féminisme, à savoir comment on investit aujourd'hui les espaces de décision en tant que femmes, mais aussi en tant que femmes issues de l'immigration. Donc NPNS est bien implanté, ce qui nous permet aussi de toucher les mentalités puisqu'il y a une étude de Maryse Jaspard qui avait mené l'enquête de l'ENVEFF en France en 2000 sur les violences conjugales et les violences faites aux femmes ; Maryse Jaspard a fait une autre étude en 2007 dans le 9-3[9], donc spécifiquement dans les quartiers populaires de Seine-Saint-Denis, pour voir comment les femmes dénonçaient ou acceptaient la violence. Il s'avère qu'en 2007, les femmes et les jeunes filles de ces quartiers résistent à la violence et parlent davantage. Le seuil de tolérance s'est réduit parce que ces femmes savent aujourd'hui que ce qu'elles vivent n'est pas normal. Cela peut paraître simpliste, mais il faut savoir que pendant très longtemps en France, une claque, la pression psychologique, les coups quotidiens étaient perçus comme quelque chose de normal. Or de plus en plus de femmes prennent maintenant conscience de ces comportements parce que le travail que nous avons fait, notamment en direction des médias, touchait tous les foyers et a donc eu des résultats.

MCK : Quels sont les obstacles que vous rencontrez pour mener à bien vos actions ?

SH : Les obstacles principaux sont les pouvoirs publics, au niveau local notamment, parce que nos comités, qui sont présents dans toute la France, sont souvent confrontés à un manque de soutien qui nuit à l'action de NPNS puisque sans lieu de réunion et sans moyens, un comité ferme ses portes au bout de six mois. Le milieu politique local est compliqué. Il y a une amélioration, mais il y a beaucoup à faire. D'ailleurs, nous avons lancé cette année un appel des mères aux mères pour que ces dernières soient plus attentives à la question des femmes dans les quartiers et, surtout, parce que la question de la délinquance doit se résoudre non seulement par la prévention mais surtout par l'autonomie de ces femmes. Si l'on donne à ces femmes les moyens de l'autonomie et de l'émancipation, elles seront de vrais modèles face à la violence et à l'irrespect. Nous pensons que c'est la clé qui permettra de changer les choses et les mentalités. Nous rappelons à ces mères que ce sont les politiques publiques locales — au niveau des conseils régionaux et des mairies — qui mettent en œuvre l'égalité. Si ces derniers ne prennent pas la mesure de l'urgence à agir, nous ne pourrons rien faire.

MCK : Pouvez-vous donner des exemples de succès que vous avez remportés ?
SH : *Le Guide du respect* a été édité à plus de 100.000 exemplaires. À chacune des manifestations et des marches que nous avons organisées, nous touchions les médias et surtout la population. La dernière en date était à Villiers-le-Bel et, même si ce rassemblement a été très petit parce que les femmes ne sortent pas — il faut comprendre que ces femmes ne sortent jamais de chez elles —, les quelques femmes qui étaient avec nous devant l'école qui a brûlé à Villiers-le-Bel sont aujourd'hui les représentantes de toutes les autres. Quelques mois plus tard, le 8 mars 2008, nous avons vu un car de cinquante femmes qui venaient de Villiers-le-Bel et Gonesse, les villes qui avaient été touchées par les émeutes de l'année précédente. Fait extraordinaire, elles sont venues avec leurs enfants, ce qui montre qu'en parlant aux gens, en les mettant en mouvement, on obtient des résultats. Ces femmes nous remercient aujourd'hui parce qu'elles ont les moyens, elles ont compris la méthode à employer pour être prises en compte. Ces femmes ont demandé à la mairie de Gonesse de leur fournir un car et elles l'ont obtenu. Sortir du quartier était pour elles un geste symbolique lors de la Journée de la femme. Ce sont là de petites choses mais qui ont une portée importante. C'était un pas énorme pour ces femmes qui ne sortent jamais de leur quartier. Elles ont compris que ce 8 mars, ce n'est pas simplement une journée pour les féministes, pour ces théoriciennes qui aujourd'hui pour moi

restent trop dans leur tour d'ivoire. Mais ce 8 mars, c'est aussi pour toutes ces femmes qui n'ont pas encore pris la mesure de leur émancipation.

MCK : Dans le texte de présentation qui figure sur votre site Internet (www.niputesnisoumises.com), on affirme que le statut des femmes est en constante dégradation. Pourriez-vous expliquer cette constatation qui peut sembler paradoxale quand on a l'impression que de nombreuses mesures ont été prises pour améliorer la condition des femmes en France.

SH : En France, il y a une hypocrisie assez générale sur la question des femmes. Ce n'est pas parce qu'on n'en parle plus aujourd'hui que les mesures sont appliquées. Si vous regardez l'Assemblée nationale, les élections de 2007 ont été très décevantes. Il y a un jeu politique local et national qui désigne des candidats. Mais si ces candidats sont des femmes ou des personnes issues de l'immigration, ils sont mis dans des circonscriptions non gagnables. On va donc faire la campagne en affichant ces personnes issues de l'immigration et les femmes en sachant exactement qui va gagner puisqu'on va même jouer la carte de l'adversaire politique, favoriser parfois cet adversaire pour des questions d'enjeu politique national, plutôt que de soutenir réellement le candidat femme ou issu de l'immigration. Ceci s'est conforté dans les élections municipales de 2008. La France est donc très loin de mettre en œuvre et d'appliquer la politique d'égalité en direction des femmes et des personnes issues de l'immigration. En 2000, on avait fait le pari que la parité pour les femmes allait entraîner la parité pour les personnes issues de la diversité, mais c'est faux. La parité est inaccessible pour nous. Elle est réservée à quelques privilégiées qui sont au sein des partis et qui n'ont pas permis aux autres de pouvoir avancer. La parité et la diversité ne marchent donc pas. La décision du président de la République d'imposer au gouvernement, en 2007, la parité et la présence de femmes issues de l'immigration a bouleversé l'échiquier et mis dans une posture difficile les autres partis. Malgré cela, on n'a pas l'impression que les choses évoluent puisque les critiques continuent à fuser, notamment autour de la nomination de Rachida Dati, de Fadela Amara et de Rama Yade en parlant d'alibi. Ceci est tout de même hallucinant, surtout venant de la part de personnes qui disaient se battre à nos côtés pour l'égalité et la diversité. On se rend compte aujourd'hui que cela était de l'ordre du discours et non pas de l'ordre de l'action militante et politique pour plus d'égalité. Maintenant, NPNS doit composer avec un gouvernement dont nous ne partageons pas l'ensemble des décisions politiques, ne serait-ce qu'en direction de l'immigration, mais nous reconnaissons que nommer des femmes, issues de l'immigration qui plus est, a fait gagner cinquante ans à la France. Aujourd'hui, la question qui se pose est de savoir comment toute la France et les partis politiques, les associations, les syndicats vont pouvoir aussi avancer sur cette question de l'égalité et faire en sorte qu'il y ait demain des élues femmes et issues de la diversité. À en juger par les remarques sexistes et racistes qu'on entend dans les couloirs, ce sera difficile. Il faut espérer que ce seront les dernières résistances face à la marche vers l'égalité.

MCK : Quelles sont, à votre avis, les actions les plus urgentes à mener ? On parle beaucoup de l'éducation dans vos écrits.

SH : L'action la plus urgente est d'abord de sécuriser les femmes qui sont victimes de violences. J'ai l'impression que les gens se sont un peu endormis sur cette question. Il y a donc urgence à mettre en place des dispositifs pour que ces femmes puissent parler, mais aussi se protéger et pouvoir s'insérer professionnellement. Deuxièmement, il y a urgence à agir au niveau de la prévention. On a besoin d'outils, d'éducation à la sexualité, d'éducation au féminisme, d'éducation au droit civique. Si cela ne se fait pas, nous ne progresserons pas.

MCK : En quoi consiste votre rôle en tant que présidente de Ni Putes Ni Soumises ?

SH : C'est premièrement un rôle de porte-parole pour diffuser le message de NPNS le plus largement possible, en France et à l'étranger. Il faut faire pression sur les décisions qui vont être prises au niveau européen et des Nations unies, mais aussi en direction des pouvoirs publics — ministres, conseillers régionaux, maires. Mon travail consiste aussi à diriger cette association dans le sens où il faut absolument mettre en avant une nouvelle génération. Le fait que des jeunes femmes s'engagent dans le mouvement nous permet d'espérer un changement. Ma tâche est donc de former une génération à pouvoir exercer ce métier que je fais et exercer les pressions nécessaires dans les espaces de décision. C'est là une partie fondamentale de mon travail.

MCK : Êtes-vous optimiste quant à l'amélioration de la condition des femmes des quartiers dans un avenir proche ?

SH : Je suis optimiste quant à notre capacité à faire et à faire pression, mais je reste très lucide face à une situation qui reste très grave. Je ne fais pas de distinction entre le repli qu'il y a en Europe et ce qu'on a dénoncé comme étant le communautarisme et non pas les communautés ; le principe de communauté ne doit pas être remis en cause, nous pouvons nous organiser en groupes sans problème. Le communautarisme institutionnalisé qui forme des groupes dans lesquels les droits peuvent être hiérarchisés, notamment ceux des femmes, est inacceptable dans l'Europe démocratique comme cela l'est tout autant dans nos pays d'origine, qu'il s'agisse du Maroc, de l'Algérie ou de l'Arabie Saoudite. Nous sommes donc inquiets car nous traversons une période de changement qui, comme c'est généralement le cas, peut aller dans le sens positif de l'égalité et de l'avancée démocratique, comme elle peut aller dans le sens du repli, du conservatisme, d'un retour à l'éviction de l'IVG — il y a des groupes qui se sont constitués en Italie, en particulier « Avortement, non merci ». Ce n'est donc absolument pas gagné. Quand on voit les islamistes œuvrer au Maroc — la ministre Louzias Kali, responsable des droits des femmes, a été menacée par les islamistes — on peut s'inquiéter. Il y a un travail à faire contre toutes les forces obscurantistes de par le monde, que ce soit dans les pays arabo-musulmans, mais aussi en Europe, aux États-Unis, au Canada, tous ces groupes qui aujourd'hui, au nom de la religion, de la culture, ou du patriarcat, enferment les femmes dans un statut d'inférieures, de mineures. Dans nos nouvelles sociétés, il faut absolument définir les principes fondamentaux sur lesquels on ne peut pas transiger. On ne peut pas tout accepter, tout tolérer, faute de quoi c'est la liberté, c'est la démocratie qui reculera.

Notes

[1] Le DESS, ou diplôme d'études supérieures spécialisées, qui correspondait à cinq années d'études universitaires (bac + 5), a été remplacé par le master professionnel.

[2] Le terme « quartiers » fait référence ici aux quartiers défavorisés, généralement les banlieues qui sont situées à la périphérie des grandes villes, notamment Paris.

[3] Il s'agissait des élections présidentielles de 2002 qui ont donné la victoire au président Jacques Chirac.

[4] Le 8 mars est la Journée de la femme, ce qui donne lieu chaque année à différentes manifestations et à des actions de toutes sortes telles qu'expositions, conférences, commémorations. C'est d'ailleurs à cette époque qu'a lieu le Festival international de films de femmes de Créteil, dans la région parisienne.

[5] Le voile fait référence ici au foulard islamique que portent certaines femmes et jeunes filles musulmanes. Ce voile est considéré en France comme un symbole de soumission qui empêcherait les femmes de s'épanouir. Suite aux difficultés que cela entraînait dans un pays laïque — jeunes filles refusant de participer aux cours d'éducation physique obligatoires, femmes refusant de se faire soigner par un médecin de sexe masculin, par exemple —, une loi de 2004 a formellement interdit le port de signes religieux ostensibles, dont le voile, dans les établissements publics de l'enseignement et

de l'administration (voir à ce sujet le chapitre de Christopher Pinet ou mon article de 2007).

6 Ces émeutes font allusion aux affrontements qui ont eu lieu en automne 2005 puis de nouveau au printemps 2007 entre la police et les jeunes des banlieues sensibles. Ces émeutes ont fait des victimes et des dégâts matériels importants, tels que l'incendie de nombreuses voitures et la destruction de magasins. Voir le chapitre de Rosalie Vermette sur les banlieues.

7 La loi de 1901 est un contrat pour les associations à but non lucratif.

8 En 2007, Fadela Amara a été nommée Secrétaire d'État chargée de la Politique de la ville.

9 La France métropolitaine est divisée en 96 départements numérotés dans l'ordre alphabétique, et le 93 correspond à la Seine-Saint-Denis. Situé au nord-est de Paris, ce département se caractérise par une forte proportion d'immigrés et cumule tous les handicaps sociaux : taux de chômage élevé, forte proportion d'échec scolaire, délinquance, violences. Ses habitants le nomment parfois 9-3 (prononcer neuf-trois) au lieu de 93 (voir la « Carte administrative de la France » en appendice).

Références

Amara, Fadela. *Ni putes ni soumises*. Paris : La Découverte, 2004.

Beauvoir, Simone de. *Le Deuxième Sexe*. Paris : 1949.

Bellil, Samira. *Dans l'enfer des tournantes*. Paris : Gallimard, 2003.

Chiffres clés 2008. L'égalité entre les femmes et les hommes. Paris : Service des Droits des femmes et de l'Égalité, Ministère du Travail, des Relations sociales, de la Famille et de la Solidarité, 2009 <www.femmes-egalite.gouv.fr>.

Djider, Zohor et Solveig Vanovermeir. « Des insultes aux coups : hommes et femmes inégaux face à la violence ». *INSEE Première*, no 1124, mars 2007 <www.insee.fr>.

Dumontier, Françoise et Jean-Louis Pan Ké Shon. « En 13 ans, moins de temps contraints et plus de loisirs ». *INSEE Première*, no 675, octobre 1999 <www.insee.fr>.

Habchi, Sihem et Safia Lebdi (dir.). *Le Guide du respect*. Paris : Éditions du Cherche-Midi, 2005.

INSEE. *Femmes et Hommes - Regards sur la parité*. Éd. 2008 mise à jour en ligne. Paris : INSEE, 2008 <http://www.insee.fr/fr/themes/tableau.asp?reg_id=0&ref_id=NATCCF03302>.

Jaspard, Maryse, E. Brown, S. Condon *et al. Violences envers les femmes en France. Une enquête nationale*. Paris : La Documentation française, 2003.

Koop, Marie-Christine Weidmann. « Foulard islamique et laïcité en France », *Contemporary French Civilization*, Vol. XXXI, no 1, Winter/Spring 2007, p. 111–133.

« Une nouvelle campagne contre les violences faites aux femmes ». Paris : Ministère du Travail, des Relations sociales, de la Famille, de la Solidarité et de la Ville, 2 octobre 2008 <http://www.travail-solidarite.gouv.fr/actualite-presse/dossiers-presse/nouvelle-campagne-contre-violences-faites-aux-femmes.html>.

Tournyol du Clos, Lorraine et Thomas Le Jeannic. « Les violences faites aux femmes ». *INSEE Première*, no 1180, février 2008 <www.insee.fr>.

9

Les nouveaux comportements religieux en France face à la démonopolisation des grandes institutions du « croire »

MICHEL SAGE
West Chester University

L'étude des faits religieux en France dans les sphères d'influence du catholicisme, de l'islam, du protestantisme et du judaïsme montre que les Églises traditionnelles n'ont plus le monopole des valeurs, surtout chez les jeunes qui préfèrent une quête plus personnelle de la spiritualité. Les traditionalistes appellent ceci du spirituel « médiatisé » ou une foi « à la carte ». Mais les temps ont changé et la manière de pratiquer sa religion aussi. Elle s'intériorise mais surtout elle s'individualise. Parallèlement, une appartenance religieuse est aussi un puissant moyen identitaire qui se manifeste surtout dans les cultes minoritaires et certaines religiosités culturellement très marquées. Ces mouvements religieux inquiètent l'opinion publique et posent de nouvelles questions à la République et sa tradition laïque devenue officiellement centenaire en décembre 2005. Si la tendance internationale est au retour des religions et du communautarisme, en France les statistiques montrent un repli ou du moins un repositionnement de la foi par rapport aux grandes institutions religieuses.

Le nouveau paysage religieux en France se caractérise par un abandon des formes traditionnelles du culte et ce chapitre examinera, tour à tour, la perte d'influence de l'Église catholique malgré le pouvoir mobilisateur de ses rassemblements de jeunes, le recul du protestantisme en dépit de l'expansion des mouvements charismatiques et enfin, la baisse du judaïsme français qui doit redéfinir son identité publique en fonction d'événements extérieurs à la France. Seul l'islam est en pleine expansion en France mais lui aussi se trouve profondément marqué par la sécularité du pays « d'accueil ». Le dernier volet de cette étude portera sur l'islam et son intégration dans la société française, à savoir comment, secoué par de fortes tensions internationales, instrumentalisé par de puissants pays d'origine et souvent mal compris, l'islam peut trouver sa place dans une société occidentale, moderne et laïque. Au-delà du problème propre de l'islam, la question principale reste celle de la laïcité et de sa capacité d'adapter ses valeurs, ses pratiques et ses dispositifs juridiques à une scène religieuse de plus en plus changeante et pluralisée.

Longtemps discrètes, les notions de laïcité et de religieux sont manifestement de retour sur la scène publique en France : commémoration de la Loi de 1905, liberté et fondamentalisme, débats sur le financement des lieux de culte et les représentations architecturales des grandes religions dans l'espace public. Plus que jamais au cœur de l'actualité, la laïcité recompose les forces politiques et intellectuelles en France et ce n'est pas par hasard qu'en 2005, en pleine année de commémoration, Nicolas Sarkozy, à l'époque ministre de l'Intérieur et des Cultes, publiait son livre *La République, les religions, l'espérance*. Il relançait ainsi la polémique sur la laïcité en annonçant la création d'une commission sur une possible adaptation ou du moins un « toilettage » de la loi de 1905. Or, comment se porte le « modèle français » de laïcité — si « modèle » il y a ? Depuis un siècle, la France apparaît, en Europe et dans le monde occidental, comme singulière dans l'application du concept. La notion de laïcité « à la française » traduit une révolution de la pensée qui s'est inscrite peu à peu dans les institutions tout au long du XXᵉ siècle. La liberté de conscience et de culte, la libre organisation des églises, la sécularité des institutions, et notamment de l'école publique et de l'enseignement font partie d'une certaine « exception française ». L'école publique enseigne aux jeunes Français que la laïcité est « consubstantielle » à la République, qu'elle fait prévaloir ce qui unit sur ce qui divise. L'État garantit le libre exercice des cultes et s'interdit de s'immiscer dans la sphère du religieux ; l'Église, elle, s'abstient d'intervenir dans la sphère du politique. Sous la IIIᵉ République, la laïcité était un cri de guerre qui s'inspirait de l'intervention de Gambetta à la Chambre : « Le cléricalisme, voilà l'ennemi ! ». Depuis, la laïcité est devenue elle-même une « institution » — plutôt bien acceptée de tous, et même une « idéologie » puisqu'on parle des valeurs de la laïcité au sein d'un « consensus républicain ». L'atténuation de l'anticléricalisme militant et la séparation effective des Églises et de l'État ont permis une meilleure relation entre les deux sphères d'influence. Dans l'ensemble, les religions cherchent à exister dans le domaine public plus par un rapport de participation que d'influence directe. Les tentatives de l'épiscopat catholique français, comme de la Fédération protestante de France de redéfinir le cadre institutionnel de la laïcité et de la religion, rencontrent peu de résistance de la part de l'opinion publique. Au contraire, celle-ci est d'autant plus prête à reconnaître les expressions religieuses dans la société qu'elle n'a plus une conception autoritaire du religieux comme système d'influence sur les esprits et les comportements. Née dans un contexte d'affrontement bipolaire entre l'État et la religion, la laïcité s'est, elle aussi, assouplie au contact de la démocratie moderne, pluraliste et multipolaire.

En France, les comportements religieux se définissent toujours par rapport aux grandes institutions, perçues comme d'incontournables systèmes de référence. Depuis quelques années, la religion fait la une des journaux et les enquêtes successives des grands hebdomadaires — *Le Nouvel Observateur*, *L'Express, Le Point* — et des publications spécialisées — *Le Monde des Religions, La Vie, Prier* — montrent que les Français ont beaucoup changé face à leur culte. Croyants mais peu pratiquants, ils font un rejet de toute forme de dogmatisme. Ils préfèrent les rassemblements libres, la réflexion et le recueillement méditatif. Forte de cette attitude libérale envers la religion et le catholicisme en particulier, la France peut-elle encore se dire « fille aînée de l'Église » ? La déchristianisation du pays s'est vigoureusement manifestée dans le dernier sondage CSA/*Le Monde des Religions*[1]. Les chiffres sont préoccupants : le nombre de catholiques dans la population a chuté d'un quart en quinze ans, moins d'un croyant sur vingt est pratiquant régulier et seulement un tiers des couples se marient religieusement. Plus inquiétant encore pour la continuité de la culture « catholique française » est le fait que moins de la moitié des nouveau-nés sont baptisés. La confession, elle, est largement tombée en désuétude. Le phénomène est d'autant plus grave que c'est chez les jeunes que la désaffection est la plus prononcée puisque 40% des 15 à 24 ans déclarent n'avoir ni pratique ni sentiment d'appartenance religieuse. Les sondages sur les croyances des catholiques mettent en lumière la difficulté qu'ont les prêtres à communiquer le contenu de la foi à travers la catéchèse et les sermons. Alors que 80% des jeunes Français de 8 à 12 ans fréquentaient le catéchisme avec assiduité dans les années 1960, ils ne sont plus que 30% aujourd'hui. Cela explique aisément que deux tiers des Français (67%) se déclarant catholiques ignorent le sens de la fête de la Pentecôte et 57% ne croient pas au dogme de la Trinité. Dans les milieux spécialisés, on parle de l'« analphabétisme de la foi ». Les tentatives des années 1970–1980, d'attirer les jeunes dans les églises à grand renfort de modernisation de la liturgie, brio du répertoire, chants, concerts et messes « pops » sont restées vaines.

La situation est surtout préoccupante pour les vocations sacerdotales qui sont en charge de transmettre, en plus d'une foi, une culture et une tradition. La réduction drastique du nombre de prêtres en activité et de celle des lieux de culte régulièrement ouverts accélèrent le phénomène du « décrochage » des paroissiens les plus jeunes. Reconnu comme essentiel dans la « transmission de la foi » est le rôle du prêtre qui vit au cœur de sa communauté et favorise le maintien d'une pratique religieuse régulière. Au jugé des départs en retraite (un tiers des prêtres a moins de 66 ans), du faible nombre d'entrées au séminaire et de la chute des ordinations qui atteignent difficilement la centaine par an, le renouveau sacerdotal semble difficilement assuré. Dure carrière que celle qui attend le jeune séminariste : déplacements longs et fréquents, travail de soutien auprès des malades et vieillards, surmenage, solitude et célibat. Aussi, l'Église fait un gros effort pour accueillir des prêtres « venus d'ailleurs », comme elle dit ; ils sont plus de mille dont une majorité de Polonais, d'Africains et d'Asiatiques. Enfin, les rémunérations sont plus difficiles puisque, d'année en année, l'Église perd de ses revenus avec la réduction de ses pratiquants réguliers, de ses volontaires et de ses donateurs.

Le mouvement de sécularisation de la société française ne signale pas pour autant le déclin du catholicisme ; au contraire, il offre des preuves de santé et même des espoirs de renouveau. Si l'Église n'est plus à même d'exercer un pouvoir tutélaire sur la société française comme elle l'a fait pendant des siècles, elle reprend vigueur par un infatigable travail d'accueil. À défaut d'assurer son ancien rôle de confesseur, elle tient aujourd'hui celui de conseiller familial, matrimonial, confidentiel. D'autre part, la majorité des 45 millions de catholiques baptisés qui ont déserté les églises n'ont pas pour autant renoncé à leur foi. Les églises continuent à se remplir pour les grandes fêtes du calendrier — Pâques, Noël et la Toussaint — ou pour les « moments forts » de la vie — mariage, baptême, communion. Face à la notion de pratique, de culte et d'office dominical et autres repères traditionnels, la jeunesse pratiquante a développé ses propres types de structures et expressions. L'Emmanuel, le Chemin neuf, les Béatitudes et les animations de paroisses comptent des milliers d'adhérents à la recherche de fraternité et de soutien. L'Église catholique continue à disposer d'un fort pouvoir de mobilisation populaire en France comme le prouve l' « effet

JMJ », ces immenses rassemblements de jeunes à l'occasion des Journées mondiales de la jeunesse. Les chiffres sont impressionnants : un million de personnes à Paris en 1997, deux millions à Rome et Cologne en 2000 et 2005 respectivement. Les obsèques de Jean-Paul II en avril 2005 ont attiré des millions de « pèlerins » du monde entier dont beaucoup sont venus de France. En délaissant les églises, c'est-à-dire les structures traditionnelles de culte, symbole d'un catholicisme « ancienne formule », les nouveaux croyants cherchent dans les abbayes et monastères comme l'abbaye de Belloc, dans le Pays basque, une atmosphère de recueillement et de méditation proche du bouddhisme et du taoïsme. Ces mouvements libres, actifs, à forte participation physique sont davantage en accord avec le style de vie moderne des jeunes Français. Par leur enthousiasme, ils relancent même d'anciennes structures catholiques un peu désuètes ou démodées comme les séjours dans la communauté de Taizé, en Bourgogne, ou les chemins de croix à Lyon, à Nice et à Marseille. C'est le cas du « Frat » qui réunit, tous les deux ans à Lourdes, plus de huit mille jeunes catholiques venus d'Île-de-France ; depuis 1908, l'objectif de la « Colonie Fraternelle » est de permettre à des jeunes de quitter leur vie parisienne et leur environnement urbain pour se rendre en pèlerinage à Lourdes. Le concept de « témoignage » et le désir de vivre intensément sa foi poussent certains « nouveaux pèlerins » à prendre la route et à recevoir « *la compostela* », ce brevet livré au voyageur qui accomplit son pèlerinage à Saint-Jacques-de-Compostelle.

Depuis quelques années, les catholiques se mobilisent discrètement mais efficacement en redécouvrant le pouvoir de persuasion de l'édition religieuse. C'est un fait : il ne s'est jamais autant vendu de livres catholiques, de missels, de bibles, de vies de Jésus, d'encycliques du Pape et de catéchismes. De leur côté, les séjours monastiques et les retraites ont donné naissance à toute une gamme de guides touristiques à caractère spirituel. Les livres-témoignages aussi se multiplient tel celui de l'essayiste et éditeur Jean-Paul Guillebaud, dont l'ouvrage *Comment je suis redevenu chrétien* s'est vendu à 50.000 exemplaires. Le Centre national de la presse catholique, riche d'une trentaine de publications dont celles des puissants groupes Bayard (*La Croix*) et Malesherbes (*La Vie*), et l'Association nationale de la presse catholique de province (*L'Ami du peuple*) continuent à fournir toutes les maisons de la presse régionales et d'outre-mer. Même le très ancien quotidien *La Croix* (97.000 exemplaires) fondé en 1880 a vu augmenter sa diffusion de 10% depuis l'an 2000, et cela au moment où la presse non confessionnelle, elle, est en crise. Chaque tranche d'âge a son journal et des générations d'écoliers, d'ados, de lycéens et d'étudiants ont dévoré des

exemplaires de *Pom d'api*, *Okapi*, *Phosphore* et *Talents* sans savoir qu'ils appartenaient à des groupes d'édition catholiques. Autre signe de renaissance, mais
légèrement inquiétant celui-ci pour les catholiques traditionnels, est l'essor de
mouvements d'inspiration pentecôtiste américaine. Depuis une vingtaine d'années,
se sont constitués en France des groupes de prière et des communautés charismatiques qui pratiquent une religion démonstrative, émotionnelle à grand
renfort de chants et célébrations expansives. Mouvement mystique et militant,
cet intégrisme « façon *New Age* » regroupe des dizaines de milliers de fidèles, en
deux mille « groupes de lecture » et une quarantaine de communautés, dont les
plus importantes sont l'Emmanuel et les Béatitudes. La formule, décontractée
et conviviale, plaît beaucoup aux chrétiens un peu « perdus » et en manque de
dialogue. Mais cette ambiance bon enfant de « franche camaraderie » cache
parfois des revendications réactionnaires, en particulier en matière de contraception, avortement, homosexualité, lutte contre le sida et des préoccupations
politiques proches des milieux intégristes de l'Église.

Quant au catholicisme traditionnel, dit « de souche », il ne faiblit pas pour
autant. Il est toujours pratiqué dans une bourgeoisie conservatrice, souvent très
influente (dont le Mouvement pour la France de Philippe de Villiers est
représentatif) et aussi, toutes classes confondues, dans les régions de vieille
chrétienté, certains arrondissements du Nord, l'Ouest armoricain, la Savoie,
l'Alsace et la Lorraine. Ce catholicisme « vieille France » n'est pas que résiduel
ou folklorique ; il sert de cadre moral à ceux qui sont en quête d'une instance
structurante : écoles libres, lieux éducatifs, camps aérés, scoutisme, animations
paroissiales, etc. En revanche, les Associations familiales catholiques (AFC)
regroupent des militants acharnés qui se battent pour « le respect de la vie et de
la famille » contre les « déviances » que représentent l'homosexualité, les
campagnes de prévention contre le sida, la contraception et l'éducation sexuelle
à l'école. Actifs et bien organisés, ces « chevaliers de l'ordre moral » investissent
tous les secteurs du gouvernement et de la société civile dans le but de construire
une majorité morale et une forte identité nationale.

Sur le plan politique, le profil du croyant s'est également modifié et il est
plus difficile que dans le passé d'établir un lien direct entre appartenance
religieuse et comportement électoral. Pourtant, aux élections présidentielles de
mai 2007, un catholique pratiquant a voté en moyenne trois fois plus souvent à
droite qu'un Français « sans religion ». Bien entendu, reste à savoir si ces
catholiques se trouvent à droite parce qu'ils vont à la messe régulièrement ou
parce qu'ils sont socialement privilégiés. Cependant, il est vrai qu'un pratiquant

régulier appartient plutôt à une catégorie socioprofessionnelle favorisée, possède un diplôme plus élevé que la moyenne et vante un patrimoine supérieur à ses concitoyens. Enfin, ce paroissien est plus souvent féminin que masculin et d'âge plus avancé que l'ensemble de la population. Il semblerait donc que si le nombre des pratiquants continue à s'éroder, la spécificité de leur orientation politique reste identique dans l'ensemble. Sans grande surprise, Nicolas Sarkozy a recueilli 40% des votes chez les catholiques pratiquants contre 28% dans l'ensemble du corps électoral, tandis que Ségolène Royal devait se contenter de 16% des voix chez les fidèles de cette confession, contre 27% en moyenne chez les Français. En conclusion, plus on est pratiquant et intégré au catholicisme, plus on vote à droite — et ceci dans des proportions qui restent très importantes.

Malgré son indépendance affichée, l'Église de France reste sous l'influence de la papauté et, avec la consécration de Benoît XVI en avril 2005, c'est l'institution entière qui change de ton. Alors que Jean-Paul II prêchait une meilleure compréhension entre les religions, surtout entre l'islam et le christianisme, le nouveau pape affirme au contraire que l'échange islamo-chrétien doit se cantonner au domaine culturel et ne pas avancer sur le terrain de la théologie. Ainsi, Benoît XVI provoquait la colère du monde musulman par son célèbre discours de Ratisbonne en septembre 2006 où il associait l'islam à la guerre sainte et laissait entendre que la religion du Prophète était peu accessible à la raison. Ensuite, en juillet 2007, au risque de diviser l'Église catholique, cette fois, il publiait un *motu proprio* libéralisant la célébration de la messe selon le rite tridentin de Saint-Pie V (en latin, le prêtre dos aux fidèles)[2]. Toutefois, si la majorité des catholiques français s'oppose à ce retour au latin et à toute forme restrictive de la liturgie traditionnelle, elle souhaite un sincère rapprochement entre la France et le Vatican. Vœu exaucé avec la présidence de Nicolas Sarkozy puisque celui-ci penche pour une laïcité dite « ouverte » ou « positive ». Dans son discours au palais du Latran à Rome face à Benoît XVI, le 20 décembre 2007, le président français — devenu officiellement « chanoine d'honneur »[3] — se faisait l'apologiste « des racines chrétiennes de la France » et le défenseur des catholiques « qui ne craignent pas d'affirmer ce qu'ils sont et ce en quoi ils croient » (Chartier 40). En ajoutant que « la République laïque avait longtemps sous-estimé l'importance de l'aspiration spirituelle », le successeur de Jacques Chirac scellait cette réconciliation en allant ensuite se recueillir devant la tombe de Jean-Paul II. La réaction des « laïques » était immédiate et les partis de l'opposition — Ligue de l'enseignement, Ligue des droits de l'homme, Franc-maçonnerie, et les forces de gauche dénonçaient l'inflexion du modèle républicain, le brouillage entre le politique et le religieux, et le simple fait de présenter le fait religieux comme constitutif de l'identité politique et citoyenne.

En réalité, la « mouvance » catholique reste en France une force considérable et, depuis quelques années, « un vent nouveau souffle sur le catholicisme hexagonal » (Chartier 41). On assiste au « grand retour des cathos » qui revendiquent leur « droit à l'affirmation. Sans honte. Et surtout sans complexe ». À présent « on n'est plus catho par tradition mais par choix » écrit Claire Chartier dans le même article. Sans doute le catholicisme ne pourra-t-il plus jamais prétendre à gouverner comme dans les siècles passés, mais il est première religion de France et reste l'incontestable référent identitaire, historique et culturel de la nation.

La fragilisation du catholicisme français ne signifie pas que les minorités religieuses en France soient épargnées ou même avantagées par les recompositions de ses membres « marginalisés ». Protestantisme et judaïsme ont à faire face, de leur côté, à de graves problèmes de redéfinition de leur identité. En France, le protestantisme n'est plus que la troisième confession religieuse, loin derrière le catholicisme et l'islam, puisqu'il ne rassemble actuellement que seulement 2% des Français (Boudon 198). Au XIXe siècle, les protestants représentaient 2,35% de la population. Cette désaffection est d'autant plus grave que les migrations de populations ont conduit à faire perdre leur spécificité religieuse à certaines régions traditionnellement protestantes, exception faite de l'Alsace-Lorraine et du pays cévenol. Conscient de sa précarité, le protestantisme en France a réagi par l'excellence de son organisation. Très tôt, il a vu son salut dans les principes de la laïcité et s'est organisé dès 1938 autour d'une Déclaration de Foi commune, constitutive de l'Église Réformée de France. La Fédération Protestante de France, l'organe représentatif des églises et associations protestantes, réunit de nos jours près de 80% de l'ensemble des protestants français, soit 16 églises et une soixantaine d'associations (réformées, luthériennes, baptistes, etc.). Sur le plan politique, les protestants se divisent presque équitablement selon le clivage gauche-droite, alors qu'ils se situaient très majoritairement à gauche à la fin du XIXe siècle. En 1995, plus de 40% des protestants se disaient de gauche, 33% de droite et 7% se rattachaient au courant écologiste — le reste ne se prononçant pas (Boudon 199). Ce repositionnement sur l'échiquier sociopolitique est un indice supplémentaire de la perte de la spécificité du protestantisme français. En effet, pendant longtemps en France, le pouvoir politique a servi de relais au catholicisme pour écarter les tentatives de développement du protestantisme.

Il s'en est suivi une longue méfiance vis-à-vis de l'État, ce qui explique que, jusqu'à ces derniers temps, les protestants français votaient majoritairement à gauche, une gauche perçue, à tort ou à raison, comme défendant plus efficacement la liberté de pensée et le droit des minorités. Par principe, l'esprit civique « protestant » exige de ses membres le respect du pouvoir civil, de ses institutions et de son fonctionnement. Même s'il n'existe pas d'interventionnisme protestant à proprement parler, dans la vie politique française, les protestants sont relativement bien représentés dans les allées du pouvoir: Maurice Couve de Murville, Michel Rocard, Jérôme Monod (ancien conseiller politique de Jacques Chirac). Ce qui distingue le protestantisme en France, au-delà des idées reçues d'austérité et d'ascétisme, est sa grande diversité et ouverture d'esprit. L'ancien Premier ministre Lionel Jospin, à sa manière, avait tenté de dissiper certains clichés en lançant, non sans humour : « Je suis un protestant athée, un rigide qui évolue, un austère qui se marre » (*Le Figaro*, 26 décembre 2006, 34).

Comme c'est le cas pour le catholicisme et le protestantisme, la sécularisation de la société affecte aussi le judaïsme français. Selon les sondages, il en subirait même davantage les conséquences. On parle d'un peuple qui s'éteint, d'une communauté qu'on envisage un jour, très minoritaire en Europe, bref d'une « diaspora en voie de disparition » pour reprendre le titre de l'ouvrage de Bernard Guetta. Après avoir compté près de dix millions de juifs en 1937, l'Europe n'en compte plus aujourd'hui que 1,5 million (Guetta 67). Dans une dizaine d'années, ils seront moins d'un million. Ces lourdes pertes démographiques s'expliquent par l'histoire : les six millions de victimes de la Shoah n'ont pas eu de descendance, des milliers de survivants ont préféré quitter l'Europe pour émigrer vers Israël et, enfin, la chute du communisme a vidé l'espace soviétique des trois quarts de sa population juive. Elles s'expliquent aussi par des choix de société : la baisse de la natalité, la multiplication des mariages mixtes qui effacent les repères culturels et, enfin, l'effritement d'une identité collective juive. Malgré cet inquiétant déclin, la communauté juive française reste la plus importante d'Europe occidentale[4].

Le judaïsme souffre, lui aussi, du recul de la pratique religieuse dans ses rangs. Elle reste faible avec seulement 15% des pratiquants observant les règles talmudiques strictement. Comme c'est le cas pour les catholiques des « grandes occasions », les « juifs de Kippour » ne retrouvent le chemin de la synagogue que deux ou trois fois par an. Ces juifs modérés ou « libéraux », représentés par l'Union libérale israélite et le Mouvement juif libéral de France, s'opposent fondamentalement aux « orthodoxes » du Grand Rabbinat de France et aux

« ultras » du mouvement Loubavitch. Issu de l'hassidisme, né au XVIIIe siècle en Europe de l'Est, ce dernier mouvement conjugue mysticisme, rigorisme et activisme sur le terrain social. Ces prosélytes sont très présents dans certains quartiers de Paris, tel le XIXe arrondissement, mais restent minoritaires dans l'ensemble de la communauté juive. Les dissensions entre juifs "libéraux" et "orthodoxes" ne portent pas sur la doctrine elle-même, mais sur la pratique. Elles séparent ceux qui optent pour une application stricte des règles, de ceux qui préconisent une certaine souplesse et envisagent des réformes. À noter qu'un même clivage existe chez les juifs laïcs : une gauche représentée par le Cercle Bernard-Lazare et le Fonds social juif unifié, situé plus au centre, s'oppose à une droite modérée représentée par le Conseil représentatif des institutions juives de France (CRIF) et une extrême droite dirigée par le Cercle juif du Front national. Le monde juif, qui a toujours été caractérisé par son pluralisme et son pouvoir d'adaptation, se trouve actuellement en pleine mutation avec de nouvelles influences et dénominations importées du monde anglo-saxon, notamment des États-Unis (création d'oratoires, de centres et d'écoles, développement associatif, etc.). Par un retour à la pratique religieuse, certains milieux juifs modérés espèrent préserver leur patrimoine et la mémoire collective d'un peuple.

S'il est vrai que la communauté juive est plutôt bien intégrée dans la société française, et que le racisme est plus souvent dirigé contre les « blacks » et les « beurs », l'antisémitisme n'a pas disparu pour autant en France. « L'antisémitisme, quand il y en a plus, il y en a encore ! » dit-on dans la communauté. D'évidentes traces apparaissent dans des publications d'extrême droite qui dénoncent toujours et encore de sournois « complots judéo-capitalistes », dans certains propos du Front national, chez les Skinheads et autres groupuscules néonazis tel Elsass Korps (dissolution en 2005 pour une série de profanations de tombes juives et musulmanes) ou Tribu Ka (dissolution en 2006 en vertu de la loi du 10 janvier 1936 « relative aux groupes de combat et milices privées »). Épisodiquement, des actes de vandalisme, bombages à la peinture et autres actes criminels contre des établissements et cimetières juifs apparaissent dans les quartiers juifs de Sarcelles ou Montreuil. Fort heureusement, ces groupes extrémistes — les Nationalistes révolutionnaires, les Jeunesses identitaires, l'Œuvre française et autres groupuscules d'extrême droite qui se disent aussi régionalistes (occitan, corse, flamand) — se montrent en fait incapables d'élaborer une stratégie d'attaque collective.

Plus inquiétant, de par son organisation et sa portée internationale, est l'antisémitisme qui tend à se développer dans une partie de la communauté musulmane française, par assimilation des juifs avec un État israélien engagé dans la lutte contre les Palestiniens. Le comble de l'horreur est atteint en janvier 2006 avec l'assassinat d'Ilan Halimi, un jeune juif de descendance marocaine enlevé et torturé par un gang d'immigrés musulmans. Pour les obsèques, des centaines de personnes avaient défilé dans les rues et le président Jacques Chirac s'était lui-même rendu à la grande synagogue de Paris. De son côté, la gauche française n'échappe pas à un net parti-pris anti-juif. En récupérant l'idéologie tiers-mondiste qui fait d'Israël l'incarnation de l'Occident oppresseur, la gauche intellectuelle française s'abrite derrière la cause palestinienne pour dénoncer « l'impérialisme américano-sioniste ».

En dépit des statistiques qui indiquent une baisse notable de l'anti-sémitisme en France, les juifs français se sentent en insécurité à chaque nouvel affrontement israélo-palestinien particulièrement violent. Cette inquiétude, bien fondée ou pas, conduit chaque année des milliers de juifs à quitter la France pour Israël. L'*alyah*, c'est-à-dire la « montée en Israël » ou le « retour au pays » fait la richesse de l'Agence juive de France qui coordonne ces départs en masse. Pourtant, en 1997, l'épiscopat français faisait acte de repentance pour le silence qui avait été le sien face aux déportations de juifs pendant la Deuxième Guerre mondiale. Acte qui suivait de peu la décision du président de la République, Jacques Chirac, de reconnaître pour la première fois la responsabilité de l'État français dans les crimes commis à l'époque de Vichy. Malgré ces aveux publics, la France passe toujours aux yeux d'Israël et des États-Unis pour un monstre d'intolérance religieuse. L'antisémitisme français est référencé aux États-Unis à la moindre critique de l'occupation militaire israélienne et les juifs américains ressentent dans le parti-pris pro-palestinien de la République une forme d'anti-sémitisme. Tel est l'avis d'Ed Koch, l'ancien maire de New York (1978–1989) qui, dans son émission de radio hebdomadaire, appelait régulièrement à boy-cotter le tourisme et les produits français. Il avait été d'ailleurs personnellement désigné par le président George W. Bush pour représenter les États-Unis à la conférence sur l'antisémitisme à Berlin en 2004. Enfin, sur le plan plus général des libertés individuelles et du culte, que la France puisse bannir le port de symboles religieux — le voile ou autres « signes ou tenues ostensiblement religieux » à l'école publique — relève de l'intolérance voire de la xénophobie, un acte inconcevable du point de vue du pluralisme américain.

Nous venons de voir que la démonopolisation ou la « dérégulation » des grandes institutions du croire en France, a entraîné un « redéploiement associatif » important (Hervieu-Léger 26), c'est-à-dire à une recrudescence de groupes, réseaux et communautés. Corrélativement, ce mouvement de dissémination individualiste va conduire à une fragilisation de la conscience collective et susciter une crainte face à tout nouvel arrivant perçu comme uni, envahissant et antinomique à la culture chrétienne. Ainsi la présence d'une communauté musulmane de plus en plus nombreuse qui manifeste de façon de plus en plus patente son indice identitaire va relancer dans des termes complètement nouveaux la question de laïcité et d'allégeance à une identité nationale. La loi de 1905, qui avait si bien organisé la séparation des Églises et de l'État en fonction du paysage religieux existant au moment de son adoption, ne pouvait prévoir cette présence musulmane sur l'échiquier socioculturel français. En France, le débat sur l'islam s'est très vite échauffé pour des raisons historiques (décolonisation), économiques (précarité de l'emploi), culturelles (comportements, rites et coutumes) et identitaires (vêtements et autres signes distinctifs). Ce qui est en cause, c'est le haut degré de visibilité de l'islam par rapport aux autres confessions puisqu'il s'agit d'une religion « transplantée », c'est-à-dire étrangère à la culture judéo-chrétienne dominante. Dans le discours officiel, il lui est fait reproche d'être rebelle à toute idée de sécularisation et donc, à toute aptitude à se conformer au modèle républicain en place. La question de la singularité de l'islam est devenue plus vive encore lorsque s'est posée, à partir de 1989, puis en 2004, celle du port du voile islamique dans les établissements scolaires publics.

Ce qui inquiète l'opinion publique, c'est l'émergence brutale dans la société française d'une religion devenue en très peu de temps, « deuxième religion de France » — même si elle se situe loin derrière le catholicisme avec ses quatre millions[5] de fidèles par rapport aux 45 millions de catholiques baptisés. Son expansion rapide est liée à la jeunesse de sa population et à l'essor des courants migratoires à partir des années 1970, mais aussi à la politique de regroupement familial mise en œuvre sous la présidence de Valéry Giscard d'Estaing. Celle-ci a contribué à enraciner l'islam sur le sol français et c'est à partir des années 1980 que se développent, dans les villes et banlieues à forte population musulmane, des salles de prières dans des appartements privés, des foyers d'usines, des sous-sols et arrière-boutiques. Cet « islam des caves » a entamé un vaste processus de séduction auprès des jeunes musulmans en quête d'identité.

Longtemps présent sur le territoire, l'islam ne posait pas de problèmes de société et les grandes mosquées présentaient une façade tranquille en acceptant les conditions d'une laïcité à la française. Depuis son inauguration en juillet 1926, la Mosquée de Paris a été la structure représentative de l'islam en France et son symbole « officiel » puisque construite grâce à une loi votée par le Parlement en 1921. Elle continue de nos jours à avoir pour mission la pratique du culte et l'entretien d'un foyer de réflexion, de pédagogie et de rayonnement de la culture musulmane. Mais, à l'image des autres institutions religieuses en France, elle ne peut plus prétendre aujourd'hui parler au nom d'une communauté de plus en plus diversifiée qui représente plus d'une centaine de nations. Afin de contrebalancer l'influence de la Grande Mosquée, se sont constituées des regroupements plus proches des pays d'origine qui, en adoptant le modèle des associations loi 1901 à vocation religieuse et culturelle, peuvent recevoir des subventions et fonds privés. Se sont ainsi développés Al-Tabligh, un mouvement piétiste d'origine indienne, ultraconservateur, implanté en France depuis 1968 et l'Union des Organisations islamiques de France (UOIF), proche des Frères musulmans égyptiens, fondée en 1983. Cette dernière est la plus riche des grandes associations islamiques en France, et cela grâce à l'aide généreuse de l'Arabie Saoudite et autres États du Golfe, tous de grands pourvoyeurs de subsides et diffuseurs de *wahhabisme* (fondamentalisme) en France. C'est en partie pour combattre cette influence étrangère et la tendance à la balkanisation de l'islam en France que l'État français crée le Conseil de réflexion de l'islam en France (CORIF) en 1988, le Haut Conseil des musulmans en 1995 et enfin, à l'initiative de Nicolas Sarkozy, alors ministre de l'Intérieur et des Cultes, le Conseil des musulmans de France en décembre 2002. Par le dialogue, le gouvernement espère minimiser l'influence étrangère et éviter l'émergence d' « archipels intégristes » sur son territoire. Ainsi, dans le cas précis de la formation des imams, l'État a toujours milité pour une formation « encadrée », permettant de faire émerger des imams français, formés dans des structures françaises plutôt que ceux délégués par les pays d'origine. Venant du gouvernement français, ces mesures ne peuvent qu'être suspectes aux yeux de beaucoup de musulmans.

Mais, au-delà des manipulations partisanes et des récupérations politiciennes, l'inquiétude populaire face à l'islam est-elle justifiée ? En fait, les sondages montrent un décalage significatif entre origine et pratique, notamment chez les Maghrébins nés en France. En 2005, ils étaient plus de 35% à se déclarer « sans religion » (Enquête du Centre d'Étude de la vie politique française (CEVIPOF) de 2006 citée dans *Le Figaro* (26 décembre 2006, 46). Ainsi le processus de sécularisation se poursuit dans les générations nées en France et chez les enfants de couples mixtes qui calquent leur comportement sur celui de la majorité des Français. Rejet de l'intégrisme, allégeances aux lois et coutumes de leur pays d'accueil, la majorité des musulmans interrogés annoncent leur loyauté à la France. À cet égard et pour le moment encore, l'intégration des musulmans français fait figure d'exception en Europe, comme l'a montré le rapport de juin 2006 du Pew Research Center. À l'inverse du Royaume-Uni, où ils sont 81% à se définir par leur croyance plus que par leur nationalité, en France une large majorité de musulmans (72%) ne voient aucune contradiction entre l'islam et la société moderne occidentale. Si 46% se définissent d'abord par leur religion, ils sont 42% à se déclarer avant tout français. Les musulmans français sont aussi les plus ouverts aux autres religions puisque 91% ont une opinion favorable des chrétiens et, ce qui fait d'eux une exception, 71% ont une bonne opinion des juifs contre 32% des musulmans britanniques. Que veulent donc les musulmans de France ? Ils rêvent, dans leur grande majorité, d'un islam tranquille « à la française » pratiqué dans des lieux de prière décents comme le font les catholiques, les protestants et les juifs. Or ce mouvement d'assimilation est sans cesse ralenti par l'arrivée de nouvelles populations musulmanes ancrées dans une pratique plus traditionnelle de la religion. L'islam individuel est mis à l'épreuve par la montée d'une pratique plus collective et visible de la religion.

Ni uni, ni homogène, l'islam est profondément divisé, non pas sur les textes fondateurs mais sur leur application. Jamais la coupure n'a paru aussi nette entre « l'islam des grandes mosquées » et celui « des banlieues », entre « l'islam de France » et celui « des caves ». Contrairement au phénomène observé chez les jeunes catholiques, juifs ou protestants qui recherchent des solutions adaptées à leur style de vie moderne, les jeunes Maghrébins, eux, veulent se rapprocher des bases traditionnelles de leur religion. Une enquête de la SOFRES (15 mars 2002) confirme cette tendance : alors que, en 1993, « 71% des enfants de parents d'origine maghrébine se sentaient plus proches du mode de vie et de culture des Français que celui de leur famille », ils n'étaient plus que 45% en 2002. Devant l'échec des revendications d'égalité et la permanence des discriminations, beaucoup de jeunes se tournent vers l'islam et trouvent dans l'*oumma* une revalorisation de leur vie (La notion d'*oumma* désigne la communauté des croyants musulmans, au-delà de leur nationalité et des structures politiques qui les gouvernent). Le recours identitaire à l'islam des jeunes générations en situation d'intégration précaire, trouve ici sa principale explication. Ils revendiquent de vivre publiquement et collectivement un islam qu'ils s'approprient comme une dimension fondamentale de leur identité culturelle et sociale. Cette « identité musulmane », nourrie de sentiments d'exclusion et du triomphe d'une « cause arabe » face au « choc des civilisations », s'est frayée un chemin dans les esprits des jeunes Maghrébins de la « troisième génération », jusqu'alors plus « beurs » que musulmans. Déçus par la politique, de nombreux leaders de la marche des Beurs de 1983 se sont en effet tournés vers l'islam. Ingénieurs, universitaires, chefs d'entreprise, sportifs, artistes et musiciens, toutes les catégories socioprofessionnelles sont représentées chez les « reconvertis », mais il y a surtout beaucoup de jeunes des cités. Ils seraient plus de 60.000 à avoir adopté l'islam ces dernières années. En quête d'identité, ces pratiquants sont pris entre modernité et radicalisme, entre les lois de la République et les règles de la *charia* — c'est-à-dire l'ensemble des règles de conduite qui codifie les aspects publics et privés d'un musulman. Dans les cités à forte concentration d'immigrés, les « barbus » se sont doucement substitués aux éducateurs et travailleurs sociaux.

Selon l'UOIF, la France est devenue *dar el islam* — « terre d'islam », c'est-à-dire un lieu de « réislamisation » et les fidèles sont appelés à y constituer une communauté revendiquant sa spécificité. Pour ces « puristes », le Coran est immuable ; il transcende toute identité nationale et ses prescriptions invalident toute solution « multiculturelle ». Certains vont jusqu'à refuser catégoriquement la greffe du modèle économique et politique occidental. À cela s'ajoute l'influence d'événements internationaux souvent violents qui exacerbent des tensions interreligieuses dans la société. Les attentats du 11 septembre aux États-Unis, ceux de Madrid et de Londres, les conflits en Afghanistan et en Iraq et les débats sur une éventuelle entrée de la Turquie dans l'Union européenne ont précipité le changement d'attitude à l'égard de l'islam en France. Un sondage effectué par l'Institut Artenice en avril 2004 confirme la rapide dégradation de l'image de l'islam en France puisque 66% des sondés avouaient une perception « négative » de cette religion. En effet, la poussée intégriste suscite une telle psychose collective envers une religion qui « noyaute » les sociétés d'accueil, que les résultats de sondages se trouvent significativement modifiés selon les termes empruntés. Ainsi, en remplaçant le terme « islam » par « religion musulmane » le pourcentage « négatif » tombe alors à 44%. Tout comme la manipulation politique du nombre de musulmans en France, allant du simple au double, c'est-à-dire de quatre à huit millions selon les cas, il y a « diabolisation » du nom même de l'islam. Cette perception de l'islam montre que beaucoup de Français confondent religion et pays d'origine et brouillent musulmans et islamistes, intégristes et terroristes.

Le schisme qui existe entre une société fortement sécularisée et une population très religieuse devient problématique en raison du rôle prescriptif de cette croyance. L'enquête sur les citoyens d'origine maghrébine, africaine et turque qu'a publiée le Centre d'Étude de la vie politique française (Brouard et Tiberj) confirme, par exemple, « que l'effet de l'islam sur la tolérance sexuelle ne

s'atténue pas » et constate une baisse du métissage provoquée par un renferme-
ment endogamique des jeunes filles. Ce puissant contrôle familial qui prend
parfois des tournures abusives avec des mariages forcés ou des « crimes d'honneur » est, bien entendu, fondamentalement contraire aux lois républicaines
sur la liberté individuelle. À l'époque déjà, le voile était révélateur des clivages
idéologiques qui divisent encore la France aujourd'hui. Il opposait les tenants
de l'autorité aux partisans du compromis, les adeptes d'une nationalité volontariste à ceux d'une citoyenneté de tolérance, les puristes « nationaux » aux
rêveurs libéraux. D'un côté, la France et les autres pays européens font des concessions comme l'ont montré l'annulation de la pièce de Voltaire sur Mahomet
à Genève, l'apaisement de la violence à propos des caricatures d'Allah au Danemark
ou l'atténuation des épisodes sanglants de l'histoire de l'islam dans les textes
scolaires européens[6]. De l'autre, l'Europe s'oppose catégoriquement aux revendications qui vont à l'encontre de ses propres valeurs — liberté d'expression, égalité
de la femme, droit à une éducation librement choisie, etc. Les Français qui se
sentent menacés par le fondamentalisme islamique ne veulent plus d'une
tolérance qui ressemble à de la complaisance et pourrait conduire à une capitulation
des valeurs d' « intégration » face à celles de « l'intégrisme ». Nicolas Sarkozy, à
l'époque ministre de l'Intérieur et des cultes, avait décrété en 2003 « la fin de la
dictature de l'euphémisme », en annonçant que la France se trouvait « en guerre »
contre le « djihadisme global ». La question est de savoir si l'islam est « soluble »
dans la République. Question d'autant plus complexe qu'elle n'est pas uniquement religieuse mais aussi politique et sociale.

Et pourtant, au moment où l'islamisme militant progresse dans le monde,
les sondages en France montrent que la plupart des musulmans français sont
favorables à la laïcité. Ils réclament simplement une place pour leur religion
selon les principes de la loi de 1905 qui « garantit le libre exercice des cultes ».
Dans son ensemble, la communauté musulmane préfère effacer l'idée d'un
affrontement avec le pays d'accueil. Elle s'inquiète de l'extrémisme islamique et
de la mauvaise image qu'elle jette sur l'ensemble de la religion. En désaccord
avec une lecture trop littérale et restrictive du Coran, les modérés demandent
l'abandon des versets jugés incompatibles avec les valeurs des droits de
l'homme, la République et la nation française. Ils revendiquent un droit d'interprétation du texte sacré et militent pour la liberté de conscience et la tolérance
religieuse. Pour ces musulmans modérés, l'islam et la laïcité ne s'excluent pas
mutuellement et l'expérience de l'un peut même se révéler bénéfique à l'autre.
Selon le Grand Mufti de Marseille, Soheib Ben Cheikh :

[...] la présence de l'islam en France met la laïcité à l'épreuve; il l'oblige à vérifier sa solidité et l'amène à s'orienter davantage vers l'universel. Quant à l'islam, religion minoritaire en France, il a tout à gagner d'une laïcité 'bien définie'. Non seulement elle le protège en tant qu'entité religieuse et garantit le libre exercice de sa pratique, mais elle l'honore en le plaçant au même rang que les autres religions qui appartiennent à la culture et à l'histoire de ce pays (*Le Nouvel Observateur*, 22 février 1996, 13).

En France, les modérés de toutes les confessions tentent de jeter des passerelles entre les communautés religieuses dans le but d'atténuer les conflits et de faire réussir la coexistence. Les rapports entre le catholicisme, le protestantisme et le judaïsme vont en s'améliorant sauf dans le cas particulier de l'islam et du judaïsme qui se traduit par des actes criminels qui divisent encore ces deux communautés. Mais ce sont, pour la plupart, des cas isolés dictés par des événements ayant lieu « hors frontières », au Maghreb ou au Moyen-Orient. Pour beaucoup de sociologues, la tolérance religieuse « à la française » s'explique par la sécularité de la société française et le fait que les Français ont un attachement plutôt philosophique à la religion. Pour beaucoup d'entre eux, la religion est un système de valeurs avant d'être un acte de foi. Les Français « bricolent » leur religion en empruntant beaucoup à d'autres confessions : ainsi, de nombreux catholiques se déclarent « spirituellement » proches du protestantisme sans pour autant songer à abandonner leur confession. Chez les musulmans modérés, l'attachement à la tradition reste solide parce qu'il s'accompagne d'une grande liberté dans l'interprétation des rites et la pratique de la foi. En période de Ramadan, c'est l'islam qui est célébré mais aussi l'esprit de famille, la convivialité et la joie des retrouvailles. Chez les plus jeunes, la rupture du jeûne est souvent un prétexte à la fête. La sociologue Danièle Hervieu-Léger montre qu'un jeune musulman qui recherche une « authenticité musulmane » ne reproduit pas les schémas traditionnels des générations précédentes mais va se forger une vision personnalisée de sa religion au contact d'associations ou d'amis dans un contexte français. De même, le jeune juif qui mange kasher fait lui aussi appel à des arguments extérieurs à la religion pour légitimer sa pratique. Enfin, les rassemblements de jeunes catholiques ou protestants déjà évoqués s'organisent plus par plaisir de se retrouver que par désir de se démarquer, plus par volonté d'intégration que d'exclusion. Ils insistent sur des valeurs chrétiennes, certes, mais qui s'appliquent à d'autres religions : la tolérance, le respect de soi et des autres, la solidarité, etc.

La sécularisation des institutions et de la culture ne signe pas, nous l'avons vu, la disparition du religieux de la société française ni l'impossibilité de nouvelles formes de croyances. Ces religiosités minoritaires apportent avec elles de nouvelles perspectives culturelles et politiques et, par leur présence, relancent le débat de la laïcité en France. Comment protéger le droit à la laïcité tout en refusant l'exclusion ? Comment réconcilier le concept de l'assimilation des minorités et la pluralisation des identités religieuses ? Mondialisation, diversité culturelle, pluralisme et communautarisme sont autant de contraintes extérieures qui suscitent de nouvelles revendications. Au niveau de l'Europe, la France doit préserver son « exception » laïque puisqu'à ce jour, elle est le seul pays de l'Union européenne où il existe une séparation effective des Églises et de l'État, les autres pays européens hésitant entre une politique d'intégration nourrie d'une philosophie universaliste et une politique multiculturelle qui respecterait les différences. Sur le plan national, la France doit défendre son propre concept de laïcité qui repose sur le respect des libertés individuelles plutôt que les particularismes culturels communautaires, notamment s'ils sont religieux.

Notes

[1] Sondage publié le 8 janvier 2007 par la revue spécialisée *Le Monde des religions* (« Enquête sur la foi des Français », janvier-février 2007, p. 20–35) selon lequel les Français ne sont plus que 51% à se déclarer catholiques. L'enquête montre une accélération de la déchristianisation du pays, même dans les anciens bastions de l'Église comme la Bretagne et l'Alsace. La pratique est, elle aussi, en chute : en 1981, 18% des Français déclaraient pratiquer au moins une fois par mois. En 2001, ils ne sont plus que 12%. Quant aux jeunes (18–29 ans), ils sont moins de 2% à se rendre à l'église chaque dimanche. À la fin des années 1960, 4 enfants sur 5 étaient baptisés. En 2000, c'était un enfant sur deux. Au niveau des vocations, les chiffres ne sont guère plus encourageants : il y avait 41.000 prêtres en 1965, 35.000 en 1975. En 2000, ils étaient 20.000 dont un tiers seulement avait moins de 66 ans.

[2] Le « décret personnel » de Benoît XVI relance le conflit qui oppose encore, de nos jours, les catholiques favorables au concile Vatican II et les traditionalistes, très minoritaires, qui font de la messe en latin le symbole de leur hostilité aux changements des années 1960. Autre conflit en perspective, les traditionalistes utilisent un missel promulgué par Jean XXIII en 1962 et contenant des notations jugées outrageuses telle que la prière du Vendredi saint, évoquant « les hérétiques et les schismatiques », c'est-à-dire les protestants et orthodoxes, et invitant l'assistance à intercéder « pour les Juifs ».

[3] Comme c'est l'usage pour un président de la France, « fille aînée » de l'Église, Nicolas Sarkozy devient officiellement « unique chanoine honoraire » de Saint-Jean-de-Latran, titre conféré au souverain ou président français depuis Henri IV. Cet honneur remonte à la conversion du roi protestant au catholicisme en 1593 après qu'il eut décidé d'offrir les revenus de l'abbaye de Clairac (Lot-et-Garonne) au chapitre (ensemble des chanoines) de la basilique Saint-Jean-de-Latran. (*Le Figaro*, le 20 décembre 2007, 27)

[4] La France compte la plus importante minorité juive de tous les pays d'Europe occidentale. On estime que la moitié vit à Paris. Beaucoup d'ashkénazes (de culture et de langue yiddish) sont arrivés d'Europe centrale entre les deux guerres ; ils ont été suivis par les séfarades (juifs des pays méditerranéens) venus d'Afrique du Nord après la décolonisation (Tunisie, Maroc et Égypte à partir de 1956 et le rapatriement en métropole de 130.000 juifs d'Algérie en 1962).

[5] Estimation pure car le recensement ethnique et religieux est interdit en France depuis 1872. Pour évaluer le nombre de musulmans, les démographes et les sociologues en sont réduits à compter la population « relevant de la culture musulmane », c'est-à-dire les immigrés et les Français issus de pays où l'islam est la religion dominante — Maghreb, Afrique subsaharienne, Turquie, Pakistan, Proche et Moyen-Orient. La France est le pays européen qui compte le plus de musulmans : environ 4 millions. C'est-à-dire beaucoup moins que l'estimation habituelle de 5 à 6 millions annoncée dans les médias — et de 8 millions avancée par l'extrême droite ! Ces chiffres à géométrie variable sont proportionnels à la peur de la présence musulmane en France et ils ponctuent tous les débats autour du voile islamique, de l'immigration, des banlieues, du terrorisme ou des discriminations. C'est la population algérienne ou d'origine algérienne qui est la plus nombreuse et c'est celle aussi qui est la moins pratiquante. En matière de pratique, ce sont les Tunisiens qui se montrent les plus assidus ; viennent ensuite les Turcs et les Marocains. D'ailleurs 40% des imams prêchant en France sont marocains contre 24% d'Algériens. Il est souvent dit que ce sont « les Algériens qui construisent les mosquées et les Marocains qui les remplissent ».

[6] En avril 2007 éclatait une controverse sur une image de Mahomet dans un manuel d'histoire-géographie de cinquième. Par précaution, puisque l'islam interdit la représentation du prophète, l'éditeur Belin avait jugé bon de pixéliser le visage de Mahomet dans une miniature du XIIIe siècle. Les défenseurs de la laïcité ont vivement dénoncé cette forme d'« autocensure ». En revanche, en mars 2008, la Cour d'appel de Paris relaxait définitivement Philippe Val, directeur de la publication de *Charlie Hebdo*, mis en cause pour la publication de caricatures du prophète Mahomet en février 2006. L'hebdomadaire satirique avait en effet suscité la polémique en publiant 12 caricatures de Mahomet préalablement parues dans le quotidien danois *Jyllands-Posten*. Sous le titre de « Mahomet débordé par les intégristes » du 9 février 2006, les dessins qui avaient provoqué l'indignation du monde musulman étaient accompagnés d'analyses tendant à montrer que « la tolérance n'est pas l'indifférence », selon les mots de l'hebdomadaire.

Références

Artenice Consulting. *L'Islam en France*. Avril 2004 <http://www.artenice.com/>.
Baubérot, Jean. *Laïcité 1905–2005 entre passion et raison*. Paris : Le Seuil, 2004.
Benbassa, Esther. *Histoire des juifs de France*. Paris : Seuil, 2000.
Benzine, Rachid. *Les Nouveaux Penseurs de l'islam*. Paris : Albin Michel, 2004.
Boudon, Jacques-Olivier. *Religion et politique en France*. Paris : Armand Colin, 2007.
Boyer, Alain. *L'Islam en France*. Paris : PUF, 1998.

Brouard, Sylvain et Vincent Tiberj. *Français comme les autres ? Enquêtes sur les citoyens d'origine maghrébine, africaine et turque*. Paris : Presses de Sciences Po, 2006.

Cabanel, Patrick. *Juifs et protestants en France XVIe–XXIe siècles*. Paris : Fayard, 2004.

Charlie Hebdo. « Mahomet débordé par les intégristes », 9 février 2006.

Chartier, Claire. « Le grand retour des cathos », *L'Express*, 10 avril 2008, p. 38–46.

De Ravinel, Sophie. « La catéchèse des enfants en perte de vitesse», *Le Figaro*, 12 janvier 2007, p. 30–31.

Ellul, Jacques. *Islam et judéo-christianisme*. Paris : PUF, 2004.

Guetta, Bernard. *Les Juifs d'Europe depuis 1945. Une diaspora en voie de disparition*. Paris : Calmann-Lévy, 2000.

Guillebaud, Jean-Paul. *Comment je suis redevenu chrétien*. Paris : Albin Michel, 2007.

Hervieu-Léger, Danièle. *Le pèlerin et le converti*. Paris : Flammarion, 1999.

Le Figaro. « Chez les protestants, une extrême diversité de situations », 26 décembre 2006 <www.lefigaro.fr/>.

——. « Les musulmans restent attachés aux rites collectifs », 26 décembre 2006, p. 46.

——. « 'Entretiens cordiaux' entre Nicolas Sarkozy et le Pape », 20 déc. 2007, p. 27.

Le Monde des Religions. « Enquête sur la foi des Français », janvier–fév. 2007, p. 20–35.

Le Nouvel Observateur. « La laïcité, toute la laïcité ! », 22 février 1996, p. 13.

Pena-Ruiz, Henri. *Histoire de la laïcité*. Paris : Gallimard, 2005.

Pew Research Center. « Europe's Muslims More Moderate. The Great Divide: How Westerners and Muslims View Each Other" June 22, 2006. <http://pewglobal .org/reports/pdf/253.pdf>.

Roy, Olivier. *La Laïcité face à l'islam*. Paris : Stock, Les essais, 2005.

Sablier, Edouard. « Ce que pensent les musulmans de France. Sondage Louis-Harris », *Valeurs Actuelles*, 4 mars 1995, p. 6–19 <www.valeursactuelles.com/>.

Sarkozy, Nicolas. *La République, les religions, l'espérance*. Paris : Le Cerf, 2005.

TNS Sofres . « Les Français et l'islam », 15 mars 2002 <http://www.tns-sofres.com/ etudes/pol/150302_islam_r.htm>.

——. « Les Français, l'intégration et la laïcité », 9 février 2004 <http://www.tns-sofres .com/etudes/pol/090204_laicite_r.htm>.

Tincq, Henri. *Les Catholiques*. Paris : Grasset, 2008.

Weill, Claude. « Ce que veulent les musulmans », *Le Nouvel Observateur*, 22 février 1996, p. 4–9 <http://tempsreel.nouvelobs.com/>.

III. Cultural Diversity – La diversité culturelle

10

'Ostensible' Signs:
Scarves, Veils, Kippas, Turbans, and Crosses

CHRISTOPHER P. PINET
Montana State University, Bozeman

On March 15, 2004 the French National Assembly and Senate adopted "LOI no. 2004-228 du 15 mars 2004 encadrant, en application du principe de la laïcité, le port de signes ou de tenues manifestant une appartenance dans les écoles, collèges et lycées publics." Article L.141-5-1 was inserted into the Education Code and reads as follows: "Dans les écoles, les collèges et les lycées publics, le port de signes ou tenues par lesquels les élèves manifestent ostensible-ment une appartenance religieuse est interdit. Le règlement intérieur rappelle que la mise en œuvre d'une procédure disciplinaire est précédée d'un dialogue avec l'élève" (LOI). This means that all the objects described in the title of this chapter, as well as any other objects which may be construed as religious—such as bandanas—that are displayed ostentatiously, are forbidden in public primary schools, middle schools, and high schools in France. Teachers and principals will determine whether or not a sign is ostentatious. Some schools have simply said that all such signs are by definition ostentatious, while others have allowed the discrete wearing of small crosses, stars of David, and the "main de fatma." An emblem of Fatima, the daughter of Mohammed, the "main de fatma" is exhibited during Muslim processions, but it is also used by young women for decorative purposes. The law also prescribes a period of dialogue between the offending student and the school administration before any disciplinary action is taken. This usually consists of the administrator trying to convince the student to remove the offending object. If the student refuses and is expelled she can continue her studies through public, long-distance learning (*Centre national d'enseignement à distance* or CNED) or at a private school.

Why was this law passed? Why was the law not passed before? At whom was the law directed? What were the politics of the new law? What has happened since it passed? What does the future hold and what are the implications of this law for French society? These are some of the questions this essay addresses.

Since the law was primarily directed at young French women of Maghrebian (Algerian, Moroccan, and Tunisian) heritage, one should first consider the place of Muslims in French society today. We know that Islam is the second religion of France, but it is harder to determine how many Muslims there are (I take this term in its broadest cultural sense—not to imply that all Muslims practice their religion). The reason is that French law prohibits the gathering of statistics on ethnic, racial, or religious background. This law poses serious problems for French society and the promotion of equal opportunities for what are known as "*minorités visibles.*" Nonetheless, most sources now agree—the right-wing parties like the *Front National* (FN) offer the highest estimates—that the figure of three million French Muslims and another two million foreign Muslims residing in France, including Sub-Saharan Africans, Asians, Turks, etc., is the best estimate. There are also about 350,000–400,000 *harkis* (those Algerians who fought alongside the French during the French-Algerian war.) Additionally there are somewhere between 35,000–200,000 converts to Islam in France (those whose fathers are not Muslims). This subject is rarely discussed. Between 29%–65% of Muslims practice their religion on a daily basis and the number is increasing, but for the majority secularization is the norm. The number of mixed Muslim/non-Muslim marriages is also on the rise (Draille et Frade 46–47). France has the greatest number of Muslims in Europe. The obvious reason for this is immigration from the Maghreb. Most of the immigrants came from Algeria, which was considered an integral part of France until 1962 when it achieved independence after a bloody war (1954–62). This led to hard feelings on the part of the one million French *pieds-noirs* who had run Algeria and then been forced to flee to France in the wake of independence. Most of them settled in the south, where the FN, the right-wing party founded in 1972 by Jean-Marie Le Pen, has its strongest roots. The *harkis* and other Algerians who fled increased the large number of Algerian male workers who had been brought to France to work in the building and construction trades along with Moroccans and Tunisians shortly after the end of World War II. In 1974 Valéry Giscard d'Estaing introduced the policy of *Regroupement familial*, which allowed the immediate families of Maghrebian workers to join them in France (Benguigi 71–76). The French were ill-prepared to accept them, and the French model of assimilation, whose goal was to make all equal provided that they cast off their cultural and religious specificity, made it difficult for the new immigrants and their children to fit in. The fear of communalism and the growth of the FN led to racist attitudes and acts on the part of the "Français de souche" (French of old stock) (Wylie 244–52). The recession of the 1970s also contributed to the notion that the immigrants were taking the jobs that should have gone to the native French. As tensions in the Middle East began to increase, racism in France grew still more, and Islam was increasingly seen as an internal threat. The children of the North African immigrants, often referred to as Beurs (reverse slang for *arabe*), carried out a march, the " Marche des Beurs," in 1983 to call for equal rights. When their demands were essentially ignored by the major political parties, and in spite of the creation of *SOS-Racisme* by Harlem Désir in 1984, some of the Beurs became alienated. Some insisted on a more public practice of Islam, began to dress in a more Islamic way, and called for the building of mosques. Their demands were resisted by many French people even though the Beurs were French themselves (Bowen 68).

L'Affaire des foulards: The Start of a Fifteen-Year Debate

In February of 1989 Iran's Ayatollah Khomeini delivered his fatwa against Salmon Rushdie. In it he said that it would be appropriate to kill Rushdie under Islamic law because he had blasphemed the Prophet Muhammad in his *Satanic Verses*. This led people, and not just the French, to believe that Islam was intolerant and that wherever Muslims took political power (*Front islamique du salut* or FIS) they would kill anyone who left the religion. A month later the FIS came into being in Algiers. The civil war in Lebanon was also raging (Bowen 83). In France in 1989 Mayor Pierre Bernard of Montfermeil, a suburb of Paris located in Seine-Saint-Denis, refused to admit more "foreign" children to the *école maternelle* of the housing project "Les Bosquets." Bernard represented a right-wing coalition and was part of an association called "*France debout*," which supported a nationalist stance similar to that of the FN. Attention was drawn to Les Bosquets, where over 80 per cent of the 9,000 inhabitants were thought to be of immigrant origin. In less than two years Bernard's association had spread to over 130 cities all over France (Kedward 552). It is ironic to recall that sixteen years later Montfermeil and Les Bosquets would be in the news again during the riots of 2005. Unemployment had grown from 25 per cent in 1989 to between 40 and 50 per cent in 2005 as was the case for other housing projects in the "9-3", as the French came to call the *Département* of Seine-Saint-Denis.

This then was the context for the headscarf affair, which took place north of Paris in Creil in the Oise on 3 October 1989. Three girls showed up in middle school class with headscarves and were told to remove them because they were supposedly violating the principle of secular education (*laïcité*), which had been enshrined in the French Law of 1905. The law states (Article 2) that "the Republic will not recognize any religion" (Bowen 18). Actually, this is not strictly true since the Conseil d'État does confer legal recognition on religious associations which comply with the law of 1905. This means that once recognized these associations are exempted from taxes and the municipal governments can help in building places of worship (Bowen 18–19.) This was not the first time that girls had shown up wearing headscarves and that they had been asked to remove them while in class. This time, however, the context described above meant that the earlier tolerance that young women had met with was no longer the order of the day. Collective fear and loathing had begun to take over people's minds. Once the three girls, whose parents came from Morocco, had refused to take off their scarves in class they were expelled because the principal decided that the scarves infringed on the "the *laïcité* and neutrality of the public school" (quoted in Bowen 83). After initially agreeing to wear the scarves on school grounds but not in class they reverted to wearing the scarves in class (Bowen 84). A national debate, which was to last for fifteen years, ensued. Some, including Danielle Mitterrand, wife of President Mitterrand, criticized the decision to expel the girls, as did Lionel Jospin, the Minister of Education and later Prime Minister. President Mitterrand also supported the acceptance of religious difference as did Minister of Culture Jack Lang. They suggested that state education should be able to tolerate religious difference and "welcome the *foulard*," as Jospin put it (quoted in Kedward 553). The chief rabbi of France and the French Catholic Church also supported this position. They and some Christian groups were afraid that their own violations of *laïcité* might come under greater scrutiny. On the other hand, Socialists Laurent Fabius, Jean-Pierre Chevènement, and Pierre Mauroy opposed the *foulard*. On the Right Jacques Chirac, Giscard d'Estaing, Charles Pasqua, and Alain Juppé all opposed it, a harbinger for the future. A number of teachers' unions opposed the scarves. They supported *laïcité* and the notion of schools as secular, public spaces, where religion has no place. The media had a field day with the incident. John R. Bowen, whose book, *Why the French Don't Like Headscarves: Islam, the State, and Public Space* is the most thorough and penetrating study to date, found that for the two years prior to the affair there were nearly one hundred articles published on veils and Muslim headscarves: "... every article concerned a Muslim-majority country and no mention was made of Muslims wearing headscarves in France" (84). Overnight newsmagazines and papers featured stories with headlines about Islam and headscarves in France using scare words and expressions like "*fanatisme*," "*menace religieuse*," "*danger*," "*intégristes*," "*fondamentalistes*," etc. As was to be the case in 2003–2004, one could make a convincing argument that the media played a major part in shaping public opinion and moving the French toward an intolerant view of Muslims living in France (Tévanian 10–12). Both Tévanian and Bowen show that in 2003 commentators regularly linked Iran, the chador, and book-burning to the Creil headscarf affair. A book by Iranian-born Chahdortt Djavann, *Bas les voiles*, would receive enormous media attention when it came out, and she was the most frequently interviewed Muslim woman on French television during the debates of 2003–2004. On the back cover of her book she proclaims "J'ai porté dix ans le voile. C'était le voile ou la mort. Je sais de quoi je parle." Almost no French Muslim women were interviewed on the subject. It is interesting to note that the "*foulard*" of 1989 had morphed into "*le voile*" by 2003, implying that school-age girls were wearing veils which covered their faces, as opposed to scarves covering their heads. For some this semantic shift also linked subconsciously the veil with Catholicism and the centuries-old conflict between the French and the Catholic Church that led to the 1905 law on the separation of Church and State. Since French women have long worn scarves many now speak of "*le foulard islamique*," not only to distinguish it from an ordinary scarf and to identify it with the Hijâb (curtain), but to suggest that to wear it implies that it is worn only for religious reasons. In fact, interviews with young, scarf-wearing women have shown that they wear the *foulard* for a variety of reasons, not just to manifest their religious beliefs. Sociological studies have found a wide range of reasons for this behavior. To be sure, some young women have been coerced by their parents or immediate family to wear it, but for others it is a personal choice and an affirmation of their autonomy. The latter are sometimes acting in opposition to their parents' wishes—Muslim parents who do not practice Islam, for example. Some young women wear it in order to gain privileges such as going out with friends or the right to continue their education. Others wear it to avoid trouble from young men who would harass them if they did not wear it. Still others wear it to attract the "right" kind of man or to avoid marrying a man chosen by their parents (Nordmann 163–69). There are even young women who wear the headscarf to hide the latest fashion of hair wear or tinted hair. Some of these reasons fly in the face of the position taken against the headscarf by the organization *Ni Putes Ni Soumises*, founded in 2002 by Fadela Amara. Amara asserted that young women were being forced to wear it by young, angry males in the ghettos. In the summer of 2007 Amara left the Socialist Party to become the Secretary of State for Urban Policies in the government of French Prime Minister François Fillon. Nordmann argues that *Ni Putes Ni Soumises* defined the question too narrowly and that banning the headscarf in the schools would not necessarily help "les jeunes filles de la banlieue" on the home front. More importantly, she finds this kind of reductionism unfair to those who do not fit the category (Nordmann 164). Indeed, many have argued that depriving a young woman from the ghettos of a public education is tantamount to depriving her of her chance to earn a livelihood in France and to adopt French ways. Instead it confines her to the very ghetto she may be trying to escape and may encourage her to adopt a communalist attitude toward French society. All of the arguments against headscarves and how they led to the oppression of women had been made publicly in 1989 by Left feminists such as Gisèle Halimi, Élisabeth Badinter, and other public figures such as Régis Debray. Debray would later be named to the Stasi Commission and, in 2004, wrote a book with the ambiguous title, *Ce que nous voile le voile: La République et le sacré*, which makes the most cogent arguments for outlawing the headscarf in the schools. Others, including Harlem Désir, also opposed scarves in the schools, but were against expulsion. They felt that excluding girls from school would only feed the fires of the Islamic fundamentalists and the FN (Bowen 85).

On 27 November1989 the *Conseil d'État* ruled that the wearing of headscarves was acceptable as long as it was not ostentatious and did not cause conflict. The exact words were:

> That students wear signs in order to display their affiliation to a religion is not in itself incompatible with the principle of *laïcité*, insofar as it constitutes the exercise of freedom of expression and of demonstrating religious beliefs, but this freedom does not allow students to display signs that by their nature, by the ways they are worn individually or collectively, or by their character of ostentation or protest would constitute an act of proselytism or propaganda, would compromise a student's dignity or freedom or that of other members of the school community, would

compromise their health or safety, disturb ongoing teaching activities, or would disturb order in the school or the normal functioning of the civil service. (Qtd. in Bowen 86)

One can see how easy it would have been to say that the wearing of religious signs was inherently incompatible with the principle of *laïcité*, which is how many school administrators have interpreted the 2004 law. Between 1989 and 2004 the political climate changed dramatically and the 2004 law threw out the tolerant approach of the 1989 decision. As for the three girls at Creil, two of them did decide to remove their headscarves at the urging of the king of Morocco and returned to school, but the third girl, whose parents were Tunisian, refused to remove it and never returned (Bowen).

1989–2004: France Moves to the Right and Positions Harden

How and why did things change so dramatically after 1989? First, of course was the increasing power and influence of the FN, which won 61 per cent of the votes in the parliamentary elections held in Dreux the very day after the two girls returned to school in Creil (Bowen). Equally important was the return of the Right to power in 1993. It is hardly surprising that the same political figures of the Right cited above would try to make their own ideas law. Even so the *Conseil d'État* decided in favor of girls wearing headscarves in forty-one of the forty-nine cases it decided on between 1992 and 1994 (Bowen 87). On the other hand, as anti-immigrant sentiment increased, the former President Giscard d'Estaing and Prime Minister Jacques Chirac moved farther to the right in order to drain votes from the FN, which was gaining ground rapidly. No one can forget how in April 2002 Jean-Marie Le Pen shocked France and the world by making it to the second round of the presidential elections, something that no one had predicted. This drive to head off Le Pen led to racist comments by both Giscard d'Estaing and Chirac. In June 1991 in Orléans Chirac tried to sympathize with French workers living in housing projects and their frustration with and anger at the immigrants who were their neighbors (Le Pen had called for "zero" immigration). He hypothesized about the kind of immigrant who would live there: "... with three or four wives, and some twenty children who gets 50,000 francs from Social Security without having to work. Add to that the noise and the smell ... (*le bruit et l'odeur...*)" (qtd. in Kedward 559). To many French people it was shocking that the Prime Minister of France (soon to be President) would make such a statement. In

1995, Zebda, the ethnically diverse rap group founded by three young men of North African descent from the housing projects of Toulouse made an album entitled *Le Bruit et l'odeur*. In it they took up the economic and social plight of the North African immigrants and their children and the stereotyping and racism they had been subjected to by Chirac's remarks. Then, in 2004 they made a movie entitled *Le Bruit et l'odeur et quelques étoiles*, which took Chirac and French society to task for racist attitudes and police brutality in the housing projects of Toulouse, where a young Maghrebian was killed by a policeman in December 1998 while trying to steal a car. For his part, Giscard d'Estaing wrote an article in *Le Figaro Magazine* of 21 September 1991 entitled "Immigration or Invasion?" (Kedward 559).

In 1993 François Bayrou, then Minister of Education, changed his favorable position toward the *foulard*. This came after an incident in Nantua, where Islamic fundamentalists declared publicly that Islam required women to wear the *hijâb*, including four girls from Turkish and Moroccan families, who had been allowed to wear headscarves in regular classes but not in gym class. Bayrou banned the wearing of headscarves in the classroom in September 1994 after deciding that to do so was itself an ostentatious act that forced religion into the public sphere (Kedward 554). After this decision the number of scarf-wearing incidents increased dramatically from the hundreds to nearly two thousand, and many more young women were expelled. A mediator named Hanifa Chérifi from the north of Algeria was appointed, and she tried to get both the girls and the schools to compromise. By the late 1990s and the early 2000s the number of expulsions had dropped to about 150 a year and the Conseil d'État made it clear that girls could not be expelled for simply wearing headscarves. This interpretation undermined Bayrou's intentions and meant that the state had the obligation to educate children under the age of sixteen (Bowen 89–92).

In June 1993, the year before Bayrou issued his circular to the schools, Charles Pasqua, the Minister of the Interior, succeeded in getting a new nationality code passed. Although the new code retained the right of children born in France of parents born abroad to French nationality, it adopted a change of procedure put forth by Pasqua. Children would now have to make a formal request for nationality at some point between the ages of eighteen and twenty-one. (This part of the Nationality Code was dropped on 4 March 1998 by Élisabeth Guigou, Minister of Justice). Further measures included red tape which complicated the arrival of the families of legal immigrants, and Pasqua increased random security checks in the housing projects where there was ethnic diversity. Ultimately he made unrestricted identity checks and car searches legal (this was one of the major complaints of the rioters in October/November 2005), as well as summary internment of those suspected of Islamic terrorism and illegal immigration (Kedward 561). Also in 1993 Mgr Lustiger, the Cardinal-Archbishop of Paris, changed the position of the French Catholic Church on the headscarf and announced that there should not be any exceptions to *laïcité* in public education (Kedward 556, 561). In their prophetic book *Quartiers sensibles* Father Christian Delorme, who had helped organize the *Marche des Beurs* in 1983, and Azouz Begag, a sociologist working for the CNRS (Centre national de la recherche scientifique), discussed and analyzed the crime, racism, unemployment, alienation, integration, drugs, and police brutality that plagued the ghettos. They also prophesied that if action were not taken immediately to solve these problems, there would be even more serious problems and that the youth of the ghettos might become more violent. In 2005 Begag was named Minister for the Promotion of Equal Opportunities by Prime Minister Dominique de Villepin. The riots of 2005 confirmed Father Delorme and Begag's analysis.

Violence was rampant during the 1990s in Algeria, and it was widely reported in the French newspapers. Then there were the bombings at the World Trade Center in New York in 1993 and the huge bomb set off by Khaled Kelkal in the summer of 1995 in the St. Michel subway station in Paris as well as bombs in Lyon, where Kelkal was born in the suburb of Vaulx-en-Velin. A few weeks after the St. Michel bombing another bomb went off in a subway entrance at the Arc de Triomphe. Finally, the World Trade Center tragedy of 11 September 2001 put the Muslim world even more in the spotlight. Much of the debate around the headscarf in France would be linked to Muslim terrorism outside of France and the perceived oppression of women in the Muslim world.

In 2000 the High Council on Integration rejected banning headscarves outright "... lest young girls be driven into the dreaded communalism of the poor suburbs and the private Islamic schools that might be created to hold them" (Bowen 92–93). New headscarf conflicts broke out in 2002, and Hanifa Chérifi, the mediator for such conflicts, changed her view and became less tolerant, suggesting that the *foulard*, which she now referred to as the *voile*, was a reminder of Islamic morality, which forbids mixing of the sexes "in all public places, including the school" (Qtd. in Bowen 93). This would become a rationale for outlawing the *voile* in the schools, which would serve to free the young women from the ghettos. On the other hand, she acknowledged that racism had entered the debate.

Enter Nicolas Sarkozy

Today Nicolas Sarkozy is President of France. During the summer of 2007 he created the Ministry of Immigration, Integration, National Identity and Co-development. This caused a great stir since the term "National Identity" suggested a unitary vision of French identity; one where immigrants would be assimilated and would perhaps have to abandon their own customs and traditions in order to be "integrated." It also reinforced the headscarf law of 2004 by showing that the unitary state would insist on universal values at the expense of multi-culturalism. Diversity might be acknowledged, but difference would have to be compatible with the values set forth by the state. Interestingly, two of Sarkozy's closest minority supporters, Rachida Dati and Rama Yade, were appointed to important cabinet posts: Dati as Minister of Justice and Yade as State Secretary in charge of Foreign Affairs and Human Rights. Dati is of Moroccan and Algerian background; Yade was born in Senegal and came to France at the age of ten. Since 2 May 2003 Sarkozy has promoted *la discrimination positive* (affirmative action) in order to bring about equal opportunity. These appointments and that of Fadela Amara reflected this view.

Yet it was Sarkozy in 2005 who was accused by then Minister for the Promotion of Equal Opportunities Azouz Begag (Begag was opposed to affirmative action and quotas as such and favored the establishment and promotion of equal opportunities) of inflaming the situation during the riots of October/November 2005 by referring to the rioters—most of whom were French citizens and "*minorités visibles*"—as "*racaille*" (scum). In effect, he was thus damning a whole generation of French youth, whose parents were often French themselves, in what to them was racist language. In June of 2005 in La Courneuve he said that the housing projects there should be cleaned out with a high pressure hose used for cleaning cars ("nettoyer au Kärcher").

Ironically, Sarkozy was also, for a time, an advocate of extending the vote to immigrants in municipal elections, a position he later abandoned. It was also he who got rid of the "*double peine,*" a kind of double jeopardy involving deportation for those who held valid papers for living in France but had committed a crime. During the riots he suggested that foreigners who had committed crimes should be expelled regardless of their status. He later proposed stiff new restrictions on immigration which became law in 2006, but also suggested that the state help finance the construction of mosques (Pinet, March 2006, 717–18). Because of his frequent flip-flops on these questions he was often referred to as a *"pompier/pyromane."*

It turns out that Sarkozy had a long history of contradictory statements and actions and that some of them revolved around the headscarf affair. After Jacques Chirac was reelected President of France in a run-off against Jean-Marie Le Pen in the spring of 2002, an election which reflected the high point for the *Front National* in French politics, he appointed Nicolas Sarkozy Minister of the Interior. Sarkozy was to play a decisive role in the direction the headscarf debate would take. In fact, Bowen dates the impetus for passing a law against headscarves in the schools to a speech Sarkozy gave on 19 April 2003. In that speech he said that the main obstacle to Muslims becoming full citizens of France was their unwillingness to follow the law and that "nothing would justify women of the Muslim confession enjoying a different law" (Qtd. in Bowen 102). The law he was referring to was that which obliged women to remove head covering for identity photos. Sarkozy's remarks were booed by a largely Muslim audience at a meeting of the *Union des Organisations Islamiques de France*. But his argument found resonance with the French public—now Muslims were viewed even more as lawbreakers and the *foulards/voiles* came to symbolize this.

This was the same Sarkozy who in December 2002 had set up the French Council for the Muslim Religion in an attempt to bring Islam under French state control (*"Islam de France"* as opposed to *"Islam en France"*). At this time Sarkozy was opposed to a new law on *laïcité*, although he was also opposed to wearing scarves in schools and supported the expulsion of the Lévy sisters, who refused to remove their scarves for their gym class in a high school in Aubervilliers in September of 2003. He said that all had to be treated equally, but that a law would humiliate Muslims (Bowen 105, 112)

François Fillon, appointed Prime Minister of France in 2007, but then the Minister for Social Affairs, first advocated the new law, and in July 2003 President Chirac appointed the *Stasi Commission* (named for Bernard Stasi, its president) to report on questions concerning *laïcité*. There was only one Muslim, the philosopher Mohammed Arkoun, on the committee of nineteen and one sociologist, Alain Touraine. Ultimately eighteen of the members voted for the law, with one abstention. Although there were recommendations about poverty and labor discrimination, the headscarf issue became central. Bowen shows that in their choice of those who would testify the commissioners suggested that there was "... a set of casual links among the *voile*, Islam, violence against women, and a breakdown of order in schools" (116). As discussed earlier, Tévanian shows conclusively that the French media sensationalized the headscarf question and used scare tactics about Islam in its front-page headlines in 2003, with a total of 1,284 articles published in the three leading newspapers (*Le Monde*, *Libération*, and *Le Figaro*). *Libération* and *Le Monde* alone published 114 special articles on the topic between April 2003 and April 2004 (Tévanian 15). Television stations also hammered the public with stories on *laïcité*, Islam, and fear of Muslims. Tévanian demonstrates that it was actually this barrage that changed public opinion about headscarves and the need for a law rather than the other way around (16–18, 32). Interestingly, the sociologists Françoise Gaspard and Farhad Khosrokhavar, who published a book entitled *LeFoulard et la République* based on interviews with women who wore headscarves (Gaspard 2004, 73), were not invited to participate in the various media discussions; nor were they invited to testify by the Stasi Commission. Other sociologists who specialized in these matters were, for the most part, ignored as well. Nor were they sought out by the Stasi Commission, which spoke with only one veiled woman and seemed to have made up its mind before it even voted (Tévanian 45–49; Bowen 114,118). The media treatment of the subject had obviously influenced the members of the *Stasi Commission*.

When Sarkozy testified he defended his attempts to bring Islam under the umbrella of the 1905 law, trying to place it on an equal footing with other religions. This would allow for the building of mosques, creating an institute to train imams, and would be the best way to combat communalism, an extension of his idea of "positive discrimination." For him there was no question about the compatibility of Islam with Republican values. He continued to oppose the new law proposal and called for continuing the case by case approach (Bowen 118–21). After Prime Minister Raffarin and other influential members of the government came out in favor of the law, there was much pressure on Sarkozy to do the same. When Chirac also reacted favorably to the possibility of the law on 22 October 2003, Alain Juppé said that it was inevitable. The Socialists came out in favor of the law on 12 November and the UMP national council on 28 October. By this time Sarkozy had seen the political handwriting on the wall and had publicly stated his support of Juppé and Raffarin (Bowen 261, n. 61).

The *Stasi Commission* rendered its report on 11 December 2003. Although there were platitudes about the problems of minorities, no concrete measures were recommended. With favorable public opinion polls, Chirac gave an address to the French on 17 December and proposed what would, in fact, become the law. He said that wearing the *voile* is "a kind of aggression that is difficult for the French to accept" (Qtd. in Bowen 127).

2004–2007: Aftermath and Future Prospects

After the law was passed overwhelmingly in 2004 (494 in favor, 34 against, and a few abstentions) with 69% approval in the opinion polls (Tévanian 120), Human Rights Watch called it ". . . a violation of the freedoms of religion and of expression, as well as a form of discrimination against Muslim girls" (Brems 118). On the other hand, the European Court of Justice decided that in a case in Turkey the headscarf ban in Turkish public universities did not violate religious freedom. According to Brems, the same reasoning would most probably apply to France (118). After a visit to France between 18–29 September 2005 Asma Jahangir, a special representative on religious freedom from the Commission on Human Rights of the United Nations, issued the following statement:

> L'application de la loi semble bien se passer. Elle a eu un effet positif: elle protège les jeunes filles que leurs familles veulent forcer à porter le foulard. Mais la loi a aussi donné lieu à de nombreux débordements, dont on peut se demander s'ils ont toujours été bien mesurés par les autorités. On m'a rapporté plusieurs cas de femmes prises à partie dans la rue ou ailleurs parce qu'elles portaient le voile. Dans de nombreux cas, l'application de la loi par les établissements scolaires a conduit à des abus, qui ont provoqué des sentiments d'humiliation, en particulier parmi les jeunes filles musulmanes. Ces situations sont susceptibles de radicaliser les croyances religieuses (qtd. by Ternisien).

Her conclusion was double-edged. On the one hand, Jahangir, a Pakistani known for her defense of women in crimes of honor, suggested that young Muslim women needed protection from being forced to wear the headscarf, a point made often during the Stasi Commission's hearings and in the media. On the other hand she recognized that by being expelled, these same young women had been humiliated both as individuals and as a group, a point made by Nicolas Sarkozy. She also said that this could lead to radicalization of Muslims in France, and this might lead to the very communalism that the Commission wanted to discourage. Finally, she gathered evidence that showed that the law might encourage intolerance of Muslim women wearing the veil in other public places. In fact, hospitals are another public place where employees have been discouraged from wearing headscarves.

In February 2005 a new "Guide to the Rights and Duties of the French Citizen" states that "... it is not possible for a client to choose or refuse the person who takes care of him in a government service, in a hospital ..." (qtd. in Bowen, 171). On 29 January 2007 the *Haut Conseil à l'Intégration* presented a *Charte de la laïcité dans les services publics* as requested by the Stasi Commission in its recommendations of 2004. The Charter extends the principle of *laïcité* applied to the schools to include hospitals, prisons, the armed services, and other public services like the *Caisses d'allocations familiales* (CAF) and *Caisses primaires d'assurance maladie* (CPAM) (Van Eeckhout). The Charter applies to public servants in these services and to clients of the services. While guaranteeing liberty of conscience and providing the opportunity for exercising one's religion, especially by authorizing absences to attend religious feasts and holy days, the Charter requires that the public employees remain neutral (a tenet of *laïcité*) when dealing with clients or patients and not discuss their own religious convictions. Though they are guaranteed equal access to public services, users of these services must also refrain from proselytism—during citizenship ceremonies, for example. But they are allowed to express their religious views as long as they do not disrupt normal services. Users cannot demand special treatment, reject the services of a public employee, demand a change in the service offered or the accommodation facilities based on their religion. Users must also follow the laws for identity checks on the website of the *Observatoire du communautarisme* (www.communautarisme.net, 31 January 2007).

There are those who would like to add other public areas to the list. One notable incident took place in March 2007 when the Academy of Créteil forbade the mothers of children in primary schools from wearing headscarves when accompanying their children on field trips. The *Mouvement contre le racisme et l'amitié entre les peuples* (MRAP) took up the cause of the women and wrote to then Minister of Education, Gilles de Robien, for clarification (Le Bars). Then an association of housewives brought the case to the *Haute autorité de lutte contre les discriminations et pour l'égalité* (HALDE). On 14 May 2007 it ruled that the law of 15 March 2004 expressly excluded the parents of school children from the law. The *Fédération des Conseils de parents d'élèves* or FCPE, the main parents association said that the decision gave dignity back to housewives and mothers and stopped discrimination in its tracks by disallowing a faulty application of the law since the women concerned were not public employees. The then

Minister of Education, Xavier Darcos emphasized that there should be no discrimination in the choice of mothers who accompany their children on outings ("Mères voilées").

What happened in the schools after the 2004 law was passed was anticlimactic. In 2004–2005 the Ministry of Education announced that most of the 639 cases (less than half the number recorded in 2003–2004) were resolved without incident. 143 left school voluntarily or after being expelled. 47 young women were expelled definitively, 81 others went to private or foreign schools, and 15 enrolled in distance-learning classes (CNED). 550 cases were settled through negotiation. The Ministry could not say how many young women simply did not come back to school, and the Muslim *Comité-15 mars et liberté* published a report entitled *Rentrée 2004: une vérité dévoilée*, which claimed that all told (including those young women who agreed not to wear their headscarves) there were 806 "victims of the law" (Ternisien; Rollot). In 2005–2006 there were only 12 disputed cases, an amazing fact when one considers the unrest accompanying the riots that began on 27 October 2005. This was incontrovertible evidence that the law had not solved the major social, economic, and discriminatory problems facing the French population of Maghrebian and sub-Saharan African origin. There were even fewer cases in 2006–2007 (only five litigious cases were noted).

A poll of Muslims living in France taken by CSA for the Catholic weekly, *La Vie* between 17 April and 23 August 2006 suggests one reason why this dramatic drop occurred. A full 73% of those questioned said that they favored separation of Church and State. 94% were in favor of equality of all regardless of religion, and 91% said that men and women should be equal. 79% were opposed to polygamy in Islamic countries and 78% against stoning. Another 46% found it acceptable for a Muslim to convert to Christianity and 69% for a Muslim woman to marry a non-Muslim. Even more amazing, 94% were favorable to *laïcité* (CSA/*La Vie*, 21 September 2006; Afrik.com, 26 September 2006). This poll suggests that there is an "Islam de France" and that most French Muslims have indeed succeeded in adapting to French society and have adopted many elements of Republicanism and the notion of *laïcité* contrary to public opinion and media portrayal.

The Future

It is difficult to say what will happen in the future. Much will depend on the extent to which Nicolas Sarkozy pursues *"discrimination positive,"* and how that offsets punitive measures to limit immigration and *regroupement familial*. As discussed earlier, Sarkozy has appointed three women from *minorités visibles* to important posts in his government, but it remains to be seen what they can or will accomplish for minorities. Sarkozy will also have to win back the trust of the minorities in the urban ghettos of Paris and other big cities, whom he dismissed as *racaille* in 2005. As Azouz Begag, former Minister for the Promotion of Equal Opportunities, pointed out in an interview, it is difficult to track minority progress in the job market since it is against the law to record statistics on ethnicity, race, or religion (Pinet, 2006, 180–81). Then too, no one of Maghrebian or Black African origin was elected to the National Assembly in spite of the hopes of many, including Begag (Pinet, 2006, 177). If the programs that Begag promoted in the "First Job Contract" in 2006, including training programs and junior apprenticeships in technical fields are continued, then minorities—500,000 apprentices was the goal—may find more jobs. By January 2007 nearly 3,000 businesses had signed the Charter for Diversity, which committed them to hiring minorities and giving them internships. Progress has been made in hiring more minorities in visible media positions, and on-the spot "testing" (people are sent to see whether or not people of color are refused entry to public places) is being used to fight discrimination (Pinet 2007, 6–7). On the other hand, the current government has done little so far to increase the *mixité* of the *banlieues*.

What is certain is that for now clericalism continues to be rejected by the French as much as it was in 1905. However, the reality is that France has moved toward a multicultural society that some see as incompatible with the universal values it has so long—at least in theory—championed. This has sometimes led, as in the headscarf law, to exclusion in the name of inclusion. If this trend continues, Muslim and non-Muslim visible minorities will be further alienated and *communautarisme* (communalism) will become a self-fulfilling prophecy. If, on the other hand, diversity is embraced and equal opportunities for all are pursued, France can become the kind of tolerant society that the Enlightenment thinkers sought. In the meantime, one can only hope that those young Muslim women who were expelled in the past few years can find the kind of place in society that they had hoped for. Some say that their refusal to remove the headscarf was the right one, others that it has made life harder, and some that they would be discriminated against one way or the other. As Asmaa, a young Muslim woman who decided to stay in her school said: "On a voulu me jeter dehors, je dois réussir et montrer que le voile n'est pas un signe de faiblesse" (Le Bars).

References

Amara, Fadela. *Breaking the Silence: French Women's Voices from the Ghetto.* Trans. Helen Harden Chenut. Berkeley: University of California Press, 2006.

Bowen, John R. *Why the French Don't Like Headscarves: Islam, the State, and Public Space.* Princeton: Princeton UP, 2007.

Begag, Azouz, and Christian Delorme. *Quartiers sensibles.* Paris: Seuil, 1994.

Benguigi, Yamina. *Mémoires d'immigrés.* Paris: Canal + Éditions, 1997.

Brems, Eva. "Diversity in the Classroom: The Headscarf Controversy in European Schools." *Peace & Change* 31.1 (January 2006): 117–132.

Comité-15 mars et liberté. *Rentrée 2004: une vérité dévoilée.* La Courneuve: Éd. Bayane, 2005.

Debray, Régis. *Ce que nous voile le voile: la République et le sacré.* Paris : Gallimard, 2003.

Djavann, Chahdortt. *Bas les voiles!* Paris: Gallimard, 2003.

Draille, Sébastien, and Hélène Frade. *Islam en France, Islam de France ?* Paris: Mango Document, 2004.

Eeckhout, Laetitia van. "Un projet de charte de la laïcité à Dominique Villepin." *Le Monde* 30 January 2007 <http://www.lemonde.fr/web/imprimer_element/0,40-0@2-3226,50-860937,0.html>.

Ezekiel, Judith. "French Dressing: Race, Gender, and the Hijab Story." *Feminist Studies* 32.2 (Summer 2006): 256–79.

Farah, Yacine. "Musulmans de France: le sondage vérités." Afrik.com 26 Sept. 2006 <http://www.afrik.com/article10455.html>

Gaspard, Françoise. "Femmes, foulards et République." *Le Foulard islamique en questions.* Ed. Charlotte Nordmann. Paris: Éditions Amsterdam, 2004. 72–81.

—— and Farhad Khosrokhavar. *Le Foulard et la République.* Paris: La Découverte, 2001.

"Le Haut conseil à l'intégration a rendu un projet de charte de la laïcité dans les services publics." www.communautarisme.net 31 Jan. 2007 <http://www.communautarisme.net/search/Le+Haut+conseil+a+l'integration+a+rendu+un+projet+de+charte+de+la+laicite+dans+les+services+publics/>.

Kedward, Rod. *France and the French: La Vie en Bleue since 1900.* New York: The Overlook Press, 2006.

Koop, Marie-Christine Weidmann. "Foulard islamique et laïcité en France." *Contemporary French Civilization* 31.1 (Winter/Spring 2007): 111–35.

Le Bars, Stéphanie. "Des mères d'élèves portant le foulard islamique sont interdites de sorties scolaires dans l'académie de Créteil." *Le Monde.fr* 27 March 2007" <http://abonnes.lemonde.fr/cgi-bin/ACHATS/ARCHIVES/archives.cgi?

——. "L'École sans le voile." Le Monde.fr 4 July 2007 <http://abonnes.lemonde.fr/web/imprimer_element/0,40-0@2-3224,50-893173,0.html>.

"LOI no. 2004-228 du 15 mars 2004 encadrant, en application du principe de laïcité, le port de signes ou de tenues manifestant une appartenance religieuse dans les écoles, collèges et lycées publics (1)." <http://www.admi.net/jo/20040317/MENX0400001L.html>

"Mères voilées: la FCPE se félicite de la délibération de la Halde." Agence France Presse 8 June 2007 <http://www.islamlaicite.org/article663.html>.

Najmabadi, Afsaneh. "Gender and Secularity of Modernity: How Can a Muslim Woman Be French?" *Feminist Studies* 32.2 (Summer 2006): 239–56.

Nordmann, Charlotte, ed. *Le Foulard islamique en questions.* Paris: Éditions Amsterdam, 2004.

Pinet, Christopher. "The Three Weeks of Riots that Began in Clichy-sous-Bois. . . ." Editorial. *French Review* 79.4 (March 2006): 717–20.

——. "Entretien avec Azouz Begag." *French Review* 80.1 (Oct. 2006): 172–86.

——. "The French Riots of November 2005: Why Did They Happen and Where Are We One Year Later?" *Federation Forum, Newsletter of the Federation of Alliances Françaises USA,* Spring 2007: 6–8.

"Portrait des Musulmans: sondage exclusif CSA/*La Vie.*" 21 Aug. 2007 <http://www.csa-fr.com/dataset/data2006/opi20060823b.html_21 Sept. 2006>.

Rollo, Catherine. "Signes religieux à l'école: le pari d'une loi." *Le Monde* 13 March 2007 <http://abonnes.lemonde.fr/cgibin/ACHATS/ARCHIVES/archives.cgi?>.

Rushdie, Salman. *The Satanic Verses.* New York: Picador, 1988.

Ternisien, Xavier. "Une Représentante de l'ONU juge la loi française 'à double tranchant.'" *Le Monde* 30 Sept. 2005 <http://abonnes.lemonde.fr/cgi-bin/ACHATS/ARCHIVES/archives.cgi?>.

——. "Des organisations musulmanes évoquent 806 'victimes.'" *Le Monde* 15 March 2005 <http://lemonde.fr/web/imprimer_article/0,1-0@2-3226,36-401500,0.html.>

Tévanian, Pierre. *Le Voile médiatique, un faux débat: "l'affaire du foulard islamique."* Paris: Editions Raisons d'Agir, 2005.

Winter, Bronwyn. "Secularism aboard the Titanic: Feminists and the Debate over the Hijab in France." *Feminist Studies* 32.2 (Summer 2006): 279–99.

Wylie, Laurence, and Jean-François Brière. *Les Français.* 3rd ed. Upper Saddle River, New Jersey: Prentice-Hall, 2001.

11

The Rhetoric of Identity: *"Communautarisme,"* *"Discrimination positive,"* and the Immigrant Presence

FRED TONER
Ohio University

The immigrant presence in France has never been more evident, or more controversial. Racially motivated hate crimes, the November riots of 2005, and other violent signs of societal unrest have once again pulled the immigrant, the *minorités visibles,* from the margins of society to the center of the public debate. As one author put it in a recent publication, it might be difficult to find a political issue, be it integration, discrimination, unemployment, insecurity, violence, *laïcité,* education, or *communautarisme,* that doesn't lead inexorably back to the immigrant presence (Perrineau 9).

Political parties have not been able to avoid the issue. On the contrary, parties on the extreme right such as the *Front national* have long profited from this public obsession with "the other," finding a convenient scapegoat for a litany of societal problems, including rampant unemployment, and defining themselves in opposition to the projected corrupting influence of the "not truly French." Philippe de Villiers of the MPF (*Mouvement pour la France—"parti souverainiste anti-européen et catholique"*), among others, playing to growing fears, has repeat-edly raised the specter of an ethnic civil war, the progressive "islamization" of French society, and the divisive power of "*communautarisme*" (Chombeau).

In the Presidential elections of 2007, the question of immigration policy was mixed perhaps more than ever before with questions of religion and race.

This is consistent with a general trend in French society, but marks a dramatic change in the focus of public debate. Traditionally, arguments were expressed in social or economic terms while questions of race or ethnicity were strictly avoided, except to dismiss them as inappropriate for the public sphere. As Didier and Éric Fassin point out in their recent book, *De la question sociale à la question raciale? Représenter la société française*, whose title might have been unimaginable even ten years ago in the land of Republican Universalism, the discussion of race is now omnipresent in France. Articles examining alleged racial discrimination in the workplace, in housing, in schools, and elsewhere have become commonplace in the French press. As public perception tends to link all of these cases to the immigrant presence, faith in the efficacy of the French model of integration has waned.

The subject remains a difficult and uncomfortable one for mainstream politicians. Even the majority party, the UMP, has not been able to offer a completely unified voice on this issue. Before and during the campaigning for the presidential elections of 2007, Chirac found himself more than once acting as a referee between warring factions of the party, as leading candidates jockeyed for position. Chirac's own discourse remained firmly *"républicain."* He decried the fragmentation of society and the movement toward *communautarisme*, but steadfastly defended the Republican model of equal opportunity for all citizens, regardless of origin, race, or religion, as the only viable possibility. His rhetoric was so consistently optimistic, and the state of the nation so discouraging, that journalists such as Ghislaine Ottenheimer accused him of *"hypocrisie républicaine."* Chirac's positive rhetoric was nevertheless accompanied by a number of governmental initiatives intended to address inequities, a tacit admission that the system was not working. The creation of the *HALDE* (*Haute autorité de lutte contre les discriminations et pour l'égalité*) in 2005 and other such actions have as yet had little effect, in part because they have been poorly funded and lack real power. Chirac's rhetoric failed to convince an increasingly discouraged electorate.

In fact, a recent report by the *Commission nationale consultative des droits de l'homme* (CNCDH) revealed a disquieting evolution of public opinion. Even if there were fewer racial and anti-Semitic crimes reported in 2005 than in 2004, a taboo seems to have been lifted in what concerns racial and religious tolerance. More than one in three French citizens interviewed in 2005 self-declared as racist, an increase of 8% in just one year. At the same time, the commission noted a sharp decrease, down 18% from the previous year, in the number of people willing to engage in the battle against racism. Only 32% of those interviewed said they were willing to report racist acts to the police. The report signaled a solid decline of 11% of those who consider that immigrant workers contribute to the French economy and thus belong in France (*sont en France chez eux*). A majority of the French now feels that there are too many "foreigners" in France, and 55% of those interviewed now say that there are too many immigrants (Van Eeckhout, March 2006).

Nicolas Sarkozy, perhaps recognizing the increasing numbers and potential power of minority voters in French society, distinguished himself from other members of his party in the enthusiasm of his pronouncements for immigrant causes—at least before the riots in 2005. By creating the French Council of the Muslim Faith (*Conseil français du culte musulman*), by working against *la double peine*,[1] by declaring himself in favor of giving the vote to immigrants, and by advocating a policy of affirmative action (*discrimination positive*), Sarkozy could have logically been considered one of the favorites to win the vote of the "new French." Nevertheless, polls published in 2005 based on interviews conducted before the November riots suggest that opinion in the community of *Français issus de l'immigration* was already sharply divided when it came to Sarkozy's candidacy for president (Brouard 60–61).

In his early career and in the discussions leading up to the elections of 2007, Sarkozy most sharply separated himself from others in the political mainstream by his stance on affirmative action, an idea that he endorsed as early as 2003 (Smolar). While others termed affirmative action as a betrayal of the Republican model and in contradiction with the first article of the 1958 constitution prohibiting any distinction based on origin, race, or religion,[2] Sarkozy presented it as a simple recognition of present reality. The Secretary-General of the UMP, Roselyne Bachelot, joined Sarkozy in criticizing the idea of the French "melting pot" as being "nostalgia" which is no longer operational (Montvalon). Nevertheless, Sarkozy's position on affirmative action remains still very much the exception among the political elite and even in his own party.

What of the "minority voice" in this political debate, in which the *minorités visibles* play such an important role? Some might be tempted to say that the silence has been deafening and that the immigrant community—the object of the debate—has, in effect, been "objectified" and deprived of an active role. On the national level, political representation of the immigrant community is minimal. The *Assemblée Nationale* has been termed "monochromatic" with literally no minority representation other than those from the *Départements d'outre-mer.* Azouz Begag, Chirac's *ministre délégué pour la Promotion de l'égalité des chances,* after a brief period of indignation at the inflammatory language of Nicolas Sarkozy during the November riots, was mostly silent (or silenced?) and seemed to disappear from view. There are, however, since 2004, a growing number of minority authors who have commanded a national audience through their books and who share common concerns. The proposed plans of action in these writings are similar enough to form a strong, mostly unified voice. These authors have centered their proposals on affirmative action and a redefinition of "*communauté.*" Their proposals require a broader definition of some of the basic principles of the Republic, and once again raise the question of what it means to be "French." Thus the three themes of affirmative action, *communautarisme,* and national identity are presented as intertwined and interdependent.

The overt pronouncements in favor of affirmative action are rather new, and break with a long tradition. Once again, within the immigrant community as without, the idea of "*discrimination positive*" is hardly universally accepted. The very choice of terms seems to be contradictory and may indicate semantically the traditional distrust of what is ordinarily seen as an essentially American concept.[3] Even some of those who would seem to profit most from this kind of initiative have resisted it. In an interview published in *Le Monde* in December 2005, one month after the riots, a group of high-achieving students from the Parisian underprivileged suburbs gave a resounding "no" to the idea of *discrimination positive.* Although each student interviewed anticipated that they would face discrimination when they sought a job, each seemed to find the concept of affirmative action degrading, and preferred "to succeed on their own merits." As one student said, "Cela me serait difficile de savoir que je suis pris parce que je suis un petit Noir de banlieue" (Bronner).

The president of SOS Racisme since 2003, Dominique Sopo, in a recent article published on the Arte web site, equates affirmative action with quotas, an association of ideas that is commonly accepted (Hellman). Sopo, himself the son of a French mother and a Togolese father, maintained in a separate interview that the fact that France is already heavily "*métissée*" distinguishes it from the situation in the United States (Ngapo). His stance remains that instituting a program of affirmative action would have the effect of pushing people into a community, and thus an identity, when most French identify themselves as Citizens, rather than as Blacks, Arabs, Jews, or a member of some other group. For Sopo, a more useful effort would focus on economic interests, such as the partnership begun in 2003 of SOS Racisme with Claude Bébéar, head of the global insurance company AXA. SOS Racisme collects résumés from residents of the French *banlieues* and forwards promising candidates to companies such as Suez, McDonald's, and Carrefour, recruited by Bébéar (Crumley). Sopo, Bébéar, and others insist that, given the opportunity to meet with minority candidates, employers will on their own decide to hire them.

A growing number of minority writers find this view too rosy, however, and point out that the situation continues to worsen. Aziz Senni, author of *L'Ascenseur social est en panne, j'ai pris l'escalier*, in spite of the title which implies that those who work will succeed, maintains that he is "*une erreur statistique*" (Kaoues). He insists on the difficulty of breaking free of the stigmatization of immigrants who are amalgamated in the eyes of French society into an unsavory and indivisible linkage of ideas and deemed guilty by association: unemployment-*banlieues*-immigration-islam-terrorism. In response, Senni recommends, among other things, an expanded "*discrimination positive à la française*," that is, "*discrimination positive territoriale*": Give businesses in or near the *Zones franches* financial benefits for hiring 5–10% of their workforce from the underprivileged area.

The French policy of *aménagement du territoire* benefits areas that are disadvantaged geographically, economically, or socially. It is, in fact, a method of *discrimination positive*, in the general sense of aiding one group more than another with the aim of evening out the playing field. This kind of initiative has a long history in France, where the strong central government has traditionally had a great deal of leeway in addressing situations of inequality. It is this tradition, particularly in the area of *aménagement du territoire*, along with policies that benefit women and the handicapped, which led many to accuse Chirac, who consistently denounced affirmative action, of hypocrisy. After all, the creation of *Zones d'éducation prioritaire* or *Zones franches* are *de facto* affirmative action programs, addressing both socio-economic and racial inequities, since they serve primarily immigrant communities in those areas. By focusing the initiative on the place, the government can avoid the question of race, thereby escaping the apparent conflict with the first article of the Constitution.

As Yazid and Yacine Sabeg point out, in one of the most important recent works on this topic by immigrant writers, *Discrimination positive. Pourquoi la France ne peut y échapper*, this kind of "dissimulation"—the refusal to explicitly acknowledge racial discrimination—has had some very negative effects. First, the results of such initiatives have been ineffective, ambiguous, partial, and disappointing.

Not all who are discriminated against live in the specially designated zones. Additionally, the masking of the purpose of a law risks introducing ambiguity and arbitrariness into its interpretation and diminishes the democratic process. More seriously, by refusing to acknowledge racial discrimination publicly, the French government is maintaining a policy of denial that has its roots in France's colonialist past, and that has relegated the immigrant to the fringes of society. Not to acknowledge the real reason for the creation of the *Zones d'éducation prioritaire* (ZEP), the *Zones urbaines sensibles* (ZUS), and the *Zones franches urbaines* (ZUF), constitutes a refusal of the current reality, France's status as a multiethnic society. Instituting a policy of affirmative action, apart from any practical or legal considerations, would thus have a symbolic importance. It would constitute the recognition of the legitimacy of the *minorités visibles* in the context of present-day France.[4]

Karim Amellal takes up many of the same themes in his thoughtful book, *Discriminez-moi. Enquête sur nos inégalités.* Like the brothers Sabeg, Amellal calls into question a series of discriminatory practices, in the media as well as in the government and business, which keep the minority population on the periphery. His major targets are those who defend the *"modèle français de l'intégration"* and place the blame for social discord uniquely on the shoulders of the immigrant, thus effectively absolving the majority of all responsibility. Patrick Lozès, president of the *Conseil représentatif des associations noires* (CRAN), joins Amellal and the Sabeg brothers in denouncing those who hide behind the *"paravents de la République."* For many, the first article of the constitution has become an excuse to do nothing to rectify the inequalities, and the current approach to cultural diversity is a *"machine à exclure."*

These writers have turned the debate on *"communautarisme"* on its head. Whereas any attempts by the minority community to affirm its identity have been decried as efforts to undermine the indivisibility of the Republic, these authors maintain that the current system is a sort of *"communautarisme républicain,"* a *"repli sur soi"* of those who are unable or unwilling to see the *"minorités visibles"* as co-partners in building the Republic. The very language used to designate "the other" serves to emphasize difference and to distance that population from the abstract universal ideal. In what other country are the sons and daughters of immigrants termed *"immigrés de la 2ᵉ génération"*?

The violent reaction in the minority communities against Sarkozy's slurs of *"racaille"* and *"voyou"* during the November 2005 riots, even after the politician's past attentiveness to the community, was no doubt in part a result of the accumulated frustration of facing a majority population that refuses to recognize its role in the social discontent.

Even if the authors I have cited are unanimous in their desire for change in the government's approach to cultural diversity, none challenges the principles of the Republic, only the implementation of those principles. Even in the riots of November, one might interpret the *"demande d'égalité"* of French youth as a demand for their rightful place in French society, not a declaration of divorce from it. In the study conducted by Brouard and Tiberj quoted earlier, the authors affirm that the majority of the citizens polled who are of Turkish or African origin manifest an *"aspiration assimilationniste,"* preferring to insist on what all French citizens share, rather than focusing on cultural difference among the French. Nevertheless, the study also shows that a strong majority of those of Turkish or African origin acknowledge discrimination in their own lives and think that it is necessary to take measures to correct the situation (Brouard and Tiberj, 114). A growing number of French resonate with the call for action by Patrick Lozès, president of the CRAN: "On est arrivé à un point tel de [discrimination] que le comptage ethnique ne peut être pire que l'inaction actuelle" (Eeckhout, November 2006). A general consensus is emerging that the status quo is no longer acceptable and that something must be done.

At the very least, these writers have brought their views on affirmative action into debate. The ensuing discussion may accomplish the *"prise de conscience"* that the Sabeg brothers and others have felt is so important. The voices of Aziz Senni, Yazid and Yacine Sabeg, Kaim Amellal, and others, along with their own personal examples, constitute a very compelling invitation to public debate. They may be the catalyst necessary to move the discussion from indignant posturing and an opposition of reflex, typical of the past, into a real dialog of ideas. The presence of a newly emergent minority voice and the disturbing racist attitudes evident in recent polls may, in fact, be enough to push the government to try new policy. There are already signs in the French National Assembly that point to a change, as a proposal to begin collecting statistical evidence based on race appended to a recent *projet de loi sur l'immigration*.[5] The fact that this discussion is taking place at all is, in itself, indicative of a major shift in the land of *Liberté*, *Egalité*, and *Fraternité*.

Notes

[1] Under the *"double peine,"* a foreigner legally in France but convicted of a crime or misdemeanor may be condemned to prison (*première peine*), then, after serving his/her sentence, be required to leave French territory (*deuxième peine*).

[2] "La France est une république indivisible, laïque, démocratique et sociale. Elle assure l'égalité devant la loi de tous les citoyens, sans distinction d'origine, de race ou de religion. Elle respecte toutes les croyances. Son organisation est décentralisée." (Article 1er) <http://www.elysee.fr/elysee/francais/les_institutions/les_textes_fondateurs/la _constitution_de_1958/la_constitution_de_1958.21061.html#article1>.

[3] Affirmative action is certainly not a uniquely American concept. There are ambitious programs of affirmative action in countries such as South Africa, India, Canada, and elsewhere. Nevertheless, it is indisputably the American concept of "Affirmative Action" that has been the most widely discussed in France. For an excellent discussion of American Affirmative Action seen from a French point of view, see Daniel Sabbagh's *L'Égalité par le droit: les paradoxes de la discrimination positive aux États-Unis* (2003). In an article published in 2006, Sabbagh states that the most interesting model for France for an affirmative action policy may be that of Great Britain, a position that could signal a widening of the debate (Kauffmann).

[4] In this last point, Yazid and Yacine Sabeg imply that the recognition of a suppressed or unspoken truth may bring about healing and restore unity to a splintered nation. One is tempted to draw a parallel with this process and the cycle suggested by Henry Rousso in *The Vichy Syndrome*, about France's role in WWII, and extended by Anne Donadey in *Recasting Postcolonialism: Women Writing Between Worlds*, concerning the effects of the Algerian war as seen in the works of Assia Djebar and Leïla Sebbar. In each case, a painful memory is repressed, dooming the country to repeated suffering until there can be a return of the repressed and a shattering of established myths, before moving to the final stage of "obsession." If the French are now in the final stage for the events of Vichy and moving toward that final stage for the Algerian War, we may now be witnessing the beginning of the penultimate stage, the return of the repressed, in France's immigrant policy.

[5] The *Commission des lois* of the National Assembly proposed lifting the ban on collecting statistical evidence of race and ethnicity "dans le cadre d'études sur 'la mesure de la diversité des origines des personnes, de la discrimination et de l'intégration'" (Eeckhout, 2007).

References

Amellal, Karim. *Enquête sur nos inégalités*. Paris : Flammarion, 2005.

Brouard, Sylvain and Vincent Tiberj. *Français comme les autres? Enquête sur les citoyens d'origine maghrébine, africaine et turque*. Paris: Presses de Sciences Po, 2005.

Bronner, Luc. "Les as de la banlieue. Des étudiants allochtones refusent la discrimination positive et rejettent tant l'UMP que la gauche," *Le Monde* 24 December, 2005. *Minorites.org* <http://www.minorites.org/article.php?IDA=13913>.

Chombeau, Christiane. "Philippe de Villiers s'en prend à l'islamisation rampante.'" *Le Monde*. 7 February 2006 <http://www.lemonde.fr> (Archives).

Crumley, Bruce. "Power Comes to the French Slums: Claude Bebear, France," *Time Europe*, on line, 28 April 2003, Vol. 161, No. 17 <http://www.time.com/ time/europe/hero/bebear.html>.

Donadey, Anne. *Recasting Postcolonialism: Women Writing Between Worlds.* Portsmouth, NH: Heinemann, 2001.

Eeckhout, Laetitia Van. "En 2005, les opinions racistes ont gagné du terrain en France." *Le Monde.* 21 March 2006 <http://www.lemonde.fr> (Archives).

——. "Des députés veulent légaliser les statistiques ethniques." *Le Monde.* 15 September 2007 <http://www.lemonde.fr> (Archives).

——. "Recensement 'ethnique': le débat français." *Le Monde.* 10 November 2006 <http://www.lemonde.fr> (Archives).

Fassin, Didier, Éric Fassin et Collectif. *De la question sociale à la question raciale? Représenter la société française.* Paris: La Découverte, 2006.

Hellman, Nicola. "Recherche Marianne désespérément. Interview de Dominique Sopo, président de SOS Racisme depuis 2003." *ARTE France.* 14 February 2006 <http://www.arte-tv.com/fr/histoire-societe/discrimination-positive/1111510.html>.

Kaoues, Fatiha. "Aziz Senni: 'Je suis une erreur statistique'." *Oumma.com* 13 March 2006. <http://oumma.com/Aziz-Senni-Je-suis-une-erreur>.

Kauffmann, Sylvie and Piotr Smolar. "Daniel Sabbagh 'Sur la discrimination positive, il y a convergence entre les États-Unis et la France.'" *Le Monde.* 26 February 2006 <http://www.lemonde.fr> (Archives).

Montvalon, Jean-Baptiste de. "M. Sarkozy: les communautés, c'est moi," *Le Monde.* 7 March 2006. *Minorités.org.* 8 March 2006 <http://www.minorites.org/article.php?IDA=14918>.

Ngapo, Serge and Cyrille Nono. "Interview: Dominique Sopo, président de SOS Racisme," 04 December 2003. *Grioo.com* <http://www.grioo.com/info1199.html>.

Ottenheimer, Ghislaine. *Nos vaches sacrées.* Paris: Albin Michel, 2006.

Perrineau, Pascal. Preface. *Français comme les autres? Enquête sur les citoyens d'origine maghrébine, africaine et turque.* By Sylvain Brouard and Vincent Tiberj. Paris: Presses de Sciences Po, 2005.

Rousso, Henry. *The Vichy Syndrome. History and Memory in France Since 1944.* Trans. Arthur Goldhammer. Cambridge, MA : Cambridge UP, 1994.

Sabbagh, Daniel. *L'Égalité par le droit: les paradoxes de la discrimination positive aux États-Unis.* Paris: Économica, "Études politiques," 2003.

Sabeg, Yazid and Yacine Sabeg. *Discrimination positive. Pourquoi la France ne peut y échapper.* Paris: Calmann-Lévy, 2004.

Senni, Aziz and Jean-Marc Pitte. *L'Ascenseur social est en panne, j'ai pris l'escalier.* Paris: Archipel, 2005.

Smolar, Piotr. "Sarkozy face à la discrimination positive." *Le Monde.* 15 November 2003 <http://www.lemonde.fr> (Archives).

12

Les banlieues en France : la fracture sociale et ses répercussions politiques et culturelles

ROSALIE VERMETTE
Indiana University–Purdue University Indianapolis

La crise des banlieues. Cette petite phrase évoque les images saisissantes diffusées dans les médias internationaux à l'automne 2005 au moment où des violences urbaines éclataient dans la banlieue de Paris et un peu partout en France. Les affrontements entre les jeunes et les forces de l'ordre qui ont débuté le 27 octobre dans la banlieue de Clichy-sous-Bois, en Seine-Saint-Denis, après la mort de deux adolescents dans une centrale électrique lors d'une poursuite par la police, se sont soldés par un bilan impressionnant tant par leur durée que par leur portée géographique, leur coût économique et leur impact politique : 10.000 voitures brûlées, 300 bâtiments incendiés à travers la métropole, plus de 200 millions d'euros de dégâts et plus de 4.500 arrestations sur une période de trois semaines. Tout cela représentait pour la société française un véritable cataclysme.

En 2005 comme par le passé, ces émeutes n'étaient pas le résultat d'un mouvement organisé à caractère révolutionnaire, mais il s'agissait plutôt d'une révolte spontanée contre les injustices que les jeunes émeutiers percevaient autour d'eux. Selon Bernard Girard, économiste et spécialiste des questions d'immigration et de discrimination, le monde des banlieues est fragmenté socialement et territorialement. Chaque cité se sent et se veut différente des autres (86). C'est pour cette raison que les émeutes de 2005 n'ont pas eu de porte-parole, de leader, de slogans ou de message politique à communiquer. Le monde des banlieues est trop éclaté, maintient Girard. Les secousses sismiques qui font trembler les banlieues de temps à autre en France ne sont ni des événements organisés ni des actes de terrorisme mais plutôt des explosions spontanées de la part de groupes d'adolescents et de jeunes souvent sans antécédents judiciaires, qui n'ont pas de programme politique, mais qui en ont « ras le bol » et qui réclament leurs droits de citoyens français, notamment l'égalité des chances, la sécurité, la liberté de circuler sans entrave, l'égalité de traitement, une scolarisation égale à celle des « Autres » jeunes Français, et un emploi correct plutôt qu'un petit travail « bidon », sans importance ni avenir. Ces jeunes sont français à plein titre, puisque — comme l'a dit le comédien Jamel Debbouze à Clichy-sous-Bois en décembre 2005 — ils sont des « Iciens », des gens « d'ici », des enfants de la République française (Bertho 41).

Si l'épicentre de la secousse sismique de 2005 était Clichy-sous-Bois dans la banlieue de Paris, l'hypocentre, le foyer réel du séisme, se situait à une grande profondeur sous la surface des troubles sociaux qui ont provoqué ces violences. Une secousse sociale de cette intensité, et ses répercussions qui se sont rapidement étendues à toute la France, couvaient depuis plus d'une vingtaine d'années. Les observateurs et les politiques avaient été alertés depuis longtemps des graves problèmes sociaux qui affectaient le pays, de ces « violences primaires » — licenciements, expulsions, discriminations, inégalités — issues d'actions remontant jusqu'au niveau de l'État (Braouezec 44). Différents troubles s'étaient déjà manifestés à travers la France à partir de la première secousse sociale qui avait attiré l'attention du public en juin 1981, à la cité des Minguettes à Vénissieux, dans la banlieue de Lyon, annonçant un important séisme à venir. Aucun incident en particulier n'avait suscité d'affrontements entre la police et les jeunes des Minguettes, mais des sentiments d'exclusion, parmi ces populations, engendrés par les difficultés économiques de l'époque, l'échec scolaire des jeunes des cités et l'atmosphère tendue entre la police et les jeunes banlieusards semblent être à la base de ces incidents de violence remarqués sérieusement pour la première fois par les médias nationaux, la société en général et le gouvernement. Les émeutes qui ont fait date dans la cité des Minguettes pendant « l'été chaud » de 1981 ont produit une série de tensions à la périphérie des agglomérations de Lyon, Marseille, Roubaix, Nancy, Paris et ont vu l'apparition des premiers *rodéos*, ces vols et incendies de voitures, qui sont devenus l'image caractéristique des violences urbaines en France. Avec ces émeutes de 1981, la voiture, synonyme de luxe et de puissance, de mobilité et de liberté, devient une des victimes principales des violences urbaines, à côté des écoles, ces institutions publiques considérées comme « le lieu premier de l'échec, de l'inégalité, de l'injustice »

(Braouezec 47). Ces événements ont révélé au nouveau gouvernement de François Mitterrand que les questions urbaines représentaient désormais un enjeu social pour la France (Bertho 33).

Pour la première fois, un rapport publié par le gouvernement en 1982, le Rapport Bonnemaison, traitait de la délinquance dans ces quartiers et proposait, comme réponse aux violences urbaines qui surgissaient sur le territoire français, un renforcement de la présence des forces de l'ordre dans les zones sensibles (Dikeç 50–54). Un précédent était ainsi établi selon lequel l'État répondait aux débordements des jeunes — exaspérés par leur situation précaire et leurs problèmes économiques et sociaux — par une augmentation des forces de police dans les quartiers défavorisés pour maintenir l'ordre et assurer la sécurité. La délinquance reste un problème réel parmi ces jeunes qualifiés de « racaille » par Nicolas Sarkozy, alors ministre de l'Intérieur, à la veille des troubles de l'automne 2005, et de « voyoucratie » deux ans plus tard par ce même Sarkozy devenu président de la République. En janvier 2006, un Comité interministériel de prévention de la délinquance a été institué pour lutter contre l'insécurité et pour prévenir la délinquance, surtout chez les mineurs. En avril 2009, le président Sarkozy annonçait qu'il allait « engager une lutte sans merci contre les voyous et les délinquants » (Fefferberg). La situation de la délinquance semble s'aggraver plutôt que de s'améliorer dans les quartiers sensibles.

Les incidents ne se sont pas arrêtés avec les émeutes de 2005. Les causes de l'insécurité sociale — la discrimination, le chômage et la pauvreté — n'ont pas encore été éliminées et les drames sociaux continuent à se répéter assez régulièrement dans les banlieues-ghettos. En novembre 2007, des affrontements entre les jeunes du quartier sensible de Villiers-le-Bel en Val-d'Oise, au nord de Paris, et les forces de l'ordre ont provoqué la flambée de soixante-trois voitures et de plusieurs bâtiments dont la bibliothèque, un MacDo, deux écoles, et plus de quatre-vingts policiers blessés après que la moto de deux jeunes des cités a percuté une voiture de police, tuant sur le coup les deux jeunes. Ce tragique accident de la circulation a suscité des cris de vengeance contre la police et a déclenché de nouvelles émeutes. Selon le frère d'un des deux adolescents décédés dans l'accident, « Ce n'est pas de la violence, c'est de la rage qui s'exprime » (« Ce n'est pas... »). Cette histoire de Villiers-le-Bel n'est pas la seule qui indique que les tensions et le sentiment d'insécurité persistent dans les banlieues. En juin 2008, un élève de 14 ans, dans un lycée professionnel de cette même banlieue, s'est jeté à la gorge de son enseignante qui a été transportée à l'hôpital après que d'autres élèves sont intervenus pour lui venir en aide. En mars 2009, le principal d'un collège en Val-d'Oise, à Garges-lès-Gonesse, a été roué de coups et transporté à l'hôpital après qu'il s'est interposé pour arrêter une bagarre entre une dizaine de jeunes qui avaient pénétré dans l'école pour se battre avec l' « ennemi » d'un de leurs copains. On brûle les écoles. On essaie d'étrangler les enseignants. On les envoie à l'hôpital après les avoir roués de coups de poings et de coups de pieds. Ces actions représentent manifestement une frustration face à l'échec scolaire qui demeure important dans ces quartiers difficiles. En novembre 2005, un jeune des banlieues a expliqué au *Monde* (le 8 novembre 2005), en parlant des établissements scolaires saccagés, que « l'école n'a jamais servi à rien, c'est pourquoi on les brûle ». Le 6 juin 2008, à Vitry-le-François, une petite ville de 17.000 habitants dans le département de la Marne à deux heures et demie de Paris, où 60% de la population vit dans des HLM (habitations à loyer modéré), un jeune banlieusard a été tué d'une balle dans la tête, tirée par un membre d'une autre bande qui habitait un autre quartier. Une histoire de cannabis et de règlement de compte. Une soixantaine de voitures brûlées, quelques policiers blessés. Encore une nuit épouvantable.

Il faut reconnaître la dimension sociale et économique des émeutes dans ces banlieues sensibles où l'ascenseur social est en panne pour les jeunes Français qui y habitent. Les deux problèmes particulièrement graves sont la scolarisation avec, trop souvent, un fort décrochage scolaire et, encore plus grave, le chômage. Au printemps 2008, dans les 717 quartiers classés en Zones urbaines sensibles (ZUS) en France métropolitaine, le taux de chômage était de 20%, ce qui représentait un taux presque trois fois supérieur à la moyenne nationale de chômage (7,2%). Sur une population de plus de 4,5 millions dans ces ZUS, il y avait en avril 2008 environ 450.000 personnes inscrites à l'ANPE (Agence nationale pour l'emploi devenue depuis Pôle emploi). Parmi les jeunes de moins de 25 ans de ces quartiers sensibles, le taux de chômage atteignait 38 à 40%, chiffre de deux fois supérieur aux 17,2% de la moyenne nationale pour la même classe d'âge (Serafini).

Le rôle qu'ont joué les émeutes de 2005 est différent des précédents. D'abord, l'épicentre de ces émeutes se trouvait au cœur de la République française, dans la banlieue de la capitale. Ensuite, elles ont mis sur le devant de la scène nationale la question de ces Français issus de l'immigration et d'une France multiethnique, multiraciale et — il fallait enfin l'admettre — multiculturelle. À l'automne 2005, les nouveaux agents de la violence ne se sont pas contentés de mettre le feu à des voitures et à des bâtiments ; ils ont mis au jour le fait que le modèle républicain traditionnel ne fonctionnait plus, que l'État devait absolument aborder les problèmes difficiles de discrimination, d'inégalité et de ségrégation sociale, économique et géographique que vivent ces jeunes des quartiers sensibles depuis plus de vingt-cinq ans. L'anthropologue Alain Bertho qualifie le séisme social de 2005 de moment décisif pour la France : « L'événement cristallise une situation nouvelle sans retour en arrière possible » (32).

Le drame social qui se joue dans les banlieues-ghettos en France métropolitaine a amené le géographe et urbaniste Mustafa Dikeç à caractériser ces zones suburbaines de « badlands », par analogie avec ces « mauvaises terres » ravinées et pauvres où rien ne pousse facilement (7). Vivre à côté de 30, 40, 60.000 habitants dans de grandes tours à 17 étages, juchées dans des quartiers limitrophes des centres métropolitains, mal desservis par les transports en commun, dans un pays où il est inadmissible de parler de communautés ou de groupes ethniques différents, est aliénant, surtout pour les garçons. L'article un de la Constitution maintient que la France est *une et indivisible*[1]. En vue de cette disposition constitutionnelle, reconnaître officiellement le pluralisme des cultures en France représenterait pour la République une menace à l'identité nationale et à la cohésion sociale et culturelle du pays et, pour cette raison, le multiculturalisme « n'existe pas » officiellement sur le sol français depuis le XVIIIᵉ siècle (Dikeç 30). Malgré l'absence officielle de multiculturalisme, la discrimination et les tensions entre les banlieusards et la police restent aussi fortes que jamais en France, surtout dans les quartiers où vivent des populations à cultures différentes issues de l'immigration. La misère et la pauvreté de ces lieux sont évidentes. Vivre dans ces cités reste un problème grave pour les deuxième et troisième générations de ces Français issus de l'immigration en provenance du Maghreb et de l'Afrique subsaharienne. Les *jeunes ethniques*, tel que les appelle Azouz Begag, écrivain et ministre à l'Égalité des chances de 2005 à 2007 (x, xii), ne s'identifient pas à cette nation qui les a isolés en marge de sa société, à la frontière de son monde, pas plus qu'ils ne s'identifient aux « bleds » de leurs parents ou grands-parents dans leur patrie d'origine[2]. S'ils réussissent à s'extirper des banlieues-ghettos, ils courent le risque d'être méprisés et accusés par leurs anciens « potes » d'avoir oublié leurs origines et de s'être, s'ils sont d'origine maghrébine, *embeurgeoisés*[3].

Ces nouvelles générations de banlieusards voudraient conserver l'espoir de pouvoir, un jour, traverser cette frontière qui sépare leurs cités délabrées des quartiers, parfois en face de leurs cités dans la même banlieue, où vivent les « vrais » Français, les *Blancs* dont il s'agit dans l'idéal que représente l'expression « Blacks, Blancs, Beurs » ; cette expression a été rattachée pour la première fois à la super équipe française de foot de 1998 qui représente le modèle par excellence de la diversité culturelle en France. Peu après son élection en 2007, Nicolas Sarkozy a essayé de réaliser, à une échelle différente, cet idéal de diversité de la population en nommant à son équipe gouvernementale deux femmes d'origine maghrébine — Rachida Dati, garde des Sceaux et ministre de la Justice, et Fadela Amara, secrétaire d'État chargée de la politique de la ville auprès de la ministre du Logement et de la Ville — et une Sénégalaise qui a fait ses études en France et qui réside toujours dans son pays adoptif — Rama Yade, secrétaire d'État chargée des Affaires étrangères et des Droits de l'Homme.

Pour mieux ressentir ce que peut être la vie dans ces lieux d'exclusion et les exaspérations nées de cette vie de non-appartenance et d'inégalité en marge de la vraie société française, il suffit de visionner des films du « cinéma de banlieue » développé dans les années 1990 et dont le plus célèbre est *La Haine* (1995) de Mathieu Kassovitz, fer de lance de ce nouveau genre filmique (Tarr 17–21; Temple 191). Ce film, comme d'autres tels que *Bye-Bye* de Karim Dridi (1995), *Ma 6-T va crack-er* de Jean-François Richet (1997), *Le ciel, les oiseaux... ta mère!* de Djamel Bensalah (1999), *Wesh Wesh, qu'est-ce qui se passe ?* de Rabah Ameur-Zaïmèche (2001), *Regarde-moi* d'Audrey Estrougo (2006) et les films d'action *B13 (Banlieue 13)* de Pierre Morel (2004) et sa suite *B13 Ultimatum* de Patrick Alessandrin (2009), ainsi que des chansons rap et hip-hop de la même époque telles que « La Sédition » de 2Bal2Neg, « Vos papiers, contrôle d'identité » de NTM, « Garde à vue » et « Plus vite que les balles » de Ministère A.M.E.R. (Girard 14) offrent au public des scénarios d'un extrême réalisme reflétant bien les facteurs historiques, sociologiques et économiques qui ont pu engendrer une série d'événements cataclysmiques comme ceux de l'automne 2005. Les films du cinéma de banlieue, généralement réalisés avec de petits budgets, n'ont le plus souvent ni grande diffusion ni box-office important en France ou à l'étranger. Les acteurs de ces films, comme les artistes de la chanson rap et hip-hop, sont pour la plupart des habitants de la banlieue et la langue qu'ils parlent (caractérisée par un langage souvent cru) est difficile à suivre parce que le débit en est souvent très rapide et parce qu'ils utilisent le verlan et un argot propres aux cités des banlieues[4]. Sans toutefois être des documentaires, les films du cinéma de banlieue sont, comme le sont les chansons rap et hip-hop, des documents socioculturels importants pour les amateurs de la culture française contemporaine. Les scénarios fictifs des « banlieues films » nous invitent à connaître la situation des banlieusards de l'intérieur et non pas à travers la caméra d'un reporter des médias. Le film *Entre les murs* (2008), du célèbre cinéaste Laurent Cantet, reprend le thème de la vie de cette population démunie et met en scène une classe de français multiethnique, multiraciale et multiculturelle dans un collège d'un quartier populaire du XXᵉ arrondissement de Paris. Ce film nous fait ressentir la réalité et les défis de l'expérience scolaire tels qu'ils sont vécus à la fois par les élèves et les enseignants dans les établissements scolaires des quartiers sensibles de la ville qui ressemblent de près à ceux de certaines banlieues.

Le film *Ma 6-T va crack-er* de Jean-François Richet est particulièrement marquant pour son scénario réaliste qui présage de façon singulière les violences urbaines qui devaient avoir lieu huit ans plus tard. On y retrouve en effet les thèmes principaux du cinéma de banlieue : 1) l'impuissance des jeunes banlieusards à contrôler leur situation et leur vie (leur manque de *liberté*) ; 2) l'aliénation et le désœuvrement de ces jeunes (leur manque d'*égalité*) ; et 3) leur rage dirigée contre la police et la classe dominante (le manque de respect et de *fraternité* à leur égard de la part du reste de la société française). Pour ces jeunes des quartiers, l'État, c'est la police. Elle fait partie des institutions du gouvernement qui assurent l'ordre public et qui répriment — violemment, si nécessaire — les infractions à la loi. *Ma 6-T va crack-er* montre comment les banlieusards sont traités de façon odieuse et inégale aussi bien par la loi que par la société. De là les conflits et les affrontements avec la police et la société. Dans ce film, les spectateurs font l'expérience de la rage des banlieusards, une rage qu'ils reportent sur eux-mêmes et sur leur situation frustrante et opprimante, et qui se déchaîne sur les symboles relatifs à leur sort, tout comme les jeunes l'ont fait en 2005 et le font toujours. La dernière scène est particulièrement prenante parce qu'elle s'inspire de l'éthique révolutionnaire renfermée dans l'article 35 de la *Déclaration des droits de l'homme et du citoyen* de 1793 qui justifie l'insurrection quand le gouvernement fait violence aux droits du peuple, et elle est accompagnée en voix-off par la chanson de 2Bal2Neg, « La Sédition »[5]. Après cette scène, l'énoncé de l'article 35 défile sur l'écran pour souligner le sentiment de révolte qui anime les actions des jeunes de ce milieu quand ils se sentent provoqués[6].

Depuis 1995, on a assisté non seulement au développement de nouvelles formes d'expression artistique par les jeunes banlieusards pour exprimer leurs frustrations et leur colère contre la discrimination et l'inégalité de leur situation, mais aussi à un foisonnement d'articles, d'études et de débats dans les médias sur le multiculturalisme, la violence, la peur des banlieues, l'insécurité, les immigrés, la politique de la ville et les émeutes de la part de sociologues, d'anthropologues, de géographes et même d'anciens banlieusards qui ont réussi à s'en sortir et se sont intégrés à la société « mainstream », ces « beurgeois » dont se moquent souvent les anciens copains de quartier. Les discours sur la politique urbaine ont donné naissance à un nouveau vocabulaire dont certains mots tels que « communautarisme », « ghetto », « mixité sociale » et « discrimination positive » sont considérés comme des termes quasi-tabous et dangereux grâce à leurs connotations fortement anti-républicaines (Dikeç 11). L'expression « discrimination positive » est admissible si elle s'applique à des références spatiales, en rapport avec une sorte de « discrimination positive *territoriale* » qui vise à limiter les injustices de l'inégalité pour tout le monde sur un espace déterminé comme, par exemple, la création de certaines zones urbaines telles que les ZEP (zones d'éducation prioritaire), les ZUS (zones urbaines sensibles), et les zones franches qui accordent des incitations fiscales aux entreprises qui s'y installent (Sabeg et Méhaignerie 162; Begag 111). Ces mesures correctrices agissent de façon indirecte, par le biais de l'action territoriale, sur la vraie cause des problèmes des minorités sans les nommer explicitement (Sabeg et Méhaignerie 165–166). Autrement, la notion de « discrimination positive » est jugée anti-constitutionnelle si elle est utilisée pour désigner un traitement préférentiel accordé à des groupes pour la seule raison d'origine, de race ou de religion avec comme objectif de leur assurer des avantages économiques ou sociaux.

Ces dernières années, certaines mesures ont été proposées par différents organismes sociaux et gouvernementaux pour faciliter l'insertion sur le lieu de travail des ressortissants des banlieues et pour mettre fin à la discrimination et à l'inégalité de situation sociale et économique dont ils sont victimes. Malgré la loi du 16 novembre 2001 qui interdit la discrimination à l'embauche, le chômage frappe toujours plus durement les jeunes des cités (Graic). Différents aspects des difficultés que connaissent les populations immigrées sont abordés par la création de nouveaux comités interministériels spécialisés dans la « lutte contre l'exclusion » (1999) et la « lutte contre le racisme et l'antisémitisme » (2003) et, en particulier, de la HALDE — la Haute Autorité de lutte contre les discriminations et pour l'égalité (2004) — qui lance des actions de sensibilisation ainsi que des actions de recherche et d'étude pour lutter contre les discriminations sur le lieu de travail et dans d'autres aspects de la vie sociale. En janvier 2004, l'entrepreneur Yazid Sabeg, issu de l'immigration du Maghreb, et Laurence Méhaignerie, deux membres de l'Institut Montaigne, *think tank* (laboratoire d'idées) indépendant, ont fait paraître un rapport intitulé *Les oubliés de l'égalité des chances*, dans lequel ils ont proposé l'idée d'une « Charte de la diversité » qui serait un texte d'engagement signé par les entreprises, quelle que soit leur taille, pour reconnaître la valeur des compétences individuelles et favoriser ainsi la cohésion et l'équité sociale. En octobre 2004, M. Sabeg et un autre entrepreneur maghrébin, Claude Bébéar, ont obtenu la collaboration de trente-trois grandes entreprises et PME (petites et moyennes entreprises) qui forment la base des premiers signataires de cette Charte de la diversité. Malgré cet effort et le fait que la discrimination est un délit puni par la loi, l'Observatoire des discriminations a constaté, dans son rapport de novembre 2006 sur les indices des discriminations à l'embauche, qu'un homme à peau blanche ayant un nom et prénom « français de souche » a trois fois plus de chances d'être convoqué à un entretien d'embauche qu'un candidat au patronyme maghrébin (Observatoire). En juillet 2004, l'Observatoire Statistique de l'Immigration et de l'Intégration du Haut Conseil à l'Intégration a été installé au sein du Haut Conseil à l'Intégration (HCI) pour suivre l'application de la politique publique sur l'intégration, le contrat, le droit commun, l'égalité des chances et la promotion et pour enquêter sur les intolérances et les discriminations. Le rapport du HCI, rédigé immédiatement après les violences urbaines de l'automne 2005, est plutôt négatif dans ce domaine pour les années 2002 à 2005 et pose des questions sur ce qui n'a pas été fait pour appliquer les mesures nationales d'égalité des chances.

Les troubles de « l'été chaud » de 1981 avaient donné naissance, deux ans plus tard, à la première politique de la ville qui portait le nom de « développement social des quartiers ». Dès le début, les politiques de la ville se sont surtout intéressées aux problèmes de l'immigration, aux populations issues de l'immigration, et aux quartiers à logements sociaux situés à la périphérie des centres métropolitains (Dikeç 53). Depuis 1983, la France a vu au moins une dizaine de politiques de la ville et de « plans banlieues » formulés par les gouvernements de droite comme de gauche avant d'arriver en 2008 au plan triennal « Espoir banlieues » de M. Sarkozy, portant comme sous-titre « une dynamique pour la France » (Comité). Ce plan, intitulé au début « plan respect et égalité des chances », se distinguait des précédents en étant une politique de la ville qui devait porter sur la personne et non pas, comme bon nombre de plans précédents, sur la transformation physique des quartiers populaires. Le plan « Espoir banlieues », dévoilé au grand public en février 2008, comprenait quatre volets principaux qui regroupaient les grands thèmes du programme : l'éducation, l'emploi, le désenclavement des quartiers sensibles, et la sécurité. Quant à l'éducation, M. Sarkozy a annoncé la création de trente sites « d'excellence scolaire » et a ajouté, à la trentaine qui existaient déjà, plus d'écoles de la seconde chance mais pour les jeunes à partir de 16 ans — plutôt que 18 ans comme précédemment — pour faciliter la réintégration dans le système scolaire de ceux qui avaient abandonné leurs études prématurément. Aux propositions du président, Fadela Amara, femme de gauche et fille des cités de Clermont-Ferrand, qui avait elle-même formulé le plan « Espoir banlieues », voudrait ajouter plus de « busing » dans les communes pour encourager la mixité sociale dans les écoles et sortir les enfants des ghettos. Pour ce qui est du désenclavement des quartiers sensibles, le gouvernement a promis d'y consacrer 500 millions d'euros sur trois ans en partenariat avec les collectivités locales. Les transports en commun aideront les banlieusards à mieux s'intégrer à la vie des Français, à mettre fin à leur isolement et à leur fournir une meilleure mobilisation pour amener à l'emploi ceux qui sont les plus éloignés du marché du travail. Quant à la sécurité, le plan prévoit le déploiement de 4.000 policiers supplémentaires en trois ans dans les quartiers dits difficiles pour maintenir l'ordre et réprimer la violence.

La mesure clé du plan « Espoir banlieues » est celle qui s'adresse au volet emploi et qui doit combattre l'une des causes principales de l'insécurité sociale et de la précarité des quartiers sensibles, le chômage. Cette mesure phare se concentre sur les 45.000 « contrats d'autonomie » qui visent surtout les diplômés de moins de 26 ans qui vivent dans les quartiers sensibles et sont victimes de discrimination à cause de leur nom ou de leur adresse. Le but en est d'aider ces jeunes qui ont déjà prouvé qu'ils sont prêts à travailler en obtenant des diplômes et en cherchant activement un travail durable et sérieux auprès de Pôle emploi. Dans ce programme des « contrats d'autonomie », l'État s'engage à mettre en place un accompagnement individualisé, sorte de « coaching », pour des jeunes durant un an maximum et à mobiliser un ensemble de moyens qui aideront les jeunes à s'insérer dans les milieux socioprofessionnels. Des séances quotidiennes dans les bureaux de ces organismes de placement visent, entre autres, à inculquer aux jeunes banlieusards le *savoir-être* — c'est-à-dire ces comportements de base nécessaires pour la réussite sur le lieu de travail (le respect des horaires, la tenue vestimentaire, la toilette, les relations hiérarchiques, un français correct) —, considéré comme aussi important que le *savoir-faire*. Le programme est lui-même un emploi à plein temps rémunéré de façon à assurer aux participants une autonomie financière. À la fin de la période de formation, si tout se déroule comme prévu, la jeune personne aura trouvé un emploi durable à long terme. À travers ce programme innovateur, Fadela Amara, secré-taire d'État à la Ville, voudrait réconcilier le manque de main-d'œuvre dans certains secteurs d'activité économique et le chômage massif dans les quartiers défavorisés.

L'objectif principal du plan « Espoir banlieues » est de servir de moteur pour réduire les écarts économique, social, spatial et structurel entre les quartiers prioritaires défavorisés et l'ensemble du territoire national, mettre fin aux fractures sociales, et répondre aux exigences des habitants de ces quartiers sensibles à l'aide d'une culture et d'une politique de l'efficacité et du résultat. Ce que le gouvernement et le plan « Espoir banlieues » cherchent à effectuer tout particulièrement est le désenclavement des quartiers sensibles et de leurs habitants pour réaliser une mixité sociale sur le lieu de travail, dans les écoles et les entreprises, au centre-ville, dans les logements sociaux, partout sur le territoire français, dans le but de mettre fin aux discriminations. L'outil principal pour atteindre cet idéal d'une société mixte, désenclavée et cohésive serait la loi n° 2006-396 du 31 mars 2006 pour l'égalité des chances. À peine deux mois après le *tremblement de société* dont l'épicentre se trouvait à Clichy-sous-Bois, l'État faisait démarrer ses efforts de rattrapage et de redressement social et économique avec un projet de loi pour l'égalité des chances. Qualifié d'urgent lorsque le gouvernement l'a proposé à l'Assemblée nationale le 11 janvier 2006, ce projet a été adopté deux mois plus tard (*Journal Officiel*).

D'autres mesures prises depuis les violences urbaines de 2005 pour faire avancer l'égalité des chances et la diversité en France sont le projet de loi adopté par l'Assemblée nationale le 3 février 2009 pour réformer la télévision publique et soutenir la disposition de la loi sur l'égalité des chances du 31 mars 2006, qui donnait au Conseil supérieur de l'audiovisuel (CSA) la mission de renforcer la diversité dans l'audiovisuel français (Assemblée nationale). La liste des marqueurs d'ethnoracialisation dressée par le CSA en novembre 2008 démontre que la télévision doit mieux faire pour représenter la diversité de la société française — les beurs, les blacks, les asiatiques — aux postes de journalistes, d'animateurs, de comédiens, et aussi aux postes d'encadrement et de responsabilité[7]. Une autre mesure proposait de combler le manque d'outils officiels autorisés pour relever des statistiques ethniques sur l'ensemble de la société, interdits jusqu'à présent parce qu'une telle mesure irait à l'encontre du principe républicain d'une nation *une et indivisible*. Yazid Sabeg, cet entrepreneur français d'origine algérienne, nommé Commissaire à la Diversité et à l'Égalité des chances en décembre 2008, espérait soumettre un projet de loi « visant à rendre licite la mesure de la diversité » (Coroller). Un outil statistique de ce genre, auquel M. Sarkozy lui-même avait fait allusion en décembre 2008, permettrait enfin au gouvernement de déterminer efficacement la composante ethnique de la population française et de calculer le taux de discrimination et la valeur réelle des politiques publiques qui proposent d'assurer la diversité dans divers secteurs de la vie sociale et économique. Mesurer la diversité au sein de la société française de cette façon est un objectif très controversé chez un grand nombre de Français, y compris les jeunes des quartiers sensibles. Le relevé des statistiques ethniques et le recensement des minorités visibles pour avoir une photographie réelle de la population, s'ils sont institués, représenteraient des mesures anti-républicaines pour beaucoup de Français et constitueraient des pratiques contraires à l'article premier de la Constitution (Mongaillard). Le 8 novembre 2008, avant de devenir Commissaire à la Diversité et à l'Égalité des chances, M. Sabeg a lancé un appel à la mise en œuvre d'un programme minimal pour l'égalité réelle dans un article publié dans le *Journal Du Dimanche* et intitulé « Manifeste pour l'égalité réelle. Oui, nous pouvons ! ». Dans cette déclaration publique, Sabeg invoquait l'idéal démocratique de la République française fondé sur la liberté, l'égalité et la fraternité pour tous les Français sans exception et il faisait appel à la restauration d'une conscience civique authentique au sein du peuple français[8]. Lors de sa parution, ce manifeste a été largement approuvé par un grand nombre de Françaises et de Français.

À la fin du mois de janvier 2009, le Premier ministre et son Comité inter-ministériel des Villes et du développement social urbain, dont le rôle est de piloter et surveiller l'avancement du plan ambitieux « Espoir banlieues », ont préparé le bilan du programme six mois après son lancement en juin 2008. Dès le début, le président de la République s'était engagé de façon ferme et sans précédent à la réussite de ce plan innovateur, mobilisant son administration, ses ministres, et ses moyens pour les quartiers sensibles. Mais le bilan annoncé le 20 janvier 2009 a été qualifié de médiocre par Fadela Amara qui lui a accordé une note de 11 / 20, à peine la moyenne. Parmi les réussites réalisées à ce jour figurent : 170.000 élèves en éducation prioritaire qui ont bénéficié d'un accom-pagnement éducatif ; 5.074 élèves de plus de 200 lycées prioritaires qui ont reçu un soutien scolaire pendant les vacances scolaires ; 1.653 places d'internat d'excellence ouvertes depuis la rentrée 2008 ; la mise en place de 100 Cordées de la réussite dans l'objectif d'accès à l'enseignement supérieur et aux grandes écoles ; l'établissement du calendrier de quatre projets structurants pour désenclaver l'Île-de-France ; huit unités territoriales de quartier renforçant la police établies avec une amplification prévue pour 2009 ; 79 entreprises et fédérations qui ont proposé volontairement de recruter et d'embaucher des jeunes des quartiers ; 11.500 jeunes de moins de 26 ans recrutés en CDI (contrat à durée indéterminée) ou en CDD (contrat à durée déterminée) de plus de six mois ; et la décision de réunir le Comité interministériel des Villes tous les trois mois pour marquer les étapes du progrès et suivre le développement des initiatives du plan « Espoir banlieues ». Quelques résultats décevants concernent la lenteur avec laquelle certains ministères font démarrer leurs programmes d'actions, les quelque 3.000 contrats d'autonomie signés sur les 4.000 prévus avant la fin de l'année 2008, et les 132 délégués du préfet chargés d'assurer la présence de l'État dans les quartiers prioritaires à côté des renforcements de la police — à peine le tiers des 350 délégués prévus pour la fin du mois de mai 2009.

Vu la grave situation de l'économie en France — et dans le monde — en ce début de XXIᵉ siècle, il est difficile d'être optimiste quant à la pleine réussite du plan « Espoir banlieues » dans les trois ans prévus, malgré l'engagement du président et de son gouvernement, et l'augmentation de 9% du budget de Mme Amara en 2009. La récession qui marque la période contemporaine retardera certainement la réalisation des objectifs établis par les différents ministères. Le taux de chômage parmi la population active avait déjà augmenté de 7,2% à 7,8% au quatrième trimestre de 2008, et devait atteindre les 10% en 2009 (Tison), bien que le Premier ministre ait bien voulu mobiliser l'État pour sauver les emplois. Comme Sabeg et Méhaignerie l'ont affirmé dans leur rapport (publié en 2006), l'égalité sur le territoire français « ne pourra être atteinte à moins d'une action publique volontariste pour la diversité » dans les multiples domaines de l'emploi, du logement, des services publics et de la représentation politique[9]. La volonté individuelle de chaque Français doit favoriser la diversité dans les différents secteurs de la vie sociale et économique si l'on peut s'attendre à des changements réels. Le plan « Espoir banlieues » met en place les stratégies qui doivent conduire à la réalisation de l'égalité pour tous, principe fondamental de la République française. Malheureusement, ce principe s'avère toujours illusoire pour la majorité des « Iciens », enfants des quartiers sensibles issus de l'immigration. Pour atteindre l'objectif du plan « Espoir banlieues », il serait recommandé que l'État organise cette table ronde de parties intéressées que Sabeg réclame dans son manifeste de novembre 2008, ce Grenelle de l'égalité réelle et de la diversité. Ce qui est sûr, c'est que les répercussions des affrontements de l'automne 2005 n'ont pas fini de se faire sentir en France.

Notes

[1] L'article premier de la Constitution française stipule : « La France est une République indivisible, laïque, démocratique et sociale. Elle assure l'égalité devant la loi de tous les citoyens sans distinction d'origine, de race ou de religion. Elle respecte toutes

les croyances ». Simon-Louis Formery, *La Constitution commentée article par article*, 3ᵉ éd. (Paris : Hachette, 1996) 7.

[2] Le « bled » est un mot arabe qui fait référence à un village isolé, à une campagne déserte en Afrique du Nord. Le rappeur Aketo, d'origine algérienne, exprime bien ces sentiments dans sa chanson « Souvenirs du bled » :

> Pas besoin d'revendiquer ma race boy c'est marqué sur mon faciesse
> Étranger né en France monsieur l'agent ouais j'ai mes pap'yes
> J'me sens pas d'ici comme j'me sens pas d'la véritable foi
> J'suis mal assis entre deux chaises j'suis perdu je me cherche
> C'est tous mes repères que je perds si jamais j'trouve pas...

Alkapote, « Parole de Souvenirs Du Bled », *L'Empereur*, BLV, 2008 <www.tsrocks. com>.

[3] « Beur » = arabe en verlan (langue des jeunes où l'on inverse les syllabes), mais le terme s'applique plus précisément aux Arabes de la deuxième génération nés en France ; « embeurgeoisé » combine « arabe » et « embourgeoisé ». Dans la chanson hip-hop « Je reste ghetto », Tragédie s'explique à un copain resté dans les cités en lui disant :

> Parle et critique c'que je suis
> J'reste ghetto
> Dis c'que tu veux de ma vie
> J'reste ghetto
> Méprise ma réussite
> J'reste ghetto
> Je sais c'que j'vaux
> J'mâche pas mes mots...
> J'ai pas oublié d'où j'viens
> Je sais où est mon chemin
> J'ai pris en main mon destin
> J'ai ce qu'il me faut.

Tragédie, « Je reste ghetto », *Tragédie*, MSI, 2004 < www.tsrocks.com >.

[4] Larissa Sloutsky et Catherine Black, dans « Le verlan, phénomène langagier et social : récapitulatif » (2008), discutent le phénomène langagier et socioculturel propre aux habitants des banlieues dans le contexte d'un aperçu des principales études publiées sur le sujet, et contrastent les particularités de la langue des cités des banlieues avec le français normé des classes supérieures de la société française. Voir aussi Jean-Pierre Goudaillier, *Comment tu tchatches. Dictionnaire du français contemporain des cités* (2001) et Giblin-B, *Dictionnaire des banlieues* (2009).

[5] Les paroles de la chanson rap « La Sédition » communiquent de façon drama-tique les sentiments de révolte qui animent les actions violentes dans *Ma 6-T va crack-er.*

> Rien ni personne ne pourra étouffer une révolte.
> Tu as semé la graine de la haine, donc tu la récoltes.
> Les rebelles et les rebuts ont tous opté pour le boycott.
> Faisons en sorte que les aisés nous lèchent les bottes.
> Traînons plus bas que terre ceux qui l'ont déjà fait.

Rendre le mal par le mal n'est pas bon en effet, mais…
La rage et la frustration empêchent à la réflexion.
Est-ce Dieu ou le diable qui guide toutes nos actions ?…
Refrain :
La sédition est la solution, révolution.
Multiplions les manifestations, passons à l'action.
La sédition est la solution, révolution.
Multiplions les manifestations, maintenant dégainons.

2Bal2Neg, « La Sédition », *La Sédition*, MCM, 1998 <www.bestofparoles.com>.

6 Votée le 23 juin 1793, cette version de *La Déclaration des Droits de l'Homme et du Citoyen* est le texte fondateur de la Première République et est considéré comme extrêmement révolutionnaire et excessivement populiste et démocratique. Pour cette raison, elle n'a jamais été vraiment mise en application. Cette version de la Déclaration a servi au XIXᵉ siècle et sert toujours d'inspiration aux personnes de tendance révolutionnaire. L'article 35 de cette *Déclaration des Droits de l'Homme* et du Citoyen affirme : « Quand le gouvernement viole les droits du peuple, l'insurrection est, pour le peuple et pour chaque portion du peuple, le plus sacré des droits et le plus indispensable des devoirs » (Ligue Internationale des Droits de l'Homme et de la Démocratie Nouvelle, 1942, p. 61).

7 Les personnes considérées comme non blanches ne représentent que 9% des animateurs et présentateurs à la télévision nationale, 15% dans les journaux télévisés, 8% dans la publicité, 11% dans la fiction française, et 35% dans les émissions de divertissements, surtout musicales (Voir Conseil supérieur de l'audiovisuel, *Dossiers d'actualité*, 2008).

8 Le programme proposé par Yazid Sabeg comprend les revendications suivantes : engager des politiques publiques qui combattent les conséquences sociales des discriminations ; systématiser les politiques volontaristes de réussite éducative et la promotion des talents dans les quartiers populaires ; promouvoir des politiques urbaines qui permettent de réaliser la diversité sociale et de peuplement ; inciter fortement les employeurs et le premier d'entre eux, l'État, à mettre en place des politiques de promotion de la diversité, fondées sur l'obligation de transparence sur les résultats ; limiter les mandats électoraux pour forcer le renouvellement du monde politique ; soumettre les partis politiques à un pacte national de la diversité ; et organiser un Grenelle de l'égalité réelle et de la diversité (Yazid Sabeg, 2008).

9 Voir la quatrième de couverture de Yazid Sabeg et Laurence Méhaignerie, *Les Oubliés de l'égalité des chances* (2006). Dans leur discussion sur la parité, ces deux défenseurs de l'égalité des chances pour les minorités en France maintiennent que la lutte pour l'égalité des droits des minorités visibles est semblable à celle pour l'égalité des droits des femmes. La reconnaissance formelle des droits des femmes a pris plus de vingt ans avant d'aboutir à la loi du 6 juin 2000 pour la parité, cette loi « tendant à favoriser l'égal accès des femmes et des hommes aux mandats électoraux et fonctions électives ». Cette disposition législative modifie la répartition des candidats mais non des élus, et les résultats de la parité montrent que d'autres dispositifs plus efficaces sont nécessaires pour que les femmes accèdent en réalité en plus grand nombre à l'Assemblée nationale et à des postes au sein du gouvernement. Rien n'indique que les résultats seraient différents

s'il y avait une loi de la parité « tendant à favoriser l'égal accès des *minorités visibles* aux mandats électoraux et fonctions électives » (p. 163–166).

Références

2Bal2Neg. «La Sédition ». *La Sédition*. MCM, 1998 <www.bestofparoles.com>.

Alkapote. « Parole de Souvenirs Du Bled ». *L'Empereur*. BLV, 2008 <www.tsrocks.com>.

Assemblée nationale. *LOI nº 2009-258 du 5 mars 2009 relative à la communication audiovisuelle et au nouveau service public de la télévision* <http://www.assemblee-nationale.fr/13/dossiers/nomination_audiovisuel_public.asp>.

Bertho, Alain. « Bienvenue au 21ᵉ siècle ! ». *In* Clémentine Autain, Stéphane Beaud, Alain Bertho, *et al. Banlieue, lendemains de révolte*. Paris : La Dispute, 2006, p. 29–42.

Begag, Azouz. *Ethnicity & Equality : France in the Balance*. Trad. Alec G. Hargreaves. Lincoln, NE / London : University of Nebraska P, 2007.

Braouezec, Patrick. « Un autre monde est nécessaire ». *In* Clémentine Autain, Stéphane Beaud, Alain Bertho, *et al. Banlieue, lendemains de révolte*. Paris : La Dispute, 2006, p. 43–49.

« Ce n'est pas de la violence, c'est de la rage qui s'exprime... ». *Résistons contre les violences policières et sécuritaires ensemble*. Bulletin nº 59, décembre 2007 <http://resistons.lautre.net/>.

Comité interministériel des villes. « Espoir banlieues : une dynamique pour la France - Dossier de présentation ». *Secrétaire d'État à la politique de la Ville et Ministère du Logement et de la Ville*. Juin 2008 <http://www.espoir-banlieues.fr/IMG/pdf/DossierPres-EspoirBanlieues-final_ok_-BD-250908_cle2f4fb9.pdf>.

Conseil supérieur de l'audiovisuel. *Dossiers d'actualité : Renforcer la perception de la diversité dans les médias*. Lettres du CSA nº 221 - Novembre 2008 <http://www.csa.fr/actualite/dossiers/dossiers_detail.php?id=127544&chap=3278>.

Coroller, Catherine. « Les statistiques ethniques reprennent du terrain. » *Libération*. Société. 11/03/2009 <http://www.liberation.fr/societe/0101553513-les-statistiques-ethniques-reprennent-du-terrain>.

Dikeç, Mustafa. *Badlands of the Republic*. Malden, MA / Oxford : Blackwell, 2007.

Fefferberg, Éric. « Sarkozy : "Je vais engager une lutte sans merci contre les voyous" ». *Libération.fr*, 21 avril 2009 <http://www.liberation.fr/societe/0101563211-sarkozy-je-vais-engager-une-lutte-sans-merci-contre-les-voyous>.

Giblin-B, *Dictionnaire des banlieues*. Paris : Larousse, 2009.

Girard, Bernard. *Banlieues : Insurrection ou ras le bol ?* Le Kremlin-Bicêtre : Éditions les Points sur les i, 2006.

Goudaillier, Jean-Pierre. *Comment tu tchatches. Dictionnaire du français contemporain des cités*. Paris : Maisonneuve & Larose, 2001.

Gouvernement français. *Journal officiel de la République française. LOI nº 2006-396 du 31 mars 2006 pour l'égalité des chances* <http://www.droit.org/jo/20060402/SOCX0500298L.html>.

Graic, Yvon. « Dans les zones urbaines sensibles, le chômage des jeunes explose ». *Désirs d'Avenir 76*, 21 mars 2009 < http://desirsdavenir76.over-blog.com/article-29303730.html >

Ligue Internationale des Droits de l'Homme et de la Démocratie Nouvelle. *Textes sacrés de la Liberté*. New York : Éditions de la maison Française, 1942.

Mongaillard, Vincent. « Statisques ethniques : le débat fait rage. » *Aujourd'hui.fr*, 22 mars 2009 <http://www.aujourdhui-en-france.fr/societe/statistiques-ethniques-le-debat-fait-rage-22-03-2009-450604.php>.

Observatoire des discriminations. « Baromètre Adia - Observatoire des discriminations ». Novembre 2006 < http://cergors.univ-paris1.fr/docsatelecharger/Barometre 2006resultats.pdf >.

Sabeg, Yazid. « Manifeste pour l'égalité réelle. Oui, nous pouvons ! ». *Journal du dimanche* 8 novembre 2008 <http://www.lejdd.fr/cmc/blogs/200845/manifeste-pour-l-egalite-reelle-oui-nous-pouvons_163720.html>.

—— et Laurence Méhaignerie. *Les Oubliés de l'égalité des chances*. Paris : Hachette Littéraires, 2006.

Serafini, Tonino. « Amara enrôle les préfets pour l'emploi des jeunes ». *Libération.fr*, 22 avril 2008 <http://www.liberation.fr/france/010179280-amara-enrole-les-prefets-pour-l-emploi-des-jeunes>.

Sloutsky, Larissa et Catherine Black. « Le verlan, phénomène langagier et social : récapitulatif ». *French Review*, 82, 2008, p. 308–324.

Tarr, Carrie. *Reframing difference : Beur and Banlieue filmmaking in France*. Manchester/New York: Manchester UP, 2005.

Temple, Michael et Michael Witt. « Introduction 1960–2004 : A New World ». *In* Michael Temple and Michael Witt (dir.). *The French Cinema Book*. London : BFI, 2004. P. 183–193.

Tison, Véronique. « Nette hausse du taux de chômage au 4e trimestre, selon l'INSEE ». *euroinvestor.fr*, 5 mars 2009 <http://www.euroinvestor.fr/news/story.aspx?id=10190506>.

Tragédie. « Je reste ghetto. » *Tragédie*. MSI, 2004 <www.tsrocks.com>.

IV. France and the European Union – La France et l'Union européenne

13

La France et l'Europe :
entre nécessité et volonté

MICHEL GUELDRY
Monterey Institute of International Studies

Selon l'humoriste britannique Eddie Izzard, « the European Union is the cutting edge of European politics — in a boring kind of way ». Cette boutade indique que désormais, et notamment depuis le Traité de Maastricht en 1992, un fantôme hante l'Europe: l'intégration, multiforme et difficile mais croissante, du continent. Et puisque ladite intégration hante la France contemporaine, ce chapitre entend présenter le développement de cette présence depuis les années 1950, son impact passé et présent sur la France, ainsi que les avantages et contraintes nés de l'Union européenne (UE) pour l'Hexagone.

La France au fil des saisons de l'intégration

La décennie 1950 fut marquée par le fédéralisme optimiste et audacieux des pères fondateurs : quatre grandes communautés y furent décidées en seulement sept années, par quatre traités cruciaux. Le traité de Paris du 18 avril 1951 créa la Communauté Européenne Charbon-Acier (CECA), le second traité de Paris du 27 mai 1952 la Communauté Européenne de Défense (CED), les Traités de Rome du 25 mars 1957 la Communauté Économique Européenne (CEE) et la Communauté Européenne pour l'énergie atomique civile (Euratom). Bravant le pouvoir exécutif, le parlement français rejeta la CED le 30 août 1954, mais les trois autres traités fondèrent les structures ancêtres des institutions actuelles. Par le traité de fusion du 8 avril 1965, la Haute Autorité (le pouvoir exécutif) de la CECA se fondit (1er juillet 1967) avec la Commission de la CEE et celle de l'Euratom pour créer l'actuelle Commission des Communautés européennes. Avec le temps, le Conseil spécial des ministres de la CECA devint les neuf formations spécialisées du Conseil (des ministres de l'UE) ; l'Assemblée parlementaire de la CECA devint le Parlement européen, et la Cour de Justice de la CECA devint la Cour de Justice européenne, aux compétences très élargies. Durant les années 1950, le processus européen fut marqué en France par une visibilité et une mobilisation politiques, médiatiques et populaires massives. Il fut rendu possible par les succès économiques qui marquèrent la reconstruction de l'Europe d'après-guerre, notamment la production et la consommation de masse, qui permit l'intégration assez générale des classes populaires au capitalisme (par le plein emploi et l'État-providence) et le renforcement des classes moyennes.

Après cette période d'avancées révolutionnaires, la période 1965–1985 souffrit de langueur économique et institutionnelle, d'inflation, de crise morale et politique. Raymond Aron offrit même en 1977 un *Plaidoyer pour l'Europe décadente*, laquelle en avait bien besoin (Aron). En effet, paralysée par le compromis du Luxembourg de janvier 1966 (qui favorisait le vote à l'unanimité au sein du Conseil, néfaste réforme arrachée par de Gaulle par la « crise de la chaise vide »[1]), la crise pétrolière, les divisions internes et la renationalisation des politiques économiques, l'Europe souffrit de stagflation, de désordre monétaire, et de désindustrialisation (sidérurgie, textiles, confection, chaussure). Cette crise annonçait la fin de la suprématie européenne, puis occidentale, face aux pays émergents. Un utilitarisme étroit et *l'europessimisme* remplacèrent alors la vision des fondateurs, et la renationalisation des politiques économiques remplaça l'élan fédérateur commun. Dans les années 1970, les initiatives pro-européennes devinrent plus clairsemées et ponctuelles : création du Conseil européen, élection du Parlement au suffrage universel, débuts timides du Système monétaire européen (Plan Werner). La coopération intergouvernementale, jalouse des prérogatives nationales et largement restreinte aux bureaucraties des États-membres (marginalisation des institutions européennes et des opinions publiques), se substitua à l'intégration, laquelle suppose un partage des souverainetés. L'Europe semblait sans projet global ou capacité de répondre à la crise ; son nadir fut l'année 1973, baptisée ironiquement « année de l'Europe » par Henry Kissinger, au pire de la désunion intra-européenne et transatlantique... Comme l'explique Elisabeth Guigou, l'Europe était alors considérée dans l'appareil d'État français moins importante et moins prestigieuse que les relations avec l'Afrique ou Washington, et donc peu de ressources politiques et institutionnelles lui étaient accordées (Guigou). Ce n'était plus une politique porteuse pour les fonctionnaires et politiciens, les médias français ne s'y intéressaient qu'épisodiquement, et surtout lors des « marathons agricoles » (les âpres négociations des ministres de l'agriculture) de Bruxelles. Médias, classe politique et hauts fonctionnaires la considéraient comme une question technique, ennuyeuse, subalterne — comme une question de politique *étrangère*.

La perception s'inversa en 1985 avec la *relance* européenne de Jacques Delors, Helmut Kohl et François Mitterrand, résultat heureux d'une convergence de facteurs favorables. Le chancelier allemand voulait ancrer son pays encore plus dans l'Europe, prolongeant la stratégie de son prédécesseur Konrad Adenauer, chancelier de 1949 à 1963. Les socialistes français furent poussés par leur échec économique, le thatchérisme, la *Reagonomics* et les prouesses économiques du Japon. Après le coûteux échec de son utopie socialo-keynésienne de 1981–1983, François Mitterrand enterra sa tentative de « rupture avec le capitalisme », embrassa la rigueur budgétaire, garda le franc dans le Système monétaire européen (SME) et l'indexa même sur le *Deutschmark* par la politique du *Franc fort* dès 1983, une remarquable préfiguration des critères de convergence de Maastricht. Cette conversion du socialisme/anticapitalisme en social-démocratie est parfois appelée le *Bad Godesberg du parti socialiste français*, par allusion au congrès du SPD allemand en 1959 dans cette ville près de Bonn, où ce parti socialiste allemand renonça au marxisme. Et Jacques Delors, président de la Commission (1985–1995), entendait relancer le projet européen, résister au Japon et aux États-Unis et intégrer le titan industriel et financier de l'Allemagne. Enfin, beaucoup d'Européens étaient fatigués de l'eurosclérose des années 1970 et prêts à prolonger l'élan fondateur des années 1950. Les 282 directives de l'Acte unique européen (AUE) de février 1986 complétèrent donc les dispositions du Traité de Rome en démantelant les barrières physiques, techniques, politiques et fiscales du marché européen, assurant ainsi *les quatre libertés* (la libre circulation des biens, services, capitaux et personnes). Le mouvement fut rapide : entré en vigueur le 1er juillet 1987, l'AUE devait être complété fin 1992, c'est « l'objectif 93 », à ne pas confondre avec le traité de Maastricht. Le grand marché portait en lui la monnaie unique décidée à Maastricht et adoptée à grand-peine dans les années 1990 par les critères de convergence (budgétaire et monétaire) qui liaient plus étroitement les pays de l'eurozone.

De 1950 aux années 1970, la France influença largement l'Europe grâce au nombre limité de ses États-membres, au charisme de Charles de Gaulle, à l'absence du Royaume-Uni, à la parité économique franco-allemande et à sa relation spéciale avec la République fédérale d'Allemagne (RFA), encore paralysée par le remords de la Seconde Guerre mondiale, le besoin de reconnaissance diplomatique, et affaiblie par sa relation hostile avec la République démocratique d'Allemagne (RDA). En France, socialistes et centristes sont pro-européens, mais communistes et gaullistes refusent les Communautés, les premiers par anti-capitalisme, stalinisme et antigermanisme, les seconds par nationalisme. Ces derniers se convertirent lentement et à reculons. Même si les années 1960 et 1970 semblent modestes comparées à la décennie fondatrice et l'action de De Gaulle un frein à l'Europe, la France maintint sa rupture fondamentale avec des siècles de diplomatie européenne. En effet, elle renonça pour de bon au système des alliances et contre-alliances (équilibre des pouvoirs), axe et plaie de l'histoire européenne depuis Rome, et refusa de punir, affaiblir ou isoler l'Allemagne, sa stratégie depuis la guerre franco-prussienne de 1871. On dit donc souvent que la IVe République qui signa les Traités de Rome aurait été incapable de les appliquer, mais de Gaulle, qui ne les signa pas, créa les conditions institutionnelles (réformes constitutionnelles, stabilité de l'État) qui lui permirent, comme à ses successeurs, de les appliquer...

Mais de Gaulle bloqua aussi les projets fédérateurs originaux en cherchant une communauté d'États-nations indépendants menés par le couple franco-allemand, sans le Royaume-Uni (c'est « la petite Europe » née du refus de la candidature britannique en 1963 et 1967), avec une personnalité politique intergouvernementale (Plans Fouchet de 1961–1962) et indépendante des États-Unis. La France bénéficia disproportionnellement de la Politique agricole commune (PAC), fondée sur un double compromis : entre l'Allemagne et les autres membres (elle accepta de payer plus qu'elle ne recevait et donc de sub-ventionner l'agriculture française), entre la politique et le marché (la « main invisible » du marché est faible dans une PAC très réglementée). Dans les années 1970, Giscard d'Estaing et Helmut Schmidt forment après Adenauer et de Gaulle un autre couple fondateur, mais les circonstances leur sont défavorables, et la politique monétaire européenne (aux résultats encore bien incertains) absorbe l'essentiel de leur énergie. Mais de 1985 à 1995, Jacques Delors à la Commission aidera l'action de Kohl et Mitterrand vers l'accélération de l'intégration et l'érosion des autonomies nationales.

En effet, de la CECA à l'AUE, les États-membres demeurèrent des entités relativement distinctes, dotées d'une grande autonomie de décision. Mais l'AUE puis Maastricht imposèrent une redéfinition des États-membres qui les mêla sur bien des points, et l'UE devint alors un déterminant essentiel de leurs choix — et de leur identité — internes et externes. Jusqu'à l'AUE, la France put limiter son adaptation à l'Europe à quelques domaines comme le charbon, l'acier et l'agriculture, et consacrer une grande partie de ses efforts à (essayer de) modeler l'Europe dans une direction qui lui convenait : sociale-démocrate et intergouvernementale. Mais l'AUE ouvrit une période radicalement nouvelle : les conséquences multiformes des traités pesèrent plus lourdement et plus directement sur les choix nationaux. Les gouvernements français successifs durent désormais consacrer plus d'énergie à appliquer les décisions européennes, au grand dam des souverainistes et des anticapitalistes. En même temps, le thatchérisme proposa une alternative néo-libérale à l'Europe sociale-démocrate née des années 1950, et les élargissements successifs, notamment ceux de 2004 et 2007 aux Pays d'Europe centrale et orientale (PECO) renforcèrent le modèle britannique d'une Europe atlantiste, libérale et mondialisée. Les nouveaux membres apportèrent aussi des orientations jusque-là négligées par la France, comme l'environnement ou l'Europe centrale, qui lui imposèrent de nouvelles obligations. Le compromis fondateur entre intergouvernementalisme et supra-nationalité fut aussi rompu par le renforcement de l'autorité communautaire dans un sens supranational, l'autonomie croissante des institutions communautaires pré-existantes (Commission, Cour européenne de justice ou CEJ) et l'apparition de nouvelles institutions indépendantes (Banque centrale européenne ou BCE).

L'orientation et la nature même du projet européen ont changé avec les circonstances. Initialement conçue par Jean Monnet et Robert Schuman dans les années 1950 comme un projet fédéral et atlantiste pour la paix européenne, l'Europe servit ensuite à de Gaulle pour son projet de grandeur, nationaliste et anti-atlantiste, puis aux « déçus du socialisme » des années 1980 comme un projet de substitution au socialisme, compensant ainsi l'échec économique interne de Mitterrand. Et suite à la réunification germanique d'octobre 1990, l'Europe devint le moyen d'assurer l'ancrage européen et démocrate de la nouvelle Allemagne. Pris entre deux choix difficiles (plus d'Allemagne ou plus d'Europe ?), Paris choisit d' « européaniser l'Allemagne » pour éviter la « germanisation de l'Europe », en acceptant une fédéralisation monétaire et institutionnelle (BCE) qui limitait aussi sévèrement ses propres choix. Le projet européen initial de la France fut, dans les années 1950, optimiste et délibérément fédéraliste ; il connut un long détour gaulliste-nationaliste (années 1960) et europessimiste (1965–1985), puis avec Maastricht, la France en revint au projet fédéral original, par obligation et demi-conviction, en partie pour éviter sa dilution dans un grand marché capitaliste et atlantiste sans dimension sociale ou politique. Ainsi, la dynamique des élargissements successifs poussa la France à approfondir l'intégration économique plus qu'elle ne le désirait sans doute, pour y développer une plus-value sociale et politique. Or, depuis Maastricht, l'Europe semble surtout digérer (avec difficulté) les conséquences des traités et élargissements, sans offrir de projet aussi clair qu'aux origines.

En terme d'impact et de visibilité, l'intégration européenne a aussi connu des évolutions profondes, et a parcouru une boucle complète. Méthodique (une chose à la fois : charbon-acier puis défense, etc.) mais substantiellement ambitieuse dans les années 1950, elle perdit force et visibilité durant deux décennies (1966–1985), se cantonnant largement à la gestion de l'acquis et à des initiatives passant sous le radar politique et médiatique, mais est revenue en force depuis. Après son éclipse politico-médiatique (années 1966–1985), elle est revenue au centre de la vie politique, médiatique, électorale et culturelle de la France, comme de tous les États-membres, et commença à les affecter en profondeur. Donc l'intégration des PECO fut accueillie fraîchement par les Français, car pour beaucoup l'Europe a perdu de sa visibilité et de son utilité. En effet, durant les années 1990, ils s'adaptèrent péniblement aux critères de convergence de l'euro (compression des dépenses publiques et sociales) mais la pression ne se relâche plus depuis, au contraire, le mouvement semble s'accélérer, et ils s'essoufflent à respecter (mal) les critères du Pacte de stabilité, notamment la compression du déficit budgétaire et de la dette publique à respectivement 3% et 60% du PNB. L'intégration européenne, au début un effort colossal et fragile mené par le Benelux (union économique entre la Belgique, les Pays-Bas et le Luxembourg), la France et la RFA, est devenue depuis l'Acte unique européen (AUE) et Maastricht une force largement autonome qui génère une cascade de conséquences et de contraintes inattendues. La France mena le jeu jusqu'à de Gaulle puis observa une constante diminution de son poids économique et politique dans un ensemble toujours plus vaste, complexe et autonome.

Pour des millions de Français, l'Europe facilite la mondialisation au lieu de les en protéger. Par exemple, la directive sur la libéralisation des services, par son principe du pays d'origine — la législation sociale devant s'appliquer étant celle du pays d'origine, non celle du pays où l'activité serait exportée et où les travailleurs vivent — outra le public. Cette directive Bolkenstein, depuis fort modifiée par la Commission Barroso et le Parlement, semblait imposer en France un démantèlement des services publics (éducation, santé) et imposer l'Accord général sur le commerce des services (AGCS), résultat du Cycle de

Doha de l'Organisation mondiale du commerce (OMC). Pour les Français, l'UE encourage donc la délocalisation des emplois et la société de marché. Inquiétés par l'immigration, l'Islam, les échecs de l'intégration des minorités, et le terrorisme islamiste, ils sont irrités par l'acceptation de la candidature turque, sans qu'on les ait consultés. Ces facteurs, aggravés par le chômage persistant et la peur des travailleurs étrangers — la xénophobie poujadiste contre le « plombier polonais » assombrit les débats autour de la Constitution — expliquent largement le rejet du traité constitutionnel le 29 mai 2005, sans parler de la longueur et de la complexité inhumaines du texte lui-même et de bourdes monumentales comme l'inclusion des politiques publiques dans le texte constitutionnel. En effet, une constitution doit poser les grands principes et l'organisation des institutions, mais pas les politiques, qui doivent nécessairement changer souvent. De plus, le poids relatif de la France en Europe a diminué à cause des élargissements successifs et des préférences néolibérales des PECO, notamment la Pologne et la Tchéquie. Cette diminution se traduit par sa moindre représentation institutionnelle et le déclin relatif du français dans les institutions communautaires au profit de l'anglais (Floch).

Paris observe aussi la diminution de sa capacité à influencer l'Allemagne qui, avec 83 millions d'habitants largement émancipés de leur culpabilité historique, et soumise à ses propres limites financières, refuse les compromis politiques, économiques et budgétaires d'hier si favorables à Paris. Les exigences allemandes en termes de retombée d'emplois dans la réorganisation douloureuse d'Airbus[2] en février 2007 sont une preuve parmi d'autres de cette affirmation germanique. En définitive, l'accumulation des élargissements et des traités depuis 1992 renforce chez les Français la perception d'une accélération anarchique (comme le capitalisme leur semble anarchique) de l'UE, que nul ne maîtrise plus, d'où l'*europessimisme* ambiant envers cette UE jugée antidémocratique, antisociale et trop libérale, supranationale, et technocratique. L'europessimisme des années 1970 (regret face à une Europe faible et pagailleuse) est désormais remplacé par l'euroscepticisme (l'Europe administre trop, de trop loin, et ne protège pas assez).

L'Europe comme question nationale

La relation à l'UE est désormais un déterminant essentiel de l'identité nationale et l'axe central de la vie politique des États. Or l'intégration se vit différemment pour chacun, selon son identité et sa culture politico-économique.

Le Royaume-Uni, plus libéral économiquement, l'Allemagne, plus décentralisée et dynamique, les « petits pays » moins obsédés par leur prestige, les pays neutres et atlantistes moins fixés sur « le péril américain », les pays nordiques plus pragmatiques, les pays à fort consensus social (Allemagne, Scandinavie) semblent souffrir relativement moins que la France. En effet, plusieurs caractéristiques de l'Hexagone[3] compliquent son adaptation à l'Europe : forte culture étatique, colbertisme économique, État-providence difficile à réformer, corporatisme syndicaliste dans des entreprises publiques et des secteurs sensibles (transports), éducation nationale bureaucratique (qualifiée de « mammouth »), souci lassant et déplacé de la grandeur, fort ethnocentrisme culturel, insuffisante spécialisation dans les industries porteuses et à haute valeur ajoutée, fiscalité punitive et législation sociale qui pénalisent les entrepreneurs, etc.

Le premier domaine où l'UE contredit l'Hexagone est l'organisation et l'action de l'État. En effet, la France fut longtemps marquée par la domination du pouvoir exécutif sur le pouvoir législatif, une rhétorique nationaliste, la centralisation administrative et politique, une certaine insularité de l'État. Or, pour appliquer *l'acquis communautaire* (ensemble des traités, directives et lois qui forment le corpus juridique de l'UE), la Constitution de 1958 a été amendée maintes fois depuis les années 1990 dans les domaines de l'immigration, de l'ouverture des frontières, du droit de vote des nationaux européens, du mandat d'arrêt européen, du vote à la majorité qualifiée, etc. En 1992, 1999 et 2007, les traités de Maastricht, Amsterdam et Lisbonne ont chacun exigé des modifications constitutionnelles significatives[4]. Le jacobinisme (centralisation politique et territoriale) propre au gaullisme est fort modifié par les lois Defferre des années 1980 en faveur de la décentralisation et par la formation d'eurorégions frontalières comme celles entre Alsace et Wurtemberg-Wesphalie-Rhénanie du Nord, Languedoc-Roussillon et Barcelone, Nord et Benelux. Ces liens directs entre l'UE et les régions françaises (encore en deçà des 16 *Länder* allemands ou des 17 *comunidades autónomas* espagnoles) indiquent les progrès du néo-girondisme (décentralisation). Les capacités d'action publique sont aussi encadrées par le Pacte de stabilité — signé en 1997 pour imposer, après l'entrée dans l'eurozone, une discipline budgétaire commune à ses membres — donc les finances publiques et la politique budgétaire sont fortement prédéterminées. La politique monétaire échappe aussi aux autorités nationales, car les taux d'intérêt directeurs sont fixés par la BCE, et le Conseil de l'euro (organisme technico-politique formé des ministres des finances de l'eurozone) n'a pas un rôle majeur dans ce domaine. La politique fiscale est largement formée par les autorités communautaires (fixation de la TVA et des droits d'accises) et l'attrait des régimes fiscaux avantageux des PECO et de l'Irlande, qui attirent les entreprises. La politique commerciale de la France est largement du ressort de la Commission (Peter Mandelson) et de l'OMC. Charles de Gaulle affectionnait la *high politics* menée tambour battant et drapeau au vent mais, dorénavant, Paris canalise une partie de sa politique extérieure par l'UE : aide humanitaire par ECHO (*European Community Humanitarian Office*), opérations extérieures communes (Balkans, République Démocratique du Congo, territoires palestiniens), défense frontalière par Europol (agence de coordination et d'informations entre polices nationales, créée en 1992, opérationnelle depuis 1999), le Système d'Informations Schengen (banque de données paneuropéenne sur la criminalité), FRONTEX (agence européenne pour la surveillance des frontières, établie à Varsovie en mai 2005), EUROJUST (instance de coopération des systèmes nationaux de justice créée en 2002), et Agence de Défense européenne (créée en 2004 pour améliorer la production de matériels militaires), etc. La vocation diplomatique particulière autoproclamée de Paris, née de son passé prestigieux et de sa vision de l'Europe-puissance — une UE dotée d'une force militaire et diplomatique propre, et opposée à l'Europe atlantique menée par les USA — est battue en brèche par le système international.

Le modèle économique et social est le second domaine de transformation pour la France. Les Trente Glorieuses (les années « faciles » de 1945 à 1975) permirent de construire un système économique national distinct, fondé sur la planification quinquennale, le colbertisme (dirigisme économique), l'économie mixte (mélange de propriété publique et privée), les grands projets (Airbus, TGV ou train à grande vitesse), les nationalisations, les champions nationaux et généralement le déséquilibre budgétaire keynésien et modernisateur. Ce pilotage de l'économie par les élites politiques (de droite comme de gauche) déclina avec les chocs pétroliers de 1973 et 1979, l'échec de Mitterrand (1981–1983), l'émergence de l'alternative néolibérale de Margaret Thatcher (1979–1990) résolue à faire reculer l'État au Royaume-Uni et dans la Communauté européenne, la prolifération de la législation communautaire pro-libérale (législation primaire comme le Traité de Maastricht et législation dérivée par les arrêts de la Cour de Justice) et la concurrence accrue des nouveaux pays industrialisés. Le modèle colbertiste-socialiste-keynésien se doublait d'un État-providence qui, par un haut niveau de réglementation et de protection sociales, assurait la justice redistributive, la solidarité citoyenne, l'inclusion des forces anti-système (extrême gauche) et contestataires (syndicats) dans le système capitaliste, et la paix sociale. Mais les droits sociaux sont laminés par le chômage, la législation européenne, les contraintes budgétaires, la mondialisation et la délocalisation des entreprises vers la Pologne, le Maroc ou la Chine.

La France pensait avoir trouvé le Grand Secret, c'est-à-dire des valeurs nationales *et* universelles, capitalistes *et* socialistes, et les défend d'arrache pied. Il est vrai qu'après 1945, le colbertisme et la protection sociale stabilisèrent la démocratie française et, pour la première fois de son histoire, permirent de concilier modernisation économique massive et paix sociale par la redistribution d'une partie de la richesse nationale (État-providence). Vu la dureté des conflits sociaux en France aux XIXe et XXe siècles et la force des extrémismes politiques et de l'idéologie dans la politique hexagonale, la démocratie française devait être sociale et, à travers la citoyenneté sociale, faire accepter le capitalisme par une population contestataire. Les droits sociaux en France sont l'équivalent du droit à la poursuite du bonheur aux États-Unis : une évidence, un tabou, et l'ordre naturel des choses. Ils incarnent cette *fraternité* censée équilibrer la *liberté* aux tendances anomiques et *l'égalité* aux tendances collectivistes et autoritaires. Puisque la prospérité économique des années 1950–1970 et sa redistribution sociale permirent la stabilisation politique et institutionnelle de la France, l'érosion de l'État-providence est vécue comme une érosion de l'ÉTAT et de la démocratie elle-même. L'État social affaibli assure moins la cohésion nationale, alors l'ÉTAT et la démocratie même sont malades, et l'extrême droite bénéficie de la « fracture sociale ». Inquiets de cette crise du pacte social fondamental, les Français se tournent depuis 1983 vers les partis antisystème, les extrêmes, les dissidents, les souverainistes et les nationaux-populistes (Le Pen, Pasqua, de Villiers) ; ils sont nerveux, prompts à déstabiliser les élites ; leur comportement électoral est imprévisible et ils explosent périodiquement. La pauvreté de beaucoup dans la prospérité générale, le chômage et la peur du chômage, le sentiment de vulnérabilité, l'américanisation et la mondialisation ont réveillé les vieux démons de la France. Son malaise prend des formes diverses qui indiquent les résistances multiformes des citoyens : extrémisme politique (succès de Le Pen le 21 avril 2002, des anticapitalistes d'extrême gauche comme Arlette Laguiller ou Olivier Besancenot), émeutes de l'hiver 2005, blocages face aux réformes (échec du Contrat d'Insertion Professionnelle d'Édouard Balladur en 1994, grèves massives de l'hiver 1995 contre le plan Juppé, des Contrat première embauche et Contrat nouvelle embauche de 2006), dangereux référendums sur l'Europe (« oui » court en septembre 1992 sur Maastricht, « non » clair le 29 mai 2005 sur le traité constitutionnel), balkanisation électorale, malaise moral et culturel et débats autour des « déclinistes » ou « déclinologues » (néologisme critique désignant les analystes qui voient une France en déclin).

La France par l'Europe, et vice versa

L'Europe doit beaucoup à la France. Si de 1945 à 1962 la modernité pour la France fut la décolonisation (mal menée mais nécessaire), à partir de la déclaration Schuman du 9 mai 1950 (base de la CECA), la modernité fut l'intégration européenne, que Paris soutint constamment, et son apport fut crucial. Elle sut se réconcilier avec l'Allemagne dès 1950 (seulement cinq ans après Hitler !), forger une définition plus large de son intérêt national en complément de celui de ses partenaires, bâtir des institutions durables et efficaces, accueillir 21 pays lors de sept élargissements successifs de l'UE, abandonner beaucoup de sa souveraineté, et maintenir contre les neutres, les indifférents et les atlantistes l'espoir d'une Europe-puissance. Jacques Chirac accepta même la candidature de la Turquie, malgré la fièvre de l'opinion publique autour de l'islam et des immigrés. Les débats hexagonaux à propos de l'intégration sont normaux dans une démocratie et se retrouvent chez les autres membres — en fait plus férocement dans certains pays comme le Royaume-Uni ou la Pologne. Les Français se divisent car l'Europe constitue la question capitale depuis 1992, comparable en cela à la lutte entre Église et État au XIXe siècle, à la question républicaine jusqu'en 1945, ou à la question coloniale jusqu'en 1962. Les débats et disputes lors des référendums de Maastricht en 1992 et de la Constitution en 2005 ne sont pas des indices d'impuissance nationale, mais témoignent au contraire de la vigueur du débat démocratique. En 2004–2005, le projet de Constitution bénéficia d'un torrent d'articles, livres, discours et débats où chacun eut sa part, on assista même à une explosion des *blogs* spécialisés. Certes le débat ne fut pas toujours bien informé ou honnête, mais cela est vrai pour tous les débats démocratiques et, dans cette masse, il y en eut beaucoup de sérieux. Pour une fois, des dizaines de millions de citoyens se mobilisèrent autour d'un sujet politique digne d'attention, ce qui change de la logorrhée « sexe-stars-sport » de la presse *people*.

Les Français doivent aussi beaucoup à l'Europe car, si elle pose des problèmes, elle sert aussi bien des buts hexagonaux. D'abord, elle débarrassa la France et le monde du problème allemand en ancrant profondément l'Allemagne en Occident. Grâce à l'Europe, l'Allemagne rejeta les néfastes tropismes de son passé, en refusant l'aventurisme martial, la neutralité ou le flirt coupable avec l'URSS (traité de Rapallo de 1922, Pacte Molotov-Ribbentrop du 23 août 1939). En se réconciliant avec l'Allemagne, la France régla le problème allemand pour elle-même et pour l'Europe entière. Ensuite, l'intégration facilita et accéléra la modernisation de l'industrie et de l'agriculture française, notamment par la PAC (l'argent allemand), la préférence communautaire et le tarif extérieur commun. Elle facilita la modernisation de son industrie en ouvrant de vastes marchés aux producteurs et aux consommateurs français. Elle permit à des milliers d'Européens de s'établir en France et de l'enrichir par leur présence et leur travail, et inversement pour les Français dans les autres pays membres. Elle permit aussi aux élites politiques après de Gaulle de se débarrasser en partie de ce que le gaullisme comportait d'offensant pour les pays amis et alliés et d'obsolète et de rigide pour la France. La France doit encore faire des progrès dans ce domaine, par exemple quand Chirac menaça Bulgarie et Roumanie de repousser leur entrée dans l'UE à cause de leur soutien aux États-Unis en Irak. L'Europe a aussi ouvert à la France un vaste domaine où exercer son influence, et lui a donné maintes occasions d'exercer et de démultiplier son influence. Elle lui offre donc, quand elle agit avec ses partenaires, un poids qu'elle ne possèderait pas autrement, par exemple lors des négociations à l'OMC (succès partiels) ou avec l'Iran (échec). Par contre, quand chacun agit pour soi, rien ne se fait, comme dans l'affaire d'Irak, face à Robert Mugabe, autocrate du Zimbabwe, ou pour la politique énergétique de l'Europe envers la Russie. L'Europe aide aussi les dirigeants nationaux à effectuer les réformes nécessaires. Ils peuvent en effet rechercher ou invoquer la contrainte extérieure pour justifier leurs choix difficiles auprès des citoyens récalcitrants. Hélas, ce sont toujours les citoyens qui font les frais des décisions de modernisation, mais celles-ci sont parfois indispensables pour survivre. L'Europe a ainsi dépoussiéré et modernisé la mentalité française en permettant de dépasser les égoïsmes de l'État-nation.

Les eurosceptiques et altermondialistes de l'Hexagone critiquent justement les excès de la concurrence internationale, la spéculation financière, l'irresponsabilité capitaliste, le scandale des salaires des dirigeants de grandes entreprises et la paupérisation d'une partie des citoyens. Et certes les élargissements multiples, les traités successifs, et le renforcement des compétences collectives de l'UE ont altéré le compromis original entre pouvoir national et pouvoir communautaire en faveur de ce dernier (ou ont révélé ce paradoxe fondateur). Mais on ne peut oublier qu'en fait l'UE joue *trois rôles simultanés* et *entremêlés* dans la manière dont la mondialisation touche la France (et les autres États-membres): elle la transmet telle quelle voire l'amplifie, elle la limite, elle la transforme. Trois exemples illustreront ce fait. 1) la surévaluation de l'euro face au dollar, résultat des jeux du marché mondial, handicape les exportations françaises mais allège aussi le coût des importations. 2) le commerce extérieur de la France est réglementé par l'UE et l'OMC qui imposent de fortes contraintes aux entreprises françaises. Mais par sa masse, l'UE permet aussi à la France de mieux protéger son agriculture contre les exigences de libéralisation agricole du Groupe de Cairns, elle lui permet aussi de préserver une partie de ses services culturels (« exception culturelle ») contre les États-Unis. 3) la politique structurelle de l'UE (aides aux régions, industries et catégories sociales en difficulté ou en retard sur la moyenne de l'UE) occupe dorénavant 35% du budget de l'UE et constitue un vaste programme de redistribution de la richesse collective aux ayants droit, et limite les aspects négatifs de la concurrence capitaliste. La France reçoit à ce titre de fortes sommes pour aider ses régions, secteurs et individus en besoin. Donc, faire la part des carences hexagonales, des pressions de l'UE et de la mondialisation dans les difficultés actuelles de la France est difficile, comme il est difficile de distinguer les aspects protecteurs et destructeurs de l'UE sur la France.

L'Europe : Vous êtes embarqué, il faut parier

Malgré ses défauts, l'UE demeure le seul destin crédible de la France et les eurosceptiques devraient méditer trois vérités. D'abord, l'État-nation du « premier monde » capitaliste développé conserve des pouvoirs significatifs, et incomparablement plus grands que les États du Sud, par exemple lors des disputes concernant la guerre d'Irak où *la France eut un rôle central*, ou lors de l'échec en 2006 du Cycle de Doha de l'OMC causé par le refus des pays développés du Nord et *notamment de la France*, d'ouvrir leur marché aux produits agricoles du Sud. De tels exemples d'autonomie nationale « au Nord » poussent des tiers-mondistes comme Samir Amin et Ali El Kenz à affirmer que les structures du système mondial sont largement déterminées par les relations internes à la Triade, c'est-à-dire les trois pôles économiques dominants que constituent les USA, l'Europe, le Japon et leurs clients (Amin et El Kenz 51). Les théoriciens néo-réalistes comme Alan Milward et Andrew Moravcsik avancent même que l'État-nation utilise largement l'UE à ses propres fins (Milward; Moravcsik, 1994 et 1998). Ensuite, le choix de la France n'est pas et n'a jamais été entre liberté (indépendance) et soumission (à l'UE) mais entre divers types de contraintes, et son choix est souvent entre le moins mauvais et le pire. Par exemple, Paris adopta l'euro avec toutes ses contraintes, pour en fait échapper à la domination monétaire et politique du *Deutschmark*, probablement jugée plus coûteuse que les difficultés de la monnaie unique. En 1990, l'Europe avait déjà une monnaie commune de fait, le Mark allemand, et ne rien faire aurait entraîné la germanisation économique de la France et de l'Europe. Donc si l'Europe a un coût, la non-Europe a souvent un coût plus élevé. À cet égard, le rapport Cecchini de 1988 quantifia « le coût de la non-Europe » pour mieux mesurer les bénéfices du marché unique européen. Pour Paris, l'euro fut donc la moins mauvaise alternative, et l'Europe constitue à bien des égards une forme de fuite en avant quand les autres options (y compris l'inaction) s'avèrent bien plus déplaisantes. Pascal dirait : « Vous êtes embarqué, il faut parier ».

Les « europtimistes » font valoir que ce n'est pas la pensée qui est unique, c'est la réalité, d'autant plus que la démagogie hexagonale des 35 heures de travail ignore que désormais des dizaines de milliers d'informaticiens et d'ingénieurs indiens anglophones et des centaines de millions de Chinois, intelligents et déterminés, sont en concurrence directe avec les travailleurs français. Enfin, quantité de problèmes structurels de la France n'ont rien à voir avec l'Europe : dysfonctionnement du système de santé publique observé lors de la canicule de l'été 2003, gangrène du système judiciaire révélée par le procès d'Outreau (familles longuement martyrisées par la tyrannie judiciaire), Éducation nationale en crise permanente, abus de la Sécurité sociale (en déficit grave) par une partie des assurés, incapacité de l'État à se réformer (statut privilégié du personnel du ministère des Finances, difficiles réformes de l'Éducation), fiscalité oppressive (« fiscalisme ») qui voit même l'État combattre ses propres excès par le « bouclier fiscal » introduit dans la Loi des Finances de 2006, scandale des exclus et SDF (sans domicile fixe ou sans-abri) non assistés, groupes de pression corporatistes voire violents (chauffeurs routiers, chasseurs, une partie des paysans, etc.), longue protection des criminels de Vichy par les autorités publiques, échec de l'intégration d'une partie des Français issus de l'immigration, entêtement de millions de Français en faveur d'idéologies mortifères (communisme, nationalisme, xénophobie), gabegie et prévarications (Crédit Lyonnais, Elf), etc. Donc ce déficit démocratique dont l'UE est accusée commence dans l'Hexagone.

Le 25 mars 2007, à l'occasion du 50ᵉ anniversaire des Traités de Rome, l'UE adopta la déclaration de Berlin, se contentant de réaffirmer les valeurs fondatrices et les grands objectifs de l'Union. Ce document bref et vague n'apporte rien et appartient à la catégorie des platitudes diplomatiques. Par contre, Sarkozy joua un rôle important pour faciliter l'action de la présidence allemande (de l'UE) envers la Pologne, pour faire adopter le traité de Lisbonne (adopté le 19 octobre et signé le 13 décembre 2007), un traité simplifié ou 'modificatif' qui se substitue à la Constitution (grevée par les « non » français et néerlandais de 2005). Un dossier important est donc débloqué, il en reste 100 autres — et si on les interroge, les Français en général désirent une Europe social-démocrate, une Europe-puissance et intergouvernementale (cela est contradictoire), généreuse au développement, pacifiste, un conseil (politique) de l'euro pour équilibrer (compenser ?) l'indépendance de la BCE et du PSC, et une Turquie associée mais sans être membre. Les eurosceptiques y voient la cause du déclin de la France, et la preuve de l'abandon de la politique face à l'économie (ou le triomphe de la politique néo-libérale sur l'économie et la société réelles), l'abdication de la volonté politique face aux pseudo-lois du marché. À l'opposé, des Américains, notamment de droite, accusent cette UE d'être une créature de la France (Kramer). L'Europe ne mérite ni cet excès d'honneur ni cette indignité car elle demeure un compromis souvent difficile entre atlantisme et Europe politique, social-démocratie et libéralisme économique, intergouvernementalisme et supranationalité, un compromis qui cumule les contraintes et les opportunités pour chacun de ses membres pris dans le mælstrom de la mondialisation.

Nicolas Sarkozy et l'Europe

L'élection de Nicolas Sarkozy en mai 2007 semblait annoncer une rupture aussi importante que la conversion de Mitterrand au capitalisme en 1983. En effet, le nouveau président proposa une approche libérale et atlantiste du capitalisme, du travail, des rôles respectifs de l'individu et de l'État dans l'économie, et des rapports avec les États-Unis — sans compter un appui et hommage vibrant à Israël, notamment en mai 2007 lors du 60e anniversaire de la création de l'État hébreu. Sa préférence pour le libéralisme économique, l'initiative et la responsabilité individuelles, sa fascination décomplexée (« berlusconienne ») pour l'argent, les riches, le bling-bling et l'efficacité marchande semblaient représenter la culmination de 25 ans de réformes économiques, sociales et culturelles, qui virent la France s'éloigner du modèle social-colbertiste des Trente Glorieuses en faveur d'un social-libéralisme à la française. En ce sens, Sarkozy « l'Américain » présentait des points communs avec Tony Blair — dans les années 1990, ce dernier amena le *Old Labour* britannique, étatiste, pro-syndical et fortement ouvriériste, vers un *New Labour* plus favorable au marché, à la main invisible, aux classes moyennes élargies, à la Loi et l'Ordre. Sarkozy semblait vouloir moderniser la France dans une direction néolibérale, pour preuve la longue expérience professionnelle de Christine Lagarde, sa nouvelle ministre de l'Économie, dans le cabinet juridique Baker and McKenzie à Chicago. Le *New York Times*, le *New Yorker*, *The Economist* saluèrent donc, dans l'ordre, « The French Revolution » (Cohen), « The Human Bomb » (Gopnik), et « The Changing of the Guard » (« The Changing »).

Le Président présenta clairement ses conceptions de l'Europe dans quatre ouvrages complémentaires (Sarkozy). Il envisage une Europe-puissance, avec une politique économique, industrielle et monétaire concertée (refus de se limiter aux simples critères techniques de lutte contre l'inflation et au respect mécanique du Pacte de stabilité), une « Europe comme multiplicateur de puissance, non comme facteur d'impuissance », une « Europe comme protection, non comme cheval de Troie de tous les dumpings » et qui, loin d'être intimidée par les *traders, yuppies* et *golden boys* de Wall Street et de la City de Londres, met « en œuvre de véritables politiques communes » (*Ensemble* 94). Par exemple, il a suggéré une politique européenne d'achat de l'énergie, notamment de gaz, pour peser face à une Russie riche en hydrocarbures mais aventuriste et autoritaire. Il veut que l'Europe renonce à la règle paralysante de l'unanimité en matière de sécurité interne et de coopération en matière judiciaire et pénale (le 3e pilier de Maastricht) — « Une commission rogatoire internationale (. . .) met plusieurs mois pour revenir d'Italie alors que des terroristes peuvent traverser tout le territoire européen en 72 heures. Seule l'harmonisation de nos procédures policières et le rapprochement de nos services de police peuvent compenser cette facilité. » — et d'immigration : « En 2002, la politique européenne en matière d'immigration et de sécurité relevait, et relève encore en grande partie, de la règle de l'unanimité (. . .) La meilleure manière de ne jamais obtenir de compromis, c'est de dire qu'aucun compromis n'est nécessaire (. . .) Les pays peu concernés par l'immigration, notamment au Nord de l'Europe, font prévaloir des principes généreux, par exemple en matière de mariage ou de regroupement familial, que les nations confrontées à la pression migratoire ne peuvent assumer dans la pratique » (*Témoignage* 68–70). Ailleurs, il ajoute : « C'est la vocation de la zone euro de lutter contre les excès de la financiarisation de l'économie » (*Ensemble* 100) et de se doter d'un gouvernement de la zone euro, pour une sorte de co-gouvernance avec la Banque Centrale Européenne (notion ardemment rejetée par la Commission). La crise économique de 2008 lui donna l'occasion de fustiger le néolibéralisme et d'en appeler, lors du G 20 à Washington en novembre 2008 et à Londres en avril 2009, à une économie dynamique, ouverte mais aussi réglementée : élargissement multipolaire de la gouvernance, soutien au FMI (Fonds monétaire international), refus des paradis fiscaux, nouvelles normes comptables internationales, etc. En même temps, Sarkozy souhaite la subsidiarité pour les politiques *nationales* auxquelles la France reste attachée : nourriture, terroir, culture, etc.

Il fustige l'impuissance politique de l'UE et le renoncement incarné notamment par la politique d'élargissement sans plan général et, à cet égard, ses positions sur la Turquie ont l'avantage d'être claires :

> L'élargissement a affaibli la volonté commune, et dressé devant l'intégration politique un obstacle infranchissable. L'entrée de la Turquie tuerait l'idée même de l'intégration européenne. Elle la réduirait au libre-échange et au droit de la concurrence. Elle enterrerait définitivement l'objectif d'une Europe puissance, des politiques communes et d'une démocratie européenne. Elle porterait un coup fatal à la notion même d'identité européenne (*Ensemble* 95).

Pour lui cette « Europe de l'élargissement sans fin » porte une responsabilité directe dans sa crise de légitimité et l'euroscepticisme, elle est le prétexte et le symbole même de tous les renoncements, grands et petits. Après avoir accepté l'ouverture des négociations d'adhésion avec Ankara en octobre 2005, Jacques Chirac avait amendé la Constitution, rendant obligatoire un référendum populaire sur son entrée. Mais Sarkozy démantela cet amendement constitutionnel car on ne peut consulter les Français pour chaque élargissement, surtout pour des pays comme la Croatie (candidate depuis 2005) qui, eux, sont petits et vraiment européens. Puisque l'UE s'était engagée auprès de la Turquie, Sarkozy n'y peut rien, il propose donc une association aussi étroite que possible sans aller jusqu'à l'adhésion (il envisageait peut-être en filigrane de « diluer » le problème turc dans son projet d'une Union renforcée pour la Méditerranée), et un espace économique et de sécurité commun. C'est pourquoi en 2008 il accepta les négociations sur 30 chapitres mais s'opposa aux négociations sur 5 autres : agriculture, politique régionale, citoyenneté européenne, institutions, et Union monétaire qui auraient valu adhésion future. Dans son opposition, Sarkozy reçoit le soutien d'Angela Merkel et des conservateurs allemands, mais s'oppose aux socialistes français et aux sociaux-démocrates allemands, alliés gouvernementaux de Merkel.

Paris assuma la présidence du Conseil de l'UE au deuxième semestre 2008, après la Slovénie, avec cinq grandes priorités :

1) Faire adopter le traité européen simplifié, le traité de Lisbonne, après l'échec des référendums français et néerlandais en mai-juin 2005 sur la Constitution et le « non » irlandais le 12 juin 2008 au traité modifié de Lisbonne. Après le choc du double non de mai-juin 2005 au projet de Constitution (née de la Convention de 2002–03 présidée par Giscard d'Estaing et signée à Rome en octobre 2004), l'Europe fit une pause sur les questions institutionnelles puis les présidences allemande et portugaise en 2007 permirent une renégociation de la « défunte » Constitution par une conférence intergouvernementale. Son résultat est le Traité de Lisbonne qui abandonne les symboles (drapeau, hymne), n'intègre plus les politiques communes, et propose de grandes réformes institutionnelles : a) la création d'un poste de président permanent du Conseil européen avec mandat renouvelable de deux ans et demi, b) le renforcement des pouvoirs et des services d'action extérieure du Haut représentant de la diplomatie européenne également vice-président de la Commission et Commissaire des relations extérieures, c) une clarification de la structure tricéphale Commission-Présidence du Conseil européen et Présidence tournante, d) l'extension au Conseil dès le 1er janvier 2009 du champ d'application du vote à la majorité qualifiée (ou majorité renforcée) notamment dans les domaines de la coopération policière et pénale (avec une clause d'exemption pour le Royaume-Uni), e) à partir de 2014, une nouvelle définition de la majorité qualifiée par le système de double majorité (55% des États représentant 65% de la population), qui renforce le poids des grands pays, f) l'extension du champ de la procédure de codécision qui donne au Parlement européen un poids égal à celui du Conseil, notamment en matière budgétaire, g) l'élection du Président de la Commission par le Parlement, h) une nouvelle distribution des sièges au Parlement basée sur les évolutions démographiques et i) une plus grande implication des parlements nationaux dans l'application du principe de subsidiarité, avec la possibilité pour la moitié des parlements nationaux (si soutenus par le Conseil et le Parlement) de s'opposer à des propositions législatives de la Commission. Le Traité abandonne aussi la notion de concurrence comme fin en soi et réaffirme le rôle clef des services publics en Europe (Sarkozy, 2008, 1–28) ;

2) Codifier les rapports avec la Méditerranée notamment pour promouvoir une politique concertée de l'immigration et la lutte contre l'immigration illégale ;

3) Renforcer la sécurité énergétique de l'Europe et encourager le développement durable ;

4) Développer la Politique européenne de sécurité et de défense (par exemple, appliquer la clause de solidarité entre États européens, décidée par le traité de Lisbonne) ;

5) Préparer les réformes budgétaires notamment pour la Politique agricole commune et la pêche (limites des subsides, accent sur le développement durable, préférence communautaire en termes sanitaires, dégrèvements fiscaux pour aides avec les coûts de l'énergie, etc.).

Le programme de la présidence se voulait très ambitieux avec la santé, l'éducation, la flexisécurité, la participation citoyenne, les services d'intérêt généraux, la politique de cohésion et de mobilité, la recherche, le développement et la compétitivité en Europe, l'égalité hommes-femmes, entre autres (www.ue2008.fr). Mais de l'avis général, les cinq *priorités* étaient claires et déjà fort exigeantes. Au passif de la présidence de Sarkozy, on note son style abrupt et brouillon, pas assez diplomatique et inclusif — ici, la faiblesse de l'homme rejoint une certaine tradition diplomatique gaulliste, péremptoire et franco-centrique. Il a aussi mal géré les relations franco-allemandes (au moins au début) en proposant initialement une Union pour la Méditerranée excluant l'Allemagne et qui semblait créer des institutions hors-cadre européen. Le jugement sur son intervention dans la guerre entre la Géorgie et la Russie est mitigé : on salue sa célérité, sa mission des bons offices à Moscou, le compromis ébauché par lui entre Moscou et Tbilissi, mais on souligne aussi l'absence de moyens européens effectifs et le statu quo militaire sur le terrain : la Russie accepta sa proposition de cessez-le-feu parce qu'elle avait atteint ses objectifs militaires en Ossétie du Sud et en Abkhazie. Face à la crise financière qui plomba toute action à partir de l'hiver 2008, les Français apprécient sa défense de l'État-providence et du capitalisme. Sarkozy a aussi abouti sur l'Union pour la Méditerranée, lancée en grande pompe le 13 juillet 2008 à Paris, et sur un Pacte européen commun sur l'immigration et l'asile, qui prévoit des politiques communes de visa, d'asile, de consultations administratives et policières, le refus des régularisations massives par les États-membres (tuer l'effet de pompe aspirante), une coordination des politiques d'expulsion et du codéveloppement, etc. Le 7 février 2007, à Toulon, Sarkozy avait lancé l'idée, et l'UPM aura son siège à Barcelone, avec un président tunisien, pour travailler sur les questions de sécurité, d'eau, d'immigration, etc. Mais les différences de développement nord-sud, les rigidités structurelles, politiques et démographiques, l'ampleur même des projets et la contraction des moyens budgétaires face à la crise économique et aux autres politiques européennes, invitent à une grande prudence quant au succès du vaste programme de l'UPM. Des avancées sur la Politique européenne de sécurité et de défense (PESD) sont notables (nouvelles institutions et opérations extérieures de l'UE), tout comme le retour de Paris dans l'OTAN, mais la PESD demeure largement intergouvernementale et son budget, la volonté politique, les différences entre gaullistes, atlantistes, neutres et passagers clandestins (*free loaders*) pèsent lourdement.

Les initiatives contre le réchauffement climatique (réduire d'ici 2020 de 20% ou 30% en cas d'accord mondial les émissions à effet de serre par rapport au niveau de 1990, porter à 20% le taux de consommation des énergies renouvelables contre 8,5% actuellement, réaliser 20% de consommation d'énergie, développer les enchères de quotas d'émission, réduire la délocalisation de la production de carbone vers les pays non UE) et pour finaliser la ratification du traité de Lisbonne par les 27 n'ont pas encore abouti, faute de temps. Par contre, Dublin accepta d'organiser un nouveau référendum avant le 1er novembre 2009 (date de renouvellement de la Commission Barroso) en échange de garanties (maintien de « son » commissaire à Bruxelles, garantie de sa neutralité militaire, de son autonomie fiscale et de l'interdiction de l'avortement). Il resterait à la présidence tchèque, qui débuta en janvier 2009, de compléter ces initiatives, malgré l'euroscepticisme du président Václav Klaus.

Jean-Pierre Jouyet, Secrétaire d'État chargé des Affaires européennes de Nicolas Sarkozy, a déclaré en 2007 : « L'Europe est une construction volontariste, cela n'a jamais été une génération spontanée » (Jouyet 2007, 241). Ainsi malgré ses aspects « américains », Sarkozy s'inscrit aussi dans la tradition française qui préfère une Europe politique à une Europe technique, légale-technocratique ou seulement marchande, désire une moralisation et une réglementation des marchés et veut équilibrer l'intégration économique par la coordination fiscale et sociale ainsi que par des politiques communes (concurrence, industrielle, etc.). Depuis les origines, les Français voient en l'intégration européenne un projet de société et de civilisation et en ont une vision stratégique et même métahistorique, qui fait contraste avec leur défense de maints aspects de l'État-nation hexagonal. Fidèle à elle-même, la France est pour l'Europe à la fois un moteur et un frein.

Début juin 2009, 388 millions d'électeurs dans 27 pays votèrent pour élire 736 eurodéputés du nouveau Parlement européen pour un mandat de cinq ans. C'est le seul scrutin démocratique permettant aux citoyens de s'exprimer (hors référendum) et d'être expressément représentés dans une institution centrale de l'UE. C'était seulement le second scrutin parlementaire européen pour les dix nouveaux membres entrés dans l'Union européenne en 2005, et le premier pour la Bulgarie et la Roumanie, entrées en 2007. Le taux d'abstention fut considérable (60% environ) pour l'ensemble des pays, et continue malheureusement une tendance lourde observée depuis plusieurs scrutins européens. Les débats furent plus liés aux questions nationales (économie, chômage, impôts, popularité du gouvernement en place, scandale des notes de frais en Grande-Bretagne ou déboires matrimoniaux de Berlusconi en Italie) qu'aux questions strictement européennes. Pourquoi cette relative désaffection ? Les citoyens s'intéressent toujours à la politique mais l'UE est souvent vue comme antidémocratique (elle serait technocratique et bureaucratique), antisociale (érosion de l'État-providence), antinationale (elle contourne et invalide les choix nationaux). Elle est souvent vue comme un vecteur de mondialisation et, en particulier, Bruxelles n'a joué aucun rôle dans la prévention ou la gestion de la crise financière et économique apparue fin 2008. Les Français qui avaient massivement refusé le projet de traité constitutionnel en mai 2005 observent aussi que le traité de Lisbonne lui ressemble grandement et leur a été imposé, cette fois-ci par Sarkozy, par voie parlementaire. Il leur semble donc que les gouvernements n'en font qu'à leur tête et que leur vote européen n'est respecté que s'il ratifie les décisions déjà prises par les élites.

Les électeurs européens n'ont pas puni les droites au pouvoir pour la crise du capitalisme, ils ont choisi la stabilité et créditent peut-être les droites d'un plus grand sérieux en matière économique. Avec environ 270 sièges, le PPE (la coalition des droites modérées européennes) gardera donc la majorité dans l'hémicycle. Dans l'ensemble de l'Europe, les droites et partis libéraux-conservateurs l'emportèrent, tandis que les socialistes et sociaux-démocrates furent les grands perdants, qu'ils soient au pouvoir (Espagne, Grande-Bretagne) ou dans l'opposition (France, Italie). Des exceptions notables sont le Danemark, la Grèce et la Suède, où les socialistes obtinrent un bon score. L'extrême droite connut une poussée inquiétante (FPÖ en Autriche), tout comme des partis nationalistes (en Finlande et Hongrie, parti de la Grande Roumanie), antiimmigrés et anti-Islam (le Parti de la Liberté ou PVV de Geert Wilders aux Pays-Bas).

En France, l'abstention atteignit un taux record (59, 36%). Avec 28% des voix, l'UMP de Sarkozy arriva en tête des résultats, tandis que le PS subit une nette défaite (16%). En effet, électeurs et dirigeants du parti socialiste se divisent toujours entre l'acceptation de la sociale-démocratie et l'extrême gauche anticapitaliste (Jean-Luc Mélenchon). Par ailleurs, les socialistes sont incapables de s'entendre sur un programme politique rénové et crédible (leurs soi-disant priorités pour l'Europe sont innombrables et confuses), et un/e dirigeant/e populaire et crédible. Le PS commit aussi l'erreur de sous-estimer la demande citoyenne en matière d'environnement et de développement durable, laquelle explique le grand succès (16% des voix soit 14 sièges au Parlement) de la coalition des Verts (Daniel Cohn-Bendit) et apparentés (amis de Nicolas Hulot, Éva Jolie, José Bové). Le MoDem de François Bayrou subit aussi une sévère défaite (entre 8 et 9%), peut-être par son discours anti-Sarkozy, trop réducteur, et son absence de propositions concrètes. Désormais le rapport des forces entre socialistes, qui hier manipulaient les écologistes, et les Verts en progrès, est inversé. Mais les écologistes français seront-ils durables ? Sauront-ils échapper à leurs tendances à la balkanisation, bien gérer les dossiers divers, et rassembler une majorité au Parlement européen ? L'avenir le dira. Les Français ont aussi voté en grand nombre (environ 20%) pour une kyrielle de partis souverainistes (MPF de Philippe de Villiers, chasseurs de CNPT), anti-système, anticapitalistes et extrémistes (Front national, Nouveau parti Anticapitaliste de Besancenot, Lutte Ouvrière, etc.) et il reste encore presque 2% de Français pour oser voter communiste !

Peut-être le succès de Sarkozy tient-il au fait qu'il sut marier les enjeux français avec les débats européens ? Ce qui l'aida aussi fut sa stature personnelle en Europe (il est plus « charismatique » que ses rivaux habituels de Grande-Bretagne et d'Allemagne) et ses déclarations (nombreuses depuis l'explosion de la crise financière en 2008) moins libérales et plus keynésiennes en faveur d'un capitalisme réglementé et moralisé. Une minorité de Français (40%) se sont déplacés pour voter, ils préfèrent l'euroréalisme des droites plutôt que l'europhilie des sociaux-démocrates, beaucoup favorisent des partis plus ou moins anti-européens... et 60% se sont totalement abstenus.

Notes

[1] La crise de la « chaise vide » fait référence à la période de sept mois en 1965–1966 pendant laquelle la France, en désaccord sur le financement de la Politique agricole commune (PAC), refusa de participer aux réunions des organes de la Commission des Communautés européennes à Bruxelles.

[2] Airbus est une filiale du groupe European Aeronautic Defence and Space (EADS) qui a été créé en 2000 par la fusion de plusieurs entreprises européennes dans le but de former un groupe industriel puissant. Airbus est en concurrence avec Boeing et ses avions sont assemblés à Toulouse. Le dernier en date, l'A380 est le plus gros avion civil.

[3] La France a la forme d'un hexagone (figure géométrique à six côtés) et l'on emploie parfois le terme d'Hexagone pour faire référence au pays.

[4] Pour une description complète des modifications de la Constitution depuis 1958, voir le site du Conseil constitutionnel: <http://www.conseil-constitutionnel.fr/dossier/quarante/notes/revisions.htm>.

Références

Amin, Samir et Ali El Kenz. *Europe and the Arab World. Patterns and Prospects for the New Relationship.* London/New York : Zed Books, 2005.

Aron, Raymond. *Plaidoyer pour l'Europe décadente.* Paris : Robert Laffont, 1977.

Cohen, Roger. « The French Revolution », *New York Times*, 20 septembre 2007.

Cohen-Tanugi, Laurent. *Une stratégie européenne pour la mondialisation. Rapport en vue de la présidence française du Conseil de l'Union européenne.* Paris : Odile Jacob/La Documentation Française, 2008.

Delors, Jacques. *Mémoires.* Paris : Plon, 2004.

Floch, Jacques, rapporteur. *Présence et influence de la France en Europe : le vrai et le faux.* Paris : Rapport (numéro 1594) de la Délégation de l'Assemblée nationale pour l'UE, Assemblée nationale, 12 mai 2004 <http://www.ladocumentationfrancaise.fr/rapports-publics/044000236/index.shtml>.

Giuliani, Jean-Dominique. *Un Européen très pressé.* Paris : Éditions du Moment, 2008.

Gopnik, Adam. « The Human Bomb. The Sarkozy Regime Begins », *The New Yorker*, 27 août 2007 <http://www.newyorker.com/reporting/2007/08/27/070827fa_fact_gopnik>.

Gordon, Philip H. et Sophie Meunier. *The French Challenge. Adapting to Globalization.* Washington, DC : Brookings Institution, 2001.

Goulard, Sylvie. *Le Coq et la perle.* Paris : Le Seuil. 2007.

——. *Il faut cultiver notre jardin européen.* Paris : Le Seuil, 2008

Gubert, Romain. *La France doit-elle quitter l'Europe ?* Paris : Larousse, 2008.

Gueldry, Michel. *France and European Integration. Towards A Transnational Polity ?* Westport, CT : Praeger, 2001.

Guigou, Elisabeth. *Je vous parle d'Europe.* Paris : Le Seuil, 2004.

Guyomarch, Alain, Howard Machin et Ella Ritchie (dir.). *France in the European Union.* New York : St. Martin's Press, 1998.

Izzard, Eddie. *Dressed to Kill.* Réalisateur Lawrence Gordon. USA, 175 min., 1999.

Jouyet, Jean-Pierre et Philippe Machin. *N'Enterrez pas la France.* Paris : Robert Laffont, 2007.

——. et Sophie Coignard. *Une Présidence de crises.* Paris : Albin Michel, 2009.

Kramer, Steven Philip. « The End of French Europe ? ». *Foreign Affairs*, Vol. 85 (4) (juillet-août 2006) : 126–37.

Lequesne, Christian. *La France dans la nouvelle Europe. Assumer le changement d'échelle.* Paris : Presses de Sciences Po., 2008.

Milward, Alan. *The European Rescue of the Nation State.* London : Routledge, 2000.

Moravcsik, Andrew. *Why the European Community Strengthens the State.* Cambridge, MA : Center for European Studies Working Paper 52, 1994.

——. *The Choice for Europe : Social Purpose and State Power from Messina to Maastricht.* Ithaca, NY : Cornell UP, 1998.

Sarkozy, Nicolas. *La République, les religions, l'espérance.* Paris : Éditions du Cerf, 2004.

——. *Témoignage.* Paris : XO Éditions, 2006.

——. *Ensemble.* Paris : XO Éditions, 2007.

——. *Un Traité pour l'Europe.* Paris : Dalloz, 2008 (préface pages 1–30).

Sutton, Michael. *France and the Construction of Europe, 1944–2007. The Geopolitical Imperative.* New York/Oxford : Bergham Books, 2007.

Scharzer, Daniela. « La présidence française de l'Union européenne », *Politique Etrangère,* Vol. 2, 2008, p. 361–72.

Védrine, Hubert. *Les Cartes de la France à l'heure de la mondialisation.* (Dialogue avec Dominique Moisi). Paris : Fayard, 2000 ; translated by Philip H. Gordon, *France in an Age of Globalization.* Washington, D.C. : Brookings Institution Press, 2000.

« The Changing of the Guard », *The Economist,* 25 novembre 2004.

L'Avenir de l'Europe, n° spécial de *Questions Internationales,* mai–juin 2008, Volume 31. Paris : La Documentation Française.

Webographie

<http://ec.europa.eu> (site officiel de la Commission européenne, en 23 langues officielles)

<http://www.europarl.europa.eu> (site officiel du parlement européen). Chaque institution de l'UE possède son propre site, on s'y référera.

< http://www.fenetreeurope.com > (site du Parlement européen pour le grand public)

<http://constitution-europeenne.info> (site du traité constitutionnel)

<http://lessites.service-public.fr> (site officiel des services publics en France, très riche d'informations et de liens)

<http://www.ladocumentationfrancaise.fr> (service de publication du Premier ministre, beaucoup de rapports officiels et d'études excellentes sous la rubrique 'dossiers')

<http://www.france.diplomatie.fr> (site du Quai d'Orsay, siège du ministère des Affaires étrangères et européennes, avec beaucoup de dossiers thématiques approfondis)

< http://www.ue2008.fr> (site de la Présidence française de l'Union européenne, juillet-dec. 2008)

<www.u-m-p.org> (site de l'UMP, parti présidentiel)

<www.elysee.fr> (site du Président de la République)

<www.portedeurope.org> (Centre d'Études Européennes de Sciences Po Paris)

<http://www.touteleurope.fr> (excellent site d'informations générales et spécialisées)

<http://www.notre-europe.eu> (site du centre de recherche fondé par Jacques Delors)

< http://www.robert-schuman.org> (Fondation Robert Schuman)

<http://www.euractiv.com> (excellent site multilingue dans divers domaines de l'UE)

<www.eurosduvillage.com> (excellent site d'actualités et d'informations)

<http://bruxelles.blogs.liberation.fr/> (excellent site et blog sur les coulisses de Bruxelles)

14

France's Regional Languages in the New Europe

ROSALIE VERMETTE
Indiana University–Purdue University Indianapolis

At the dawn of the twenty-first century France remains a plurilingual society in a monolingual Republic. Hundreds of separate dialects and languages are spoken in France today, including the eight languages in metropolitan France that are designated as "regional languages of France": Breton, Basque, Catalan, Occitan, Corsican, Alsatian, Mosellan Frankish or Platt Lorraine, and Western Flemish. Along with French, the regional languages of France have a long history of being spoken by French citizens within the Hexagon and indeed form part of France's patrimony. The languages of immigrants who have arrived in France in the recent past are not considered "languages of France" because they have no centuries-old roots in French soil.

Despite the reality of the multiplicity of languages spoken in France, the nation continues to maintain that it is a monolingual state and disregards as much as possible the heritage languages still spoken by appreciable segments of the French population within distinct geographic regions at the periphery of the Hexagon. In spite of a national prejudice against them, it is the purpose of this paper to show that these historical languages of France have become increasingly important for the survival of the French language within a plurilingual European Union (EU) in a plurilingual world.

A language is more than a system of signs that express meaning. It represents a culture and a social reality. A language is an identity. It is vital to the way an ethnic group defines itself. A language is a cultural marker that is, at its core, emotional. It is the instrument that structures reality and frames the world. Language is perhaps the strongest of the bonds that link the members of a society because it is the foundation for the *feeling* that one belongs to a common community or to a linguistically unified people or state (Carmichael 285).

On 25 June 1992, on the eve of the ratification of the Treaty on European Union, more commonly known as the Treaty of Maastricht, the French Parliament amended Article 2 of the French Constitution to add, at the head of the list of symbols that serve to represent France, the declarative sentence, "La langue de la République est le français."[1] This official affirmation underscored France's need to reaffirm symbolically the importance of its language as part of its national identity at a time when it was also inscribing in the French Constitution changes that were required to allow France to conform to the mandates of the EU (Formery 8–9). The amendment to Article 2 made the French language the chief cultural symbol of the Republic of France, ahead of its official emblem, national anthem, motto, and guiding principle.

Two years later, on 4 August 1994, the Toubon law (L94-665) was passed, making French compulsory in various contexts including official government publications, commercial advertisements, business transactions, science, technology, and the labeling of foodstuffs. The law was passed ostensibly to protect the French consumer, but in reality it was aimed at protecting the French language, especially against the encroaching hegemony of English within France itself, and, in a world rapidly being overtaken by the phenomenon of globalization, within the EU in general (Judge, *Linguistic Policies* 29). In Article 1 of the Toubon law, the role of the French language is reaffirmed and enhanced as "un élément fondamental de la personnalité et du patrimoine de la France."[2] In addition, the new law mandated that French be the sole language of instruction, work, trade and exchange, and public services.

Although the regional languages of France were nowhere mentioned in the Constitution of the Republic until July 2008, they already warranted a separate article in the Toubon law of 1994. Article 21 affirms: "Les dispositions de la présente loi s'appliquent sans préjudice de la législation et de la réglementation relatives aux langues régionales de France et ne s'opposent pas à leur usage." The French government declares in this article that French citizens may use their heritage languages, but the law provides neither safeguards nor endorsements for those languages. This is a source of consternation for many members of these old and proud regional cultures, especially in light of the EU's vocal support for regional or minority cultures and their languages within the member states.

The French language, in contrast, has become a fundamental value for the nation, a basic component of the national identity, a value symbolic of the group and its membership.

France, enclosed within the self-declared "natural frontiers" of the Hexagon, is a geo-political reality. As historian Theodore Zeldin stated recently in an interview, "France is an idea. It is not a territory" (Thornhill). During the Revolution of 1789, in fact, "France" was not just an idea; it became an ideal, maybe even an ideology. When it was founded by the revolutionaries, the French Republic was a civic nation rather than an ethnic nation. The Republic was formed by bringing together various ethnic groups that lived within the self-proclaimed geographic boundaries of the country, such as the Bretons, the Alsatians, the Basques, the Occitans, to share in the national cause of a new, united, and democratic republic (Oakes 12–13). In addition to a common set of laws and the administration of a uniform judicial system, a national language became a primary unifying element for this new political and cultural identity, France.

Nation building in Europe has centered historically on the unification of peoples living in a political area with recognized geographic borders. This occurred throughout most of Europe in the nineteenth century. A political community, such as the one created on the western edge of Europe in the late eighteenth century, needs a common set of values to ensure its coherence, inform its actions, and give those actions legitimacy and meaning. A nation is a population that needs a certain level of communication between its citizens to survive. Hence, there is a need for a linguistically unified nation with a clearly distinct national language. One of the major tools of unification within a new political area, therefore, has been linguistic hybridization through the institution of a dominant national language that is first imposed on the people from above, and then reinforced through the educational system, becoming in the end a core value.

On 4 June 1794, the priest and revolutionary leader from Lorraine, the Abbé Grégoire, read to the National Convention a report entitled *Sur la nécessité et les moyens d'anéantir les patois et d'universaliser l'usage de la langue française.* In that address, the Abbé reported on the state of the French language in the Republic.[3] The national language census that the Abbé Grégoire undertook, on his own initiative, between 1792 and 1794 revealed that the number of *citoyens* who spoke French exclusively was no more than 3 million (out of a population of 28 million in the country as a whole!), living in just fifteen of the eighty-three newly instituted *départements*. Six million citizens, speaking a wide range of dialects and languages, and living mainly in the countryside, could not speak or understand French at all. Others in the country had limited use of French (Judge, *Linguistic Policies* 20). French was in fact a foreign language for the vast majority of citizens of this new Republic, especially those not living in or near a city or in the Ile-de-France region close to Paris. Among the questions the Abbé Grégoire included in his questionnaire were two that did not bode well for the future of the citizens who spoke regional languages. Question No. 29: How important would it be religiously and politically if the *patois* (the pejorative name he assigned to all dialects and languages spoken other than French) were destroyed entirely? And question No. 30: How could that be accomplished? (Luxardo)

Accepting the Abbé's report, the revolutionary state promoted a common language as a way to achieve democracy and equality. "The ideal of the Revolution lay in uniformity and the extinction of particularisms" (Weber 72). The idea of French unity was, at its core, one Republic, one language. A uniform state required a uniform mode of communication. In addition to creating a common idiom in which communication was made easier, a shared language would also serve to "facilitate greater economic and political cooperation between citizens" (Barbour 15). The gradual evolution from a multilingual neophyte Republic to a great monolingual nation-state in which all citizens speak French reflects the Jacobin ideal of centralized power.

The development of nationalism in a nation like France was marked from the eighteenth through the nineteenth centuries by a succession of governments and political ideologues who "ruthlessly suppressed minority languages, cultural traditions, and variant memories of the past, in favor of a unified national history and homogeneous language and culture." (Geary 17) The term *nationalism* in fact finds its origins in the late 1790s in France (Judge, "France" 49).

The shift from being a localized language emanating from the Ile-de-France region in which Paris was located, to the diffusion of French out from the center to the provinces, to its transformation into the standard national language of the country represents a long process that began prior to the Revolution of 1789, originating with King Francis I when he issued the Ordinance of Villers-Cotterêts in 1539. As a way to combat the age-old hold of Latin on the legal and administrative sectors, Francis I declared French the official language of the state. According to Article 111 of the Ordinance,[4] all acts, contracts, testaments, and other legal documents were to be issued and recorded in "françoys," the language of the king.

The early governments of post-Revolutionary France, in fact, were not very successful in assuring that French become the *lingua franca* of all French citizens. When the Third Republic came to power in 1870, standard French was still a foreign language for more than half of the French population. The national language began to become dominant in the early 1880s with the educational reforms of Jules Ferry, Minister of Instruction, that included compulsory schooling in French. The Third Republic required the *certificat d'études primaires* for even the most minor civil service jobs. Other factors that influenced the spread and implantation of French were: compulsory military service, which moved soldiers around the country for training and postings; industrialization, which brought peasants from the far reaches of France to the big cities to live and work; the printed word that more and more French citizens were able to read; and Protestantism, which—beginning in the sixteenth century—favored French over Latin or regional languages (Weber 84). Catholicism, in contrast, continued to use regional languages in sermons and religious education long after the Revolution of 1789 (Boutan 144). Until World War I, French remained a foreign idiom for a great number of peasants and workers who continued to live in the countryside in the peripheral regions of France. It is in these remote areas, far-removed from the seat of power in Paris, that the regional languages have continued to survive even into the twenty-first century.

An order issued by the Minister of Instruction on 7 June 1880 stated that "Le français sera seul en usage dans l'école," thereby mandating that French be the language of instruction in all primary schools (Héran, Filhon, and Deprez 1). That decree held firm in France until January 1951 when the National Assembly unanimously passed law 51-46, more commonly known as the Deixonne law, that allowed the optional use of regional languages in pre-school and primary school classes whenever local forms of speech could facilitate the learning of French. The law also allowed for the optional teaching of the local language (*parler local*) for one hour per week with one additional hour per week for teaching local culture and literature (Judge, *Linguistic Policies* 125; Oakes 116–117). The Deixonne law also set forth regulations for administering exams in the regional languages for the baccalaureate. When first issued, the law pertained just to four of the regional languages: Basque, Breton, Catalan, and Occitan. In 1952, Alsatian was added to the list, and in 1974, the law was extended to include Corsican. In June 2008 five metropolitan regional languages—Basque,

Breton, Catalan, Corsican, and Occitan—were included in the list of languages from which students could choose to fulfill the second or third foreign language requirement of the General and Technology baccalaureate exams. The list of languages for the optional foreign language oral exam included the same five regional languages enumerated above plus Alsatian and Mosellan Frankish or Platt Lorrain (Darcos).

This initial recognition of regional languages by the government in 1951 serves as a milestone in the educational history of regional languages in France. In July 1975, the Haby law (75-620) authorized the optional teaching of regional or heritage languages at all levels of schooling, but only on condition that there exist a demand for them. In 1981, for the first time, the regional languages of Basque, Breton, Catalan, Corsican, and Occitan became eligible subjects for the CAPES (*Certificat d'aptitude professionnelle à l'enseignement secondaire*), but only in combination with another subject, often history or geography (Judge, *Linguistic Policies* 127).

In the fifty years between 1951 and 2008, the regional languages made important strides in becoming better integrated into the state educational system.[5] In 2005 the *Code de l'éducation* and the *Code de l'éducation rurale* (pertaining to agricultural secondary schools) became law (L2005-380). These two codes grouped together most of the previous legislation enacted since 1951 (Judge, *Linguistic Policies* 128, 242 note 3). The teaching of regional languages had thus been authorized at all levels "selon les modalités définies par voie de convention entre l'État et les collectivités territoriales où les langues sont en usage" (Article L312-10) (Judge, *Linguistic Policies* 128). The arbitrary support (or lack of support) of the local *recteurs d'académies* (commissioners of education)—coupled with the amended Article 2 of the French constitution—has nevertheless posed problems for these languages. The more tolerant attitude towards the regional languages of France that has authorized them to be taught in local state schools as an optional subject is not shared by everyone. Rightist Jacobins, partisans of a strong centralized state, for example, view the rise of the heritage languages as a real threat to the unity of the French nation.

One of the most significant events in the twentieth century for France and for its regional languages was the creation, out of the ashes of World War II, of the European Community which, some three decades later, became the European Union. France was an enthusiastic founding member of the European Community, created by the Treaty of Rome in 1957. This supranational European economic organization became the foundational unit of the EU formalized in

1993 by the Treaty of Maastricht. The motto of this new supranational political and economic community, comprised currently of 27 member states, is: "United in diversity." Another unifying multi-national organization of which France was a founding member is the Council of Europe, which predates slightly the European Community. The 47 present member states of the Council of Europe are committed to democratic principles based on the European Convention on Human Rights, a document aimed at the protection of individuals and the safeguarding of the ideals and principles that are their common cultural heritage. The Council of Europe is thus not a political or economic organization. Among its goals are the protection of human rights and pluralist democracy, the promotion of Europe's cultural identity and diversity, and the development of common solutions to challenges such as discrimination against minorities (Council of Europe, *About the Council*).

An important document emanating from the Council of Europe is the 1992 European Charter for Regional or Minority Languages. The purpose of this charter is "to protect and promote regional and minority languages as a threatened aspect of Europe's cultural heritage and . . . to enable speakers of a regional or minority language to use it in private and **public life**" (emphasis added) (Council of Europe, *Legal Affairs*). The Preamble to this charter stresses the value of interculturalism and multilingualism, and it affirms that the protection of regional or minority languages throughout the member states should not be to the detriment of the official national languages or the need to learn them. The charter asks states and local communities to provide the resources needed to assure the survival of regional and minority languages. When the ministers of the Council of Europe voted to give the charter the status of a legal convention in June 1992, France was one of four countries to abstain. By May 1999, though, with some prodding by the EU, France was ready to sign the charter. One month later, the French *Conseil Constitutionnel* ruled that the Charter for Regional or Minority Languages was in conflict with the first two articles of the French Constitution: Article 1 stating that France is *une et indivisible*, and Article 2, as discussed above, affirming that the language of the Republic is French. Therefore, France has not ratified into law the charter that it signed because to do so would require that it amend its Constitution, and the French government is not prepared to do this. Another problem with the European Charter for Regional or Minority Languages is that in France, officially, there are no minorities because all French people are equal. To recognize the legal status of the regional languages, to allow them to be used in the public sphere, would be to go against the nation-state's fundamental principle of equality, as well as the constitutional tenets that France is one, united, and indivisible.

Since the 1960s, French governmental agencies and non-governmental organizations have created a number of institutions to defend the integrity of the French language and, more recently, to uphold the role of French as a leading international language. The Ministry of Culture and Communication is the ministry responsible for the French language. It works in collaboration with other ministries to ensure that French remains the pre-eminent language within France and that it continues to foster cultural diversity in Europe and throughout the world, especially as a protection from the ever-widening international influence of English. Since 1984 the French Ministry of Culture and Communication has housed, for example, the *Conseil supérieur de la langue française* (Supreme Council for the French Language) whose role is to promote proper usage of the language, and the *Délégation générale à la langue française* (Committee for the French Language), which was expanded in 1996 to become the *Délégation générale à la langue française et aux langues de France* (DGLFLF) in recognition of the growing status of regional or minority languages in the EU. The DGLFLF's role is to promote national language policy and to track the application of legislative statutes.

A non-governmental organization (NGO) that is playing an important role in overseeing the plurilinguistic situation in the EU is the *Observatoire européen du plurilinguisme* (OEP), an independent association in France founded to serve as a watchdog regarding languages and language teaching in the EU, and especially of the place of French in the world. The association, created following the first European Conference on Plurilingualism that was held in Paris in November 2005, receives support from the French Ministry of Culture and Communication and from the *Agence universitaire de la Francophonie.*

In the Draft European Charter on Plurilingualism (*Charte européenne du plurilinguisme*), to be voted on at the second European Conference on Plurilingualism in 2009, plurilingualism is described as being "inseparable from the concept of active European citizenship and, taken together with cultural diversity, **it is a basic component of the European identity**" (emphasis added). English, as a hegemonic force in the globalized world, is viewed as "a language of domination" (Observatoire). Building upon the 1984 motion of the EU Council of Ministers of Education that recommended that citizens know two languages in addition to their native language, the OEP charter recommends that those languages be first, their own language; second, a personal adoptive language;

and third, an international language of communication. This proposed framework would, in effect, grant regional languages a place on the list. Partisans of the early teaching and learning of regional languages frequently cite acknowledged wisdom that holds that learning a second language early makes it much easier to learn other languages later.

Although concerned mainly with the preservation and continued use of the standard national languages within the agencies of the EU, the OEP stance on multilingualism and plurilingualism can only serve to help the cause of the regional or minority languages in Europe. In its Draft Charter it affirms that "all languages, in their capacity as testimonies of human experience, should be preserved." It does state, however, that not all languages are equal within the working procedures of international institutions. Among the many agencies with specific mandates to promote and support the regions and regional cultures and languages of Europe are the EU's Committee of the Regions (CoR); Eurolang, an independent Brussels-based news agency; and an international NGO, the European Bureau for Lesser-Used Languages (EBLUL).

The CoR works in partnership with European, national, regional, and local government to assure sound European governance. It is the political assembly within the EU that assures that the local and regional authorities in the member states have a voice in the development of new EU laws, and that allows the elected officials of the government closest to the citizens of these states to represent the public directly in the government of the EU. The CoR is able to put issues pertinent to the regions and local communities, including language issues, on the EU agenda. The Belgian-based Eurolang news agency was created to provide daily news coverage of events that are important to European minority language communities. Founded in 1982 and chartered in Ireland, EBLUL's aim is to represent Europe's 46 million speakers of regional or minority languages. The basic constituencies of EBLUL are autonomous, state-based NGOs called Member State Committees. France is included in the list of states that have a long-standing member state committee. EBLUL serves as an avenue of communication between the Member State Committees and EU institutions, offering a mechanism for the important exchange of information, documentation, and draft documents for the defense and promotion of regional or minority languages, and policies and activities carried out by the European Commission, the European Parliament, and other EU agencies. EBLUL also organizes seminars, conferences, and meetings, and interfaces with the Council of Europe on matters related to the Charter for Regional or Minority Languages.[6]

In January 2008, at the time that the French government was reviewing France's Constitution leading up to the ratification of the Treaty of Lisbon (to go into effect in early 2009), the matter of the regional languages of France was brought up as an issue by individual members of the French Parliament. In response, the government of President Nicolas Sarkozy initiated a formal discussion of the question of regional languages in France within both the National Assembly and the Senate in May 2008—a unique occurrence for governments of the Fifth Republic. The Minister of Culture and Communication, Christine Albanel, attended the 7 May session of the National Assembly to speak with deputies about the question of regional languages, a question closely related to the identity of France and the nation. The discussion took place late in the day, on the eve of a national holiday, with only some 30 deputies present in the chamber. The majority of those in attendance were representatives of the minority regions of France whose constituencies were personally affected by the topic of debate. In response to impassioned pleas made by deputies from each of the minority regions, the Minister assured those present that the government was prepared to continue to protect and promote the regional languages, particularly in the areas of education, the media, and cultural activities. According to Albanel, some 404,000 students studied regional languages in local school systems throughout France in 2005–2006, a spectacular increase over the previous five years. There were some 9,000 instructors at the pre-school and primary levels teaching the regional languages, and 621 with the CAPES or the *agrégation* teaching full- or part-time at the secondary level. Education dispensed in the regional languages relies heavily on the financial contributions and support of the administrators of the local communities. Albanel maintained that the French government supports a linguistic policy firmly anchored in a strong cultural policy that encourages the arts and artistic activities in the regional languages as well as language study.

In response to the question raised about amending Article 2 of the French Constitution to read, "La langue de la République est le français, **dans le respect des langues régionales qui fondent sa diversité**," Albanel stated that the government is not at all interested in engaging in a constitutional amendment to recognize the regional languages of France. She also added that the Constitution prohibits conferring particular rights to specific groups of citizens, and supports the fundamental principles that France is one and indivisible and that all people in France are equal before the law. The notion of "linguistic minorities," often used to imply linguistically oppressed minorities in other countries, she believes, is fundamentally opposed to the reality of the situation that exists in France. The Minister underscored the government's belief that its position on the regional languages was in no way incompatible with its position on the promotion and protection of linguistic pluralism elsewhere in Europe and the world, and that it would continue to support and promote the regional languages and cultures of France as it had been doing in the specific areas of education, media, cross-border exchanges, public services, and the law (France, Assemblée nationale).

On 22 May 2008, the National Assembly proposed and passed a new motion to amend the Constitution of the Republic by adding, this time, to Article 1 the paragraph: "Les langues régionales appartiennent au patrimoine de la France."[7] In early June the venerable French Academy (Académie Française) denounced such a change to the Constitution, affirming that a formal recognition of the regional languages in Article 1 of the Constitution would strike a blow at national identity. The Senate concurred and on 18 June voted down by 216 votes to 103 the amendment passed by the National Assembly. Three days later, on 21 June, the Senate reconsidered the motion and narrowly approved inserting the paragraph into the Constitution. However, the reference to the regional languages of France would not be added to Article 1 or Article 2, but rather after Article 75 located under the rubric "Title 12 – On Territorial Units" ("Des Collectivités territoriales") (Hicks). Following Article 75 which states, "Les citoyens de la République qui n'ont pas le statut civil de droit commun, seul visé à l'article 34, conservent leur statut personnel tant qu'ils n'y ont pas renoncé" (Formery 141), the new Article 75.1 will read : "Les langues régionales appartiennent au patrimoine de la France" (France, Sénat). By placing the constitutional amendment concerning the regional languages of France in the section devoted to the DOMs and the TOMs (*Départments d'outre-mer* and *Territoires d'outre-mer*), the Senate has unfortunately overlooked the unique status of the domestic regional languages which, in effect, are quite different in their history and relationship to the French state than are the "regional" languages of the islanders of Melanesia, Polynesia, and the Caribbean.

Not since the Abbé Grégoire's linguistic census of the early Republic had any French government taken a formal interest in discovering what languages are spoken in France until the official government census of 1999. Questions about religion, political affiliation, or language(s) spoken in the home have always been taboo in official surveys. But the national census of 1999, drawn up by the INSEE (*Institut national de la statistique et des études économiques*), in collaboration with the INED (*Institut national d'études démographiques*), included a section on the "History of the Family" (*Étude de l'histoire familiale*, or *Enquête famille*) that went to a sample 380,000 members of the French population. The section on language in this first-ever study of family life was aimed specifically at determining the extent of use in the home (on a regular or an occasional basis) and of intergenerational transmission of languages spoken in France other than French. The results revealed that 11.5 million, or 26%, of the French population living in metropolitan France were raised by parents who spoke a language other than French in the household, half of them, i.e., 5.5 million, spoke regional languages and half of them immigrant languages. 18% of those surveyed spoke both French and another language at the same time; only 8% spoke no French at all while growing up.

What the *Enquête famille* affirmed is that the transmission of the historic regional languages has diminished on a regular basis since the early years of the twentieth century. For the generation born before 1930, one out of three people spoke a language other than French at home; for the generation of the 1950s, the statistic is one out of four; and for the generation of the 1970s, it has dropped to one out of five. Of those who spoke a language other than French with their parents, only 35% currently are talking on a regular basis in that other language or dialect to their own children. The indisputable fact revealed by this survey, and confirmed by others in the recent past, is that the regional languages are losing ground to French as the social and public vehicle for everyday communication. Today, the regional languages of the Hexagon are used only occasionally within the family, often by only one parent, and with friends. The need for schools, public and private, to pick up where families have left off is obvious if regional or heritage languages are to survive culturally (Clanché).

All of the judicial and public services in areas where regional languages are spoken are offered exclusively in French, the language of the Republic. The regional languages have no official status and exist generally as oral languages, spoken predominantly by members of the older generations in each of the regional areas. In some areas where these heritage languages are spoken, literary texts, songs, magazines, newspaper articles and, in some instances, entire newspapers are being produced in a modern, standardized written form of the regional language. Usually, it is unofficial organizations or associations that are promoting and supporting these endeavors, along with pre-school immersion programs and some private bilingual elementary school programs. Some of the regions, such as those of Corsica, the Catalan-speaking region, the Basque country, and Brittany, have militant "nationalist" associations and some local political parties that support their regional language and culture, but none of them seeks actively to have its region become independent or totally autonomous from France.

What militant and non-militant groups in these regions want, however, is a clearer official recognition by the state of their languages and cultures, greater support for the teaching of their languages through expanded educational programs in the public school system, notably more bilingual programs in French and a regional language, and a limited amount of linguistic and cultural autonomy within France.

Most of the regional languages of metropolitan France are cross-border languages, a situation which gives them international importance. Western Flemish, Mosellan Frankish, Alsatian, Catalan, and Basque have geolinguistic boundaries that extend beyond political boundaries into adjacent states where the language has a regional or national status. These border regions where a common culture is shared between two nation states afford the regional languages of France an excellent chance of surviving in the new Europe. These common languages are sources of cultural and economic exchange, and provide speakers of the regional languages a sense of belonging to a larger international community in addition to being French citizens. As with all of the regional languages of France, there are no precise statistics on the number of speakers of these languages. Numbers vary slightly in official and non-official reports based on various kinds of surveys undertaken.[8]

Western Flemish, spoken in far northwestern France, around Dunkerque in the region of Nord-Pas-de-Calais, currently has anywhere from 30,000 to 80,000 speakers. This language is related to varieties of Flemish Dutch spoken in neighboring Belgian Flanders and to standard Dutch in the Netherlands. Flemish is taught as an optional language in a few schools within the region but for no more than three hours per week. Standard Dutch is growing in popularity as a foreign language and is being taught more widely at the secondary and university levels.

Mosellan Frankish, derived from German, sometimes called *Mosellan* or *Franconian*, and more commonly known as *Platt Lorraine* or *Platt*, is spoken in the Lorraine region, specifically in the Department of Moselle from Thionville to the Alsatian border, by a range of 78,000 to 300,000 people out of 2.3 million in the region. It is the third most-spoken regional language in France. There has been an increase in language courses for adults in the past fifteen years because of increased work opportunities across the border in the Grand Duchy of Luxembourg, whose official language Luxembourgish (alongside French and German) is mutually understandable by speakers of Platt Lorraine.

Alsatian (*Elsässisch*), another variant of German, is spoken in the departments of Bas-Rhin and Haut-Rhin in eastern France along the German border. Some 650,000 people out of 1.7 million over the age of 18 can speak Alsatian, the highest proportion of speakers of any regional language in France. Alsatian has the best record of transgenerational linguistic transmission of all of the metropolitan regional languages. Four out of ten people in Alsace are still fluent in the regional language or in German. Standard German is taught more in schools than Alsatian, and bilingual education in French and German is possible in the region. Today, 12% of the working population of Alsace work in German-speaking Switzerland and in Germany. The Alsatian and Platt Lorraine speakers in eastern France are able to talk and work with some 67 million Francophones and 100 million Germanophones on either side of national borders, a situation favorable to the installation of new enterprises, work, exports, and tourism in these French regions.

Catalan is a regional language spoken by some 126,000 people out of a population of 370,000 in the area known as the "Pays Catalan" or "Catalunya Nord" in the Department of Pyrénées-Orientales, along the Mediterranean coast in the former province of Roussillon. Its cultural capital is the city of Perpignan. Northern Catalonia is on the border between France and the autonomous region of Catalonia in Spain. Between the two regions of Catalonia, there are some 7 million Catalan speakers with the precise number in France being uncertain because Catalan is spoken only as a second language in Northern Catalonia, and generally in the smaller communities among farmers, agricultural workers, and laborers.

Basque (*Euskara*) is an ancient language spoken by some 60,000 to 100,000 people living in the Northern Basque region or "Pays Basque" in the western part of the Department of Pyrénées-Atlantiques. Bayonne is the economic and cultural center of this region. Across the border in Spain, the Basque population lives in the autonomous region known as Basque Country (*Euskadi*). Of the total 632,000 Basque speakers, roughly 20% live in France. The language has a high percentage of transmission to younger generations in the home.

The remaining three regional languages do not share a linguistic or political border with any other state and, therefore, do not benefit from sharing a common language and culture with a population in another country.

Corsican (*lingua Corsa* or *Corsu*) is the name given to the language spoken in the "collectivité territoriale spécifique" of Corsica, that is, the departments of Corse-du-Sud and Haute-Corse. Fragmented local varieties of Corsican are spoken throughout the island of Corsica, located in the Mediterranean about 100 miles from mainland France and 56 miles west of Italy. Corsican is the native language of some 60% of the total population of the 260,000 to 280,000 Corsicans, or 150,000 to 170,000 people. Bilingualism in Corsican and French is common, with more than 90% of the native Corsicans speaking both languages fluently and roughly 86% speaking the Corsican language regularly, especially at home and with friends. The special status of Corsica has made the language the regional language that is best protected by the French state.

Occitan (often called *langue d'oc*), a regional language closely related to Catalan, is the regional language spoken over the greatest expanse of France, in some 31 departments, in an area reaching from the Atlantic Ocean and the Pyrenees across the country to valleys in the alpine region of Italy, spreading as far north as Limoges and Montluçon and as far south as the Mediterranean Sea. The six dialects that constitute the Occitan language have the greatest number of speakers of a regional language in France, with an estimated 2 to 3 million who speak and understand Occitan out of a population of roughly 13 million inhabitants of the region. The Occitan region has a strong cultural identity, and its language is the most taught after Alsatian/German.

The *Breton* language (*Brezhoneg* or *Brezoneg*), the only Celtic language of France, is the regional language that probably suffered the greatest decline in native speakers following World War II, with a loss of 80% of its more than 1 million speakers since 1945. Today, the geographic range of the Breton language is limited to western Brittany, to the area referred to as "Basse-Bretagne," that is, the departments of Finistère, Côtes-du-Nord, and Morbihan. Of the population of 1.5 million in the region, only about 240,000 to 250,000 can speak the language, with another 90,000 or so who can understand it. Like Basque, Breton has benefited from the use of Breton in school systems, especially the private, association-run schools, and from night classes and private classes that are helping Bretons develop second language proficiency in their regional language.

Although there has been an upsurge in commitment to the regional languages and cultures throughout metropolitan France since the 1970s, the country is in no way threatened by a possible move to fragment the French population into smaller nationalistic political groups, as is happening, for example, in neighboring countries such as Belgium and Spain. As the Corsican deputy,

Camille de Rocca Serra, stated in the National Assembly on 7 May 2008: "Parler corse, c'est aussi s'ouvrir à la construction européenne en tendant une main fraternelle à l'Italie, comme parler alsacien, basque ou catalan est un gage d'amitié envers nos voisins allemands ou espagnols." (France, Assemblée nationale) Speakers of regional languages at the periphery of the Hexagon strongly recognize the value of French as a bridge to the broader, globalized world. The French state, for its part, would do well to continue to strengthen its support for the preservation and use of the regional languages within its borders, and to recognize them as bridges to a firmer political and cultural position for France, and thus for the French language, within the new Europe.

Notes

[1] Article 2 of the Constitution of France reads: "La langue de la République est le français. L'emblème national est le drapeau tricolore, bleu, blanc, rouge. L'hymne national est « la Marseillaise ». La devise de la République est : « Liberté, Égalité, Fraternité. » Son principe est: gouvernement du peuple, par le peuple et pour le peuple." Simon-Louis Formery, *La Constitution commentée article par article*, 3rd ed. (Paris: Hachette, 1996) 8.

[2] Article 1 of "Loi no 94-665 du 4 août 1994," known as the "Loi Toubon" from the Minister of Culture and Francophony, Jacques Toubon, who proposed the law to Parliament, reads: "Langue de la République en vertu de la Constitution, la langue française est un élément fondamental de la personnalité et du patrimoine de la France. Elle est la langue de l'enseignement, du travail, des échanges et des services publics. Elle est le lien privilégié des États constituant la communauté de la francophonie." France. *LOI no 94-665 du 4 août 1994 relative à l'emploi de la langue française*, 18 February 2007 < http://www.culture.gouv.fr/culture/dglf/lois/loi-fr.htm > .

[3] In the late seventeenth century, the writer Jean de La Fontaine found that French was not spoken south of the Poitou region, and that in Uzès, in the far southern Gard region, he needed an interpreter just as a foreigner would need one in Paris. See Eugen Weber, *Peasants into Frenchmen: The Modernization of Rural France, 1870–1914* (Stanford: Stanford UP, 1976) 70–71. The situation had not changed much a hundred years later.

[4] Article 111 of the Ordinance of Villers-Cotterêts states: "Nous voulons que doresenavant tous arretz ensemble toutes aultres procedeures, soient de nos cours souveraines ou aultres subalternes et inferieures, soient de registres, enquestes, contractz, commisions, sentences, testamens at aultres quelzconques actes et exploictz de justice ou qui en dependent, soient prononcez, enregistrez et delivrez aux parties en langage maternel francoys et non aultrement." Jacques Leclerc, "Ordonnance de Villers-Cotterêts (10 août 1539) de François Ier," in *L'Aménagement linguistique dans le monde*, 15 nov. 2007 < http://www.tlfq.ulaval.ca/axl/Francophonie/Edit_Villers-Cotterets.htm >.

[5] Anne Judge provides a detailed analysis of the milestones in the incorporation of regional languages into the educational system, reviewing the many laws and decrees

that were issued between 1951 and the present time. See her study *Linguistic Policies and the Survival of Regional Languages in France and Britain* (Basingstoke, Eng.: Palgrave Macmillan, 2007) 125–129.

6 Information about these and other European agencies and organizations can be found readily on the Web by using a search engine and typing in the name of the organization in question. Stephen May, *Language and Minority Rights: Ethnicity, Nationalism and the Politics of Language* (Harlow, Eng.: Longman-Pearson Education, 2001), discusses agencies and organizations mentioned in this article.

7 Article 1 of the Constitution of France reads: « La France est une République indivisible, laïque, démocratique et sociale. Elle assure l'égalité devant la loi de tous les citoyens sans distinction d'origine, de race ou de religion. Elle respecte toutes les croyances. » Simon-Louis Formery, *La Constitution commentée article par article*, 3rd ed. (Paris: Hachette, 1996) 7.

8 For statistical information about the number of speakers of the regional languages in France, see Anne Judge, *Linguistic Policies and the Survival of Regional Languages in France and Britain* (Basingstoke, Eng.: Palgrave Macmillan, 2007), 63–119; Bernard Cerquiglini, dir., *Les Langues de France* (Paris: Presses Universitaires de France, 2003), 22–115; and Jacques Leclerc, "France, Situation géopolitique et démolinguistique," in *L'Aménagement linguistique dans le monde*, 1 déc. 2005 <http://www.tlfq.ulaval.ca/axl/europe/francegeneral.htm >.

References

Barbour. Stephen. "Nationalism, Language, Europe." In *Language and Nationalism in Europe*. Eds. Stephen Barbour and Cathie Carmichael. Oxford: Oxford UP, 2000. 1–17.

Boutan, Pierre. "Langue(s) maternelle(s): De la mère ou de la patrie? " *Études de linguistique appliquée* 130 (avril–juin 2003): 137–151.

Carmichael, Cathie. "Conclusions: Language and National Identity in Europe." In *Language and Nationalism in Europe*. Eds. Stephen Barbour and Cathie Carmichael. Oxford: Oxford UP, 2000. 280–289.

Cerquiglini, Bernard, Dir. *Les langues de France*. Paris: Presses Universitaires de France, 2003.

Clanché, François. "Langues régionales, langues étrangères : de l'héritage à la pratique." *INSEE Première*, No. 830 (Fév. 2002) < www.insee.fr/fr/ffc/docs_ffc/IP830.pdf >

Council of Europe. *About the Council of Europe* < http://www.coe.int/T/e/Com/about_coe/ >.

——. *Legal Affairs/Affaires juridiques*. 24 March 2008 <http://www.coe.int/t/e/legal_affairs/local_and_regional_democracy/regional_or_minorit y_languages/1_The_Charter/_summary.asp#TopOfPage >.

Darcos, Xavier. *Le baccalauréat 2008 – Dossier de presse* <www.education.gouv.fr/cid21399/le-bacalaureat-2008.html>.

Formery, Simon-Louis. *La Constitution commentée article par article*. 3rd ed. Paris: Hachette, 1996.

France. Assemblée nationale. *XIIIe législature: Session ordinaire de 2007–2008 – Compte Rendu intégral, séance unique du mercredi 7 mai 2008* < http://www.assemblée-nationale.fr/13/cri/2007-2008/20080153.asp >.

——. *LOI n° 94-665 du 4 août 1994 relative à l'emploi de la langue française* < http://www.culture.gouv.fr/culture/dglf/lois/loi-fr.htm >.

——. Sénat. *Projet de loi constitutionnelle de modernisation des institutions de la Ve République.* 21 juillet 2008 < http://www.senat.fr/leg/tac07-002.html >.

Geary, Patrick J. *The Myth of Nations: The Medieval Origins of Europe.* Princeton: Princeton UP, 2002.

Héran, François, Alexandra Filhon, and Christine Deprez. "La dynamique des langues en France au fil du XXe siècle. " *Population & Sociétés,* No. 376 (fév. 2002): 1–4.

Hicks, Davyth. "'_Regional' languages recognised as 'part of France's heritage'." 22 July 2008 < http://www.eurolang.net/index.php?option=com_content&task=view&id =3087 >.

Judge, Anne. "France: 'One state, one nation, one language'?" In *Language and Nationalism in Europe.* Eds. Stephen Barbour and Cathie Carmichael. Oxford: Oxford UP, 2000. 44–82.

——. *Linguistic Policies and the Survival of Regional Languages in France and Britain.* Basingstoke, Eng.: Palgrave Macmillan, 2007.

Leclerc, Jacques. "France, situation géopolitique et démolinguistique," in *L'aménagement linguistique dans le monde.* 1er déc. 2005 <http://www.tlfq.ulaval.ca/axl/europe/francegeneral.htm>.

——. "Ordonnance de Villers-Cotterêts (10 août 1539) de François Ier" in *L'aménagement linguistique dans le monde.* 15 nov. 2007 <http://www.tlfq.ulaval.ca/axl/Francophonie/Edit_Villers-Cotterets.htm>.

Luxardo, Hervé. "L'Abbé Grégoire en guerre contre les 'Patois' (1790–1794)" <http://www.gwalarn.org/brezhoneg/istor/grégoire.html>.

May, Stephen. *Language and Minority Rights: Ethnicity, Nationalism and the Politics of Language.* Harlow, Eng.: Longman-Pearson Education, 2001.

Oakes, Leigh. *Language and National Identity: Comparing France and Sweden.* Amsterdam: John Benjamins Publishing Co., 2001.

Observatoire européen du plurilinguisme. *Draft European Charter on Plurilingualism.* 17 April 2008. < http://plurilinguisme.europe- avenir.com/index.php?option= com_content&task=view&id=332&Itemid=88888896&lang=fr >

Thornhill, John. " France's favourite Englishman." *Financial Times* 9/10 Feb. 2008, Life & Arts: 3.

Weber, Eugen. *Peasants into Frenchmen: The Modernization of Rural France, 1870–1914.* Stanford: Stanford UP, 1976.

15

Reform of Higher Education in France

Patricia W. Cummins
Virginia Commonwealth University

French higher education has undergone major reforms in the first decade of the twenty-first century as part of a broader set of reforms taking place in the **European Higher Education Area** (EHEA).[1] The major European objectives are to standardize diplomas and qualifications, to increase and diversify university funding sources, and to provide more autonomy to institutions. These efforts began two decades ago as part of the planning for the European Community's transition into a European Union (EU) at the time of the Maastricht Treaty (1992). An increase in the **mobility**[2] of EU citizens through recognition of each other's degrees was expected to contribute to economic prosperity in Europe, both in the EU itself and among its neighbors in what became known as the **European Higher Education Area** (EHEA). Both the Council of Europe and UNESCO also played roles in higher education reform during the first decade of the twenty-first century, based on recommendations resulting from the 1997 **Lisbon Recognition Convention** that predated the **Bologna Process**. Former French colonies in Africa and elsewhere have begun to adapt to many French reforms. The appendix to this chapter provides a chronology of key dates both for the **Bologna Process** and for other players. A glossary of acronyms and terms helps to clarify both the players and the roles.

In addition to the recognition of degrees, there was an expectation that reforms would make universities in Europe more competitive with universities in the United States and elsewhere by diversifying their sources of funding. In line with budget reforms, it was considered critical to give universities greater autonomy not only to assure the quality of their academic programs, but also to make them more competitive in the area of research, where higher education could serve a more important role in promoting the European economy. There was also a social aspect to this role, as access to higher education was seen as a mechanism to resolve social inequalities and to promote political stability as well as economic prosperity in Europe.

Curriculum reform and the Bologna process

Higher education's curriculum reform was associated with the Bologna Process, which began in 1999 and was to continue through 2010. As of 2005, the process required that Member States would have three levels of European university degrees. The first level would come three years after the secondary diploma that admits people to higher education; in France, the *baccalauréat*, usually referred to as the "bac," was identified as the secondary diploma. The second level would come five years after the secondary diploma (bac+5), and the third level would come eight years after the secondary diploma (bac+8). At the 1999 meeting in Bologna, it was agreed that progress on the Bologna Process would be tracked and reported on at meetings to be held every other year. Those meetings took place in 2001 (Prague), in 2003 (Berlin), in 2005 (Bergen), in 2007 (London), and in 2009 (Leuven / Louvain-la-Neuve). The web site of the Bologna Secretariat was established after the Prague meeting in 2001; after that the secretariat site was managed by the host country planning the next biennial meeting. The official 2007–09 web site, hosted by those planning the April 2009 meeting in Leuven / Louvain-la-Neuve, Belgium (http://www.ond.vlaanderen.be/hogeronderwijs/bologna/), contains links to all of the previous Bologna secretariat web sites.

In France, the three university degrees identified as European degrees were the *licence* (bac+3), *master* (bac+5), and *doctorat* (bac+8), and as a result the acronym **LMD** is used to describe the curricular reforms taking place in France. As a part of the reforms, universities and professional schools, including the prestigious *grandes écoles* and teacher education institutions, reexamined both their missions and their degree programs. French universities had all implemented the curricular reforms required by the Bologna process as of Fall 2006. French degrees that did not fit the European model of 3 years, 5 years, or 8 years beyond the secondary-level *baccalauréat* were collapsed into other degrees or eliminated. Thus the two-year *Diplôme d'études universitaires* *générales* (D.E.U.G.) was integrated into a new degree and was seen as equivalent to the first two years of the new three-year *licence générale*; likewise the *Maîtrise* (bac + 4) became the first year of the five-year *Master*. The *Diplôme d'études supérieures spécialisées* (D.E.S.S.) also became integrated into *Master* offerings. These curricular reforms made it easier for French degrees to be recognized in all 46 Bologna Process Member States, where 3-year, 5-year, and 8-year degrees were the common standard (see "Principales filières de formations" in Appendix 1 at the end of the book).

While it became clear that the Ministry of Education did not want to maintain the D.E.U.G., the *Maîtrise*, and the D.E.S.S., several French degrees remained, but with the option of their being incorporated into a higher-level European degree. The *Brevet de technicien supérieur* (B.T.S.), the *Diplôme universitaire de technologie* (D.U.T.), and the *Diplôme d'études universitaires scientifiques et techniques* (D.E.U.S.T.) were two-year programs that remained available in France; it became possible, however, to integrate them into a 3-year *licence professionnelle* that would fit into the European degree system.

Masters degrees were considered to be either research-oriented or applied. They became designated as *Master recherche* and *Master professionnel* respectively. In professional schools, the number of specialized Masters programs increased. In addition, schools that previously had focused on bac+5 offerings began to develop new three-year degrees that sometimes were referred to as a *Bachelor*, a name that sounded like the longer-sequence American Bachelor's degree (4 years after high school) while still fitting the 3-year requirement for the *licence* within the LMD format required by the Bologna Process. Professional schools with a strong research mission also began developing doctoral programs in the 8-year European format, something that made sense as they developed more autonomy in both their income sources and their governance structures. The traditional bac+5 professional school diploma offered by the *grandes écoles* (2 years of entrance exam preparation + 3 years on a *grande école* campus) has become known as a *Master* and is compared across national boundaries in the rankings of schools. The best example is the Master in Management, and eight of the top 15 schools in Europe ranked by the *Financial Times* in 2007 were French.

While there is significant focus on Europe and on accreditation standards for degrees in Europe, there is also an interest in American-based international accreditation, particularly for business schools, many of which have begun to offer the Master of Business Administration (MBA). Schools that offer the

MBA have sought accreditation from the American-based accreditor known as the Association to Advance Collegiate Schools of Business (AACSB). The greatest advantage of the accredited MBA over the Master in Management is that starting salaries are often higher for the MBA than for the European-accredited degree. There are examples of MBA programs in France with tracks offered entirely in English, and there are several Executive MBA programs, open to working professionals.

The **European Credit Transfer and Accumulation System** (ECTS) was developed by the EU's European Commission. It is a system based on learning outcomes and student workload, designed to facilitate student mobility and the planning of joint degree programs. It equates semesters and credit hours in one country's higher education system to semesters and credit hours in another country's higher education system. It is not the same as the semester credit hours used by American campuses, but there is an easy conversion: course work that earns 15 semester credit hours in the United States normally equates to 30 semester credit hours when converted into the ECTS. In terms of time to degree, it takes 6 semesters to earn a *licence*, and 4 more beyond the *licence* to obtain a *master*. The *doctorat* takes 6 semesters beyond the *master*. Credit hours assigned to internships also fit into a common ECTS standard. The ECTS allows for partners not only outside of France but even outside the European Union and the EHEA, and it includes institutions in the United States, as well as institutions in former French or European colonies. Semesters taken at one European institution are transferable to other institutions and may count toward a degree elsewhere in the European Higher Education Area once the ECTS articulation agreements are in place. The ECTS gives international recognition to periods of study abroad in both Europe and elsewhere, and it allows for articulation agreements with institutions in the United States and with institutions in other countries whose ministers of education are not included in the Bologna Process.

Within Europe there are a variety of programs that promote joint degree planning, primarily using the ECTS. **Erasmus, Tempus,** and **Erasmus Mundus** are long-standing EU programs, and they are described in the glossary of terms in the appendix to this chapter. There is also a new focus on language learning and intercultural competence, which EU citizens can demonstrate through five documents that they can download from the *Europass* web site at http://europass.cedefop.europa.eu/. The five documents are available in all 22 official languages of the EU, and they consist of 1) a standardized *curriculum* *vitae*, 2) a language passport that describes language skills using the standard definitions of the **Common European Framework of Reference for Languages** (CEFR), 3) a supplement to describe professional qualifications and certificates, 4) a diploma supplement with information on the institution where a degree was earned, fields of study, grades, and other types of information commonly found on an American transcript, 5) a mobility document summarizing a European citizen's educational accomplishments (skills, competencies, academic achievements) during time spent in another country. Discussion began in 2007 concerning the desirability of adding non-EU member documents to the choices offered on the *Europass* web site. For example, American versions of the English-language standardized *curriculum vitae* might allow a European job seeker to download the American format for a job résumé. Or, the language skills that Europeans define on the CEFR scale might also be expressed using American equivalents to designate language skill levels for the *Europass* language passport; to this end, there was discussion about including the scale developed by the American Council on the Teaching of Foreign Languages and the Educational Testing Service for schools (also known as ACTFL or ACTFL-ETS scale), and the scale used by the U.S. Government (known as the Interagency Language Roundtable scale). As of 2009, however, no American versions were offered on the *Europass* web site.

The European Union and the U.S. Department of Education's *Fund for the Improvement of Postsecondary Education* (FIPSE) funded development of joint degree programs and partnerships between European and American higher education institutions. The French-American Cultural Exchange (FACE) created a partner university fund for French and American institutions seeking to establish joint graduate degree programs. Their web site http://www.face council.org/puf/presentation.html provides details. The 2007 London meeting of the Bologna ministers included a recommendation that European university reforms be promoted internationally, and after the Leuven / Louvain-la-Neuve meeting in April 2009 there were links added to the site to organizations in Canada and the United States that provided an assessment of what the impact would be in North America. At the 2009 Bologna meeting, the representative from Morocco spoke to the extent to which his country was implementing the Bologna Process, something echoed more and more across the former French colonies in Africa and watched closely around the Mediterranean.

The 1997 **Lisbon Recognition Convention** (LRC), jointly sponsored by the Council of Europe and UNESCO, addressed the question of how to recognize higher education qualifications when the holder of a degree, diploma, or certificate earned in one Council of Europe Member State wanted to work or continue his education in another Member State. As of August 2007, the English LRC web site incorporated a variety of documentation and included links to the Diploma Supplement, **Europass**, and the **European Credit Transfer and Accumulation System** (ECTS). The web site is located at http://www.europeunit .ac.uk/qualifications/lisbon_recognition_convention.cfm. The Council of Europe still works with the EU to promote university reforms. The site for **Tuning Educational Structures in Europe**, http://tuning.unideusto.org/tuningeu/, facilitates efforts by institutions throughout Europe to fine tune their discipline equivalencies across the European Higher Education Area, and there is even a special link to the site for Latin America, where the Bologna Process has an extended input.

Driving higher education's curricular reforms are broader European economic and political objectives. Those objectives include common standards to increase mobility of citizens from one European country to another, social cohesion that will provide equal opportunity within and across national borders, lifelong learning that will keep aging citizens in the workforce longer and with better paying employment opportunities, quality assurance standards commonly used across Europe, a higher education model to allow Europe to compete effectively in the face of globalization, and research partnerships between higher education institutions and both the private and public sectors that will make Europe's economy more competitive.

Within France, there are also specific national objectives. Expressing concern that 90,000 students a year were leaving programs without completing their degrees, and that 50% percent of those enrolled were failing to complete their first year of university study, President Sarkozy focused on both retention and graduation rates. He and the government of Prime Minister Fillon were also committed to making degrees more relevant to the needs of employers so that program graduates would be prepared for the professions they wished to enter. An update on what has been occurring can be found at http://www.nouvelle universite.gouv.fr/-agenda-de-la-reforme-.html. It includes a special section on the impact of reforms on the universities from several perspectives — campus presidents, teacher-scholars, students, staff, and university partners. A new law on the rights and responsibilities of universities was passed in August 2007 in order to facilitate the reforms that would make all this possible. Progress on its implementation is tracked on the same site. That law made university missions more public service oriented, especially in their degree requirements. The law also required higher education to become more student oriented, both by a more professional orientation in the curriculum and by better student services designed to improve both retention and graduation rates.

Lisbon Strategy for Growth and Jobs — higher education budgets and governance

The EU's **Lisbon Strategy for Growth and Jobs** refers to EU budget planning to meet the challenges of globalization (http://ec.europa.eu/growthand jobs/index_en.htm). The strategy focuses on developing a Europe of Knowledge, which requires both budget reform and governance reform in higher education. Funding roles assigned to the national and local governments, the European Union, the private sector, and student tuition, have all evolved in a plan for the diversification of income for higher education institutions. Quality assessment and accountability within individual institutions, strategic partnerships, and flexibility, especially the flexibility of research institutions, form the basis for governance reform.

As part of the Lisbon strategy, universities and professional schools expect to serve new students, both traditional college-age students and adults, and to help them face the challenges of globalization and meet their needs for lifelong learning. The Lisbon strategy also recognizes that reforms taking place in Europe impact neighboring countries in Europe and Asia, as well as former colonies on every continent. The EU's Tempus and Erasmus Mundus programs assist countries around the Mediterranean, across the Atlantic, and elsewhere in the world, to align their own higher education reforms with those of France and Europe.

Diversification of university income in French higher education

Throughout the last century French universities, like most European universities, required students to pay very little in terms of tuition. Shortly after the 2007 elections, President Sarkozy and Prime Minister Fillon charged Valérie Pécresse, Minister of Higher Education, to provide leadership for discussions of university reform. The focus was on creating French and European universities whose reputations for quality and whose research competitiveness would compare favorably to the best universities in worldwide rankings.

The French newspaper *Le Figaro* had published worldwide rankings of universities in several disciplines taken from a Shanghai study (June 19, 2007). Rankings were based on Nobel Prizes and other recognitions, as well as a citation index of refereed articles in top tier journals. In all cases American universities were ranked 1, 2, and 3 in the surveys. The first French university in natural sciences and mathematics, ranked at No. 24, was Paris XI (also known as Université de Paris Sud 11). The first French university in engineering and computer science was Bordeaux I (ranked at No. 51). The first French university in life sciences was Paris VI (ranked at No. 77). France did not appear at all in the rankings for medicine and pharmacy, and INSEAD (Institut Européen d'Administration des Affaires) was ranked No. 42 in the Social Sciences category. (Europe did, however, outdo the United States in the number of universities in the top 500 institutions in the world.) While it is not clear that researchers working for the Centre National de la Recherche Scientifique (CNRS) and other French research laboratories were properly credited, President Nicolas Sarkozy and his counterparts elsewhere in Europe wanted their nationals to become more competitive, and university funding strategies and university autonomy were seen as the key. In October 2007 Albert Fert, a researcher at Paris XI who headed a lab funded by the CNRS and Thales, won a Nobel Prize as a result of his work in nanotechnology. The kind of public-private partnership that allowed Fert to carry out his research was cited by the Ministry of Education as an example of public-private funding that France should promote in the future.

As of 2007, there were six sources of income for public higher education in France. The first was the national portion of the budget, determined by the Ministry of Education for individual institutions of higher learning for a four-year period. The process required institutions to have strategic plans in which they assessed their strengths and weaknesses and outlined their objectives for a four-year period. Ministry funding decisions took into account an institution's role in delivering degrees sanctioned by the Ministry of Education, the recognition of its research capacity in the case of doctoral institutions, its importance in the development of technological advances, its expected role in continuing education, its access to other revenue sources, and other factors.

The levels of national support, however, began to vary under President Sarkozy and Prime Minister Fillon, as France identified a small number of universities with enhanced budgets and higher numbers of faculty and staff in order to carry on a special research mission. This was in line with the objective of providing France with major research universities on a worldwide scale as part of

European efforts to become more competitive in a time of globalization. The 2008 Sarkozy budget included a 7.8% increase for higher education and research.

Student tuition constituted a second budget component. The amount students paid had been historically low, and rises in tuition rates were gradually implemented throughout French and European higher education during the second half of the decade in an effort to enhance institutional quality. Public universities still had much lower tuition rates than professional schools, which include the prestigious *grandes écoles*. Student groups expressed concerns about higher tuition, exacerbated by the 2008–09 economic crises. Their latest views appear on student web sites mentioned in the webography found under References. Business school groups expanded continuing education and diversified their degree offerings. This allowed them to collect added tuition by serving additional groups of students, ranging from non-degree-seeking students taking continuing education courses, to those in Executive MBA programs, which are known for their high tuition and high profitability to business schools.

The construction of buildings traditionally derived funds from a special budget process with both a national and a regional component. It originated with a 1982 law on decentralization, through which regions invested in universities, institutions which in turn served as engines of economic prosperity and social cohesion. This history reinforced the Lisbon Strategy and the national and European efforts to expand on both public and private partnerships beyond what was done before the reforms began. Institutions that were given more autonomy also were able to do private fundraising or enter into partnerships to fund new buildings.

Grants and contracts made up yet another funding source. Faculty teaching loads and institutional inability to provide significant cost share (i.e., release time, clerical support, equipment, laboratory space) had severely limited the ability of faculty to obtain external funding, and under President Sarkozy this was addressed more fully. Institutions that entered into arrangements with private and public partners had an advantage in this area, as possibilities for grant funding and contracts might be written into the partnership memoranda of understanding. Institutions strong enough to gain budget autonomy were expected to be increasingly successful in obtaining new sources of research funding.

Auxiliary enterprises (*prestations de services*) constituted an area that funded itself. Eating establishments, parking authorities, bookstores, and other entities were expected to expand under budget reforms.

Fund raising was also encouraged. The concept of fund raising by higher education institutions was relatively new in France and much of Europe, especially the universities. Tax laws had to be changed to make it more conducive for businesses and individuals to support higher education. And as business schools were no longer overseen by chambers of commerce, they changed their governance structure from public to private. In doing so, they were expected to gain more financial support from businesses, which were given new tax advantages if they donated to higher education. The 2007 law on the rights and responsibilities of universities allowed higher education institutions (HEIs) to establish university or school foundations, much like those in the United States.

Governance in French higher education

Building on legislation passed in 2006, the 2007 law on rights and responsibilities of higher education provided institutions with a new kind of governance system. As a result of that law, governing boards (*conseils d'administration*) were to consist of 20 to 30 members who were representative of the campus community, with the majority coming from faculty ranks, especially those with responsibility for both teaching and research (*professeurs* and *maîtres de conférences*). Representatives for faculty, staff, and students were to be elected, and their focus was to be on institutional needs. University presidents and professional school directors also were given significant autonomy to form partnerships and alliances with the public and private sectors and with each other.

Beginning in Summer 2007 student groups expressed concern about a structure with two tiers of universities, as France and other European nations sought to build major research universities comparable to major research universities in the United States. Faculty unions also expressed concern about the institutions that might be left behind. The economic crises of 2008–09 made such a change in focus harder to implement, but the overall direction for the future was maintained.

As of 2008, the governing boards for all universities and professional schools had been reformed, giving university and school presidents and administrators more control over curricula and personnel. Professional schools formerly attached to chambers of commerce made the transition from public to private entities, and chamber of commerce appointees became a minority on the governing boards whose members were now appointed by the Region, by local governments, and by other methods of selection.

Budget autonomy and institutional responsibility for campus buildings began to be implemented in 2008 on a limited basis. Universities that requested such autonomy received approval only if they had a sufficient diversity of income sources to make budget autonomy feasible. Having the opportunity to develop partnerships with both the public and private sectors, and being able to seek out both grants and contracts, as well as private gifts, provided flexibility and a level of budget autonomy that resulted in a few large universities making a request for such autonomy.

The budget proposed by President Sarkozy for 2008 provided a 7.8% increase to support his agenda for higher education and research. That agenda included four major goals for 2012:

- 50% of secondary students would obtain a *baccalauréat* and pursue a *licence*;
- 2 French HEIs would rank in the top 20 worldwide, and 10 French HEIs would rank among the top 100;
- research spending would reach 3% of the Gross Domestic Product;
- there would be significant increases in patent applications, in the number of scientific publications, and in the mobility of French and international students, teachers, and scholars.

To achieve these goals in 2007 the government developed strategies to promote strong and autonomous universities, higher retention rates for students in degree programs, research excellence in a conducive environment, and high ambitions for collaboration between higher education and the private sector in research and development. Current French and European grant funding as well as progress reports since the 2007 initiative began were made available on the web site http://www.enseignementsup-recherche.gouv.fr.

France, Europe, and beyond

The education reforms taking place in France and Europe present social, political, and cultural challenges. The model of American-style higher education funding and institutional autonomy greatly influenced French higher education without detracting from its French and European roots. The use of terminology like the professional-school *Bachelor* and the universal designation of *Master* and *Doctorat* at all types of institutions clearly show a parallel to American bachelor's, masters, and doctoral levels of instruction, while the assignment of a number of years (3-5-8) is clearly European rather than American tradition. The challenges of adapting existing French degrees to the LMD time frame of 3, 5, and 8 years have for the most part been addressed. However, the challenges posed by a student-oriented curriculum and by the need for uniform discipline standards across Europe, much like the diversification of funding sources and changes in governance structures, will require a more gradual adaptation and adjustment to realize French and European overall goals. Similar to the challenges that Peter Wex (2007) and Mitchell Ash (2006) identified for Germany, there are fundamental cultural issues in French higher education reform that will affect students, administrators, and society, as everyone's role in the higher education enterprise evolves. The Europe of Knowledge planned for 2010 in the entire Bologna region is designed to reinforce Europe's political, social, and economic policies. Higher education is being held accountable to promote mobility of European citizens, to increase social cohesion, and to assure a competitive European economy in a time of globalization. Globalization also implies a strong desire to align the reforms taking place in France and Europe with the reform of education systems on other continents, including in the former French colonies, which have a natural interest in adapting to French reforms. North American, Latin American, and Asian institutions are also developing joint degree programs and research partnerships with European institutions, and the reforms taking place in France and Europe will have implications for every continent. The decade of planning has now come to a close, and Appendix 1 summarizes the steps the Bologna ministers have taken. In the future the Bologna Process will be co-chaired by the country holding the EU presidency and by a non-EU country, and the priorities for the next decade will be defined more clearly in Vienna in 2010.

Notes

[1] The author extends special thanks to Hélène Lagier of the French Ministry of Education, who provided some of the most recent information on Bologna Process updates in France. Thanks also go to Céline Davesne and Anne Prévost of the Rouen School of Management for their input from the perspective of professional school reform.

[2] Words in bold, except in subtitles, indicate items that are found in the Glossary of Terms found at the back of this study.

Appendix

1. Key dates for the Bologna Process

Apr. 11, 1997 *Lisbon Recognition Convention*. The Council of Europe and UNESCO met in Lisbon concerning recognition of higher education qualifications when holders of degrees or certificates earned in one Member State wanted to work or continue their education in another Member State.

May 25, 1998 *Sorbonne Declaration*. Ministers of Education for France, Germany, Italy and the United Kingdom issued a joint declaration on creating a Europe of Knowledge. They committed themselves to a common framework of reference for degrees and cycles in higher education aimed at improving external recognition and facilitating student mobility and employability.

June 19, 1999 *Bologna Declaration*. The Bologna Process was established by 31 Ministers responsible for higher education and research to create a European Higher Education Area (EHEA) by 2010. They also committed to cooperation in quality assurance. They agreed to meet again in 2001.

May 19, 2001 *Prague Communiqué*. Thirty-two nations' ministers of higher education provided updates on their progress toward creating a European Higher Education Area and set out six objectives for the next two years: (1) comparability of degrees from one country to another, (2) adoption of a system based on two main cycles (what would become the Bachelor or Licence constituted the first level, while the Master constituted the second), (3) establishment of a system of credits, or European Credit Transfer System (ECTS), (4) promotion of mobility, (5) promotion of European cooperation in quality assurance, (6) promotion of European content in modules and courses as well as in degrees. Lifelong learning and professional schools were also included in higher education planning.

Nov. 30, 2002 *Copenhagen Declaration*. European Ministers of Vocational Education and Training and the European Commission called for cooperation in the area of vocational education and training. Higher education was included in the area of continuing education and lifelong learning as the ministers vowed to cooperate in the transition toward a knowledge-based economy.

Sep. 19, 2003 *Berlin Communiqué*. Thirty-three ministers of higher education provided updates on their progress, and they emphasized social aspects of higher education reform, stressing a need for *social cohesion* and reduction of social and gender inequalities through better jobs at both national and European levels. This reinforced European Councils (with EU chiefs of State) in Lisbon (2000) and Barcelona (2002) aimed at making Europe a competitive and dynamic knowledge-based economy; emphasis was on sustainable economic growth and better jobs, as well as social cohesion.

May 20, 2005   *Bergen Communiqué*. Forty-five ministers of higher education provided updates on their progress in the Bologna Process. To the earlier emphasis on joint degrees at the Bachelor's and Masters levels was added the Doctoral level dimension. Implementation of European standards and guidelines for quality assurance, as well as the implementation of national frameworks for qualifications, and the creation of flexible learning paths in higher education were also assigned to the Bologna Follow-up Group.

May 18, 2007   *London Communiqué*. Bologna nations agreed to reach out to other continents. They also created a Register of European Quality Assurance.

Apr. 29 2009   *Leuven / Louvain-La-Neuve*. On April 28–29, 2009 the Bologna ministers met to track their progress toward goals they had established for 2010: (1) goals related to social cohesion, mobility, employability, lifelong learning, and recognition of qualifications; (2) dialogue with the world academic community on the Bologna process, (3) evaluation of the new European Register of Quality Assurance Agencies, (4) future orientations in 2010.

Mar. 12 2010   *Vienna*. On March 12, 2010 the Bologna ministers will track progress on priorities for the next decade: (1) equitable access to higher education and higher degree completion rates, (2) lifelong learning, (3) employability, (4) student-centered learning in higher education, (5) research and innovation, (6) international openness, (7) student and researcher mobility, (8) data collection, (9) multidimensional transparency tools, (10) funding.

2. Acronyms

ANR	Agence Nationale de la Recherche
BFUG	Bologna Follow-up Group
CDEFI	Conférence des directeurs d'écoles françaises d'ingénieurs
CEFR	Common European Framework of Reference for Languages
CNRS	Centre National de la Recherche Scientifique
CPU	Conférence des présidents d'université
ECTS	European Credit Transfer and Accumulation System
EHEA	European Higher Education Area
ENIC	European (Council of Europe / UNESCO) National Information Centre on Academic Recognition and Mobility
ENQA	European Association for Quality Assurance in Higher Education
ERA	European Research Area
ESG	European Standards and Guidelines for Quality Assurance
EUA	European University Association
EURASHE	European Association of Institutions in Higher Education
FACE	French and American Cultural Exchange
HEI	Higher Education Institutions

INSEAD   Institut Européen d'Administration des Affaires
LLL   Lifelong Learning
LRC   Lisbon Recognition Convention
NARIC   National Academic Recognition Information Centre
REESAO   Réseau de l'Excellence dans l'Enseignement Supérieur en Afrique de l'Ouest
UNESCO   United Nations Educational, Scientific, and Cultural Organization
UNESCO-   European Center for Higher Education
  CEPES
UNICE   Union of Industrial and Employers' Confederations of Europe

3. Glossary of Terms

Agence Europe-Education-Formation-France. French government organization that provides practical information on education in France and Europe. Its web site contains links to information on the European Union's *Erasmus, Grundtvig, Leonardo da Vinci, Erasmus Mundus,* and *Tempus* programs, and it links to the Europass site which allows users to download the documents often required by these programs.

Bologna Process. The Bologna Process created a European Higher Education Area between 1999 and 2010. The Bologna Declaration in 1999 set in motion a process that was tracked by the ministers of education of European nations committed to curricular reform that would harmonize degree offerings and programs across Europe. As of 2007 there were 46 Member States linked to the European Higher Education Area created by the Bologna Process. The member states are: Albania, Andorra, Armenia, Austria, Azerbaijan, Belgium, Bosnia-Herzegovina, Bulgaria, Croatia, Cyprus, Czech Republic, Denmark, Estonia, Finland, France, Georgia, Germany, Greece, Holy See, Hungary, Iceland, Ireland, Italy, Latvia, Liechtenstein, Lithuania, Luxembourg, Malta, Moldova, Montenegro, Netherlands, Norway, Poland, Portugal, Romania, Russian Federation, Serbia, Slovak Republic, Slovenia, Spain, Sweden, Switzerland, the former Yugoslav Republic of Macedonia, Turkey, Ukraine, and the United Kingdom. Curricular reforms resulted in the establishment of higher education degrees 3, 5, and 8 years after secondary school with common quality standards for disciplines used across Europe. The objectives were to promote mobility of European citizens who wished to engage in advanced study in more than one European nation, and to facilitate for employers an understanding of the degrees and qualifications of job seekers with credentials from any European country.

Common European Framework of Reference for Languages. The Common European Framework of Reference for Languages: Learning, Teaching, Assessment (CEFR) is an instrument used to describe proficiency levels and achievements of learners of foreign languages in both the European Union and other countries belonging to the Council of Europe. It was produced by the Language Policy Division of the Council of Europe as part of the project "Language Learning for European Citizenship" (1989–96). It establishes 6 levels that may be summarized as follows:

Level A Basic User (A1 Breakthrough, A2 Waystage), *Level B Independent User* (B1 Threshold, B2 Vantage), and *Level C Proficient User* (C1 Effective Operational Proficiency, C2 Mastery). Europass documents include a language passport on which those going from one country to another in order to study, do research, or work can record what they have learned based on the CEFR scale. The common European standards are used by all EU school systems and higher education systems, as well as by language testers throughout Europe, and the results of French language exams given by the Alliance Française or the Paris Chamber of Commerce are now given using the CEFR scale.

Copenhagen Process. Ministers involved with vocational education and continuing education established in 2002 a process that addressed for their areas of responsibility a set of goals comparable to those of the Bologna Process for higher education.

Council of Europe. The Council of Europe is a political organization which was founded on 5 May 1949 by ten European countries in order to promote greater unity among its members. In 2009 it had 47 Member States: Albania, Andorra, Armenia, Austria, Azerbaijan, Belgium, Bosnia and Herzegovina, Bulgaria, Croatia, Cyprus, Czech Republic, Denmark, Estonia, Finland, France, Georgia, Germany, Greece, Hungary, Iceland, Ireland, Italy, Latvia, Liechtenstein, Lithuania, Luxembourg, Malta, Moldova, Monaco, Montenegro, Netherlands, Norway, Poland, Portugal, Romania, Russian Federation, San Marino, Serbia, Slovakia, Slovenia, Spain, Sweden, Switzerland, "The former Yugoslav Republic of Macedonia", Turkey, Ukraine, United Kingdom. The main aims of the organization are to reinforce democracy, human rights and the rule of law and to develop common responses to political, social, cultural, and legal challenges in its member states. The Council of Europe has its headquarters in Strasbourg (France).

Erasmus. It is an EU higher education program dating from 1987 that facilitates the mobility of students and faculty within the EU as well as certain countries in the European Economic Area. Its more recent *intensive program* also promotes partnerships among universities and with the public and private sectors for the purpose of both curriculum development and research.

Erasmus Mundus. It is an EU higher education program that facilitates the mobility of European students and those from elsewhere in the world. From 2004–09, it placed an emphasis on transfer of credits and joint Masters programs, encouraging the creation of high-quality Masters courses in Europe and attracting high-caliber students from countries outside Europe to study at European universities. The Erasmus Mundus II program was implemented in 2009–13 to expand this mobility to include doctoral programs, and it will continue to develop partnerships with other parts of the world.

EUREKA. It is a network for market-oriented research and development.

Europass. *Europass* is an initiative of the European Commission that was designed to promote the mobility of citizens in the European Union and in the European Higher Education Area. It contains five documents that citizens may download and use when they travel to other countries for employment or for furthering their education; the five documents are available in all 22 official languages of the European Union, and they consist of 1) a standardized *curriculum vitae*, 2) a language passport that describes language skills using the standard definitions of the Common European Framework of Reference for Languages, 3) a supplement to describe professional qualifications and certificates, 4) a diploma supplement with information on the institution where a degree was earned, fields of study, grades, and other types of information found on an American transcript, 5) a mobility document summarizing a European citizen's educational accomplishments (skills, competencies, academic achievements) during time spent in another country.

European Credit Transfer and Accumulation System (ECTS). The ECTS (developed by the European Union's European Commission) is a system based on learning outcomes and student workload, designed to facilitate student mobility and the planning of joint degree programs. It equates semesters and credit hours in one higher education system to semesters and credit hours in another country's higher education system. It thus gives international recognition to periods of study abroad in both Europe and elsewhere.

European Higher Education Area (EHEA). It consists of the Bologna nations listed above under Bologna Process. Its purpose is to create a Europe of Knowledge and to facilitate mobility across European borders by increasing compatibility and comparability of the Member States' higher education systems and degree programs. The evolution of the EHEA is outlined under the chronology found in the first section of this Appendix.

European Research Area. Established by the European Union in 2000, its purpose was to enable European researchers to cooperate more easily across national borders and benefit from world-class infrastructures with excellent networks of research institutions. The European Commission's 2007 green paper listed under References in this study gives updates on progress toward goals for a single European labor market for researchers, the quality of European research infrastructure, the strengthening of research institutions in Europe, mechanisms for sharing knowledge, mechanisms for setting research programs and priorities, and international cooperation in science and technology.

Eurydice Network. Information network on higher education in Europe. (http://www .eurydice.org/portal/page/portal/Eurydice/AboutEurydice)

Framework of Qualifications. The Framework of Qualifications for the EHEA was published in May 2005 after the Bergen meeting to track progress on the Bologna Process (http://www.ond.vlaanderen.be/hogeronderwijs/bologna/documents/ Framework_qualificationsforEHEA-May2005.pdf). By 2010 national qualifications frameworks based on student outcomes will be placed in this broader European Framework of Qualifications.

Grundtvig. It is an EU program to promote adult education and the recognition of learning through pathways other than formal education. It promotes learning of languages and intercultural communication as well as professional skills and an increase in knowledge. Higher education has a limited role in Grundtvig.

Leonardo da Vinci. It is an EU program to promote vocational education and continuing education, including in some cases education that is provided by universities and professional schools.

Lisbon Recognition Convention. The LRC refers to the Council of Europe / UNESCO Convention on the Recognition of Qualifications Concerning Higher Education in the European Region adopted in Lisbon in 1997. As of January 2009, the LRC web site incorporated a variety of documentation and included links to the Diploma Supplement, Europass, and the European Credit Transfer and Accumulation System (ECTS).

Lisbon Strategy for Growth and Jobs. Launched by the European Council of the EU in March 2000, the current progress and implementation updates are available on the Lisbon Strategy web site listed under the chapter's Webliography. Higher education reforms related to diversification of funding and autonomy in governance were impacted by the Lisbon Strategy's focus on higher education as an economic engine that would promote economic growth and jobs. Higher education and research were identified as core elements in the Lisbon Strategy on growth and jobs. The second cycle of the Lisbon Strategy began in 2008, and the current goals are identified on the web site.

LMD Reform. The reform of university degrees in France as part of the Bologna Process is usually called LMD reform. The L refers to *Licence* (3 years after the *bac*), the M to *Master* (5 years after the *bac*), and the D to *Doctorat* (8 years after the *bac*). They are European degrees because they align with those of other Bologna nations, all of whom have degrees 3, 5, and 8 years after the secondary diploma. More details are available at http://www.education.gouv.fr/cid8/organisation-licence-master-doctorat-l.m.d.html.

Mobility. The free movement of people, goods and services is a driving force behind the sustained development of the European Union. The EHEA goes beyond the EU and encourages open and easily accessible opportunities for Europeans to move from one EHEA country to another for the purposes of study, employment, and joint research.

Quality Assurance. The assessment of quality in the EHEA is assured through the agencies listed in the European Register of Quality Assurance Agencies. Institutions have responsibility for assessing the quality of their programs through discipline standards. By 2010 accrediting bodies for both institutions and disciplines will be better recognized across national borders.

Réseau pour l'Excellence de l'Enseignement Supérieur en Afrique de l'Ouest. The network was created in October 2005 and includes about a dozen universities in the countries of Bénin, Burkina Faso, Côte d'Ivoire, Mali, Niger, and Togo. Its purpose was to explore ways to adapt African education to the LMD reforms in Europe.

Tempus. The Trans-European Mobility Program for University Studies funds projects between the higher education sector in the EU and its 26 partner countries in the Western Balkans, Eastern Europe and Central Asia, North Africa and the Middle East.

Tuning Educational Structures in Europe. Tuning develops reference points for common curricula on the basis of agreed competences and learning outcomes as well as cycle level descriptors for given subject areas. It helps enhance recognition and European integration of diplomas, and it has begun to be used outside of Europe, including in Latin America and on a pilot basis in the United States.

UNESCO European Centre for Higher Education (Centre européen pour l'enseignement supérieur). The center was established in September 1972 in order to promote cooperation in higher education among Member States of the Europe Region (countries of Europe, North America, and Israel). It is part of the Bologna Follow-Up Group as a result of the 1998 UNESCO World Conference on Higher Education.

References

Alesi, Bettina, Christina Rosznyai, and Tibor Szanto. "The Implementation of Bachelor and Master Programs in Hungary." *European Journal of Education.* 42 (2007): 395–409.

Ash, Mitchell G. "Bachelor of What, Master of Whom? The Humboldt Myth and Historical Transformations of Higher Education in German-speaking Europe." *European Journal of Education.* 41 (2006): 245–67.

Council of Europe Modern Languages Division, Strasbourg. *Common European Framework of Reference for Languages: Learning, Teaching, Assessment.* Cambridge: Cambridge University Press, 2001.

Council of Europe / UNESCO Committee on the Convention on the Recognition of Qualifications concerning Higher Education in the European Region. *Recommendation on the Recognition of Joint Degrees.* Adopted June 9, 2004 <http://www.ond.vlaanderen.be/hogeronderwijs/bologna/documents/LRC/Recommendation_joint_degrees_9-June-2004.pdf>.

ESIB – National Unions of Students in Europe. *Bologna with Student Eyes.* 2007 <http://www.ond.vlaanderen.be/hogeronderwijs/bologna/documents/Bologna studenteyes2007.pdf>.

European Commission. *Green Paper. The European Research Area: New Perspectives.* Brussels: Commission of the European Communities, 2007.

Fave-Bonnet, Marie-Françoise. « Du processus de Bologne au LMD: analyse de la 'traduction' française de 'quality assurance' ». Conference paper, 2007 <http://www.resup.u-bordeaux2.fr/manifestations/conferenceinternationaleparis2007/Actes/FAVE-BONNET_RESUP2007.pdf>.

Finichietti, Giovanni. "Students and Universities in Italy in an Age of Reform." *European Journal of Education,* 39 (2004): 459–69.

Framework of Qualifications for the European Higher Education Area. 2005 <http://www.ond.vlaanderen.be/hogeronderwijs/bologna/documents/Framework_qualificationsforEHEA-May2005.pdf>.

Grebnev, L. "Anti-Bologna: Is It a Position or a Pose?" *Russian Education and Society,* 46 (2006), No. 10: 62–72.

Journal officiel. Law on the Rights and Responsibilities of Universities, August 11, 2007 <http://www.nouvelleuniversite.gouv.fr/texte-de-la-loi-j-o-no-185-du-11-aout-2007-page-13468-texte.html>.

Marga, Andrei. "University Reform in Europe: Some Ethical Considerations." *Higher Education in Europe*, 29 (2004): 475–80.

Wex, Peter. "Time to Stop Beating around the Bush: A German Perspective on National Standards in the Bologna Process," in *Perspectives: Policy and Practice in Higher Education*, 11 (2007), No. 3: 74–77.

Zgaga, Pavel. *Looking Out: The Bologna Process in a Global Setting.* Norwegian Ministry of Education and Research, 2007 <http://www.ond.vlaanderen.be/hogeronderwijs/bologna/documents/WGR2007/Bologna_Process_in_global_setting_final report.pdf>.

Webography

Agence Europe-Éducation-Formation-France <http://www.europe-education-formation.fr/>.

Council of Europe <http://www.coe.int/>.

EUREKA <http://www.eureka.be/home.do>.

EUROPASS <http://europass.cedefop.europa.eu/europass/preview.action?locale_id =3>.

European Credit Transfer System <http://www.europeunit.ac.uk/qualifications/lisbon_recognition_convention.cfm>.

French-American Cultural Exchange <http://www.facecouncil.org/puf/presenta-tion.html>.

French student groups <http://www.fage.asso.fr/elus_frais_inscr_financement.php>.

French Ministry of Education Budget for 2008 <http://www.enseignementsup-recherche.gouv.fr/discours/2007/budget2008.htm>.

French Ministry of Education information on higher education reform <http://www.enseignementsup-recherche.gouv.fr/>, on the new university <http://www.nouvelleuniversite.gouv.fr/>, and on LMD Reform <http://www.education.gouv.fr/cid26/l-enseignement-superieur.html>.

Lisbon Strategy for Growth and Jobs <http://ec.europa.eu/growthandjobs/index_en.htm>.

Tuning Educational Structures in Europe <http://tuning.unideusto.org/tuningeu/index.php>.

V. France and the Rest of the World – La France dans le monde

16

La France et la Francophonie : un partenariat viable ?

SAMIA I. SPENCER
Auburn University

C'est en 1880 que le géographe Onésime Reclus (1837–1916) invente le mot « francophonie » pour désigner la communauté de personnes parlant français dans le monde. À partir des années 1970–1980, le mot commence à être amplement utilisé suite à la création de l'Agence de coopération culturelle et technique (ACCT) à Niamey en 1970 à l'initiative de trois présidents africains, Habib Bourguiba de Tunisie (1903–2000), Hamani Diori du Niger (1918–1989) et Léopold Sédar Senghor du Sénégal (1906–2001), et du Prince Norodom Sihanouk du Cambodge (1922–) — tous les quatre provenant de pays où la langue française avait des racines profondes[1]. Au départ, le but des pères fondateurs était relativement simple, l'ACCT étant chargée « de promouvoir et de diffuser les cultures de ses membres et d'intensifier la coopération culturelle et technique entre eux »[2]. Cette action sera renforcée par la mise en place du Haut Conseil de la Francophonie en 1984, par décret du président François Mitterrand (1916–1996)[3]. En 2009, l'Organisation Internationale de la Francophonie (OIF) regroupe 56 États et gouvernements[4] et 14 membres observateurs[5], c'est-à-dire à peu près le tiers des pays de la planète, des plus riches aux plus pauvres.

Depuis sa création, la Francophonie institutionnelle s'est transformée en véritable géant. Un coup d'œil sur son site web[6] ou sur les documents qu'elle publie permet de découvrir l'immensité du réseau d'organes, institutions, assemblées, conférences, partenaires, opérateurs, instituts, représentations permanentes[7], bureaux régionaux[8], et campus numériques et centres d'accès à l'information[9], sur lesquels elle s'appuie pour mener son ample et ambitieuse action. De plus, l'OIF entretient des relations de partenariat avec une trentaine d'organismes internationaux et privilégie l'association avec de nombreuses organisations internationales non-gouvernementales (OING)[10]. Dès son installation à Paris, le premier Secrétaire général de la Francophonie, Boutros Boutros-Ghali, porte-parole politique, économique et culturel de la francophonie internationale, convoque à Paris des homologues de 13 organisations internationales — y compris des représentants des communautés islamiques et des pays arabophones, hispanophones, et lusophones — afin de célébrer la Journée internationale de la francophonie et d'établir un dialogue des cultures[11].

Quant à son champ d'action, l'OIF propose d'intervenir, entre autres, dans les domaines suivants : éducation ; économie ; sport ; médias ; cinéma ; formation à distance ; énergie et environnement ; jeunesse et mobilité des jeunes ; enseignement supérieur et recherche ; développement durable et solidarité ; promotion de la paix, de la démocratie et des droits de l'Homme ; promotion de la langue française et de la diversité culturelle et linguistique ; et nouvelles technologies de l'information et de la formation. Bien qu'une fonction politique n'ait pas été mentionnée dans le cadre de la mission initiale de l'ACCT, cette nouvelle dimension sera ajoutée en 1997 lors de la création du poste de Secrétaire général de la Francophonie à qui la charge est confiée. Il serait donc pertinent d'affirmer qu'aucune activité humaine n'est étrangère à la Francophonie institutionnelle.

Aujourd'hui, l'OIF se dit fière, entre autres, de la position de la langue française en Europe où elle note que le français, langue maternelle de 16% de la population, se place en seconde position avec l'italien, après l'allemand (23%) et avant l'anglais (15,9%)[12], et que « le français est, avec l'anglais, l'une des deux seules langues parlées sur tous les continents » (DP, p. IV). Dans le monde, l'OIF estime la population de ses pays membres à 710 millions dont 175 millions de locuteurs francophones[13], et se flatte que le français est avec l'anglais l'une des deux langues ayant le statut privilégié de langue de travail à l'ONU où l'on compte six langues officielles (l'arabe, le chinois, l'espagnol et le russe, en plus du français et de l'anglais). Pourtant, c'est avec modération qu'il faudrait accueillir l'enthousiasme que semblent générer ces renseignements. Parmi les 70 adhérents de l'OIF, seuls 14 pays ont le français comme unique langue officielle, c'est-à-dire moins de 20%, et 15 où c'est l'une des langues officielles, c'est-à-dire à peine plus de 20%. Le français n'aurait donc pas de place significative dans plus de la moitié des pays qu'elle regroupe. Quant aux États les plus peuplés, le pourcentage de francophones y est négligeable. Ainsi, parmi les 86 millions de Vietnamiens, on dénombre à peine 200.000 francophones, c'est-à-dire moins de 0,25% ; le pourcentage n'est pas beaucoup plus élevé parmi les 81 millions d'Égyptiens — alors qu'il y a à peine un demi-siècle, le français était la langue principale de l'élite et de ses institutions. D'après le DP (p. IV), le plus grand nombre de locuteurs francophones hors de France se trouve en Algérie — nation qui n'appartient toujours pas à la Francophonie institutionnelle[14].

Oui, le français est l'une des deux langues de travail à l'ONU (Organisation des nations unies), mais ces deux langues sont-elles à égalité au sein de l'organisation internationale ? Déjà en 1995, *Quid* notait que si le français et l'anglais étaient « en théorie à parité... en fait l'anglais domine. 90% environ des documents préparés par le secrétariat de l'ONU sont rédigés en anglais ; dans les institutions spécialisées, le français vient en deuxième place, mais ne dépasse 10% du total qu'à l'OMCI (Organisation mondiale du commerce international), à l'Office de l'ONU à Genève, à l'UIT (Union internationale des télécommunications) (24,5%) et à l'UNESCO (29%). La répartition des discours en 1989 était de 44,8% en anglais contre 16,88% en français » (1026), et ce malgré les déclarations et les activités intensives de son Secrétaire général en faveur de la langue française, le très francophone Boutros-Ghali[15]. Par ailleurs, les quatorze membres observateurs de l'OIF (note 5 ci-dessus) demandent tous que la correspondance avec l'ONU leur soit adressée uniquement en anglais ; il en est de même pour certains membres de plein droit et membres associés dont un pays fondateur de l'ACCT (le Cambodge) et le pays hôte du VIIᵉ Sommet de la Francophonie en 1997 (le Vietnam)[16]. Sur le plan pratique, considérons quelques exemples. Le site internet de *Women Watch*, qui présente les ressources de l'ONU sur l'égalité des genres et la condition des femmes, propose 41 publications en anglais dont seules 12 sont accessibles en français, et quelques-unes dans les autres langues officielles. Le rapport onusien intitulé *The World's Women 2005: Progress in Statistics* n'est accessible qu'en anglais, alors que certaines de ses parties sont consultables en russe, arabe et chinois, mais non en français (http://unstats.un.org/unsd/demographic/products/indwm/wwpub .htm). Lors du Sommet Francophone de la Femme (Luxembourg 2000), les pays membres de l'OIF mettaient à la disposition des participants une riche documentation dont la plus grande partie était rédigée uniquement en anglais ou en arabe, donc inaccessible aux francophones.

Or la prolifération de l'énorme bureaucratie de l'OIF et de ses tentacules est telle qu'il est difficile de la cerner avec précision. Il semble quelquefois que l'organisation elle-même ait du mal à se connaître. Une lecture attentive du *Dossier de Presse du XIᵉ Sommet de la Francophonie* (septembre 2006) et de divers documents de l'OIF révèle des inconsistances. Combien de membres l'OIF comptait-elle en 2006 : 53 (DP en couverture, p. III, 2.1), ou 55 (www.francophonie.org?oif/pays/statut.cfm) ? Dans combien de pays le français est-il seule langue officielle ou l'une des langues officielles : 29 (DP, p. IV) ou 32 (www.francophonie.org?oif/pays/statut.cfm) ? Les pays membres associés de l'OIF ne sont pas les mêmes sur deux listes différentes à l'intérieur du DP[17], et le nombre de représentations permanentes, bureaux régionaux et campus numériques varie également à l'intérieur de ce même document[18].

Malgré la confusion et l'admission de quelques échecs[19], l'expansion de l'OIF avance de bon train. Entre 2006 et 2008, le nombre de membres de plein droit passe de 53 à 56 dont 3 membres associés, et celui des États observateurs de 10 à 14. Aujourd'hui, l'OIF semble disposée à ouvrir ses portes à tout venant : « Que le français ne soit pas la langue officielle du pays requérant ne constitue pas un obstacle à son adhésion. C'est au regard de la place qu'occupe la langue française dans le pays concerné que sont examinées les demandes d'adhésion » (DP, p. III, art. 2.2). Pourtant, dans un grand nombre de ses documents, l'OIF met l'accent sur « le partage d'une langue commune : le français » (www.francophonie.org/oif/pays/statut.cfm) ou les « pays ayant le français en partage » (Voir « Statuts et modalités d'adhésion à la Conférence des chefs d'États et de gouvernement, adoptés lors du Sommet de Beyrouth en 2002 », <www.francophonie.org/doc/txt-reference/adhesion_2002.pdf>).

Quels sont les critères ou les conditions d'admission que doivent remplir les postulants ? Quelle est la place du français dans la plupart des nouveaux pays récemment admis à l'OIF ? Si le français n'est ni langue courante ni répandue, en quelle langue la communication s'effectue-t-elle entre ces nations et l'OIF ? Quelles sont les obligations des membres à l'égard de la langue française et de ses cultures ? Les nouveaux pays cherchent-ils à être admis au sein de la vénérable organisation pour des raisons d'affinité culturelle, ou pour profiter économiquement de sa générosité et de ses projets ? Par exemple, la Pologne, membre observateur de l'OIF, n'a pas hésité à se rallier aux États-Unis et non à la France au moment de la guerre de l'Irak. Une telle position porterait à croire que ce pays ne partage pas nécessairement les valeurs de la France et de la Fran-cophonie, mais est plus porté à s'allier au plus offrant, économiquement. Si les détails abondent sur les modalités et les procédures administratives pour l'admission de nouveaux membres et la présentation de leurs dossiers — c'est-à-dire les démarches bureaucratiques — il existe peu d'indications sur leurs devoirs, ou les performances auxquelles ils sont tenus[20].

S'il existe une carence dans les nombreuses publications officielles de l'OIF, c'est un bilan complet et honnête des résultats obtenus en 40 ans d'existence. On pourrait dire que deux des organes sur lesquels elle s'appuie pour diffuser ses messages et atteindre ses buts, TV5 et l'Université Senghor, contribuent généralement à sa mission. La chaîne télévisée permet aux francophones partout dans le monde d'être bien informés sur les pays francophones, tout en leur offrant un point de vue résolument francophone sur l'actualité mondiale. Mais sait-on si elle a permis d'atteindre un nouveau public, en plus de celui qui lui était déjà acquis[21] ? Quant à l'Université Senghor, elle forme des cadres africains qualifiés, mais demeure un îlot isolé dans la ville d'Alexandrie, ayant peu ou pas d'activité ou de présence dans une ville au passé francophone glorieux, et dont une certaine population privilégie encore ses rapports avec la langue et la culture françaises.

Le français a-t-il progressé depuis les années 1970 dans les pays membres ou ailleurs[22] ? Les cultures francophones sont-elles mieux appréciées aujourd'hui qu'il y a une quarantaine d'années et sont-elles près d'occuper la place qu'elles méritent dans le contexte global ? Les progrès sur le terrain sont-ils proportionnels à l'expansion administrative ? Quelles sont les parts des budgets consacrées aux innombrables réunions de ministres, dignitaires, administrateurs et chefs d'État, c'est-à-dire aux activités au sommet, et quelles sont les parts destinées à rendre de véritables services à la base pour promouvoir l'amour et l'usage de la langue française, et l'appréciation de ses cultures[23] ? Quelles sont les actions ou les décisions pratiques prises par les chefs d'État et les hauts dignitaires dans leurs pays suite à leurs 12 rencontres au Sommet et à la multitude de celles qui les préparent[24] ? La Francophonie institutionnelle se dit fière des valeurs qu'elle représente. Qu'a-t-elle fait pour le rayonnement de ses principes au-delà de ses propres frontières ? Si l'action se limite à les renforcer au sein des pays qui les partagent déjà, ne dirait-on pas qu'elle opère en vase clos et piétine sur place ? Si après 40 ans d'existence le but des pères fondateurs n'est pas près d'être réalisé, n'est-il pas temps de reconsidérer les priorités et les programmes ? Pourquoi l'OIF favorise-t-elle les relations de partenariat avec des communautés et des groupes n'ayant pas nécessairement de rapports avec la francophonie — africains, islamiques, ibéro-américains, dans les Caraïbes et le

Pacifique (voir la liste complètes des partenaires sur le site de l'OIF, www.franco phonie.org/oif/oig.cfm) — mais prête peu sinon aucune attention aux communautés anglophones des États-Unis ? Comment la Francophonie propose-t-elle de faire rayonner son message en tournant le dos à la seule superpuissance actuelle dans le monde ? Il ne nous paraît pas très logique d'affirmer que « la Francophonie veille au renforcement du français comme outil de communication internationale, d'enseignement et de support à un dynamisme intellectuel, scientifique et culturel novateur. Elle associe cette action à son engagement en faveur du plurilinguisme en symbiose avec les grandes communautés linguistiques dans le monde » (www.francophonie.org/oif/missions.cfm), alors qu'elle exclut de son champ d'action la première langue internationale dans le monde et ses communautés culturelles.

Gracieusement reçue en 2006 par son Excellence Abdou Diouf, Secrétaire général de l'OIF et par Hervé Cassan, le Représentant permanent de l'OIF à New York, j'ai voulu soulever avec eux l'action de l'OIF au-delà de ses frontières, particulièrement aux États-Unis. Tout en reconnaissant l'importance d'une telle entreprise, les deux dignitaires ont regretté l'impossibilité d'intervenir auprès de groupes ou d'associations en dehors des pays membres, leurs projets et leurs fonds étant essentiellement destinés à venir en aide aux pays du Sud, et plus récemment à investir les pays de l'Europe centrale et orientale. Il est peut-être temps de réfléchir à ces questions afin d'appréhender de façon plus réaliste la situation actuelle de la langue française et des cultures francophones dans le monde, et d'avancer résolument vers un avenir plus prometteur[25].

À présent, dirigeons notre attention vers la France. Dès le Titre Premier de l'article 2 de la Constitution, il est affirmé que « la langue de la République est le français » (www.assemblee-nationale.fr/connaissance/constitution.asp) — la langue étant inextricablement liée à l'identité d'un pays et à son peuple. À première vue, le nombre d'acteurs institutionnels français responsables de la Francophonie paraît impressionnant puisqu'il implique plusieurs ministères, commissions, délégations et services, y compris le Conseil supérieur de la langue française, « organisme à vocation interministérielle chargé de présenter au Gouvernement des propositions concernant d'une part, l'usage, la diffusion et la valorisation de la langue française et, d'autre part, la politique à l'égard des langues étrangères et régionales » (www.diplomatie.gouv.fr/fr/rubrique-imprim -php3?id_rubrique=11934). Les objectifs de la France quant à la promotion et l'enseignement du français à l'étranger paraissent fort ambitieux : il s'agit, entre autres, de « conquérir de nouveaux publics » et d'agir « prioritairement dans les trois zones géographiques où le français a un fort potentiel de développement,...l'Europe...les grands pays émergents...l'Afrique et plus spécifiquement l'Afrique francophone » (www.diplomatie.gouv.fr/fr/article-imprim.php3? id_article=34092) — les États-Unis, pour la France comme pour l'OIF, étant toujours tenus à l'écart et exclus des priorités. De plus, dans son « Plan de relance du français » (le choix du mot « relance » ne suggère-t-il pas une admission tacite de dérapage ou de glissement ?), la France propose de créer des « pôles pédagogiques de référence » pour la formation des enseignants de français et de combler le déficit d'enseignants du français langue étrangère — noble initiative dont il faudra, dans quelques années, considérer les moyens qui y seront consacrés et les résultats qui s'ensuivront. Sur le plan international, l'opération la plus réussie et la plus cruciale de la France à l'égard de sa propre langue et de sa culture, et en faveur de la diversité culturelle, est son récent succès à faire voter l'exclusion culturelle, grâce notamment à l'appui inconditionnel du Canada[26].

Pourtant, un examen plus attentif des pratiques de l'État et de ses élites reflète une situation plus mitigée et un décalage entre les positions et les déclarations officielles et l'état de fait. Que la langue nationale ait perdu de sa superbe en un demi-siècle ne fait plus aucun doute, et remet en question l'efficacité de l'impressionnante machine bureaucratique consacrée à sa diffusion et à son rayonnement. Il y a une dizaine d'années, dans une interview avec Patrick et Olivier Poivre d'Arvor, l'Égyptien Naguib Mahfouz déplorait le peu d'attention accordé par la France à sa langue : « Dans le monde entier, votre culture, votre langue étaient connues, enviées. C'est votre meilleure carte de visite ! Pourquoi ne pas vous en préoccuper plus, aujourd'hui ? » Le prix Nobel de littérature, vivant dans un pays membre de l'OIF où la culture française a longtemps occupé une place privilégiée ne ressentait ni l'action de la France ni celle de l'OIF en faveur d'une culture qu'il admirait et chérissait[27].

Plus grave encore est l'érosion de la langue française dans sa propre patrie sous les coups que lui assènent des personnalités éminentes, souvent avec l'approbation des plus hautes autorités. Citons-en quelques exemples flagrants qui ont mérité à leurs tenants l'indigne Prix de la Carpette anglaise. Ce prix d' « indignité civique », accordé par « l'Académie de la Carpette anglaise » créée en 1999 par quatre associations de défense et de promotion de la langue française, est décerné tous les ans à un membre de l'élite française qui se distingue par sa détermination à promouvoir l'anglais au détriment de sa propre langue[28]. En 1999, il est attribué à Louis Schweitzer, PDG (président directeur général) de Renault, qui imposait l'usage de l'anglais dans les comptes rendus des réunions de direction au sein de son entreprise. En 2000, Alain Richard, ministre de la Défense, en est le récipiendaire pour avoir imposé aux militaires français de parler anglais au sein du Corps européen alors qu'aucune nation anglophone n'en faisait partie. Pour avoir déclaré que « dire que le français est une langue internationale de communication comme l'anglais prête à sourire aujourd'hui », Bernard Ramanantsoa, directeur général de HEC (École des Hautes Études commerciales), est sélectionné pour l'infâme reconnaissance en 2003.

Le dénigrement de la langue française et les agressions dont elle est victime proviennent d'une multitude de milieux et de directions. En 1998, le directeur général du Centre national de la cinématographie déclarait : « Qu'est-ce qui, au-delà des textes, fait qu'un film est français ? L'auteur-réalisateur d'abord, puis le producteur, enfin les autres composantes. Les règlements doivent s'adapter. La langue française reste un enjeu, mais sans devenir une condition absolue » (Hagège 33). En 2001, le Conseil constitutionnel, par opposition au Conseil d'État, dispense certaines opérations boursières d'information intégrale en français, proposant qu'un résumé français serait suffisant. Ainsi, en cas de litige, l'investisseur français serait obligé de procéder à une traduction française, sur le territoire français, à ses propres frais (Hagège 69–70). Le 26 février 2006, un amendement de dernière minute est subrepticement « glissé pour les députés, visant à obtenir, sous prétexte d'urgence (donc en se passant de l'avis, normalement indispensable, de la Commission des Affaires étrangères de l'Assemblée nationale), la ratification du tristement célèbre 'Protocole de Londres' »[29]. Ce texte, entré en application depuis le 1er mai 2008, admet l'anglais comme langue des brevets d'invention et donne valeur juridique en France à des textes écrits en anglais, et non dans la langue reconnue par la Constitution du pays. Le 25 mars 2006, le baron Antoine Seillière, ancien président du MEDEF (Mouvement des entreprises de France) et Président de l'Union des Industries de l'Union européenne, s'exprime en anglais, en violation des règles mêmes de l'UE, lors d'un Conseil à Bruxelles, provoquant ainsi le départ immédiat du président Jacques Chirac et de deux de ses ministres. Les déclarations les plus surprenantes proviennent de la plume du très respectable et très célèbre ministre des Affaires étrangères et européennes de l'époque, Bernard Kouchner, dans *Deux ou trois choses que je sais de nous* où se trouve un chapitre intitulé « L'anglais, avenir de la francophonie » (146-153). L'auteur y exprime son désappointement que François Mitterrand qui disait ne pas entendre l'anglais — « la première langue de la diplomatie mondiale » — insistait que l'on parle français en sa présence (146). Il avoue, « j'avais été étonné en 1988, que l'on insistât sur l'usage obligatoire du français pour les ministres » (147), avant de conclure qu'« après tout, même riche d'incomparables potentiels, la langue française n'est pas indispensable : le monde a bien vécu avant elle. Si elle devait céder la place, ce serait précisément à des langues mieux adaptées aux besoins réels et immédiats de ceux qui la délaisseraient » (151).

Devant un tel laxisme et le dénigrement que subit la langue française dans la mère patrie, on ne peut s'empêcher de se demander comment un pays peut être respecté au sein des nations s'il n'honore pas sa propre langue, c'est-à-dire sa propre identité . À cet égard, il convient d'opposer le respect et la dignité dont la langue française est entourée au Québec au sort qui lui est réservé en France. Peu après l'arrivée au pouvoir du Parti québécois (PQ) en 1976 est promulguée la Charte de la langue française, communément connue comme la « Loi 101 », qui avait comme objectif de faire du français la langue normale et habituelle du travail. Dès lors, une politique linguistique précise est menée pour assurer l'utilisation du français dans tous les domaines publics, y compris les grandes entreprises internationales désormais obligées d'obtenir un certificat de francisation. Pour soutenir l'application de cette loi et joindre l'action à la parole, divers ministères et organismes sont mobilisés et appelés à jouer un rôle important dans l'aménagement linguistique — plus particulièrement l'Office de la langue française (OLF) et le Conseil supérieur de la langue française (CSLF). Entre 1970 et 1980, l'OLF met au point une méthodologie rigoureuse de recherche terminologique, se charge de développer le tronc commun linguistique qui intéresse toutes les entreprises, et confie à ces dernières les recherches ter-minologiques spécifiques à leur domaine de spécialité. Ainsi, c'est à Bell Canada que revient l'établissement du vocabulaire des télécommunications ; à IBM celui de la terminologie informatique ; à Hydro-Québec celui de l'électricité ; et à l'Ordre des Comptables agréés celui de la comptabilité et des finances. Quant au CSLF, sa mission consiste, entre autres, à surveiller l'évolution de la situation linguistique et sa qualité, à s'intéresser aux transformations et aux variations linguistiques de la population, à chercher à connaître et améliorer le niveau de langue utilisé, et à organiser des colloques nationaux et internationaux centrés sur l'expérience québécoise. En 20 ans, ces deux organismes linguistiques et leurs associés publient plus de 700 ouvrages afin d'assurer la place du français comme langue de travail dans toutes les entreprises québécoises, et évaluer sa situation[30].

Des banques de langue et de données sont créées afin de développer la production continuelle du vocabulaire exigé par les nouvelles réalités et les tech-nologies de pointe. Des évaluations sérieuses sont menées à chaque étape et dans tous les domaines : leurs résultats viendront confirmer le succès. Il est pertinent, par exemple, de noter comme on le voit dans *Le Français au Québec. 400 ans d'histoire et de vie* (FQ) qu'en quelques années le pourcentage d'anglophones unilingues à Montréal passe de 54% à 34% (292)[31], la connaissance de la langue nationale du Québec étant devenue condition *sine qua non* pour tous ceux qui veulent avancer professionnellement — phénomène confirmé par les statistiques économiques. Alors qu'en 1970 le revenu moyen d'un anglophone unilingue dépassait de 59% celui d'un francophone qui ne parlait que sa langue, une prise de position ferme et résolue de l'État envers sa langue renverse la donne. Ce sont désormais les francophones bilingues qui réussissent le mieux, leur revenu dépassera en quelques années de 12% celui des anglophones qui ne maîtrisent que leur propre langue. On pourrait dire alors que ces mesures ont mené à la dévalorisation de l'anglais comme unique langue de travail, pour faire place à un « bilinguisme à la française ».

Au Québec, l'usage de la langue française progresse, malgré la proximité des États-Unis et du Canada anglophone, et l'immense influence des puissants médias américains. Alors qu'avant la Loi 101, à peine 20% des enfants d'immigrés fréquentaient l'école française, 20 ans plus tard, ils sont 79% (FQ 293). Aujourd'hui, 94% des habitants du Québec déclarent connaître le français. Les problèmes liés à l'usage de la langue et de la culture sont identifiés et étudiés par des sociologues et des linguistes afin d'explorer des solutions potentielles et prendre les mesures nécessaires. Considérons quelques exemples. C'est aux États-Unis que sont nés et se sont développés les premiers ordinateurs, le réseau Internet, et les sociétés telles que Apple et Microsoft qui ont permis l'envolée de la révolution micro-informatique et dont la langue est, naturellement, l'anglais. Grâce à l'intervention de l'État québécois et à son appui financier, un matériel informatique extensif sera développé. Ainsi, aujourd'hui, la quasi-totalité des logiciels de gestion et de programmation utilisés dans les entreprises est disponible en français. La menace de l'anglais n'a pas disparu pour autant, puisque la croissance des échanges internationaux et la multiplication des contacts interlinguistiques mènent souvent à l'emploi de l'anglais. Pourtant l'usage de la langue française demeure privilégié dans les institutions publiques et privées de la Belle Province et parmi ses élites.

Un autre exemple permet de contraster davantage les positions de la France et celles du Québec. Il est estimé que 85% des articles scientifiques dans le monde sont publiés en anglais, alors que seuls 4% le sont en français. Au Québec, en quelques années, leur proportion passe de 13% à 2% (FQ 409).

Pourtant, loin de céder à l'influence de l'anglais, l'enseignement des sciences continue à se faire entièrement en français et de nombreuses publications de synthèse contribuent à disséminer les apports scientifiques en français, quel que soit le pays de leur origine ou la langue de leur provenance. En France, on est loin d'accorder de tels honneurs à la langue du pays. En avril 2007, un article intitulé « In many business schools, the bottom line is in English », l'*International Herald Tribune* rapportait que les étudiants de la prestigieuse École normale supérieure avaient affiché une pétition pour demander que leurs cours soient enseignés en français, trouvant inadmissible qu'un professeur français s'adresse à des étudiants français en France, en anglais[32]. En fait, au cours des dernières années, plusieurs professionnels ont été obligés de porter plainte, notamment les pilotes de ligne français à qui on voulait imposer la communication en anglais avec des aiguilleurs de l'air en France, ou d'avoir recours à la justice afin d'obtenir le simple droit de travailler en français dans leur propre pays, tel que l'exige la Constitution. Le 2 mars 2006, la Cour d'Appel de Versailles donnait raison aux salariés et aux syndicats de la GEMS qui forçait l'usage de l'anglais, et a lourdement condamné l'entreprise. Plus récemment, le 28 avril 2007, le Tribunal de grande instance de Nanterre condamnait la société Europ Assistance « à traduire en français ses logiciels de comptabilité dans un délai de trois mois, avec une astreinte de 5.000 euros par jour et par document » (www.voxlatina.com/ vox_dsp2.php3?art=2060).

À l'aube du XXIe siècle, il est temps de mettre fin à des pratiques honteuses dans le pays qui a donné naissance à l'une des langues les plus prestigieuses au monde et dont la brillante culture et littérature ont été admirées partout, depuis les temps les plus anciens. Aujourd'hui, il faut joindre l'action à la parole afin de restituer à la langue française sa dignité et la place qu'elle mérite, car un pays où un peuple ne respecte ni n'honore sa propre langue risque de subir le même sort et de sombrer avec elle. Aujourd'hui, il ne convient plus de déplorer l'impérialisme linguistique et la place de plus en plus grande qu'occupe l'anglais dans le monde et dans les institutions internationales, l'heure est à un sérieux examen de conscience. Ceux à qui incombe la protection et le rayonnement de la langue française se doivent de reconsidérer leurs actions et leurs priorités afin d'être dignes de porter le flambeau de la francophonie.

Notes

[1] Le 20 mars 1970, 21 États et gouvernements signent la convention qui entérine la création de l'ACCT. C'est en mémoire de cette date que le 20 mars est désigné Journée internationale de la Francophonie depuis l'arrivée de Boutros Boutros-Ghali à

l'OIF, le premier à célébrer l'événement. L'ACCT changera plusieurs fois de nom et de structure au cours des années qui suivent sa création. Elle sera Agence de la Francophonie, avant de devenir Agence Intergouvernementale de la Francophonie (AIF) — appellation et structure de courte durée puisque moins de 10 ans plus tard, en 2006, l'AIF sera intégrée dans l'Organisation Internationale de la Francophonie (OIF). Celle-ci ayant été elle-même créée en 1997 pour accueillir Boutros Boutros-Ghali (1922–) comme Secrétaire général, suite à la fin de son premier mandat à la tête de l'ONU. Pour un rappel des conditions ayant empêché la nomination de Boutros-Ghali à un second mandat à l'ONU, voir Spencer 1999 (47–48).

2 *Dossier de presse, XIᵉ Sommet des chefs d'État et de gouvernement de la Francophonie, Bucarest (Roumanie) 28-29 septembre 2006*, p. III (l'abréviation DP sera utilisée pour toute référence ultérieure à ce document).

3 Le 19 janvier 2004, le Haut Conseil de la Francophonie de l'OIF succèdera à celui créé par François Mitterrand et assurera les mêmes fonctions dans un cadre désormais multilatéral. Sur la quarantaine de ses membres, on note une seule personnalité états-unienne, la chanteuse et actrice d'origine malienne, Dee Dee Bridgewater, dont le choix ne nous paraît pas évident (www.fr.wikipedia.org/wiki/haut_conseil_de_la_francophonie>, consulté le 4/10/2007).

4 Il s'agit de : l'Albanie, la Principauté d'Andorre, l'Arménie*, le Royaume de Belgique, le Bénin, la Bulgarie, le Burkina Faso, le Burundi, le Cambodge, le Cameroun, le Canada, le Canada Nouveau-Brunswick, le Canada-Québec, le Cap-Vert, la République centrafricaine, Chypre*, la Communauté française de Belgique, les Comores, le Congo, la République démocratique du Congo, la Côte d'Ivoire, Djibouti, Dominique, l'Égypte, l'ex-République yougoslave de Macédoine, la France, le Gabon, le Ghana*, la Grèce, la Guinée, la Guinée-Bissau, la Guinée équatoriale, Haïti, le Laos, le Liban, le Luxembourg, Madagascar, le Mali, le Maroc, Maurice, la Mauritanie, la Moldavie, la Principauté de Monaco, le Niger, la Roumanie, le Rwanda, Sainte-Lucie, Sao Tomé et Principé, le Sénégal, les Seychelles, la Suisse, le Tchad, le Togo, la Tunisie, Vanuatu et le Vietnam (* membres associés).

5 Les quatorze membres observateurs sont : l'Autriche, la Croatie, la Géorgie, la Hongrie, la Lettonie, la Lituanie, le Mozambique, la Pologne, la République tchèque, la Serbie, la Slovaquie, la Slovénie, la Thaïlande et l'Ukraine.

6 La multitude de sites affiliés à l'OIF et de ses innombrables publications sont accessibles à partir de son site internet www.francophonie.org.

7 Les représentations permanentes se trouvent auprès des Nations Unies à New York et à Genève, auprès de l'Organisation de l'Union africaine et de la Commission économique pour l'Afrique des Nations Unies à Addis-Abeba, auprès de l'Union européenne à Bruxelles et la Représentation spéciale en Côte d'Ivoire Cocody, les deux plateaux à Abidjan.

8 Les bureaux régionaux se trouvent au Togo, au Vietnam, au Gabon et en Roumanie.

9 La majorité des 25 campus numériques et centres d'accès à l'information sont en Afrique ; les autres se trouvent au Cambodge, en Haïti, au Laos, à Madagascar, au Vietnam, à Vanuatu et deux en Syrie.

[10] La liste de ces groupes est accessible sur le site <www.francophonie.org/oif/oif/cfm>.

[11] Pour plus de détails sur les intenses activités diplomatiques entreprises par Boutros-Ghali à l'OIF, voir Spencer 1999 (56–60).

[12] Ces chiffres qui proviennent du DP (p. IV) semblent peu fiables, étant donné que la France, avec une population de près de 63 millions, dépasse démographiquement l'Italie avec ses 58 millions. De plus, il est estimé qu'au moins un tiers des Belges (10 millions) ont le français comme langue maternelle, ainsi qu'une proportion de Suisses (7 millions) et de Luxembourgeois (un demi-million). Il semble donc difficile de croire que le français et l'italien soient à égalité au sein de l'Europe.

[13] Le chiffre de 175 millions de francophones est avancé dans le DP en 2006 (p. IV). À l'occasion de la Journée internationale de la francophonie 2007, TV5 portait ce nombre à 200 millions. À noter, toutefois, que seuls 115 millions d'entre eux parleraient « un français courant » <www.diplomatie.gouv.fr/fr/actions-france_830/francophonie-langue-francaise_1040/>.

[14] En fait, c'est en République démocratique du Congo, avec ses 66 millions d'habitants, que se trouve le plus grand nombre de francophones hors Hexagone, alors que la population de l'Algérie n'est que de 33 millions.

[15] Pour de plus amples détails sur le passé francophone de Boutros-Ghali et sa détermination à accorder l'égalité des deux langues de travail au sein de l'ONU, voir Spencer 1993 (84–101).

[16] Il s'agit de : l'Albanie, le Cambodge, Dominique, l'Ex-République yougoslave de Macédoine, le Ghana, Maurice, la Moldavie, Sainte Lucie, et le Vietnam qui demandent la correspondance de l'ONU uniquement en anglais, et non dans les deux langues comme le font plus diplomatiquement d'autres nations telles que le Canada ou Vanuatu.

[17] D'après l'intérieur de la couverture du DP, en 2006 les membres associés étaient l'Albanie, la Principauté d'Andorre et la Grèce. Or, d'après la page III de ce même document, les membres associés étaient l'Albanie, la Principauté d'Andorre, l'Égypte et l'Ex-République yougoslave de Macédoine.

[18] D'après le DP (p. III), il existerait 4 représentations permanentes de l'OIF, 3 bureaux régionaux, 2 antennes régionales, et un représentant spécial du Secrétaire général de la Francophonie pour la Côte d'Ivoire. Or, d'après l'annexe III de ce même DP, il existerait 5 représentations permanentes, et 4 bureaux régionaux dont une antenne régionale. Le nombre de campus numériques est de 26 d'après le DP (p. VII), et de 25 dans la liste de l'annexe II.

[19] L'OIF a récemment réalisé l'importance de l'évaluation de ses projets afin d'en rendre compte aux membres, surtout aux bailleurs de fonds. Depuis 1998, elle procède à des évaluations externes de ses programmes de coopération les plus importants et en publie les résultats. Ainsi, par exemple, on apprend que le projet intitulé « Canal éducatif numérique francophone », auquel un budget de plus de 10 millions d'euros avait été consacré, a été voué à l'échec (www.francophonie.org/doc/evaluations/eval_canalef_2003.pdf), dû au manque de connaissance des conditions techniques et technologiques en Afrique avant la mise en place du projet.

[20] Il serait intéressant de savoir dans quelle mesure les dossiers des nouveaux membres associés ou observateurs contenaient réellement « les éléments d'information requis pour l'instruction de la demande [d'adhésion] ». Il faut en compter 6 dans l'espace linguistique ; 12 dans l'espace pédagogique ; 10 dans l'espace culturel ; 13 dans l'espace de communication ; 7 dans l'espace économique ; 4 dans l'espace politique et juridique ; 3 pour le rayonnement de la Francophonie ; 4 dans l'espace associatif ; 4 au plan international et multilatéral. Voir « Statuts et modalités d'adhésion à la Conférence des chefs d'État et de gouvernement des pays ayant le français en partage, adoptés par le Sommet de Beyrouth (2002) » <www.francophonie.org/doc/txt-reference/adhesion_2002.pdf>.

[21] Dans de nombreux pays, l'accès à TV5 exige l'installation d'une parabole spéciale ou même un abonnement payant (les États-Unis, par exemple). Dans d'autres pays, la chaîne câblée fait partie d'un bouquet gratuit captable par parabole, mais n'est jamais regardée par la majorité de la population.

[22] Entre les années 1960 et 2000, le français passe de première langue étrangère enseignée aux États-Unis en distante seconde position, avec une diminution dramatique du pourcentage d'apprenants. Aujourd'hui, on estime que les Vietnamiens qui apprennent l'anglais sont 30 fois plus nombreux que ceux qui étudient le français. Au Maroc et au Maghreb en général, les jeunes tendent à favoriser la culture américaine plutôt que la culture française.

[23] Hagège aussi note l'excès des « frais engagés par la France pour participer au coût de fonctionnement de l'OIF pour l'organisation des sommets, à la rétribution des personnels, et d'autres frais, eux aussi fort importants pour la diffusion mondiale du français » (148).

[24] Pour les détails concernant les réunions de préparation à un Sommet de la Francophonie et les questions qui peuvent être soulevées par la suite, voir Spencer 2000 (surtout 6–7 et 10–14).

[25] Dans *Paroles*, Yves Mercier, professeur au BLS campus Toulon, posait lui aussi des questions semblables aux nôtres et constatait que « la francophonie vivra si on parle français dans les hautes sphères mais aussi dans la rue et dans les écoles ».

[26] La « Convention sur la protection et la promotion de la diversité des expressions culturelles », approuvée à l'UNESCO en 2005 par 127 pays sur 135, reconnaît que les biens et services culturels ne sont pas des marchandises comme les autres, et sont exclus des traités commerciaux internationaux, en particulier ceux de l'OMC.

[27] Cité par Olivier et Patrick Poivre d'Arvor dans *Vox latina* <www.voxlatina.com/vox_dsp2.php3?art=1994>.

[28] Les quatre associations ayant collaboré à la création de l'infâme académie sont : Avenir de la langue française, Association pour la sauvegarde et l'expansion de la langue française, Défense de la langue française et Droit de Comprendre. La liste des récipiendaires du Prix de la Carpette anglaise peut être consultée sur le site <www.fr.wikipedia.org/wiki/Acad%C3%A9mie_de_la_Carpette_anglaise>.

[29] La ratification du Protocole de Londres a été appuyée, entre autres, par la ministre de l'Enseignement supérieur et de la Recherche, Valérie Pécresse. Voir le débat sur ce sujet dans *Le Monde* (25 juillet 2007).

[30] Notons, entre autres, quelques ouvrages qui démontrent l'intérêt et le sérieux accordés par les instances gouvernementales du Québec aux questions linguistiques : *Le Français au Québec. 400 ans d'histoire et de vie* (Québec : Fides, 2003) ; *Le Français au Québec. Les nouveaux défis* (Québec: Fides, 2005) ; *Le Français, langue normale et habituelle du travail dans une économie ouverte* (Québec : Conseil supérieur de la langue française, 2005) ; et *Le Français, langue de la diversité québécoise. Une réflexion pluridisciplinaire* (Montréal : Québec Amérique, 2006).

[31] Un autre facteur ayant sans doute contribué à cette baisse est le fait qu'un certain nombre de grandes sociétés, notamment Fraser Paper Co. et Sun-Life Insurance Co., ont transféré leurs sièges de Montréal à Toronto suite à la promulgation de la Loi 101, emportant ainsi un certain nombre de cadres anglophones hors de la province.

[32] L'article indiquait: « When economics students returned this winter to their elite École normale supérieure here [France], a simple one-page petition was posted along the corridors demanding an unlikely privilege: French as a teaching language. 'We understand that economics is a discipline, like most scientific fields, where the research is published in English,' the petition read, in apologetic tones. But it declared 'unacceptable' for a native French professor to teach standard courses to French-speaking students in the adopted tongue of English » <www.iht.com/articles/2007/04/10/europe/engbiz.php>.

Références

Bernard, André (dir.). « Les répercussions sociales et politiques de la Loi 101 ». *In* Michel Plourde *et al*, dir. *Le Français au Québec. 400 ans d'histoire et de vie*, Québec : Fides, 2003, p. 292–299.

Dossier de presse, XIe Sommet des chefs d'État et de gouvernement de la Francophonie, Bucarest (Roumanie), 28–29 septembre 2006 <http://bucarest.francophonie .org/>.

Frémy, Dominique et Michèle Frémy. *Quid 1994*. Paris : Laffont, 1995.

Georgault, Pierre et Michel Pagé (dir.). *Le Français, langue de la diversité québécoise. Une réflexion pluridisciplinaire*. Montréal : Québec Amérique, 2006.

Hagège, Claude. *Combat pour la Francophonie*. Paris : Odile Jacob, 2006.

Kouchner, Bernard. *Deux ou trois choses que je sais de nous*. Paris : Robert Laffont, 2006.

Mercier, Yves. *Paroles, Semestriel pédagogique et d'informations*, n° 5, juin 2005, p. 7.

Myard, Jacques et Christian Derambure. « Des brevets ou marché de dupes », *Le Monde*, 25 juillet 2007 <www.lemonde.fr>.

Plourde, Michel *et al* (dir.). *Le Français au Québec. 400 ans d'histoire et de vie*. Québec : Fides, 2003.

Spencer, Samia I. « A Francophone at the Helm: Boutros Boutros-Ghali, the United Nations' Sixth Secretary-General ». *Contemporary French Civilization*, vol. XVII, n° 1, 1993, p. 84–101.

——. « Boutros Boutros-Ghali : toujours au sommet », *Contemporary French Civilization*, vol. XXIII, n° 1, 1999, p. 47–64.

——. « Moncton : le VIIIe Sommet de la francophonie », *Contemporary French Civilization*, vol. XXIV, n° 1, 2000, p. 1–19.

Stefanescu, Alexandre et Pierre Georgault (dir.). *Le Français au Québec. Les nouveaux défis.* Québec : Fides, 2005.

Lapierre Vincent, Nicole. *Le Français, langue normale et habituelle du travail dans une économie ouverte.* Québec : Conseil supérieur de la langue française, 2005.

Webographie

<www.assemblee-nationale.fr/connaissance/constitution.asp>.

<www.diplomatie.gouv.fr/fr/actions-france_830/francophonie-langue-francaise _1040/>.

<www.diplomatie.gouv.fr/fr/article-imprim.php3?id_article=34092>.

<www.diplomatie.gouv.fr/fr/rubrique-imprim-php3?id_rubrique=11934>.

<www.francophonie.org>.

<www.francophonie.org/doc/evaluations/eval_canalef_2003.pdf>.

<www.francophonie.org/doc/txt-reference/adhesion_2002.pdf>.

<www.francophonie.org/oif/missions.cfm>.

<www.francophonie.org/oif/oif/cfm>.

<www.francophonie.org?oif/pays/statut.cfm>.

<www.fr.wikipedia.org/wikiAcad%C3%A9mie_de_la_carpette_anglaise>.

<www.fr.wikipedia.org/wiki/haut_conseil_de_la_francophonie>.

<www.iht.com/articles/2007/04/10/europe/engbiz.php>.

<http://unstats.un.org/unsd/demographic/products/indwm/wwpub.htm>.

<www.voxlatina.com/vox_dsp2.php3?art=1994>.

<www.voxlatina.com/vox_dsp2.php3?art=2060>.

17

American Writing on France—*plus ça change?*

EDWARD C. KNOX
Middlebury College, Emeritus

As titles and subtitles amply attest, markedly different positive and negative strains have characterized American non-fiction on France. France and the U.S. have of course long seen themselves as competing models and even rival universalisms: politically, as in republicanism (French) vs. democracy (American), but also socio-culturally, *l'exception française* vs. the American way of life. The positive American perspective has tended toward the cultural and personal, admiring France as a world-class source of art and architecture, gastronomy, fashion, and civilized daily life. Negative opinion has concentrated on the political and public side, focusing on such moments as the 1940 defeat, the De Gaulle years, and most recently the French opposition to the war in Iraq. The following sketches an overview of some discursive differences in this writing, from 2002 to 2009.[1]

Positives

Sojourner and expatriate writing has typically dealt with explaining and sharing the joys of traditional life in France, especially *la France profonde*, or the intellectual and cultural stimulation of Paris, rather than with the rude or arrogant French people many tourists and journalists claim to encounter. (It deals less often with how one has the time or the resources for such pleasures, or how representative is the France they describe.) Overarching themes in this literature have tended to be restoring a house; acquiring French and understanding the behavior that goes with it; and discovering French food or mastering French cuisine—all with the goal, usually attained, of a new sense of belonging and even of self (Knox). Thus, in *C'est la Vie*, Suzy Gershman learns the difference between business trips to France and actually settling in, struggling with local ways, regulations and the language. Jeffrey Greene and his partner Mary decide in *French Spirits* to rehabilitate a presbytery in Burgundy, and along with the predictable structural issues, local characters and property squabbles, they come to see that as they bring changes to the presbytery they are also participating in the historical process of change: "The presbytery is the kind of building we are all just passing through" (240). Juneau sets out on the "escapade of a lifetime" (19), and despite bittersweet results comes to see the more simple lifestyle as a "less is more attitude. A way of sustaining oneself without the constant, niggling longing for more, more, more" (201). Draine and Hinden's house in Castelnaud needs relatively little fixing up, and they become quickly part of the village, observing ruefully the loss of local traditions and the advent of a typical tourist infrastructure.

Michael Sanders, noticing that his daughter is beginning to speak French better than her parents, comes to reflect eloquently on how language competence allows for participation "in all those prosaic, almost random experiences that make up a rich, full daily life.... Such experiences make you feel that you belong, that you are much less a foreigner, a stranger, a visitor, or an observer..." (*From Here*, 162). Espinasse turned her *french word a day.com* blog into a *dictionnaire raisonné* of one hundred French terms that have proven either problematic for her or evocative of life in France, or both. Like Sanders, she features her children, whom she sees as a major source of ideas about French terms, and her growing sense that despite language difficulties her home has shifted to France makes for an experience that is at once highly personal yet readily persuasive. On the other hand, on her own children's first day of school Ramsey hears the principal say, "It is my *something* to *something* you, *something* to a *something something something*" (1), and even after four years, when she feels her French is finally up to snuff, she is told in perfect English, "Enjoy your vacation here.... Don't worry about your accent. You'd have to practically live here to lose it" (179–80). In point of fact, all of these sojourner texts have sprinklings of French, with errors of disconcerting frequency given the overall theme of adaptation, to the point where one often wonders how many conversations could possibly have taken place as related.

As for food and cooking, by *Tarte Tatin*, Susan Loomis' sequel about her expatriate life on *Rue Tatin* (2001), her kitchen is taking shape and we get rather long and by now familiar descriptions of the work involved and the preparation for her cooking classes. Laura Florand's *Blame It on Paris* uses food and cooking, French vs. American (in fact Parisian vs. small-town Georgian), as a constant and humorous touchstone for what goes into an intercultural marriage. For Sanders, the life of a village restaurant in the Lot is an avenue into local life, and like Draine and Hinden he ends up reflecting on what villages in the more chic Dordogne or Provence have become: "restored to within an inch of their lives [they] have ceased to function as a village and have become vacation colonies" (*From Here*, 288). His *Families of the Vine* deals with wine and the people who make it, caught between tradition and modernity. Noted chef James Haller's one-month group rental of a house near Tours is, despite total linguistic inadequacy, as emotion-filled as any. Ultimately, the sojourn provides a kind of therapy at a moment of doubt in his career as a chef, and as he reviews the recipes of the meals he has cooked for the group, he decides to devote himself full-time to writing. After a year at *Le Cordon bleu*, Flinn concludes that "as in cooking, living requires that you taste, taste, taste as you go along" (274).

Like their predecessors, these accounts often move beyond local issues to personal renewal and serious cultural reflection, not to mention marriage with a French citizen. What further characterizes this latest group of writings is a new-found ease and bemusement, and even a sense of observing the adaptation phenomenon—including in oneself—at something of a distance more than simply living it firsthand. Ira Spector good-naturedly sees tourist-like difficulties as simply different specificities ("French Twists") rather than French contrariness, even if the question of French drivers is something of an exception. Deeper still, as with Sanders' search for "a time out of time" (*From Here*, 286), Spector's goal is acceding to a French vacationer's *farniente*, to "give yourself the per-mission to do nothing . . . freedom from restraints . . . allowing you to do things differently, better" (220). Recent writing often evokes what Greene calls "a chance to live a second life, to reinvent yourself in another country" (18). James Morgan goes to France to learn to see, in emulation of Matisse, who "went the distance" in living the creative life (7). Gershman fulfills a dream of living in France, finds a new community of friends, and gets beyond the death of her husband in the process: "I think I am the happiest version of the new me that I could be" (262). Draine and Hinten's account reaches a cross-cultural pinnacle at a *fête de l'indépendance* created in joint celebration of July 4th and 14th, with everyone singing local heroine Josephine Baker's "J'ai deux amours." Florand cracks wise about both French and American culture, but ultimately "we were married in both cultures, on both continents, for both families, in all manners possible" (370). Platt, on the other hand, traces problems faced by American women married to French men of a certain class and age. Loomis has a heartfelt chapter on being in Normandy on 9-11 and finishes with a French-American Thanksgiving. "The scene couldn't have been more American, yet the sentiment was universal. We were all at home together" (342). Finally, there is Greenside, who having underestimated like so many others the attendant linguistic and cultural difficulties, realizes that "when I'm in France I see how American I am. In the U.S., it's the reverse" (241).

Perhaps the commanding work in this canon is Julia Child's best-selling *My Life in France*. Her *Mastering the Art of French Cooking* (1961) was a founding moment of the interest in French ways under discussion here, and the idea for *My Life in France* apparently began in 1969, well ahead of most other narratives. More memoir than chronicle, this "series of interlinked autobiographical stories" (3) recalls in various forms the three major sojourner themes, as Child sets up housekeeping not to mention kitchens, and later has a *mas* in southern France renovated; struggles with the language (even then there were a number of mistakes in her French, but tellingly none in her culinary French); and of course learns to cook in the French way, then learns how to write about it and finally to demonstrate it on television. What further gives the work a special status here is the span of its retrospection, a view of a life or large portions of it, not just a special year or summer—but characteristically "a crucial period of transformation, in which I found my true calling" (3). France is the "spiritual homeland" (302) that enabled her to become, as Alan Riding said, "Julia Child." (The Wells's trace the same professional and personal trajectory, and convey many of the same lessons, but with a self-absorption rarely found elsewhere in this writing.) Child's book unpacks the celebrity figure and gives us back the person, and in her approach to life and to cooking she provides something of a subtitle or metaphor for the works under discussion, which despite variations all depict at some level a search for local richness, "a magnificent burst of flavor, a thoroughly satisfying meal, perhaps even a life-changing experience" (302).

In these same years, a spate of anthologies of non-fiction writing on France (Gopnik, Lee, O'Reilly, Powers, Reichl) testified to the popularity of the topic but also to the sense that such writing had come to be worth packaging for a reading public. All but one are volumes in a series dedicated broadly to travel writing, some begun in the 1990s, for readers faced with "creeping homogeneity" in a globalized age, who seek to meet "others who continue to see life in other terms" (O'Reilly, preface to series). A small minority of authors are not American, and a few pieces of fiction are included. At the same time, the almost total lack of overlap among them attests to the volume, the richness and the variety of treatment France and the French have received.

The anthologized pieces invoke such themes as the power and seduction of place; the art of living and eating well; love and romance; the chance to get away from the ordinary; Paris as the place that matters; finding one's (American) identity in another place. In a learned introduction, Gopnik underscores aptly the motif he calls "the predictable epiphanies . . . the First Sighting, the First Meal, the First Morning" (xxxi). Moreover, in general this writing often features the perception of a superlative French standard. Ollivier, whose *Entre Nous* preceded by two years Guiliano's better known *French Women Don't Get Fat*, is an American married to a Frenchman. She devotes half of her book to familiar material about French ways of life, but from a woman's perspective. The other half depicts the Frenchwoman directly, as both literally and figuratively *bien dans sa peau*: "The French girl unequivocally owns her own life and her own body. And she takes care of both" (54). On the other hand, two American authors during this period set out to tell the French, in French, what they should know about themselves: Gumbel seriously and Stanger in a humorous vein akin to Montesquieu's *Persans*.

A final wrinkle is the great increase in Internet activity during this period, far too large to be covered in any detail here. Many blogs feature lists of "favorites" (books, films, places, other blogs), with the overall perception of an insider network, of experience worth sharing. (See in general *http://www .expat-blog.com/en/directory/europe/france/*). The subtitle to the prominent *www.lacoquette.blogs.com* teases, somewhat ambiguously, "Don't Hate Me Because I Live in Paris." Anecdotal and ephemeral by design, most blogs privilege the personal over the informational, and chronicle day-to-day thoughts and encounters, from the trivial to the significantly intercultural— what's new and interesting, but also the brushes with French behavior and institutions that generate the triumphs and frustrations of life in France. Moreover, they deal prominently with specific expat difficulties, e. g., the language and French bureaucracy, but also a good deal with fashion. For Elkin, the author of *www.maîtresse/typepad.com*, the expat blog fosters identity construction through contact with the Other, and some bloggers actively resist assimilating or learning the language too well lest they lose their critical edge. This recalls Maisel, who sees Paris as "*the* place to write" (2), but then devotes several pages to why the budding writer doesn't need to learn French (26–31). Finally, some anecdotal evidence suggests publishers are monitoring blogs in search of intercultural authors with an already established audience.

Most websites began as sources of information for travelers and prospective sojourners, but some have evolved toward a more personalized tone. Like Loomis (*www.onruetatin.com*), Platt (*www.pollyplatt.com*) and Harriet Welty Rochefort (*www.hwelty.com* and *www.understandfrance.org*) created websites to promote their books about learning to live in France, but both also developed specific copy to explain France in the face of American unhappiness over Iraq. (Platt passed away in 2008.) With President Obama's election, there was an uptick of interest in the (changing) French view of America, but previously, two sites were created to deal with negative American discourse on France. Marc Saint-Aubin du Cormier created *www.miquelon.org*, in 2003, as "a watchdog group dedicated to documenting French-bashing and Anti-French activity and monitoring the news and entertainment media," (home page) and so compiles enormous amounts of anti-French discourse by comedians and commentators. The *www.superfrenchie.com* blog site is a heavily interactive compilation of French bashing and jaunty op-ed-style refutations. Together with *miquelon* it seeks to compensate for the often remarked-upon absence of a pro-French lobby or pressure group in the U.S. (Saint-Aubin du Cormier, personal communication, 2 October 2006).

Negatives

Like "anti-Americanism," "francophobia" (neither a fully satisfactory term) designates systematic and all-encompassing condemnation of a people, a political and economic system, a way of life (Meunier; Mathy and Vaïsse). Both fix a culture, minimizing or excluding variations within it or over time. French anti-Americanism, however, tends to see America in systemic terms such as capitalism, individualism, imperialism, communalism, and usually distinguishes the American people from those systems, whereas American France-bashers see her actions as the result—and the proof—of defects in the national character (weak, untrustworthy, self-indulgent, arrogant). Furthermore, francophobic discourse routinely characterizes the French as irrelevantly clinging to a former *grandeur*, poorly translated as "grandeur," with overtones of delusional behavior. Ironically, francophobic Americans seem to feel the need for constant insistence on France's secondary status, which if true ought to be self-evident.

The lead-up to the war in Iraq, with France's independent position and overt attempts to influence members of the Security Council and countries in Eastern Europe featured one of the most striking historical instances of misunderstanding and invective. There is no need to rehearse here the 2002–2003 jokes about "cheese-eating surrender monkeys," the French fries renamed Freedom fries in the Congressional cafeteria, the calls to boycott French products, etc. (see *www.miquelon.org*). France was seen as not only not a friend or ally, but an enemy with whom the U.S. must consider itself at war (Friedman). Five books (Boyles, Chesnoff, Miller and Molesky, Timmerman, Unger) depicted a country historically dedicated to undermining American influence internationally, and a people (in fact, more often a political class) whose treachery has been either the cause or the result of its self-appointed mission on the international scene.

Miller and Molesky's thesis could stand in at varying levels for all: "The French attitude toward the United States consistently has been one of cultural suspicion and political dislike, bordering at times on raw *hatred.* . . . France is not America's oldest ally, but its oldest enemy" (6–7; emphasis added). These authors tend to see behavior critical or independent of American wishes as active disloyalty rather than a defense of France's interests. Thus, "while it is no sin for a government to pursue a foreign policy of national interest—all nations owe this to their citizens—the French have failed to realize that the United States does not pose and, in fact, never has posed a threat to their country" (13).

Miller and Molesky see the history of French–U.S. relations since the eighteenth century as an unremitting chronicle of French disloyalty and treachery. Boyles takes a quote from Mitterrand ("we are at war with America," ix) as his jumping-off place to delineate that "war" throughout history and around the globe, the nature of the "enemy" (a corrupt elite incapable even of dealing properly with its own citizens), and the weapon (Europe, which offers France its best chance to wield continued influence). For Unger, the French acted out of self-interest during the American Revolution rather than in defense of (American) liberty, and their "vile treachery" (5) continues to this day: "Impotent or not, France and the French continue to plot against America" (252). Chesnoff, while adducing multiple instances of alleged self-centered and cynical misbehavior, identifies its root causes ("There is hatred . . . like all love/hate relationships, it thrives on jealousy, " 6), in a country in decline domestically and around the world. Timmerman draws on the contacts developed during his eighteen years in France to look at the seamier sides of France's Iraq involvements, while asserting he knows the difference between "legitimate dissent and active subversion of America's right to self-defense" (1).[2]

Furthermore, they equate America's interests with what is right and just in the world rather than as its own set of national interests, a perspective clearly exacerbated by the 9-11 attacks. As a corollary, America's pursuit of her interests precludes any "treachery" vis-à-vis other nations. This is not to deny here France's share of blame in failed relations, but simply to underscore the one-sidedness of the authors' characterizations. Furthermore, they omit reference to America's prior relations with Saddam's Iraq, and only rarely recall that many of France's positions on Iraq in 2003 were also those of other leaders and peoples, preferring to see them as flowing from an anti-American tradition that is specifically French.

Lastly, like many since World War II, these authors cite with great insistence France's lack of preeminent military and economic might as a major reason why she should not occupy a major place on the world scene, to which they add a new disqualifier: France's internal problems like unemployment, illegal immigration and ambivalence about Europe. At the same time, however, and except for Miller and Molesky, they provide in their own individual situations evidence that one can divorce severe criticism of France from the pleasures of daily life in France. Where they seem to see their extensive stays and even second homes in France as grounding for their criticisms, Chesnoff at least acknowledges that "I personally find the quality of my day-to-day life in France far superior to anything that I could afford back home in the U.S.A." (152), although he then goes on to insist on his refusal of a leadership role for France, and includes lists of French firms to boycott and expressions "to use on rude French people" (163–80).

Plus ça change?

By the time these books appeared, with world-wide criticism of American actions in Iraq and a situation there that resembled what France had predicted, Americans had become more attuned to criticism around the globe, and the tone of much coverage on France began to shift. By the sixtieth anniversary of D-Day (June 2004), it was clear to all that Bush was doing his best to patch up relations, and while some accounts underscored Chirac's insistence on the importance of allies, they did so with no ironic overtones and carping about Chirac was left to the British and Australian presses. When the ban on ostentatious religious symbols in schools was passed in 2004 American press coverage reviewed the relevant themes—French secularism, France's historical relations with Islam, women's rights—and while there were some assertions of inconsistency or obtuseness in the French position, there was none of the familiar "you should know better" or "there they go again" tone about any of it. Moreover, by the September 2004 *rentrée* the subject became almost anticlimactic, since it occurred with a low profile overall, due mainly to the kidnapping of two French journalists elsewhere.

On the other hand, little had been said in those articles about the socio-economic situation of Islamic youth. In November 2005 the press appropriately placed unemployment and grim housing conditions ahead of Islamism as explanations for the suburban violence, although coverage was slow to indicate the disproportionate role of sub-Saharan *casseurs*. Similar situations were identified elsewhere in Europe, but France was considered the most vulnerable. The State's "republican" approach to identity and nationality was portrayed as wrongheaded and willfully blind to the reality of socio-economic exclusion, but again there was little superior clucking or moralizing about this comeuppance to French "pride." On the other hand, there was almost no reference to France's longstanding record of successful integration, and the positive side of the French welfare state was most often quickly dismissed. The American multicultural model was held up implicitly and often explicitly as a more successful approach, but without acknowledging the failures around hurricane Katrina that same fall or the differences between American Blacks in the 1960s and French descendants of immigrants in 2005. In fact, it was a Black American who did one of the most circumspect treatments (Richburg), and it was left for a reader to ask pointedly "how the American capitalist model has helped disenfranchised youth [and] African-American men" (McComas).[3]

Coverage of the March-April 2006 demonstrations against de Villepin's proposed *contrat de première embauche* brought references to employment considered as a "birthright," student vs. minority demonstrations, "fear of change," risk vs. security, etc. Overall, however, the coverage sought far more to inform than to judge: about French political culture and the tradition of protest, elite decision making in France, the special power of unions. Many articles saw the problem of what to do about unemployment as largely European or at least German and Italian as well as French. Many letter writers defended the French system, *USA Today* saw similar "unwillingness to consider the future" in America (Editorial, 21 March 2006), and William Pfaff in the *International Herald*

Tribune saw it all as a debate about the "human consequences" of stakeholder capitalism and globalization (30 March 2006). In a word, more information and circumspect analysis, less *schadenfreude* and condescension, and overall the sense of a complex modern problem to which Americans could relate, rather than the French just being French.

With the Hezbollah-Israel conflict in Lebanon in August 2006, France appeared to have achieved the position as major international player that many felt it had sought three years earlier during the lead-up to a possible war in Iraq, but its position on the Security Council and its clear intent to be a leader in developing a U.N. response made it a fair target for criticism. American journalists and commentators were quick to cite French inconsistency (or worse) when Chirac served notice that he would commit 200 troops rather than the expected 2,000, pending clearer and more "robust" rules of engagement. On the other hand, other European countries' shared misgivings about the rules of engagement were better acknowledged in the press than before the war in Iraq, and a number of her critics also recalled France's experience in Bosnia in the early 1990s and especially Lebanon in 1983, when many French soldiers died alongside Americans, as legitimate reasons to want more clarity before engagement. The lesson may be that American attitudes can vary as a function of how closely French stances touch on perceived American interests. That is, while the U.S. has been a longstanding and staunch ally of Israel, French insistences about the 2006 conflict did not arouse the same vehemence of American sentiment as France's seeming underestimation of the deep hurt done by 9-11. Another mitigating factor may have been the American experience in Iraq subsequent to 9-11, and the sense that France predicted accurately what in fact came to pass there and so now deserved reasoned criticism rather than the traditional dismissal.

The 2007 French presidential election campaign was covered regularly by the Associated Press but not broadly otherwise. That coverage dealt straightforwardly with the specificities of the electoral system and recent elections, the cast of candidates, the real and apparent issues (including "America"), the role of the media, and what was new this time—a female frontrunner, a viable third candidate, the large number of undecided voters and the unrelenting attention to opinion polls. The *Wall Street Journal* predictably favored economic issues, with equally predictable but relatively sparse censoriousness. Roger Cohen waxed typically sardonic in mid-campaign: "You have got to love the French. . . . This is and will forever be the land of bread and roses in which reality and reverie mingle" (*The International Herald Tribune*, 17 March 2007: 2). On the other hand, despite a misleading headline, Craig Smith made an empathetic case on election day for "France's exceptionalism—that warm bed of traditions and entitlements that lets so many enjoy the benefits of living here . . . [and] a republican model based on the collective will." In the week following the election, coverage was most extensive in the *Wall Street Journal*, and with only occasional references to bloat, bureaucracy or stagnation. It saw Sarkozy as the better if not guaranteed prospect for France's future and identified resolution of France's domestic issues as key to progress in the EU and better relations with Washington ("President Sarkozy" and Gauthier-Villars). Most of the other coverage speculated with guarded optimism on Sarkozy's ability to effect change, and on just how "American" he might be. If Sen. Charles Schumer of New York trotted out an old point of view ("It would be nice to have someone who's head of France who doesn't have a knee-jerk reaction against the United States," Sciolino 2007), a *Boston Globe* editorial did say "Goodbye to Freedom Fries" (14 May 2007: A8).

Like French public opinion, the American press took the rest of 2007 to get beyond fascination with Sarkozy's lovelife and personal style, e. g., "A Frenchman in a Hurry Maps His Path" (*The New York Times* 24 September 2007: 6). At the same time, conservative American opinion began to reassess its frustration with France (Moran, Krauthammer), and with the emergence of Barack Obama things were portrayed as "smiles all around" (*The New York Times* 26 July 2008: 15). There was recognition that Sarkozy's term at the head of Europe in 2008 had been overall successful, likewise his move to reintegrate France into NATO in 2009, although coverage of domestic issues dealt more with demonstrations and strikes than with the numerous attempted reforms to which they were a response.

With the election of Barack Obama in 2008, American interest in other countries increased, at least to the extent of monitoring how he was received there and especially in contradistinction to his predecessor. Still, favorable opinion abroad was often portrayed as broadly European, with unfavorable or resistant stances attributed more specifically to the French. At issue is not whether France seeks to act independently (it can be counted on to do so), but the tone and perspective used to characterize such independence. Thus, *The New York Times'* Gail Collins: "If nothing else, the president's trip overseas helped resolve the longstanding question of who can be more irritating, the Republicans or the French?" (4 April 2009, A17). During the French part of

President Obama's trip to Europe in April 2009, the media focused as much on comparing Michelle Obama to former model and French first lady Carla Bruni as on political or economic issues related to France, and the year before one of the longest newspaper accounts of President Sarkozy's apparent break with his predecessor appeared in the Arts Section of *The New York Times* (Kimmelman), as though once again style were a specifically French purview, with the possible implicit corollary that outside issues of style and culture the French lose their pride of place and should settle for a lesser standing.

Conclusion

Representative Walter Jones, the father of "Freedom fries," wished by 2005 it had never happened, and by 2006 *miquelon* could identify at least a dozen francophobe sites that had closed down. In 2007, TV commentator Bill O'Reilly cited the election of Nicolas Sarkozy as a reason to back off on boycotting French products. An extensive CSA/French American Foundation France poll just after the French presidential elections also confirmed a notable decrease in the number of Americans antagonistic toward France. As we saw above, there were also discursive intimations of an evolution in American perspectives, with some sojourners beginning to notice changes in their France as well as in themselves, bloggers offering mixed views of everyday life, and France-bashing yielding to more reasoned criticism.

Three books from 2007 further developed mixed stances toward France. Ramsey says "I had fallen in love with France and thought a real French friend would be proof that France loved me back. So, it wasn't to be" (190). Lipton evokes a fantasized France but comes to see a darker side: "finally I moved to Paris, and that is when the picture postcard really began to fall apart" (130). "Haunted by [her own] otherness in France" and the Collaboration (201), she inveighs against France's "distaste for Others" (192), its treatment of her fellow Jews and now of immigrants of Arab descent. Like Ramsey, the historians' autobiographical essays in Downs and Gerson refer frequently to a love/hate relationship and to the difficulty of acceptance ("I loved so much about France, but I didn't feel loved back," 67). Still, they all ultimately form strong personal and professional bonds with French colleagues and with France. Negativity comes in comparing France's practices to its ideals, a source of keen disappointment, but in comparing France to the U.S. many see complementarity and prefer critical distance to resentment: "I came to inhabit a new continent of my own making, somewhere between the two, in an imaginary mid-Atlantic space" (44); "part insider—always outsider: *francophile critique*," (87).

At the same time, even a cursory reading of the press indicates we will not soon see the end of generalized references—"only in France," "typically French," the all-purpose "Gallic," not to mention hyperbolic criticism, all applied more often to France than to others. (See once again *www.miquelon.org.*) Garrison Keillor's front page review of Lévy's *American Vertigo* concluded: "Don't let the door hit you on the way out. For your next book, tell us about those riots in France, the cars burning in the suburbs of Paris. What was that all about? Were fat people involved?" A few weeks later the *Atlantic Monthly* began an article on Ségolène Royal with "France is mired in an antiquated economic and social system, overtaxed and overregulated, underemployed and under-productive, congenitally immobile when not sporadically violent" (Trueheart). Moreover, lest one conclude that anti-French feeling was a function of the Bush presidency in general and the war in Iraq in particular, Bill Maher of HBO's *Real Time*, whose vehement riff on anti-French attitudes attracted some attention ("like just calling something 'French' is the ultimate argument winner," 6 May 2007, *www.youtube.com/watch?v=yKSoylSz6xq*) could still in 2009 revert to stereotypes about French body odor for a laugh (3 April 2009, *www.youtube.com/watch?v=GGSHpkJOmWO*). All this while an April 2009 poll showed a 61% favorable American view of France, higher than at any time since 2002 (*http://www.dailykos.com/statepoll/2009/4/9/US/284*).

In speaking of the French presidential elections, Roger Cohen asserted that "the U.S. seems curiously impervious to French knowledge because the French prefer to preserve the country in the realm of the imaginary" (2007), without even the implication the same might apply to American views of France, and with no apparent awareness of how reductive his "French" is. Condescension and reductiveness notwithstanding, France's future place in American discourse will be subject to a number of factors, among them: to what extent France's prescience on Iraq—or its election of a president perceived as more "American"—will inflect the American international perspective; whether France's specific approach to domestic issues, e. g., "socialized" health care, will generate American interest or condemnation; whether Europe will subsume France's perceived identity and profile, but perhaps also provide it with a continuing voice on the international scene. In a word, whether France and the French will continue to appear distinctive, and if so whether that distinctiveness will appear enriching or subversive of American ways.

In the positive American view, everyday France has resisted a loss of cultural specificity and authenticity, while the negative perspective sees a history of French unreliability, disloyalty and general cantankerousness. The former goes in search of a (therapeutic) non-America, where the latter finds an anti-America always already there. Whatever the vicissitudes of the U.S. status as "hyper-power" (a problematic translation from *hyperpuissance*, irritating to many), Americans will need to be able to entertain models that run counter to their inclinations, and generally to be told what they may not want to hear. The question remains to what extent American discourse on France will allow that to happen.

Notes

[1] I am grateful to Middlebury College for support in the preparation of this article, and in particular to Caitlin Arnold, Keith Conkin, Brian Fung, David Murphy Haglund, C. Elise Harris and Philip Kehl. And to Carolyn Durham, who remains a model of collegiality.

As to other modes and genres, Durham (2005) sees fiction set in France during this period as increasingly "globalized," while Sciolino reminds us how much froth derives from fantasy Paris. For Verdaguer, American films of this period do not partici-pate in negative stereotyping of France and the French; see also Durham on the interplay of reality, fantasy, metaphor and stereotype in films set in France (2007, 2008). Over 150 *New Yorker* cartoons (Chiflet) take ironic aim at American ignorance and pretentiousness with respect to typical "French" themes such as food, language, fashion and eroticism, as well as a number of ancillary motifs (smoking, poodles, scarves, berets). For two French overviews, see Faure and Joutard.

[2] Watts, on the other hand, finds that well after the actual French presence on the American frontier was thoroughly diminished, much American discourse and rhetoric referred persistently and positively to "a set of values the French had embodied and the Anglos had displaced, values that were more enlightened on subjects such as land, race, gender, religion, and nation" (5–6). Moreover the negative themes he cites remind one of latterday rhetoric.

[3] It bears recalling here and elsewhere that individual journalists and journalistic modes often bring their own tone and perspective to coverage. Elaine Sciolino's articles in the *International Herald Tribune* and *New York Times*, for example, were more inclined to simple exposition and analysis than the consistently critical pieces by Roger Cohen and John Vinocur.

References

Boyles, Denis. *Vile France. Fear, Duplicity, Cowardice and Cheese*. San Francisco: Encounter Books, 2005.

Chesnoff, Richard. *The Arrogance of the French. Why They Can't Stand Us—and Why the Feeling Is Mutual*. New York: Sentinel, 2005.

Chiflet, Jean-Loup, ed. and transl. *Les Meilleurs Dessins sur la France et les Français. The New Yorker.* Paris: Les Arènes, 2006.

Child, Julia. *Mastering the Art of French Cooking.* New York: Knopf, 1961.

——, with Alex Prud'homme. *My Life in France.* New York: Knopf, 2006.

Cohen, Roger. "In French Politics, U.S. serves a purpose." *International Herald Tribune* 31 January 2007: 2.

CSA-French American Foundation France. "Regards Croisés: France-États-Unis." Mai 2007. < *http://www.csa-tmo.fr/dataset/data2007/opi20070520-france-etats-unis-regards-croises-synthese.pdf* >.

"*Déjà Views*: How Americans Look at France." Special issue, *French Politics, Culture and Society* 21.2 (2003).

Downs, Laura Lee and Stéphane Gerson. *Why France? American Historians Reflect on an Enduring Fascination.* Ithaca: Cornell University Press, 2007.

Draine, Betsy and Michael Hinden. *A Castle in the Backyard. The Dream of a House in France.* Madison, WI: University of Wisconsin Press, 2002.

Durham, Carolyn A. *Literary Globalism: Anglo-American Fiction Set in France.* Lewisburg, PA: Bucknell University Presses, 2005.

——. "Sighting/Siting/Citing the City: The Construction of Paris in Twenty-First Century Cinema." *PostScript: Essays in Film and the Humanities* 27 (Fall 2007): 72–89.

——. "Finding France on Film: *Chocolat, Amélie,* and *Le Divorce,*" *French Cultural Studies* 19 (June 2008): 173–97.

Elkin, Lauren. "Blogging and (Expatriate) Identity," *Reconstruction* 6.4 (2006) < *http://reconstruction.eserver.org/064/elkin.shtml* >.

Espinasse, Kristin. *Words in a French Life. Lessons in Love and Language from the South of France.* New York: Touchstone, 2006.

Faure, Guillemette. *La France Made in USA. Petit manuel de décryptage des idées américaines toutes faites sur les Français.* Paris: Éditions Jacob-Duvernet, 2005.

Flinn, Kathleen. *The Sharper Your Knife, The Less You Cry. Love, Laughter, and Tears in Paris at the World's Most Famous Cooking School.* New York: Penguin, 2007.

Florand, Laura. *Blame It on Paris.* New York: Tom Doherty Associates, 2006.

Friedman, Thomas. "Our War with France." *The New York Times* 18 September 2003: A27.

Gauthier-Villars, David and Marc Champion. "New president gets mandate for change, but is France ready?" *The Wall Street Journal* 7 May 2007: 1, 30.

Gershman, Suzy. *C'est la Vie. An American Woman Begins a New Life in Paris and—Voilà!—Becomes Almost French.* New York: Viking Penguin, 2004.

Gopnik, Adam, ed. *Americans in Paris. A Literary Anthology.* New York: The Library of America, 2004.

Greene, Jeffrey. *French Spirits. A House, a Village, and a Love Affair in Burgundy.* New York: William Morrow, 2002.

Greenside, Mark. *I'll Never Be French (no matter what I do). Living in a Small Village in Brittany.* New York: Free Press, 2008.

Guiliano, Mireille. *French Women Don't Get Fat. The Secret of Eating for Pleasure.* New York: Knopf, 2005.

——. *French Women for All Seasons.* New York: Knopf, 2006.

Gumbel, Peter. *French Vertigo.* Paris: Grasset, 2006.

Haller, James. *Vie de France. Sharing Food, Friendship and a Kitchen in the Loire Valley.* New York: Berkley Books, 2002.

Joutard, Geneviève et Philippe. *De la francophilie en Amérique. Ces Américains qui aiment la France.* Arles: Actes Sud, 2006.

Juneau, Sam. *A Château of One's Own. Restoration Misadventures in France.* Chichester, UK: Summersdale, 2007.

Keillor, Garrison. "On the Road avec M. Lévy." *The New York Times Book Review* 28 January 2006: 1.

Kimmelman, Michael. "A Lowbrow in High Office Ruffles France." *The New York Times* 15 April 2008: B1.

Knox, Edward C. "A Literature of Accommodation." Ed. Edward Knox. *Déjà Views: How Americans Look at France.* Spec. issue of *French Politics, Culture and Society* 21.2 (2003) : 95–110.

Krauthammer, Charles. "France Flips While Congress Shifts." *The Washington Post* 28 September 2007: A 19.

Lee, Jennifer, ed. *Paris in Mind. Three Centuries of Americans Writing about Paris.* New York: Random House, 2003.

Lipton, Eunice. *French Seduction. An American's Encounter with France, Her Father, and the Holocaust.* New York: Carroll & Graf, 2007.

Loomis, Susan. *Tarte Tatin. More of la Belle Vie on Rue Tatin.* London: HarperCollins, 2003.

Maisel, Eric. *A Writer's Paris. A Guided Journey for the Creative Soul.* Cincinnati: Writer's Digest Books, 2005.

Mathy, Jean-Philippe. "The System of Francophobia." Ed. Edward Knox. *Déjà Views: How Americans Look at France.* Spec. issue of *French Politics, Culture and Society* 21.2 (2003) : 24–32.

McComas, Patrick. Letter to the Editor. *The International Herald Tribune* 18 November 2005: 5.

Meunier, Sophie. "The Distinctiveness of French Anti-Americanism." In Katzenstein, Peter and Robert Keohane, eds. *Anti-Americanisms in World Politics.* Ithaca: Cornell University Press, 2007. 129–156.

Miller, John J., and Mark Molesky. *Our Oldest Enemy.* New York: Doubleday, 2004.

Morgan, James. *Chasing Matisse: A Year in France Living My Dream.* New York: Free Press, 2005.

Moran, Michael. "Sarkozy Mania Grips formerly French-phobic GOP." *The Newark Star-Ledger* 12 August 2007: 1.

Ollivier, Debra. *Entre Nous. A Woman's Guide to Finding Her Inner French Girl.* New York: St. Martin's Press, 2003.

O'Reilly, James, Larry Habegger, and Sean O'Reilly. *Travelers' Tales France.* San Francisco: Travelers' Tales, 1995, 1997.

——. *Travelers' Tales Paris.* San Francisco: Travelers' Tales, 1997, 2002.

—— and Tara Austen Weaver, eds. *Travelers' Tales Provence and the South of France.* San Francisco: Travelers' Tales, 2003.

Pfaff, William. "Capitalism under fire." *International Herald Tribune* 29 March 2006: 7.

Platt, Polly. *Love à la française. What happens when Hervé meets Sally.* Skokie, IL: MEP Inc., 2008.

Powers, Alice Leccese, ed. *France in Mind. An Anthology.* New York: Random House, 2003.

"President Sarkozy." Editorial, *The Wall Street Journal* 7 May 2007: 13.

Ramsey, Rebecca S. *French at Heart. An American Family's Adventures in La Belle France.* New York: Broadway Books, 2007.

Reichl, Ruth, ed. *Remembrance of Things Paris: Sixty Years of Writing from Gourmet.* New York: Modern Library, 2004.

Richburg, Keith. "The Other France, Separate and Unhappy." *The Washington Post* 13 November 2005: B 01–2.

Riding, Alan. "Becoming Julia Child." *The New York Times Book Review* 28 May 2006: 8.

Sanders, Michael S. *From Here, You Can't See Paris. Seasons of a French Village and Restaurant.* New York: Harper Collins, 2002.

——. *Families of the Vine: Seasons Among the Winemakers of Southwest France.* New York: Harper Collins, 2005.

Sciolino, Elaine. "City of Lite Lit; Happy Endings and Book Sales." *The New York Times,* 4 August 2006: E1, 27.

——. "An Admirer of America Sets a New Course for France." *The New York Times* 9 May 2007: 8.

Smith, Craig S. "Forget Who'll Win in France. Change Is a Loser." *The New York Times Week in Review* 6 May 2007: 4.

Spector, Ira and Barbara Spector. *A Month of Sundays. Villa Life in the South of France.* Los Gatos, CA: Arius Publications, 2003.

Stanger, Ted. *Sacrés Français!* Paris: Éditions Michalon, 2003.

Timmerman, Kenneth R. *The French Betrayal of America.* New York: Three Rivers Press, 2004.

Trueheart, Charles. "The Royal Oui?" *The Atlantic Monthly* 299.2 (March 2007): 42–44.

Unger, Harlow Giles. *The French War Against America. How a Trusted Ally Betrayed Washington and the Founding Fathers.* New York: John Wiley & Sons, 2005.

Vaïsse, Justin. "American Francophobia Takes a New Turn." Ed. Edward Knox. *Déjà Views: How Americans Look at France.* Spec. issue of *French Politics, Culture and Society* 21.2 (2003) : 33–49.

Verdaguer, Pierre. "Hollywood's Frenchness: Representations of the French in American Films." *Contemporary French and Francophone Studies* 8.4 (2004): 441–451.

Watts, Edward. *In This Remote Country: French Colonial Culture in the Anglo-American Imagination, 1780–1860.* Chapel Hill: University of North Carolina Press, 2006.

Wells, Patricia and Walter. *We've Always Had Paris…and Provence. A Scrapbook of our Life in France.* New York: Harper Collins, 2008.

VI. Artistic Expression, Identity, and Social Issues – Témoignages artistiques, identité et questions sociales

18

Life after Death:
The French Novel in the Twenty-First Century

WARREN MOTTE
University of Colorado

Speculating about the current state of any cultural form is a dangerous business, insofar as the *present* is a moment that continually escapes from us. As soon as we think we have understood it, it mutates into something else, beggaring our interpretive efforts. Nonetheless, the present demands that we account for it in some fashion, however provisional. In what follows, I shall offer a few remarks about the shapes the French novel takes in what passes (ever so fleetingly) as our "now." I am aware that whatever I say will be necessarily contingent, and that it is apt to be contradicted by subsequent developments. Yet despite that, I am persuaded that the French novel, as it plays itself out under our gaze in the present, is a generous phenomenon, one that easily makes room for the analytical gestures we may bring to it.

It would be as well, I think, to define two of the terms in my title before proceeding further. By "French," I mean produced in metropolitan France. Thus, in this essay I shall not speak about Francophone literature. By "novel," I mean what might be called the "serious" novel (as opposed to the "popular" novel, for instance). Clearly, this term is more difficult to define than the previous one, and yet most readers will know what I'm trying to get at, for we juggle distinctions of this order frequently in our efforts to come to terms with culture. The kind of novel I'm thinking of, then, does not typically win literary prizes, nor does it sell in great numbers. It appeals to professional and semi-professional readers, as well as to general readers of the "serious" stripe; it appears in the prestigious collections of French publishing houses; and it is the site, most importantly, where French fiction reveals its mercurial character and seeks to renew itself.

Having tried to suggest what the "serious" novel is, I have largely begged the question of what the *novel* is, or may be. But that is a question which cannot be laid to rest in a discussion such as the one I shall propose here. To say that the novel is an embattled, vexed cultural form is an understatement; yet one might suggest that, precisely by virtue of such status the novel is closely suited to our embattled, vexed present. Moreover, ever since the 1960s we have heard brayings about the death-of-the-novel. People of my generation have survived, thus far at least, quite a few things that have threatened general annihilation: the Cold War, nuclear proliferation, disco, and questionable political leaders, to name just a few. It is high time to put the death-of-the-novel chestnut on the spike. The French novel is currently an extremely vital form, and the rumors of its death have been (as Mark Twain would put it) greatly exaggerated.

So the novel is by no means dead. But perhaps it would be legitimate to suggest that it is in a state of crisis. In his most recent book, the distinguished literary theorist Gérard Genette complains that the term "novel" today designates a catchall genre with no real specificity (253). But he also notes that Albert Thibaudet, writing in 1921, deplored the "imperialism" of the novel, the fact that it tended to conquer and then occupy the terrain of genres contiguous to it. One may also recall that in *Les Faux-monnayeurs* (published in 1925) André Gide described the novel as the "lawless" genre par excellence (183). Writing in 1937, in an essay entitled "Technique du roman," Raymond Queneau complains, "Alors que la poésie a été la terre bénie des rhétoriqueurs et des faiseurs de règles, le roman, depuis qu'il existe, a échappé à toute loi. N'importe qui peut pousser devant lui comme un troupeau d'oies un nombre indéterminé de personnages apparemment réels à travers une lande longue d'un nombre indéterminé de pages ou de chapitres. Le résultat, quel qu'il soit, sera toujours un roman" (27). Should one wish to argue that the novel is in crisis, then, that crisis is clearly not one that is new to our time. To the contrary, the modern history of the novel has constantly been marked by crisis, as if the novel itself could not exist apart from crisis.

Even a very brief survey of the French novel in the last few decades serves to confirm that notion. The New Novel of the 1950s and early 1960s played squarely upon the idea of a novel whose terms cried out for radical change. Alain Robbe-Grillet, Nathalie Sarraute, Michel Butor, Marguerite Duras,

Claude Simon thematized that idea and put it broadly to use in their texts. The experiments in the so-called New New Novel that followed (by figures like Pierre Guyotat, Jean-Pierre Faye, Maurice Roche, and the early Philippe Sollers) were less successful, yet therein too the concept of a novel constantly seeking its proper place was absolutely central.

Certain writers who came to prominence in the 1960s and 1970s attempted to reconfigure the terms of the novel in order to provide for an enhanced degree of narrativity and the pleasures of a story well told. J. M. G. Le Clézio, for example, who received the 2008 Nobel Prize in Literature, is known for his deft narrative touch and the way he constructs a deeply evocative, seductive "elsewhere" to which we travel in his fictions. Such a technique is of course one of the privileged gestures of narrative, at least since Homer; yet in Le Clézio's texts it assumes a richly personal specificity which may be read as his authorial signature. The protagonist of *Le Procès-verbal* (1963), Le Clézio's first novel, published when he was just twenty-three, is a supremely marginal man who is exiled not only with regard to the society in which he lives, but with regard to himself as well. It was awarded the Prix Renaudot, and served to introduce the young writer to a broad readership. *Onitsha* (1991) is a good example of Le Clézio's mid-career work. Set in Africa for the most part, it examines the frailty of human relations, and the way that memory tries to repair the past. Like certain other novels of his, *Le Chercheur d'or* (1985) for instance, *Onitsha* incorporates an element of autobiography; yet that element is easy to miss, for here as elsewhere in Le Clézio's writing, his touch is suave and tactful. Patrick Modiano might likewise be cited as a novelist who consciously tries to rehabilitate storytelling in his work, in reaction to the formalist excesses of his predecessors. Nevertheless, each of his texts invokes in some manner or another the idea that the novel itself must continually justify its existence. Georges Perec, perhaps the most protean writer of the French twentieth century, sought to reconcile the two apparently incompatible tendencies that animated the work of his predecessors. In *La Disparition* (1969) and *La Vie mode d'emploi* (1978) in particular, story and discourse, theme and form are staged as inseparable and mutually complementary.

It was toward the middle of the 1980s that a new generation of novelists began to emerge, one that would set the terms for debate in the new century. Just like in the 1950s, many of these writers were affiliated with the Éditions de Minuit, for example Jean Échenoz, Marie Redonnet, Jean-Philippe Toussaint, Marie Ndiaye, Christian Gailly, and Éric Chevillard. They blazed compelling new directions in the novel, and other writers, including Linda Lê born in

Vietnam and Belgian author Amélie Nothomb, quickly followed in their wake, exploring the new possibilities and surveying the new horizons of the twenty-first century.[1] That burgeoning of activity has continued unabated into our new century; indeed it is possible to claim that the French novel has never been as diverse and as dynamic as it is today.

Perhaps the most striking feature of the novel as it is currently practiced in France is its rich multiplicity. Certain general trends can be identified, of course, but even within those trends the differences of approach and technique are striking. One may suggest, for instance, that one common thread of the contemporary French novel is a return to the problem of the *subject*, a focus on an individual consciousness. Yet that impulse can—and does—take many shapes. One of those shapes is sketched in what has been called *autofiction*. A hybrid genre borrowing from both autobiography and fiction, autofiction traces its contemporary roots to texts by Serge Doubrovsky such as *Fils* (1977), *Un Amour de soi* (1982) and *Le Livre brisé* (1989); and (a bit later) to Robbe-Grillet's autofictional trilogy, *Le Miroir qui revient* (1985), *Angélique ou l'enchantement* (1988), and *Les Derniers Jours de Corinthe* (1994). In the new century, Annie Ernaux exploits that form broadly, while insisting more heavily than her predecessors on the autobiographical component, in texts like *Se perdre* (2001) and *L'Occupation* (2002). Camille Laurens adopts a posture of intimate confession in a story of a doomed infant, *Philippe* (1995); yet when Marie Darrieussecq tells a very similar tale a dozen years later in *Tom est mort* (2007), she insists to the contrary on the fictional character of her story.

Other manifestations of a renewed focus on the subject may be noted in texts that are still more obviously fictional in nature. Many novels put on stage a constitutionally benighted (and generally male) protagonist, a contemporary avatar of the "antihero" who marked the literature of the twentieth century. Christian Oster, in texts such as *Dans le train* (2002) and *Trois Hommes seuls* (2008), has distinguished himself as a master of that genre. One might also cite in this regard Eric Chevillard's *Oreille rouge* (2005) and Patrick Lapeyre's *L'Homme-sœur* (2004). Other novelists choose to intricate the subject in a more complex interpersonal dynamic, and indeed it is legitimate to speak of a new kind of "family drama" in works such as *Le Répit* (2003) and *La Folie Silaz* (2008) by Hélène Lenoir, *Mon cœur à l'étroit* (2007) by Marie Ndiaye, or *Paris-Brest* (2009) by Tanguy Viel.

The lives of noble people have served literature well, at least since Plutarch; yet recently some writers in France have chosen to focus on figures a bit more ordinary. It was Pierre Michon who set the tone for that sort of experiment, in his *Vie de Joseph Roulin* (1988). More recently, a text like Patrick Deville's *Pura vida: Vie & mort de William Walker* (2004) exemplifies that same impulse, part of a broader tendency that seeks to find narrative interest in sites that the novel has traditionally neglected, such as the familiar topography of everyday life. Olivier Targowla's *Être un jour invité quelque part* (2005) and Xabi Molia's *Supplément aux mondes inhabités* (2004) put that principle to work in useful ways. Readers who have followed Jean Échenoz's career since its beginnings in the late 1970s have been surprised by the way he has seemingly turned his back on "pure" fiction in order to practice a new kind of biography, in texts like *Ravel* (2006) and *Courir* (2008). One wonders, indeed, if Échenoz—who is often cited as the preeminent novelist of his generation—has not in a sense come to the end of the novel as he conceives it, just as the protagonist of his last "pure" fiction to date, *Au piano* (2003), has come to the end of his career as a concert pianist.

The comic novel seems to be holding its own in the twenty-first century, if texts like Iegor Gran's *ONG!* (2003), Emmanuèle Bernheim's *Stallone* (2002), and Éric Laurrent's *Ne pas toucher* (2002) are any indication. In Jean-Philippe Toussaint's work, the comic tenor of his early novels, from *La Salle de bain* (1985) to *La Télévision* (1997), gives way to something far darker in *Faire l'amour* (2002) and *Fuir* (2005). A ruefully nostalgic, self-ironizing tone leavens certain recent novels that revisit the events of May 1968 and the heroic years of the French Left. Olivier Rolin's *Tigre en papier* (2002), Jean-Pierre Le Dantec's *Étourdissements* (2003), and Jean Rolin's *L'Organisation* (2006) display a frank family resemblance, which is perhaps less than astonishing, granted that the Rolins are brothers, and that they and Le Dantec, back in the day, were militants in the Gauche Prolétarienne. More immediately relevant social and political commentary may be found in texts such as Lydie Salvayre's *Les Belles Âmes* (2000), Gérard Gavarry's *Hop là! un deux trois* (2001), and François Bon's *Daewoo* (2004). Indeed, one might argue that the *roman engagé*, which many critics had thought to be long dead and buried, has been reborn and reinvigorated in the work of those figures.

Certain writers have turned once again to history in an effort to suggest new possibilities for the novel in the twenty-first century. Pierre Michon's *Les Onze* (2009) describes in exquisite detail an entirely fictitious painting of the Comité de Salut Public during the French Revolution; Pierre Bergounioux's *Une Chambre en Hollande* (2009) sketches the world that Descartes grew up in, and which he eventually fled. Other contemporary novelists practice techniques of hybridization still more earnestly, mixing not only history and fiction, but journalism, travel narrative, biography and autobiography as well. Such is the case of Jean Rolin's *L'Explosion de la durite* (2007) and Patrick Deville's *Equatoria* (2009); both of those texts, precisely by virtue of their hybridity, pose the question of what the novel is—and what it can become. Just like the historical novel, another familiar form that is currently being overhauled is the *künstlerroman*, or artist-novel. Texts like Christian Gailly's *Un soir au club* (2001) and Jacques Serena's *L'Acrobate* (2004) pit the artist against the rough fabric of everyday life, in a combat that is always unequal. Here, unlike in Mallarmé or Proust for instance, there is no perspective of salvation through art. Quite to the contrary in fact, because art (and, in particular, the novel) is itself so closely besieged in our economy that it can afford the artist no real, durable succor.

The artist is not the principal endangered species in Éric Chevillard's *Sans l'orang-outan* (2007), a novel that calls its reader to ecological action, as it anticipates a future we may shudder to consider. Another kind of anticipatory fiction is put into play by Antoine Volodine in *Songes de Mevlido* (2007). Since inaugurating his writerly career twenty years ago, Volodine has often relied on elements recycled from science fiction. His narratives have gotten grimmer over the years, and the kind of post-apocalyptic novel he now practices presents us with a world that leaves the human subject with very little room for maneuver. In the meanwhile however, Volodine has cleared away more room for himself. In the spring of 2008, he revealed that for many years he had been practicing literature under a variety of different names, in addition to his own. He is responsible, notably, for more than a dozen titles at the École des Loisirs, a publishing house specializing in works for a young audience. "Elli Kronauer" made a name for himself there between 1999 and 2001, with five books for young adults; and "Manuela Draeger" launched the "Bobby Potemkine" series there in 2002, a series currently listing eight titles. More recently still, "Lutz Bassmann" penned two books for the Éditions Verdier, both of which appeared in February 2008. Indeed, Bassmann has staked his claim to reality in a thoroughly modern manner, with an elegant, eponymous website (www.lutzbassmann.org) that leaves little room for argument. In the light of this tidal wave of heteronyms, one may wonder what other contemporary writers Volodine has fathered: Michel Houellebecq? Christine Angot? Jean d'Ormesson? Or is all of French literature merely a dream of Antoine Volodine?

It has long been the habit of students of narrative to distinguish between story and discourse, and to place those two modes in stark mutual opposition. Two contemporary French writers (both of them academics, curiously enough, and colleagues at the Université Paris VIII) have come along to challenge that commonplace. The form that Pierre Bayard has elaborated in what he calls his "detective criticism," exemplified in texts such as *Qui a tué Roger Ackroyd?* (1998), *Enquête sur Hamlet: Le dialogue de sourds* (2002), and *L'Affaire du chien des Baskerville* (2008), turns literary criticism on its head. Recognizing that any piece of criticism has an element of narrative (however muted it may be), Bayard sets out to amplify that narrative dimension, constructing his essays such that they themselves come to resemble detective novels, complete with a crime, a set of suspects, and an explosion of truth at the end. Thus, in Bayard's work, to the degree that his critical essays flirt with the novel, so too does discourse give way to story. In Christine Montalbetti's *Western* (2005), an opposite dynamic is played out—but to an effect that closely resembles the one which Bayard achieves. Montalbetti studiously heightens the discursive dimension of her novel, through the use of an extremely intrusive narrator, one who constantly solicits the reader, attempting to engage him or her in conversation, to convince him or her of the pleasures offered by the dilatory, and those of a text that takes its time. Here, then, story gives way to discourse, much as it often did in the early days of the novel, under the pen of a Cervantes, a Swift, a Diderot, or a Sterne. Though their techniques are seemingly antipodal, both Bayard and Montalbetti are seeking, more than anything else, to adumbrate a new kind of novel, one with a freshly-conceived horizon of possibility.

That is broadly true, moreover, of all the writers of whom I have spoken in this brief survey. For a key aspect of what I have called the "serious" novel is the will to make things new, to engage in productive experimentation that challenges tradition and received ideas about literature and its uses. In that perspective, each of these novels includes a *critical* dimension, a discourse that poses fundamental questions about the novel as it is, and as it may become. Or, as Jacques Jouet puts it so pithily in *Mon bel autocar* (2003), "On ne cherche pas la fiction, mais la recherche de la fiction" (12). Typically, that metafictional impulse has a fine edge to it, and in that sense perhaps the term "critical" novel is more closely descriptive of the kind of text that interests me here than the term "serious" novel. One might define it, provisionally at least, in the following manner: a critical novel is a text that is devised with considerable deliberation, and which demands reflection on the reader's part; a text that is aware of the tradition it has inherited, and which positions itself with regard to that tradition in a variety of manners; a text that puts its own "literariness" into play for the benefit of readers who are attuned to that discursive gesture; a text that questions (either implicitly or more explicitly) prevailing literary norms; that puts commonplaces on trial through irony or parody; that asks us to rethink what the novel may be as a cultural form; that points, finally, toward a new kind of novel, but does not necessarily exemplify it. Among all of those traits, I am most intrigued by the final one, the way the critical novel limns or adumbrates a new kind of novel. Before drawing my remarks to a close, I would like briefly to suggest how that impulse manifests itself in varying ways in three very different novels, while nevertheless investing those texts with an unmistakable commonality of purpose.

Among all of Lydie Salvayre's novels, *Passage à l'ennemie* (2003) is distinguished by its lightness of touch, and by the comic quality of its tone. It follows the fortunes of a young and exceptionally credulous police inspector named Adrien Arjona, who has been sent to infiltrate a group of still younger delinquents. The reports that he sends to his superiors come progressively to resemble a personal journal, focusing less and less on the young people he is supposed to be spying upon, and more and more on his own situation and his hopes for the future. In that sense, it is legitimate to read *Passage à l'ennemie* as a *bildungsroman*, and more precisely still as a *künstlerroman*, for what Salvayre offers us therein, wryly but nonetheless surely, is the tale of an artist's apprenticeship. In his final report, Arjona traces his new career track: "j'envisage, dans les mois à venir, de me consacrer à l'art d'écrire, lequel a commencé de naître avec la rédaction de ces rapports secrets, assez peu littéraires en eux-mêmes, il faut en convenir, mais où se manifestent les premiers signes de ma nouvelle vie, rédaction qui va se prolonger, je l'espère, dans des formes plus sophistiquées et dans un genre plus romanesque" (199). Thus, Salvayre asserts, with tongue planted firmly in cheek, is a novelist born. Taking Lautréamont's famous contention that poetry must be made by all at face value, Salvayre offers up a most unlikely novelist—and, along with him, she elaborates an amusing parable about the uses of literature, one quite unlike the others she tells in her books. For Arjona, to all outward appearances, presents a difficult test case for the democratization of the novel. Yet if even he has something to contribute, perhaps there is hope for the rest of us, too.

Patrick Lapeyre's *L'Homme-sœur* (2004) is a deeply obsessional text that postulates waiting as a form of art. Its hero, Cooper, waits, and then waits to wait. Yet we readers are also waiting, and our waiting is characterized by expectation. Lapeyre tantalizes his reader continually with narrative possibility, playing unremittingly on our horizon of expectation. It is legitimate to assume, after all, that any story, however apparently denuded of what we typically think of as incident and event, will involve a change of situation. In fact, it is impossible to imagine an utterly static narrative, since even the simplest of stories must involve some change. As readers, we long for change, and we will go to considerable interpretive lengths in order to find change in a narrative that seems, on the face of things at least, to refuse it. Lapeyre recognizes that semiotic desire and exploits it, playing Cooper's waiting against our own in a game whose stake is literary meaning itself. Once again, what is most patently at issue is the question of narrative teleology. Throughout *L'Homme-sœur*, Patrick Lapeyre puts the conventional idea of plot on trial, interrogating it closely, and encouraging his reader to do the same. More broadly still, he toys with the notion of his novel's ends, asking us to think about the organization and logic of narrative development. Again and again, Lapeyre elaborates moments of "pause" that seem to escape from the general conventions and constraints which govern the narrative material surrounding them. If their logic is not immediately apparent, maybe it is bound up in other considerations. For my part, I believe that to be the case, and I feel that these moments comment pungently upon the novel as a whole in a covert metaliterary discourse. Lapeyre suggests that some of the most pleasurable moments in a story can be found in those places that seem to escape from narrative teleology, those places where "nothing is happening." More specifically still, he intimates that narrative beginnings are more satisfying than narrative ends, freer and less constrained by end-driven concerns. What seems to interest Patrick Lapeyre is a tale where a variety of narrative eventualities compete on the horizon of possibility, rather than a tale that excludes them one after another, until only the one that was inevitable from the start remains.

Christine Montalbetti's *Western* (2005), is a story almost entirely bereft of event, a dilatory tale wherein narrative digression, amplified to maddening proportions, serves to furnish the text, while action is largely suspended. That effect is all the more astonishing, given the genre that Montalbetti takes as her model, and which she announces so frankly in her title. *Western* vexes two models of the novel one against another—two models of writing, certainly, but also two models of reading. On the one hand, there is the novel dominated by plot, event, logical causality, and linear narration. On the other hand, there is the novel that takes its time, that loiters, that digresses, that comments upon this, then that. In Montalbetti's view at least, digressive discourse offers the novel the possibility to adopt an explicitly critical stance, to examine its own terms, to cast a speculative gaze upon its conditions of possibility. Supple, malleable, and insistently interrogative by nature, digression enables the novel to question itself from within. More compellingly still, digression provides the critical novelist with a transformative tool, an agent of change through which stories can be reconfigured in productive ways. In that very perspective, the kind of critical novel that Montalbetti is putting on offer in *Western*, as innovative as it may appear, in fact points back toward the past, to a time when the novel was free to dilate upon a great many different things, including its own fundamental principles. Thus, in a sense, just like the characters in her novel, and just as she invites her readers to do, she is taking an old story and making it her own. These days, however, prompted as we are from every quarter to renounce the temptations of the dilatory and to get to the point quickly in the stories we tell, we may find it difficult to see her gesture for what it is. Christine Montalbetti, for her part, recognizes those conditioned responses in her reader and chooses to play squarely upon them in her novel, wagering that such a gambit will oblige us to reconsider how stories come to be. More than any other technique, that is what makes *Western* so subversive—and, potentially, so disarming.

As much as anything else, critical novels are about *us*. They interrogate our habitual reading strategies; they coax us toward freshly-imagined horizons; they propose newly-considered and far more activist textual contracts to us; they ask us questions about what we seek in the novels we read; they bludgeon, inveigle, confound, and reward us, turn and turn about. In short, they put us to the test. Yet at the same time, and through just the same set of gestures, they put literature to the test as well—and it is here that the fate of the novel hangs in the balance. The critical novel concedes that literature no longer enjoys the cultural hegemony that it once took for granted, and that it is now obliged to argue its own value as it competes in our aesthetic economy. In itself, that new responsibility does not presage the death of the novel. To the contrary, it presents an opportunity for novelists and readers of novels to engage in a rich conversation. Whatever else may be at issue in that conversation, it postulates as axiomatic that the novel still *matters* in our culture, and that, whatever shapes the novel may assume in a future we cannot yet descry, it will continue to speak to us in ways that other kinds of cultural artifacts cannot.

Notes

[1] Other authors who bear interest in the area are: Lydie Salvayre, Jacques Jouet, Antoine Volodine, Tiphaine Samoyault, Patrick Deville, Gérard Gavarry, Hélène Lenoir, Olivier Targowla, Anne Garréta, Marcel Bénabou, Xabi Molia, Olivia Rosenthal, Isabelle Lévesque, Iegor Gran, Danielle Mémoire, Nathalie Quintane, Laurent Mauvignier, Christian Oster, Marie Darrieussecq, Maryline Desbiolles, Pierre Michon, Eric Laurrent, Annie Ernaux, Caroline Lamarche, Jacques Serena, Olivier Rolin, Christine Montalbetti, Régis Jauffret, Patrick Lapeyre, Pierre Senges, Emmanuèle Bernheim, Yann Apperry, Marie Cosnay, Emmanuel Carrère, Anne Godard, Yves Ravey, and Tanguy Viel (to name merely the first who come to mind).

References

Bayard, Pierre. *L'Affaire du chien des Baskerville*. Paris: Minuit, 2008.

——. *Enquête sur Hamlet: Le dialogue de sourds*. Paris: Minuit, 2002.

——. *Qui a tué Roger Ackroyd?* Paris: Minuit, 1998.

Bergounioux, Pierre. *Une Chambre en Hollande*. Lagrasse: Verdier, 2009.

Bernheim, Emmanuèle. *Stallone*. Paris: Gallimard, 2002.

Bon, François. *Daewoo*. Paris: Fayard, 2004.

Chevillard, Éric. *Oreille rouge*. Paris: Minuit, 2005.

——. *Sans l'orang-outan*. Paris: Minuit, 2007.

Darrieussecq, Marie. *Tom est mort*. Paris: POL, 2007.

Deville, Patrick. *Equatoria*. Paris: Seuil, 2009.

——. *Pura vida: Vie & mort de William Walker*. Paris: Seuil, 2004.

Doubrovsky, Serge. *Un Amour de soi*. Paris: Hachette, 1982.

——. *Fils*. Paris: Galilée, 1977.

——. *Le Livre brisé*. Paris: Grasset, 1989.

Échenoz, Jean. *Au piano*. Paris: Minuit, 2003.

——. *Courir*. Paris: Minuit, 2008.

——. *Ravel*. Paris: Minuit, 2006.

Ernaux, Annie. *L'Occupation*. Paris: Gallimard, 2002.

——. *Se perdre*. Paris: Gallimard, 2001.

Gailly, Christian. *Un Soir au club*. Paris: Minuit, 2001.

Gavarry, Gérard. *Hop là! un deux trois*. Paris: POL, 2001.

Genette, Gérard. *Codicille*. Paris: Seuil, 2009.

Gide, André. *Les Faux-monnayeurs*. Paris: Gallimard, 1925.

Gran, Iegor. *ONG!* Paris: POL, 2003.

Jouet, Jacques. *Mon Bel Autocar*. Paris: POL, 2003.

Lapeyre, Patrick. *L'Homme-sœur*. Paris: POL, 2004.

Laurens, Camille. *Philippe*. Paris: POL, 1995.

Laurent, Éric. *Ne pas toucher*. Paris: Minuit, 2002.

Le Clézio, J. M. G. *Le Chercheur d'or*. Paris: Gallimard, 1985.

——. *Le Procès-verbal*. Paris: Gallimard, 1963.

———. *Onitsha*. Paris: Gallimard, 1991.

Le Dantec, Jean-Pierre. *Étourdissements*. Paris: Seuil, 2003.

Lenoir, Hélène. *La Folie Silaz*. Paris: Minuit, 2008.

———. *Le Répit*. Paris: Minuit, 2003.

Michon, Pierre. *Les Onze*. Lagrasse: Verdier, 2009.

———. *Vie de Joseph Roulin*. Lagrasse: Verdier, 1988.

Molia, Xabi. *Supplément aux mondes inhabités*. Paris: Gallimard, 2004.

Montalbetti, Christine. *Western*. Paris: POL, 2005.

Ndiaye, Marie. *Mon cœur à l'étroit*. Paris: Gallimard, 2007.

Oster, Christian. *Dans le train*. Paris: Minuit, 2002.

———. *Trois Hommes seuls*. Paris: Minuit, 2008.

Perec, Georges. *La Disparition*. Paris: Denoël, 1969.

———. *La Vie mode d'emploi*. Paris: Hachette, 1978.

Queneau, Raymond. *Bâtons, chiffres et lettres*. 1950. Rev. ed. Paris: Gallimard, 1965.

Robbe-Grillet, Alain. *Angélique ou l'enchantement*. Paris: Minuit, 1988.

———. *Les Derniers Jours de Corinthe*. Paris: Minuit, 1994.

———. *Le Miroir qui revient*. Paris: Minuit, 1985.

Rolin, Jean. *L'Explosion de la durite*. Paris: POL, 2007.

———. *L'Organisation*. Paris: Gallimard, 2006.

Rolin, Olivier. *Tigre en papier*. Paris: Seuil, 2002.

Salvayre, Lydie. *Les Belles Âmes*. Paris: Seuil, 2000.

———. *Passage à l'ennemie*. Paris: Seuil, 2003.

Serena, Jacques. *L'Acrobate*. Paris: Minuit, 2004.

Targowla, Olivier. *Être un jour invité quelque part*. Paris: Maurice Nadeau, 2005.

Toussaint, Jean-Philippe. *Faire l'amour*. Paris: Minuit, 2002.

———. *Fuir*. Paris: Minuit, 2005.

———. *La Salle de bain*. Paris: Minuit, 1985.

———. *La Télévision*. Paris: Minuit, 1997.

Viel, Tanguy. *Paris-Brest*. Paris: Minuit, 2009.

Volodine, Antoine. *Songes de Mevlido*. Paris: Seuil, 2007.

19

Le cinéma français de nos jours : pour un réalisme poétique *frontal*

Alan Singerman
Davidson College

Chaque année le cinéma français produit environ 150 films dont, s'il faut en croire René Prédal (9), une dizaine d'œuvres « remarquables ». Au cours des dix dernières années, cela ferait donc une centaine de films qui seraient dignes de notre attention. Il est bien évident que nous serons obligés de nous borner aux grands contours, aux tendances majeures, si nous voulons rendre compte de l'évolution du cinéma français de ces derniers temps. Certaines généralisations se sont déjà imposées dans ce domaine. Si on survole les films français des deux dernières décennies — de 1985 à 2005 — on constate, malgré une grande diversité, un certain nombre de courants qui se dessinent assez nettement. Le courant le mieux connu est sans doute celui du « heritage film », qui a produit quelques-uns des plus grands succès auprès de la critique et du grand public. Il s'agit, bien évidemment, de productions à grand budget telles que les deux films de Claude Berri en 1986, *Jean de Florette* et *Manon des Sources*, ainsi que son *Germinal* (1993), et *Cyrano de Bergerac* (1990) et *Le Hussard sur le toit* (1995) de Jean-Paul Rappeneau, *Indochine* (1991) de Régis Wargnier, *La Reine Margot* (1994) de Patrice Chéreau, ou encore, dans le registre comique, *Les Visiteurs* (1993) de Jean-Marie Poiré et *Ridicule* (1996) de Patrice Leconte, pour ne mentionner que les films les mieux connus à travers le monde.

En même temps, on a vu durant les années 1980 le développement d'un cinéma où l'image devient reine, à la manière des clips publicitaires de la télévision, et où le spectacle est mis en vedette souvent aux dépens de la représentation du réel : c'est le soi-disant *cinéma du look*, dont les représentants principaux sont Jean-Jacques Beinex (*Diva*, 1980), Leos Carax (*Mauvais Sang*, 1986, *Les Amants du Pont-Neuf*, 1991) et Luc Besson (*Le Grand Bleu*, 1988, *Nikita*, 1990). Malgré le succès de ces trois réalisateurs auprès du public, ils ont été généralement boudés par une critique qui n'accepte pas que la substance soit sacrifiée au profit de l'esthétique, qui rejette ce que Claude-Marie Trémois appelle « la vogue des images trop belles et des scénarios trop creux » (90). La grande tradition cinématographique en France reste celle du réalisme (y compris le réalisme psychologique), qui doit être mis en valeur, et non occulté, par le style.

Dans cette étude, nous allons nous limiter pour l'essentiel aux films les plus marquants de la décennie 1995–2005. L'année 1995 semble en effet être un tournant important, une date charnière dans l'histoire du cinéma français contemporain. Cette année-là paraissent sur les écrans *La Haine* de Matthieu Kassovitz, *État des lieux* de Jean-François Richet, *N'oublie pas que tu vas mourir* de Xavier Beauvois, *En avoir ou pas* de Laëtitia Masson, *À la vie, à la mort !* de Robert Guédiguian, *Oublie-moi* de Noémie Lvovsky et *Bye-Bye* de Karim Dridi — pour ne parler que des films d'une qualité certaine et qui peuvent se situer le plus clairement dans le courant principal du « nouveau » cinéma français. Ce courant est celui d'un réalisme souvent caractérisé comme « frontal », d'une franchise (voire d'une impudicité) et d'une dureté qu'on avait peu rencontrées dans les films français avant les années 1990. À partir de 1995 cette tendance se précisera de plus en plus, notamment avec les films de Sandrine Veysset (*Y aura-t-il de la neige à Noël?*, 1996), Claire Denis (*Nénette et Boni*, 1996), Bruno Dumont (*La Vie de Jésus*, 1997, *L'Humanité*, 1999), Érick Zonca (*La Vie rêvée des anges*, 1998), Laurent Cantet (*Ressources humaines*, 1999, *L'Emploi du temps*, 2001), Philippe Le Guay (*Trois Huit*, 2001), Gaspard Noé (*Irréversible*, 2002), et ceux des Belges Jean-Pierre et Luc Dardenne (*La Promesse*, 1996, *Rosetta*, 1999, *L'Enfant*, 2005), parmi d'autres films importants dont nous parlerons plus loin[1].

Le nouveau cinéma français n'est pas gai, c'est le moins qu'on puisse dire, comme le note Noël Herpe en parlant de la décennie 1990 : « Ce qui frappe [. . .] chez les principaux cinéastes révélés depuis dix ans, c'est le retour d'une réelle noirceur » (31). Ses sujets de prédilection sont la galère des jeunes (et des moins jeunes) en marge de la société, le chômage, la pauvreté, la solitude, le racisme, le sida, la crise des banlieues, la difficulté des rapports humains, le côté animal, brutal des hommes (surtout en ce qui concerne la sexualité), le mal-vivre général. Les personnages sont souvent déprimés, endurcis, désespérés, révoltés ou violents. C'est un cinéma foncièrement pessimiste et sans concessions pour le spectateur, un cinéma qui prend ses repères dans le réalisme cru et la franchise sexuelle des aînés tels que Jean Eustache (*La Maman et la putain*, 1973), Bertrand Blier (*Les Valseuses*, 1974) et surtout Maurice Pialat (*Passe ton bac d'abord*, 1979, *Loulou*, 1980, *À nos amours*, 1983)[2]. De façon générale, son principe de base remonte au *théâtre de la cruauté* d'Antonin Artaud tel que Philippe Garrel le reformule pour l'écran en 1968 : « Il ne faut jamais que le cinéma soit l'endroit où le spectateur trouve sa part de plaisir [. . .]. Il faut absolument que le film soit celui qui dérange [. . .]. Il faut qu'il soit intolérable pour les spectateurs » (Comolli, et al. 54). En parlant de la violence verbale et physique des *Valseuses*, d'ailleurs, Blier déclare (en émule des dadaïstes) qu'il avait conçu son film délibérément « comme un affront au public » (Forbes 172). Ce principe est pris au pied de la lettre et poussé jusqu'au bout dans le film de Gaspar Noé, *Irréversible* (2002), où, selon le « héros » Vincent Cassel, « un des buts de Gaspar était de rendre les choses le plus insupportable possible » (Kaganski, « Entretiens »). Il s'agit d'un viol d'une violence inouïe où un homosexuel psychopathe sodomise une jeune femme avant de la battre à mort, en un plan-séquence interminable filmé au ras du sol, c'est-à-dire, au niveau de cet acte abominable. Le film de Noé pousse jusqu'à l'extrême limite — sinon au-delà — une esthétique du glauque où il s'agit de « tout montrer, même le pire » (Bonnaud), ce qui est un des traits caractéristiques du cinéma français de la dernière décennie. Noé part du principe que « l'homme est fondamentalement barbare » et qu'il faut le montrer « tel qu'il est quand il perd le contrôle de ses actes » (Gorin et Rigoulet).

Ce parti pris du « naturalisme », ainsi que la conviction que les hommes sont dominés par le mal, sont partagés par un des réalisateurs les plus singuliers du cinéma français actuel, Bruno Dumont, qui n'hésite pas à affirmer, au sujet de son film *L'Humanité* (1999), que « nous sommes tous des crapules en proie à des pulsions bizarres» (« Dumont . . . »). Dumont s'est fait remarquer d'abord par *La Vie de Jésus*, Prix Jean Vigo de 1997[3]. Comme dans un nombre considérable de films récents, l'action est située dans le Nord de la France, une région qui a été particulièrement éprouvée par la crise économique et le chômage qui en découle[4]. Tourné à Bailleul, la petite ville ouvrière banale où Dumont est né, l'atmosphère du film est grise et le décor dépourvu de pittoresque ; les personnages sont des plus ordinaires. Une des caractéristiques du cinéma français récent est, en effet, une prédilection pour les classes laborieuses ou très modestes, à la manière du néo-réalisme italien d'après-guerre. Tout comme le néo-réalisme, d'ailleurs, comme dans certains films de Maurice Pialat (*L'Enfance nue*, 1969, et *Passe ton bac d'abord*, 1979), Dumont préfère tourner avec des acteurs non professionnels. Pour trouver ceux de *La Vie de Jésus*, il a fait appel au bureau du chômage de la mairie de Bailleul ; l'acteur qui joue le personnage principal de *L'Humanité*, Emmanuel Schotté, est un ancien militaire, la protagoniste féminine, Séverine Caneele, une ouvrière d'usine de Bailleul[5].

Dans *La Vie de Jésus*, une bande d'adolescents désœuvrés par le chômage endémique de la région passent leur temps à sillonner la ville et les routes de la campagne environnante sur leurs mobylettes (la moto des pauvres). Le personnage principal, Freddy, vit seul avec sa mère, patronne d'un petit bar de quartier. Épileptique et taciturne, la seule chose qui semble l'intéresser dans la vie est sa petite amie, Marie, avec qui il s'accouple sauvagement. Dumont représente l'acte sexuel, ici et ailleurs, dans toute son animalité, sans suggérer le moindre sentiment, ce qui amènera Franck Garbarz, en parlant de *L'Humanité*, à évoquer la « bestialité de l'étreinte » (8) des protagonistes du film. Comme l'ont remarqué tant de critiques, Dumont met le corps humain, et surtout l'acte sexuel, au centre de ses films : « Tout passe par le corps, le corps abordé frontalement » (Jean 51) ; Dumont filme « de façon très frontale la sexualité — autre tendance de plus en plus marquée du cinéma français » (Beaulieu 12). Dans *L'Humanité*, les ébats « amoureux » entre Joseph et Domino sont également filmés frontalement, ainsi que le sexe de Domino, qui prend une importance thématique peu commune pour Dumont : « Le sexe est le centre du film. C'est le sexe qui exprime l'amour de l'humanité. Quand Domino pleure [à la fin du film], je filme son sexe » (« Dumont »). Dans le troisième film de Dumont, *Twentynine Palms* (2003), les deux protagonistes passent le plus clair de leur temps à copuler frénétiquement, avant que le dénouement, d'une violence inouïe, démystifie brutalement l'acte sexuel.

La représentation frontale du corps féminin et de l'acte sexuel, la volonté de *tout montrer* sans la moindre pudeur, est donc un des traits caractéristiques de ce nouveau cinéma français. On la retrouve chez Érick Zonca dans *La Vie rêvée des anges* (1998), comme dans *Les Amants criminels* (1999) de François Ozon, dans les films de Catherine Breillat sur la sexualité féminine, tels que *Romance* (1999) et *À ma sœur !* (2001), ainsi que dans *À tout de suite* (2004) de Benoît Jacquot. Quant à *Irréversible* de Gaston Noé (2002), ou *Twentynine Palms* de Dumont, on dépasse toutes les limites dans ce domaine, comme dans celui de la violence sexuelle. Le propos de tous ces réalisateurs, et de bien d'autres encore, est d'obliger le spectateur à regarder en face la « nature humaine profonde », avec tous les monstres que celle-ci peut receler, y compris les avatars de la sexualité : « J'essaie d'aller au début de la nature, nous explique Dumont, filmer notre grossièreté, notre animalité, filmer ce qu'on est » (Bauder 89). La violence sexuelle se présente, d'ailleurs, comme un simple corollaire de la violence générale qui gît au fond de l'homme. Dans *La Vie de Jésus*, lorsque Kadar, un jeune Arabe, vient tourner autour de Marie, Freddy le tue dans un accès de violence, sans avoir l'air de bien se rendre compte de la gravité de son acte. L'inconscience est la marque de toute cette bande de jeunes laissés pour compte, qui s'amusent par ailleurs à violer au lycée une jeune fille un peu trop potelée et sans défense. La violence et le sordide dominent également dans *L'Humanité*, qui commence par la découverte du cadavre d'une fillette violée et assassinée, son sexe ensanglanté montré longuement, en gros plan. L'enquête policière sur ce crime particulièrement exécrable fera le sujet principal du film.

La franchise de l'image du corps humain n'est toutefois qu'un élément, aussi important soit-il, dans le nouveau réalisme du cinéma français, qui est ancré surtout dans la réalité sociopolitique de la France. Le racisme niais de Freddy et de ses copains envers les immigrés maghrébins du coin est le reflet d'un fait de société des plus préoccupants. Le retour du « social » dans le paysage cinématographique français, constaté par tout le monde, se voit particulièrement bien dans le « cinéma de banlieue », des films tels que, pour ne mentionner que les meilleurs, *La Haine* (1995) de Matthieu Kassovitz, *État des lieux* de Jean-François Richet la même année, *Petits Frères* (1999) de Jacques Doillon, et *L'Esquive* (2003) d'Abdel Kechiche. *La Haine*, en noir et blanc et assimilé autant que possible à un documentaire, est primé partout et acclamé par la critique, qui y voit, comme le dit Alain Riou, « une œuvre vraiment fondatrice d'un cinéma absolument moderne, comme *À bout de souffle* le fut en son temps » («Tout est clair»). *La Haine* raconte une journée dans la vie de trois copains (un Juif, un Noir, et un Maghrébin) qui vivent dans une banlieue parisienne difficile. Celle-ci vient d'être le théâtre d'une nuit d'émeutes violentes provoquées par une bavure policière lors de laquelle l'un des amis des trois personnages a été grièvement blessé et transporté à l'hôpital dans un état critique. Le film met en scène les conséquences de ces événements et de la haine qui règne entre les jeunes banlieusards et la police de proximité.

La grande nouveauté des films de banlieue, c'est qu'ils donnent « droit de cité » — dans le paysage audiovisuel sinon dans la ville elle-même — aux jeunes des banlieues. La représentation de cet univers, avec son langage argotique particulier, mais aussi avec sa violence endémique et ses problèmes tels le chômage, la drogue, la petite délinquance et la dureté des rapports humains, oblige le spectateur à constater une réalité sociopolitique qui avait été longtemps ignorée par la classe moyenne, comme par la classe politique, en France. Personne n'ignore à présent qu'en 1995 le Premier ministre, Alain Juppé, avait fait projeter *La Haine* devant son gouvernement au complet pour que tout le monde prenne conscience de la violence qui guettait certaines banlieues. Dix ans plus tard, à la rentrée 2005, rien d'essentiel n'avait changé et les prophéties du film de Kassovitz se sont réalisées : les banlieues ont explosé.

Mais le problème des jeunes des banlieues fait partie du fait social plus général de la marginalité, dont la représentation au cinéma s'est imposée avec le film d'Agnès Varda, *Sans toit ni loi*, en 1985. La « marginalité » est une notion sociologique très élastique[6], qui comprend d'une part les marginaux volontaires tels que Mona, la routarde de Varda, le protagoniste du *Monde sans pitié* (1989) d'Éric Rochant ou, plus proche de nous, le personnage de Nino dans *Western* (1997) de Manuel Poirier et celui de Bruno dans *L'Enfant* (2005) des frères Dardenne. D'autre part, il y a les marginaux involontaires, comme les jeunes enfants d'immigrés des banlieues défavorisées et les gens marginalisés par le chômage (*La Vie de Jésus*), la maladie (le sida dans *N'oublie pas que tu vas mourir* de Xavier Beauvois), la délinquance ou l'orientation sexuelle. Dans *L'Enfant*, un petit malfrat, Bruno, vit des vols de délinquants encore plus jeunes que lui, dont il vend le butin à des receleurs. Il refuse de gagner sa vie en travaillant parce que c'est tout juste bon, dit-il, pour les « enculés ». Comme la vagabonde de Varda, Bruno vit dans une marginalité choisie, mais une forme de marginalité qui est nuisible à la société, comme à ses proches. Ne prisant quoi que ce soit que pour sa valeur sur le marché noir, il vend le nouveau-né de sa petite amie, ce qui déclenche des événements graves dont il perd le contrôle. Par contre, la marginalité de la jeune héroïne de *Rosetta* (1999), également des frères Dardenne, n'est guère choisie ; elle est imposée au personnage. Elle relève du destin d'une enfant naturelle qui vit dans une pauvreté sordide avec une mère alcoolique dans une caravane. Le travail, l'argent de ce travail, est la seule planche de salut pour Rosetta, à tel point que le travail en vient à représenter non seulement la survie, mais la vie même. Pour sauver sa vie, en un geste de meurtre symbolique, la jeune fille arrache à son seul ami son travail dans un débit de gaufres[7].

L'œuvre d'Érick Zonca, *La Vie rêvée des anges* (1998), l'un des meilleurs films sur la marginalité, met en valeur à la fois le côté volontaire et le côté involontaire du phénomène. Au début du film, Isabelle (Isa), une routarde, arrive à Lille sac à dos. Elle trouve du travail dans une usine de confection clandestine mais se fait rapidement renvoyer quand on voit qu'elle ne sait pas manier une machine à coudre. Marie, une jeune fille qui quitte l'usine en même temps qu'elle, accepte de l'héberger dans un appartement qu'elle squatte momentanément. Les deux jeunes filles vivent ensuite la galère, sans emploi régulier, sans perspectives. Isa vit pourtant une marginalité choisie, contente de vivre de petits boulots, de vendre dans la rue des cartes qu'elle fabrique à partir d'images découpées dans des magazines. Marie, elle, se révolte contre sa condition sociale et économique, tout en refusant le travail intérimaire qu'elle considère comme humiliant. Elle entrevoit une manière de s'en sortir, de transcender sa condition, en se prenant de passion pour un fils à papa, un jeune bourgeois friqué qui ne s'intéresse à elle que le temps de satisfaire un désir passager avant de la laisser tomber sans ménagement. Désespérée, elle se jette par la fenêtre. Isa, de son côté, se résigne à travailler à l'usine, et c'est là qu'on la retrouve à la fin du film. *La Vie rêvée des anges*, qui a obtenu de nombreux prix, incarne l'esprit du nouveau cinéma français par son réalisme sans concession solidement ancré dans le contexte socioéconomique du nord de la France, comme par son pessimisme tenace et par la représentation sans contrainte des rapports entre les personnages, y compris les rapports sexuels.

Dans le film de Zonca, le monde du travail joue un rôle important, ne serait-ce qu'à travers le problème du chômage, qui est le point de mire de tant de films récents, comme *En avoir (ou pas)* de Laëtitia Masson, *Rien à faire* (1999) de Marion Vernoux ou encore *L'Emploi du temps* (2001) de Laurent Cantet. Le retour sur les écrans du monde du travail lui-même est, d'ailleurs, une des grandes nouveautés du cinéma français contemporain[8]. *Ressources humaines* (1999), le premier long métrage de Cantet, qui met en scène le fonctionnement intérieur d'une entreprise, a connu un remarquable succès à la fois auprès de la critique et du public. Le film de Philippe Le Guay, *Trois Huit* (2001) nous fait entrer dans l'ambiance dantesque du travail de nuit dans une usine de bouteilles, en même temps qu'il nous confronte à l'enfer du « harcèlement moral », comme on aime à désigner aujourd'hui la persécution que doivent subir certains ouvriers de la part de leurs camarades de travail. On entrevoit le monde du travail également dans l'usine de poissons de laquelle Alice est licenciée dans *En avoir (ou pas)*, comme dans *La Ville est tranquille* (2001) de Robert Guédiguian où l'héroïne, Michèle, travaille de nuit au marché aux poissons sur le port de Marseille.

Un dernier exemple, le film de Sandrine Veysset, *Y aura-t-il de la neige à Noël ?* (Prix Louis Delluc 1996 du meilleur film français de l'année), nous révèle le monde peu connu du travail agricole. Oscillant entre documentaire et fiction, comme le remarque Christophe Chauville (14), le film aboutit à un « ultra-réalisme » qui met en relief l'inconfort matériel de cette vie, ainsi que le caractère pénible du travail effectué à la fois par les adultes et par les sept enfants naturels qui constituent une partie importante de la main-d'œuvre de l'exploitation. Malgré le « réalisme pur et brut » du film, Philippe Rouyer relève un lyrisme surprenant chez Veysset : « Elle sait capter la seconde précise où la banalité du quotidien se teinte de poésie. Elle accomplit un vrai miracle : coller à la réalité la plus poisseuse, la plus asphyxiante pour s'en arracher, brusquement, par d'incroyables audaces lyriques » (« En trois saisons », 28–30). Rouyer fait allusion, en particulier, à deux séquences du film, celle où les enfants courent au ralenti sous la pluie en tenant au-dessus de leurs têtes une bâche — scène dont le lyrisme évoque celui de la célèbre séquence au ralenti des enfants qui défilent en chemise de nuit dans *Zéro de conduite* de Jean Vigo — et le dénouement du film où le réalisme noir est transformé en pure féerie par la neige qui commence à tomber miraculeusement. Cette irruption de la poésie au sein d'un réalisme des plus laids est d'une grande portée dans le cinéma français de nos jours, comme nous espérons le démontrer ci-dessous.

En parlant de ses films, Bruno Dumont ne cesse d'invoquer la « poésie ». S'il fait du cinéma, c'est « pour inventer un monde concret et poétique » (Tranchant). Philippe Rouyer et Claire Vassé abondent dans le même sens, en déclarant que « *L'Humanité* n'est pas un film à propos de la réalité. C'est un film foncièrement poétique » (9), un avis qui sera partagé par bien d'autres critiques. Ceci peut surprendre, à la lumière des observations sur la crudité du réalisme de ce film, mais Dumont insiste longuement sur l'interprétation métaphysique de *L'Humanité* (comme il insiste sur l'interprétation chrétienne de *La Vie de Jésus*). Son film serait une sorte de parabole sur l'existence du mal dans le monde, où le protagoniste, Pharaon, prendrait sur lui (à la manière du Christ, malgré les dénis de Dumont !) toute la souffrance et toute la culpabilité humaines. Si j'ai abordé le cinéma de Dumont vers le début de cet essai, c'est parce que je crois que celui-ci est une illustration exceptionnelle de ce que j'aimerais caractériser comme un nouveau genre de « réalisme poétique » qui perce dans tant de films des dix dernières années. Je ne suis pas le seul, bien évidemment, à avoir constaté cette tendance paradoxale d'un cinéma qui, tout en tendant clairement vers le réalisme brut (sinon le naturalisme), en flirtant souvent avec le style documentaire, ouvre pourtant des perspectives « poétiques ». Voici ce que dit, par exemple, Claire Vassé, en commentant le film de Laëtitia

Masson, *En avoir (ou pas)* : « Renouant à la fois avec une certaine mythologie d'avant-guerre et avec les archétypes du film noir, elle offre un dépassement de la chronique, une échappée vers le rêve et le romanesque qui viennent ouvrir une fenêtre dans le cinéma français et y esquisser comme un nouveau « réalisme poétique » (21). C'est cette notion d'un nouveau réalisme poétique dans le cinéma français contemporain, où la noirceur est nuancée par une forme de « poésie », que nous allons examiner dans la suite de cette étude.

Qu'entend-on au juste par « réalisme poétique »? Lorsque Vassé se réfère à l'avant-guerre, elle évoque surtout les films de Marcel Carné et de son poète-scénariste Jacques Prévert, tels *Quai des brumes* (1938) et *Le Jour se lève* (1939), dont les héros sont joués par Jean Gabin, la grande vedette masculine de l'époque et l'incarnation quasi-mythique de l'homme du peuple. Il s'agit d'un cinéma profondément pessimiste qui met en scène des petites gens qui évoluent dans la grisaille des quartiers louches ou de la banlieue ouvrière des villes. Il y règne une ambiance sordide où ces gens ordinaires sont confrontés à des individus ignobles et où l'espoir dans l'amour, dans le bonheur engendré par l'amour, est toujours déçu. Le héros est voué au malheur, traqué par un destin maléfique. Le réalisme poétique en tant que courant dépasse, d'ailleurs, les seuls films de Carné-Prévert pour embrasser des œuvres aussi diverses que celles de Julien Duvivier (*La Belle Équipe*, 1936, *Pépé le Moko*, 1937) et de Jean Renoir (*Le Crime de M. Lange*, 1935, *La Grande Illusion*, 1937, *La Règle du jeu*, 1939). Malgré leur pessimisme foncier, toutes ces œuvres nous séduisent par leur finesse stylistique et par leur richesse symbolique, métaphorique et thématique, qui expliquent et justifient l'étiquette « poétique » et qui se retrouvent à divers degrés, justement, dans le cinéma français de nos jours.

Regardons cela de plus près. Pourquoi Vassé parle-t-elle de « réalisme poétique » à propos du film de Laëtitia Masson ? *En avoir (ou pas)*, qui a valu le César du Meilleur Espoir Féminin à Sandrine Kiberlain, est une histoire de souffrance et de désespoir. Selon Marco de Blois, « ce dont il y est question, c'est de la génération X : chômage, désillusion et cynisme face à la société » (80), et le film commence par un « prologue » *cinéma-vérité* qui consiste en une série d'entretiens d'embauche avec des jeunes femmes où l'on ne voit à l'écran que les chômeuses qui répondent aux questions. Et pourtant, il y a une poésie certaine qui émane du film, produite en partie par le style de Masson qui utilise savamment des zooms et des ralentis[9]. Comme le précise Masson, en faisant allusion à son style, « Tout cela va dans le sens du lyrisme » (Vassé 80). La poésie du film se dégage également de l'histoire de l'héroïne Alice et de Bruno, l'ouvrier en bâtiment qu'elle rencontre à Lyon après avoir quitté Boulogne-sur-Mer dans le Nord suite à son licenciement. Malgré la déprime qui pèse sur les deux personnages, et malgré tous les obstacles à leur union, un petit rayon d'espoir perce à la fin du film, laissant entrevoir la possibilité de s'en sortir par un bonheur à deux, aussi modeste soit-il. Comme le dit Masson, « Ils comprennent que l'espoir, c'est les autres, le vrai ailleurs, c'est les autres, les vrais rêves, c'est les autres. Et que l'enfer, c'est [...] soi-même » (Vassé 22). En fin de compte, le réalisme social du film de Masson se laisse donc infiltrer par la poésie de l'espoir, et ce brin d'espoir qui apparaît souvent (mais pas toujours !) à travers la noirceur de la vie est une des caractéristiques majeures du « nouveau réalisme poétique » et une différence importante par rapport à son ancêtre d'avant-guerre.

Cette notion que l'on ne peut s'en sortir seul, mais qu'il y a de l'espoir du côté de la solidarité humaine, c'est la base même de la « poésie » du cinéma de Robert Guédiguian, un cinéma pourtant perçu par certains comme « misérabiliste », tant le réalisme y est parfois sombre. À l'encontre de la plupart des cinéastes de la « nouvelle Nouvelle Vague », pour emprunter l'expression de Claude-Marie Trémois (20)[10], Guédiguian n'est pas un nouveau-venu au cinéma (voir note 1), ses premiers films datant du début des années 1980. Ce n'est pourtant qu'avec *À la vie, à la mort !* (1995), que Guédiguian trouve sa vraie voie, qu'il s'impose au public comme « un cinéaste encore jeune et d'avenir », avant de connaître la « consécration absolue » avec *Marius et Jeannette* deux ans plus tard (Riou, 1997). L'action des films de Guédiguian se situe, pour la plupart, dans le quartier de l'Estaque, une banlieue industrielle morne de Marseille, frappée durement par la crise économique. Tournant toujours avec le même noyau de comédiens, dont notamment Ariane Ascaride, Gérard Meylan, Jean-Pierre Darroussin, Jacques Boudet et Pascale Roberts, Guédiguian trace l'histoire, comme le dit encore Alain Riou, « de ces gens de peu que le cinéma ignore en général » (*op. cit.*).

Dans *À la vie, à la mort !*, il s'agit du drame d'une famille élargie, dont un des membres est propriétaire d'un petit bar de quartier qui périclite, malgré le numéro de strip-tease (fatigué) qu'exécute chaque soir depuis quinze ans la femme du patron. Ce petit monde, où la boisson et la drogue font leurs ravages, vit dans la plus grande précarité, voire le désespoir : l'un des membres de la famille, au chômage depuis des mois, perd foyer, femme et enfants, avant d'être réduit à l'humiliation de faire la manche dans les rues de sa propre ville. Le frère clochardisé est recueilli par sa famille et, malgré le suicide (pour les assurances-vie) d'un autre membre de la famille, celle-ci continue la lutte pour survivre, avec un soupçon d'optimisme qui se dégage de leur sentiment de solidarité. Trémois constate ainsi, en parlant des films de Guédiguian, « Tous parlent de chômage, de misère, d'exploitation, et le plus souvent finissent mal. Pourtant, une valeur surnage toujours : l'amitié » (275). Et Prédal d'ajouter que « Guédiguian parvient à préserver une place à l'utopie dans l'univers réaliste du monde du travail » (132). Cette suggestion d'« utopie », construite sur l'amitié, l'amour et la solidarité humaine face à la misère économique, est le versant proprement poétique du réalisme de Guédiguian, et c'est cette « poésie » même qui fera du prochain film de Guédiguian, *Marius et Jeannette* (1997), le plus grand succès du réalisateur. Le côté lyrique du film, où l'on voit les rapports difficiles entre un gardien de chantier abandonné et une femme qui travaille comme caissière dans un supermarché (avant de perdre son emploi), n'échappe à personne. Gérard Lefort n'hésite pas à le comparer à « une chanson qui n'a pas peur de fredonner les grands mots de tendresse, amitié, solidarité », en précisant que « la poésie de *Marius et Jeannette* n'a d'égale que la crudité de son réalisme » (1997). Guédiguian lui-même présente son film, dès le générique, comme « un conte de l'Estaque » pour insister d'emblée sur l'optimisme (des contes de fées) qui compense le pessimisme sociopolitique et le portrait de la misère qui le dominent[11].

Ce que nous appelons ici le nouveau réalisme poétique se constate, d'une manière ou d'une autre, chez la plupart des cinéastes des dix dernières années[12], même ceux qui traitent les sujets les plus douloureux, comme le sida et la mort. Dans *N'oublie pas que tu vas mourir* (1995), Xavier Beauvois (comme Cyril Collard dans *Les Nuits fauves* trois ans auparavant) met en scène un jeune homme qui découvre qu'il est séropositif, donc condamné à mourir à plus ou moins longue échéance. Le film est foncièrement pessimiste, ce qui relève de son réalisme sans illusions, comme le remarque Beauvois : « Un cinéaste doit être témoin de son époque, et l'époque exhale des relents de pessimisme malsain » (« Beauvois »). Pourtant, au lieu de sombrer dans le désespoir, le héros (joué par Beauvois lui-même) s'efforce de vivre intensément à travers des expériences sensuelles de toutes sortes : « Mon film, dit Beauvois, c'est un film sur la jouissance : de la drogue, même s'il se rend compte que ça ne marche pas, du cul, de l'amour, de la maternité, de l'art en vrai, jusqu'à la jouissance de la guerre » (Lefort 1996). Cette histoire de mort par le sida devient, en fait, comme le constate Philippe Elhem, une « descente aux enfers du héros moderne en suicidé romantique de la société » (50–51). Outre le thème du *carpe diem*, suggéré d'emblée par le titre du film, et le romantisme flagrant des références au peintre Delacroix comme au poète anglais Byron (le voyage en Italie surtout), la recherche de la jouissance évoque le « dérèglement de tous les sens » de Rimbaud — et Elhem intitule son commentaire du film, justement, « une épopée rimbaldienne ». Ici, on voit clairement le rôle de la poésie comme contre-point au réalisme tragique du film.

L'année suivante, Claire Denis offre une autre incarnation de ce que nous appelons « réalisme poétique » en confrontant réalité brute et onirisme éro-tique dans *Nénette et Boni* (1996). Dans ce film, un jeune homme aliéné par son père (un individu louche qui finit par se faire abattre par des mafieux) réussit à subsister en vendant des pizzas dans un camion et en participant, avec une petite bande de copains, aux divers trafics des bas quartiers de Marseille. « En manque de sexe, de tendresse, de raison d'exister » (Frodon), Boni peuple sa vie intérieure de fantasmes sexuels sur une jolie boulangère du quartier. Il exprime son désir obsessionnel par des envolées obscènes (son « lyrisme » à lui) qu'il écrit dans son journal intime ou qu'il marmonne en se soulageant. La réa-lisatrice entretient une confusion savante entre le réel et le lyrisme érotique du héros, ce qui amène Jacques Morice à constater que « dans *Nénette et Boni*, on oscille souvent entre le rêve, le fantasme et la réalité, sans que les frontières ne soient clairement balisées » (35). Denis traduit un rêve érotique de Boni, par exemple, par une séquence dominée par des effets visuels abstraits accompagnés d'un bruitage où les gémissements de jouissance sexuelle se confondent avec les gargouillements d'une nouvelle cafetière (également l'objet de désir du héros...). La vie fantasmatique de Boni est bouleversée par l'arrivée de sa sœur Nénette, quinze ans et enceinte (peut-être du père...), qui se réfugie chez lui et, comme le remarque Franck Garbarz, « oppose à son frère un cruel principe de réalité » (1997, 39). Un côté « poétique » (ici optimiste) du film s'esquisse pourtant au fur et à mesure que Boni, qui rejette durement sa sœur d'abord, s'adoucit progressivement à l'égard de celle-ci à l'approche de son accouche-ment. Dans un dénouement touchant, quoique fantaisiste, il finit par découvrir le bonheur et une raison de vivre dans la « paternité ». La cellule familiale, désin-tégrée au début du film (une mère morte et un père indigne), se reconstruit à travers le lien filial qui s'établit entre Boni et le bébé rejeté par Nénette[13]. Mais il y va aussi de la pure « poésie » parce que, dans la réalité, la police ne tarderait pas à récupérer le bébé enlevé à l'hôpital, fusil à la main, par Boni... Cette entrée du lyrisme dans le réalisme du cinéma de Denis s'ac-centuera grandement, comme nous le verrons plus loin, dans son film suivant, *Beau Travail*.

Mais tournons-nous d'abord vers un des réalisateurs les plus féconds et les plus iconoclastes du cinéma français actuel : François Ozon. Malgré le caractère radicalement frontal de la représentation de l'acte sexuel et de la violence, le côté « réalisme poétique » de son deuxième long métrage, *Les Amants criminels* (1999), est indiscutable. Si la notion de « conte » doit être comprise de façon purement métaphorique dans *Marius et Jeannette*, il n'en va pas de même pour le film d'Ozon où l'hyper-réalisme du début se transforme sous nos yeux en conte de fées à peine figuré. Connu comme « provocateur en chef du jeune cinéma français » (Jonquet) et « le cinéaste de la transgression » (Kaganski, 1999), Ozon utilise des méthodes de choc dans ses premiers films, *Sitcom* (1998), *Les Amants criminels* et *Gouttes d'eau sur pierres brûlantes* (2000). À la sortie des *Amants criminels*, François Jonquet de *L'Événement du jeudi* n'en peut plus : « C'est tout lui ! Quel pervers, quel vicieux ! Pédophilie, zoophilie, partouzes, incestes, sadomasochisme [...], ce trentenaire aura eu l'extrême audace de se colleter avec tous les tabous en même temps » (*loc. cit.*). Dans *Les Amants criminels*, il s'agit en effet de briser des tabous. Après le sado-masochisme, les partouzes homosexuelles et l'inceste de *Sitcom*, Ozon enchaîne dans *Les Amants criminels* avec la perversité, le bain de sang, l'anthropophagie, et le viol homosexuel. Au début du film, Alice entraîne son ami Luc dans le meurtre sanglant d'un jeune Maghrébin sous le prétexte mensonger que celui-ci et ses copains l'ont violée. Elle se donne à l'accusé dans les vestiaires de l'école, pour permettre à Luc de le surprendre et de l'assassiner à coups de couteau pendant que son corps nu enlace toujours celui d'Alice (l'équivoque homosexuelle se précisera par la suite). Quand ils emportent le corps pour l'enterrer, ils se perdent dans une forêt et tombent par hasard sur une petite maison occupée par un homme des bois, sorte d'ogre qui les enferme dans un réduit sous la maison, avant de faire sortir Luc pour le faire manger. L'histoire de meurtre et de vengeance se mue en *Hansel et Gretel*, la sorcière du conte de fées cédant la place toutefois à un ogre qui aime les garçons... bien en chair. Ayant pu s'évader, après le viol de Luc, le jeune couple en profite pour faire l'amour dans la forêt, sous les yeux d'animaux sortis tout droit du *Bambi* de Walt Disney. Ainsi, le réalisme brutal du film se laisse peu à peu absorber par une forme de poésie fournie par l'intertexte littéraire, avant que la réalité ne se réinstalle avec l'intervention tout aussi brutale de la police à la fin du film.

Ozon finira par rejoindre un cinéma plus classique, et *Sous le sable* (2000), où une femme nie la mort de son mari malgré les preuves les plus claires, relève d'un réalisme psychologique très nuancé doublé d'un grand lyrisme dans la mise en scène. Ce nonobstant, les premiers films d'Ozon s'inscrivent clairement dans le courant du nouveau cinéma français et provoquent chez les critiques des réactions très diverses, tantôt indignées, tantôt admiratives. Ozon se défend crânement en adoptant sensiblement la même position que Bruno Dumont et Gaspar Noé, à savoir que « le cul et la mort, il n'y a rien d'autre pour un réalisateur » (Gianorio), auquel il ajoute : « Je pousse les limites du dégoût, j'explore les zones obscures. J'aime l'ambivalence : dans l'horreur, il y a toujours du plaisir » (*loc. cit.*). Si Ozon marie la poésie au réalisme le plus violent par la référence aux contes de fées et aux féeries de Walt Disney (comme dans *Sitcom* par la référence à la parabole du *Théorème* de Pasolini), Gaston Noé arrive à la même fin par des moyens purement esthétiques, c'est-à-dire par une stylisation extrême due aux mouvements d'appareil et au montage. Si aucun film de la nouvelle génération n'a été conspué par la critique comme *Irréversible*, condamné pour l'abjection de son propos, cela n'a pas empêché certains d'apprécier la prouesse technique de Noé, qui tient lieu de lyrisme dans son film. Les scènes insoutenables sont compensées en quelque sorte, comme le suggère Olivier Père, par un « formalisme virtuose ». Tourné en vidéo haute définition avec 1.500 plans truqués au numérique (Azoury et Péron), le film commence par la fin et remonte le temps, passant de « l'enfer » d'une boîte de nuit homosexuelle *hard* au « paradis » des ébats amoureux d'un jeune couple qui nage dans le bonheur, en passant par le viol notoire. L'élément « poétique » s'impose surtout dans les transitions entre les séquences, où la caméra virevolte pour traduire l'étrangeté temporelle de la chronologie renversée. Philippe Rouyer constate ainsi les « travellings filés poussant jusqu'à l'abstraction des éléments de décor vides (plafonds, murs et canalisations) qui tourbillonnent et retentissent d'indicibles fureurs, pendant que la caméra remonte le temps » (*Irréversible*, 114). En essayant de situer le cinéma de Noé, François-Guillaume Lorrain le place « à la croisée sans doute entre un naturalisme noir, celui du *Jour se lève* de Carné et un culte de l'image qui parcourt, de Mathieu Kassovitz à Christophe Gans, le jeune cinéma français ». Le film de Carné, comme nous l'avons indiqué ci-dessus, est un des grands chefs-d'œuvre du réalisme poétique des années trente, où la richesse métaphorique et thématique — comme le démontre la célèbre étude d'André Bazin (53–69) — vient informer le « naturalisme » de son propos. En évoquant à la fois *Le Jour se lève* et le culte de l'image, Lorrain a bien senti l'élément poétique qui s'infiltre dans le film de Noé. Il n'en reste pas moins qu'*Irréversible* est un cas limite en ce qui concerne la notion de « réalisme poétique », bien que le niveau d'esthétisme, ainsi que l'euphorie du dénouement du film (qui est le début de l'histoire) justifient, à notre sens, son inclusion dans ce courant malgré la perversité et la violence insoutenable qui le dominent[14].

Il y a, bien sûr, d'autres cas limites, comme *La Ville est tranquille* (2000) de Guédiguian, qui met en scène une femme réduite à la prostitution pour procurer de la drogue à sa fille toxicomane, dont elle élève le bébé tandis que son mari, au chômage et alcoolique, se console dans le militantisme d'extrême droite. La drogue est fournie par un ami de l'héroïne qui vit comme tueur à gages et qui se brûle la cervelle à la fin du film. L'« espoir » est incarné dans le film par un petit garçon, pianiste virtuose — mais un espoir si ténu que cette figure ne compense pas la noirceur du tableau. Si *La Promesse* (1996) des frères Dardenne se rattache au courant « réalisme poétique » (par la naissance à la conscience morale d'un fils qui se révolte contre un père ordurier pour venir en aide à une immigrée africaine victime de celui-ci), *Rosetta* (1999) et *L'Enfant* (2005) rejoignent la catégorie des cas limites. Tous deux Palme d'or à Cannes, ils sont imprégnés d'un réalisme cru et d'un pessimisme qui n'ont d'égaux que la condition miséreuse ou ignoble de leurs personnages. Comme dans tant d'autres films de ces dernières années, c'est l'image de marque stylistique du cinéma français moderne, les mouvements de ces personnages sont cadrés serrés, à la Cassavetes, par une caméra extrêmement mobile, agitée, tenue à la main, qui ne donne pas le moindre répit au spectateur. Si on peut parler ici (du bout des lèvres) de réalisme poétique, c'est dû surtout aux contours métaphoriques des films des frères Dardenne, le côté quasi-métaphysique de *Rosetta*, par exemple, où une prosaïque bouteille de gaz en vient à figurer le fardeau insupportable de l'existence (tel le rocher de Sisyphe) et de la culpabilité humaine. De manière semblable, le côté parabolique de *L'Enfant* — le matérialisme et la perte d'innocence comme dans *L'Argent* (1983) de Robert Bresson — est souligné à la fin du film par la suggestion du rachat qui évoque *Pickpocket* (1959) du même réalisateur.

Si dans *La Haine* (1995) de Matthieu Kassovitz l'élément poétique (la scène de « scratch », par exemple, et le vol au-dessus de la cité) est largement occulté par l'ultra-réalisme du film, le nouveau réalisme poétique se fait sentir clairement dans un autre film de banlieue, *L'Esquive* (2003) d'Abdellatif Kechiche. Ici, un parallèle est établi entre l'existence de jeunes Beurs dans une cité ouvrière de la banlieue parisienne et la célèbre pièce de Marivaux, *Le Jeu de l'amour et du hasard* (1730), le *marivaudage* de celle-ci se reflétant dans les rapports entre les adolescents. Ce mélange du réel et du lyrique n'a pas échappé aux critiques. Pierre Murat remarque que Kechiche « exacerbe le réalisme pour créer un monde troublant, à mi-chemin du reportage et de la fiction. À la frontière de la vérité et du conte » (7 jan. 2004) tandis que Vincent Thabourey constate sans ambages que « ses figures d'immigrés [...] sont placées dans des récits à la fois réalistes et poétiques » (44). Le réalisme de l'intervention brutale de la police vers la fin du film est équilibré en quelque sorte par l'optimisme de la fête de l'école où la poésie dramatique gagne droit de cité ... dans la cité.

Le paradigme du « nouveau réalisme poétique » ne peut évidemment pas rendre compte de toutes les œuvres notables du nouveau cinéma français des dix dernières années. Dans certains films, c'est le naturalisme qui l'emporte carrément, sans ouverture poétique apparente. C'est le cas, par exemple, de *Twentynine Palms* (2003) de Dumont, où l'acte sexuel devient de plus en plus bestial jusqu'au dénouement hideux du film[15] — ou encore de *L'Appât* (1995) de Bertrand Tavernier, où l'inconscience consternante des adolescents assassins et de la jeune héroïne reste entière jusqu'au bout. Dans d'autres films, par contre, comme *Le Fabuleux Destin d'Amélie Poulain* (2001) de Jean-Pierre Jeunet, c'est le réalisme qui est occulté par le caractère foncièrement « poétique » du film — et Prédal suggère que l'œuvre de Jeunet est basée, en fait « sur le pastiche coloré du réalisme poétique » (98). Quant à *Beau Travail* (1999) de Claire Denis, il y a une telle intrication du réel et du lyrisme que le film entier semble transformé en poème, ce qui en fait un cas limite de réalisme poétique diamétralement opposé au cas limite que représente *Irréversible*. *Beau Travail* s'inspire, très librement d'ailleurs, d'un poème de Herman Melville, ainsi que de l'opéra de Benjamin Britten d'après la nouvelle du romancier américain *Billy Budd, Gabier de misaine* (1960). Denis prend comme sujet l'existence quotidienne des légionnaires à Djibouti, en y inscrivant à la fois le drame homosexuel qui se joue dans l'œuvre de Melville et le dénouement tragique de celui-ci. Les exercices militaires sont stylisés par une chorégraphie qui domine la mise en scène entière et qui, comme le dit la réalisatrice, « colle avec l'approche poétique que j'avais du sujet » (Tinazzi). Le projet avait été boudé par les légionnaires eux-mêmes, explique-t-elle, parce qu'« ils trouvaient mon scénario trop poétique » (Landrot).

Bien d'autres films auraient mérité qu'on en discute dans le contexte du nouveau cinéma français, sans qu'on puisse forcément parler de « réalisme poétique » dans tous les cas[16]. Mais on ne peut pas parler de tout. Nous avons voulu surtout démontrer dans cette étude que le concept de (nouveau) réalisme poétique rend peut-être le mieux compte de ce qui est sans doute le courant du cinéma français actuel le plus novateur — comme le plus dur à regarder. C'est la présence persistante de la poésie dans la représentation du réel, que ce soit par le style, les images, les figures ou le contenu thématique, qui « ouvre une fenêtre dans le cinéma français » (comme le dit si bien Claire Vassé, plus haut, à propos du film de Masson), mais qui permet aussi au spectateur d'assimiler ou de surmonter l'effet souvent pénible du naturalisme frontal qui parcourt le cinéma français de nos jours.

Notes

[1] Il serait bon de préciser que le nouveau cinéma français n'est pas synonyme de ce qu'on appelle communément le « jeune cinéma français ». Bon nombre des réalisateurs de la dernière décennie dont les films reflètent les nouvelles tendances du cinéma en France ont commencé à faire des films dans les années 1980, sinon avant. Parmi ceux-ci, Maurice Pialat, Robert Guédiguian, Bertrand Tavernier, Claire Denis, Benoît Jacquot et les frères Dardenne jouent tous un rôle important. (Nous nous permettons d'inclure dans cette étude certains films de ces derniers, réalisateurs belges, du fait de leur parfaite intégration, à la fois stylistique et thématique, dans le cinéma français actuel.) Aux alentours de 1995, par ailleurs, fait marquant du nouveau cinéma français, un nombre impressionnant de jeunes femmes cinéastes se font remarquer par un premier, sinon un deuxième, long métrage ; parmi celles-ci, avec Veysset, Masson et Lvovsky, il faut compter Pascale Ferran, Laurence Ferreira Barbosa, Agnès Merlet, Marion Vernoux, Christine Carrière et Claire Simon.

[2] Voir Cédric Kahn : « Ce sont les films de Pialat qui m'ont surtout impressionné. Je ne dois pas être le seul car il exerce une énorme influence sur tous les jeunes cinéastes... » (Tesson et Toubiana, 72). Jill Forbes note que bien des traits des films de Pialat se retrouvent dans les films de la nouvelle génération : acteurs non professionnels, improvisation, langage familier, argotique (par exemple, *Passe ton bac d'abord*), décors naturels sans pittoresque, filmés en lumière naturelle, caméra à la main (très nerveuse), avec un minimum de musique (218).

[3] Le Prix Jean Vigo, créé en 1951, est décerné à un réalisateur dont le premier ou le deuxième film fait preuve d'« indépendance d'esprit » et se distingue par la « qualité de la réalisation ».

[4] Avec *La Vie de Jésus*, il y a notamment *Nord* de Xavier Beauvois (1991), *L'Humanité* et *Flandres* (2006), également de Dumont, *La Vie rêvée des anges* d'Érick Zonca, *Ça commence aujourd'hui* (1999) de Bertrand Tavernier et le début d'*En avoir (ou pas)* de Laëtitia Masson.

[5] Emmanuel Schotté et Séverine Caneele ont obtenu tous les deux le prix de l'interprétation à Cannes pour leur prestation dans *L'Humanité* — ce qui a provoqué un tollé d'indignation parmi les professionnels du cinéma. On constate une parenté importante entre la conception du cinéma de Dumont (telle qu'elle paraît dans ses interviews) et celle de Robert Bresson, le plus célèbre de tous pour son refus d'acteurs professionnels dans ses films.

[6] Voir, par exemple, Jean-Pierre Locatelli : « La marginalité, c'est la différence. Voici du moins notre réponse courante. Distinguons d'abord deux types de marginalité. La marginalité involontaire (celle du délinquant, de l'inadapté pathologique, de l'exclu social...) ou à demi-involontaire (celle du paysan, de l'artiste, du poète...). Et la marginalité choisie, délibérée, expression d'une démarche consciente, d'un engagement entier. Celle qui nous intéresse ici » (3 septembre 2003, voire site web).

[7] Ici encore, le rôle principal est tenu par une actrice non professionnelle, Émilie Dequenne, qui a reçu le prix d'interprétation féminine à Cannes, ex-aequo avec Séverine Caneele pour *L'Humanité*.

[8] Michel Cadé dénombre pas moins de 31 films où des ouvriers jouent un rôle important, y compris par le biais du chômage ou par la recherche d'un emploi : « Jamais le cinéma français n'a plus mis les ouvriers en scène que dans les sept dernières années, de 1993 à 1999 ». Il y ajoute, pourtant, « Cet intérêt des réalisateurs pour le monde ouvrier s'inscrit dans un mouvement plus large qui se donne la société française et ses dysfonctionnements pour sujet » (59). Le problème du chômage ne concerne pas que les ouvriers, d'ailleurs, mais touche aussi jusqu'aux cadres supérieurs, comme nous le voyons dans *Rien à faire* et *L'Emploi du temps*. Voir dans ce recueil l'étude de Colette Levin, « La représentation du travail dans le cinéma français contemporain ».

[9] Et ceci malgré le tabou entretenu à la Fémis à l'égard des effets spéciaux (Herpe et Kohn 26). La Fémis, École nationale supérieure des métiers de l'image et du son, est la réincarnation, en 1986, de l'IDHEC (Institut des Hautes Études Cinématographiques). Comme bien d'autres jeunes réalisateurs de la dernière décennie (Arnaud Desplechin, Noémie Lvovsky, François Ozon, Sandrine Veysset, Laurent Cantet, Christine Carrière, etc.), Laëtitia Masson est ancienne élève de la Fémis.

[10] L'expression n'est pas si mal trouvée : comme dans la Nouvelle Vague des années cinquante, les films de la nouvelle génération sont le plus souvent à petit budget, réalisés avec une équipe réduite et en recyclant régulièrement les mêmes acteurs et actrices. Par ailleurs, ils sont souvent très personnels (le meilleur exemple étant le film quasi-autobiographique de Sandrine Veysset, *Y aura-t-il de la neige à Noël ?*) et des « films d'auteur », le réalisateur écrivant le scénario lui-même ou avec un co-scénariste.

[11] Voir aussi l'article de Phil Powrie, « *Marius et Jeannette* : nostalgia and utopia » dans Mazdon, p. 133–144. Le thème de la solidarité appliqué à la famille élargie et au cercle d'amis, tel qu'on le voit se développer chez Guédiguian, fait partie en réalité, d'un des courants principaux du cinéma français récent, « le choix de l'intime », comme le dit Emmanuel Burdeau, qui le traite de « grande nouveauté du cinéma des années 90 » (70), où l'on voit l'entourage personnel des ouvriers remplacer la classe sociale et politique. L'ouvrier à l'écran « se replie sur le couple, la famille, nucléaire ou élargie, les copains. La nouvelle solidarité est une solidarité de proximité avec parfois des teintes tribales » (70). Ceci est évident tant pour les films de Guédiguian que pour *En avoir (ou pas)*, *La Vie de Jésus*, *La Vie rêvée des anges*, *Y aura-t-il de la neige pour Noël ?*, *L'Emploi du temps* et *Trois Huit*, parmi tant d'autres.

[12] Même la première œuvre de Laurent Cantet, *Ressources humaines*, un film politique sur l'entreprise et sur la lutte des classes, offre une certaine ouverture poétique, comme

le note François Gorin (en pensant à la fable de La Fontaine, *Le Chien et le Loup*) : « *Ressources humaines,* bien ancré dans la réalité sociale la plus actuelle, n'en est pas moins une fiction qui lorgne vers la fable » (« Ressources humaines »). Le côté clairement poétique de son deuxième film, *L'Emploi du temps* (2001), où la musique et l'intériorité du héros sont mises en avant, confirme cette tendance chez Cantet.

13 Francis Vanoye constate la présence, dans beaucoup de films récents, de « phénomènes de déliaison sociale : troubles identitaires, décompositions familiales, instabilités professionnelles, difficultés d'intégration, exclusions, etc. », mais il note aussi que « les distensions et les ruptures des liens sociaux vont de pair avec la réaffirmation [...] du besoin de lien familial, affectif, amoureux » (56). *Nénette et Boni* en est un exemple frappant.

14 L'élément « poétique » peine toutefois à percer, car le contenu répugnant d'*Irréversible,* comme le racisme de *La Naissance d'une nation* (1915) de D. W. Griffith ou le nazisme du *Triomphe de la volonté* (1935) de Leni Riefenstahl, a tendance à faire oublier les prouesses stylistiques du film : « Qu'importe de penser que Noé réussit à faire éprouver le vertige de ses personnages par un montage nerveux et une caméra virevoltante [...]. Peut-on s'intéresser aux qualités esthétiques d'un film qui véhicule des thèmes aussi immondes ? » (Valens 112).

15 Nous n'ignorons pas que Dumont tente dans ce film une percée « poétique » en développant l'équivalence nature-nature humaine (qui devient nature sauvage-sauvagerie naturelle), mais cette perspective thématique nous semble effectivement occultée par l'extrême violence à laquelle aboutit l'œuvre.

16 Je pense à des films marquants aussi différents que *Bye-Bye* de Karim Dridi (1995) — tout le courant du « cinéma beur » (Dridi, Merzak Allouache, Malik Chibane, Yamina Benguigui, Christophe Ruggia, et Karin Albou, par exemple) fait partie, d'ailleurs, du nouveau cinéma français — *L'Âge des possibles* (1995) de Pascale Ferran, *Comment je me suis disputé... (ma vie sexuelle)* (1996) d'Arnaud Desplechin, *Ponette* (1996) de Jacques Doillon, *Irma Vep* (1996) d'Olivier Assayas, *Ça commence aujourd'hui* (1999) de Bertrand Tavernier, *Peau d'homme, cœur de bête* (1999) d'Hélène Angel, *Le Temps du loup* (2003) de Michael Haneke, *À tout de suite* (2004) de Benoît Jacquot, *Les Amants réguliers* (2005) de Philippe Garrel et *De battre mon cœur s'est arrêté* (2005) de Jacques Audiard. Nous avons été obligés de laisser également de côté, dans le genre comique, des films aussi intéressants que *Gazon maudit* (1995) de Josiane Belasko, *Le Bonheur est dans le pré* (1995) d'Étienne Chatiliez et *Ma vie en rose* (1997) du Belge Alain Berliner.

Références

Les comptes rendus de films qui ont été relevés dans la base de données à la Bibliothèque du Film à Paris (le plus souvent sans pagination) sont désignés ci-dessous par « Fonds BIFI ». Lorsque le nom d'auteur manque aussi, le titre du compte rendu paraît dans l'ordre alphabétique.

Azoury, Philippe et Didier Péron. « Les revers d'*Irréversible* ». *Libération*, 26 mai 2002 (Fonds BIFI).

Bauder, Thomas. « Les Toiles du Nord » (interview avec Bruno Dumont). *In* Michel Marie, dir. *Le Jeune Cinéma français*, p. 80–93 (voir ci-dessous).

Bazin, André. *Le Cinéma français de la Libération à la Nouvelle Vague (1945–1958)*. Paris : Éditions de l'Étoile, 1983.

Beaulieu, Jean. « Trois films et un seul Nord ». *Cinébulles* 18.2 (1999): 10–13.

« Beauvois : mourir de vivre ». *L'Express*, 11 mai 1995 (Fonds BIFI).

Blois, Marco de. « *En avoir (ou pas)* de Laëtitia Masson. L'Électrocardiogramme des émotions ». *24 Images* 83–84 (oct. 1996): 80.

Bonnaud, Frédéric. « Plus d'ennui que de choc ». *Les Inrockuptibles*, 15 mai 2002 (Fonds BIFI).

Burdeau, Emmannuel. « 68/98, retours et détours ». *Cahiers du cinéma* 68 (1998) : 42–46.

Cadé, Michel. « À la poursuite du bonheur : les ouvriers dans le cinéma français des années 1990 ». *Cahiers de la Cinémathèque* 71 (déc. 2000) : 58–72.

Chauville, Christophe. *Y' aura t'il de la neige à Noël ?* Coll. « Lycéens au cinéma ». Paris : BIFI, 1996.

Comolli, Jean-Louis, Jean Narboni et Jacques Rivette. « Cerclé sous vide. Entretien avec Philippe Garrel ». *Cahiers du cinéma*, no. 204 (sept. 1968) : 44–54, 63.

« Dumont pharaon des Flandres », *Le Nouvel Observateur*, 12 mai 1999 (Fonds BIFI).

Elhem, Philippe. « Une épopée rimbaldienne ». *24 Images* 78–79 (sept.–oct. 1995): 50–51.

Forbes, Jill. *The Cinema in France after the New Wave*. Bloomington, IN : Indiana UP, 1992.

Frodon, Jean-Michel. « La tendresse à l'arraché ». *Le Monde*, 30 jan. 1997 (Fonds BIFI).

Garbarz, Franck. « *L'Humanité*. Consoler la souffrance du monde ». *Positif* 465 (nov. 1999) : 6–8.

———. « *Nénette et Boni*. Mère, pourquoi nous as-tu abandonnés ? ». *Positif* 432 (fév. 1997) : 38–39.

Gianorio, Richard. « Ozon la provoc ». *France-Soir*, 20 août 1999 (Fonds BIFI).

Gorin, François. « *Ressources humaines* ». *Télérama*, 12 jan. 2000 (Fonds BIFI).

Gorin, François et Laurent Rigoulet. « Ce sont les plus tordus qui s'en sortent ». *Télérama*, 22 mai 2002 (Fonds BIFI).

Herpe, Noël. « Y aura-t-il un jeune cinéma français ? ». *In* Michel Marie (dir.). *Le Jeune Cinéma français*, p. 30–37. (voir ci-dessous)

Herpe, Noël et Olivier Kohn. « Entretien avec Laëtitia Masson ». *Positif* 419 (jan. 1996) : 24–28.

Jean, Marcel. « Ceci est mon corps ». *24 Images* 100 (hiver 2000) : 51.

Jonquet, François. « Ozon nous refait un coup de gore ». *L'Événement du jeudi*, 22 août 1999 (Fonds BIFI).

Kaganski, Serge. « Entretiens avec Vincent Cassel et Monica Bellucci ». *Les Inrockuptibles*, 15 mai 2002 (Fonds BIFI, Paris).

———. « *Les Amants criminels* de François Ozon ». *Les Inrockuptibles*, 18 août 1999 (Fonds BIFI).

Landrot, Marine. « *Beau Travail* de Claire Denis ». *Télérama*, 3 mai 2000 (Fonds BIFI).

Lefort, Gérard. « Beauvois, à la vie à l'amour ». *Libération*, 4 jan. 1996 (Fonds BIFI).

——. « La Fête de l'humanité ». *Libération*, 19 nov. 1997 (Fonds BIFI).

Locatelli, Jean-Pierre. « Marginalité : Définition—Un autre regard ». *Bibliothèques Psy*. 3 sept. 2003 <http://www.psy-desir.com/biblio/spip.php?article542>.

Lorrain, François-Guillaume. « L'homme et la bête ». *Le Point*, 24 mai 2002 (Fonds BIFI).

Marie, Michel (dir.). *Le Jeune Cinéma français*. Paris: Nathan, 1998.

Mazdon, Lucy (dir.). *France on Film. Reflections on Popular French Cinema*. London: Wallflower Press, 2001.

Morice, Jacques. « Nénette et Boni ». *Télérama* 2455 (29 jan. 1997) : 35.

Murat, Pierre. « *L'Esquive*. Marivaux joué (vécu ?) par des jeunes de la cité. Une collision détonnante et réjouissante ». *Télérama*, 7 jan. 2004 (Fonds BIFI).

Père, Olivier. « Kubrick's cube ». *Les Inrockuptibles*, 15 mai 2002 (Fonds BIFI).

Powrie, Phil (dir.). *French Cinema in the 1990s*. Oxford : Oxford UP, 1999.

——. « *Marius et Jeannette* : nostalgia and utopia ». *In* Lucy Mazdon (dir.). *France on Film. Reflections on Popular French Cinema*. London : Wallflower Press, 2001, p. 133–144.

—— et Keith Reader. *French Cinema. A Student's Guide*. London : Arnold, 2002.

Prédal, René. *Le Jeune Cinéma français (nouvelle présentation)*. Paris : Armand Colin, 2005 (édition originale Paris : Nathan, 2002).

Riou, Alain. « La Bande à Guédiguian triomphe ». *Le Nouvel Observateur*, 13 nov. 1997 (Fonds BIFI).

——. « Tout est clair, rien n'est simple ». *Le Nouvel Observateur*, 25 mai 1995 (Fonds BIFI).

Rouyer, Philippe. « En trois saisons, une cinéaste retrace le destin d'une mère aux champs ». *La Croix*, 18 déc. 1996 (Fonds BIFI).

——. « *Irréversible*. Bonheur perdu ». *Positif* 497–498 (juillet–août 2002) : 113–114.

—— et Claire Vassé. « Bruno Dumont. L'invisible ne se filme pas ». *Positif* 465 (nov. 1999) : 9–13.

Tesson, Charles et Serge Toubiana. « Quelques vagues plus tard. Table ronde avec Olivier Assayas, Claire Denis, Cédric Kahn et Noémie Lvovsky ». *Cahiers du cinéma* (hors-série 1998) : 70–75.

Thabourey, Vincent. « *L'Esquive*. Une banlieue si sensible ». *Positif* 515 (jan. 2004) : 43–44.

Tinazzi, Noël. « La Légion, une existence sans un pli ». *La Tribune*, 3 mai 2000 (Fonds BIFI).

Tranchant, Marie-Noëlle. « Bruno Dumont et les larmes de Pharaon ». *Le Figaro*, 24 mai 1999 (Fonds BIFI).

Trémois, Claude-Marie. *Les Enfants de la liberté. Le jeune cinéma français des années 90*. Paris : Seuil, 1997.

Valens, Grégory. « *Irréversible* Irresponsable ». *Positif* 497–498 (juillet–août 2002) : 111–114.

Vanoye, François. « Le cinéma français contemporain : sous le signe du lien ». *In* Marie, Michel, dir., *Le Jeune Cinéma français* (voir ci-dessous), p. 56–63.

Vassé, Claire. « *En avoir (ou pas)*. La girafe et son prince ». *Positif* 419 (jan. 1996) : 22–23.

Filmographie

Tous les films ci-dessous, à part quelques exceptions (indiquées) ont été réalisés en France.

Angel, Hélène. *Peau d'homme, cœur de bête* (1999, 100 min.).

Assayas, Olivier. *Irma Vep* (1996, 99 min.).

Audiard, Jacques. *De battre mon cœur s'est arrêté* (2005, 108 min.).

Beauvois, Xavier. *Nord* (1991, 99 min.) .

——. *N'oublie pas que tu vas mourir* (1995, 118 min.).

Beinex, Jean-Jacques. *Diva* (1980, 123 min.).

Belasko, Josiane. *Gazon maudit* (1995, 104 min.).

Berliner, Alain. *Ma vie en rose* (Belgique, 1997, 88 min.).

Berri, Claude en 1986, *Jean de Florette* (1986, 120 min.).

——. *Manon des Sources* (1986, 113 min.).

——. *Germinal* (1993, 160 min.).

Besson, Luc. *Le Grand Bleu* (1988, 132 min.).

——. *Nikita* (1990, 115 min.).

Blier, Bertrand. *Les Valseuses* (1974, 117 min.).

Breillat, Catherine. *Romance* (1999, 84 min.).

——. *À ma sœur !* (2001, 86 min.).

Cantet, Laurent. *Ressources humaines* (1999, 100 min.).

——. *L'Emploi du temps* (2001, 134 min.).

Carax. Leos. *Mauvais Sang* (1986, 116 min.).

——. *Les Amants du Pont-Neuf* (1991, 125 min.).

Carné, Marcel. *Quai des brumes* (1938, 91 min.).

——. *Le Jour se lève* (1939, 93 min.).

Chatiliez, Étienne. *Le Bonheur est dans le pré* (1995, 106 min.).

Chéreau, Patrice. *La Reine Margot* (1994, 159 min.).

Collard, Cyril. *Les Nuits fauves* (1992, 126 min.).

Dardenne, Jean-Pierre et Luc. *La Promesse* (Belgique, 1996, 90 min.).

——. *Rosetta* (Belgique, 1999, 95 min.).

——. *L'Enfant* (Belgique, 2005, 100 min.).

Denis, Claire. *Nénette et Boni* (1996, 103 min.).

——. *Beau Travail* (1999, 90 min.).

Desplechin, Arnaud. *Comment je me suis disputé… (ma vie sexuelle)* (1996, 178 min.).

Doillon, Jacques. *Ponette* (1996, 97 min.).

——. *Petits Frères* (1999, 92 min.).

Dridi, Karim. *Bye-Bye* (1995, 105 min.).

Dumont, Bruno. *La Vie de Jésus* (1997, 96 min.).

——. *L'Humanité* (1999, 148 min.).

——. *Twentynine Palms* (2003, 119 min.).

——. *Flandres* (2006, 91 min.).

Duvivier, Julien. *La Belle Équipe* (1936, 101 min.).

——. *Pépé le Moko* (1937, 94 min.).

Eustache, Jean. *La Maman et la putain* (1973, 210 min.).

Ferran, Pascale. *L'Âge des possibles* (1995, 102 min.).

Garrel, Philippe. *Les Amants réguliers* (2005, 178 min.).

Godard, Jean-Luc. *À bout de souffle* (1960, 90 min.).

Griffith, D.W. *La Naissance d'une nation* (USA, 1915, 187 min.).

Guédiguian, Robert. *À la vie, à la mort !* (1995, 100 min.).

——. *Marius et Jeannette* (1997, 105 min.).

——. *La Ville est tranquille* (2001, 133 min.).

Haneke, Michael. *Le Temps du loup* (2003, 113 min.).

Jacquot, Benoît. *À tout de suite* (2004, 95 min.).

Jeunet, Jean-Pierre. *Le Fabuleux Destin d'Amélie Poulain* (2001, 129 min.).

Kassovitz, Matthieu. *La Haine* (1995, 96 min.).

Kechiche, Abdel. *L'Esquive* (2003, 117 min.).

Leconte, Patrice. *Ridicule* (1996, 102 min.).

Le Guay, Philippe. *Trois Huit* (2001, 95 min.).

Lvovsky, Noémie. *Oublie-moi* (1995, 95 min.).

Masson, Laëtitia. *En avoir ou pas* (1995, 89 min.).

Noé, Gaspard. *Irréversible* (2002, 97 min.).

Ozon, François. *Sitcom* (1998, 85 min.).

——. *Les Amants criminels* (1999, 96 min.).

——. *Gouttes d'eau sur pierres brûlantes* (2000, 90 min.).

——. *Sous le sable* (2000, 92 min.).

Pasolini, Pier Paolo. *Théorème* (Italie, 1968, 105 min.).

Pialat, Maurice. *L'Enfance nue* (1969, 83 min.).

——. *Passe ton bac d'abord* (1979, 86 min.).

——. *Loulou* (1980, 110 min.).

——. *À nos amours* (1983, 95 min.).

Poiré, Jean-Marie. *Les Visiteurs* (1993, 107 min.).

Poirier, Manuel. *Western* (1997, 124 min.) .

Rappeneau, Jean-Paul. *Cyrano de Bergerac* (1990, 137 min.).

——. *Le Hussard sur le toit* (1995, 135 min.).

Renoir, Jean. *Le Crime de M. Lange* (1935, 80 min.).

——. *La Grande Illusion* (1937, 114 min.).

——. *La Règle du jeu* (1939, 106 min.).

Richet, Jean-François. *État des lieux* (1995, 80 min.).

Riefenstahl, Leni. *Triomphe de la volonté* (Allemagne, 1935, 114 min.).

Rochant, Éric. *Un monde sans pitié* (1989, 84 min.).

Tavernier, Bertrand. *L'Appât* (1995, 115 min.).
——. *Ça commence aujourd'hui* (1999, 117 min.).
Varda, Agnès. *Sans toit ni loi* (1985, 105 min.).
Vernoux, Marion. *Rien à faire* (1999, 105 min.).
Veysset, Sandrine. *Y aura-t-il de la neige à Noël ?* (1996, 90 min.).
Vigo, Jean. *Zéro de conduite* (1933, 41 min.).
Wargnier, Régis. *Indochine* (1991, 159 min.).
Zonca, Érick. *La Vie rêvée des anges* (1998, 113 min.).

20

La représentation du travail dans le cinéma français contemporain

COLETTE G. LEVIN
University of Pittsburgh at Greensburg

Dès ses premiers pas, le cinéma français s'intéresse au monde du travail. La fascination éveillée chez les spectateurs par *La Sortie des usines Lumière* en 1895 se perpétue dans les années et les décennies qui suivent avec la sortie de nouveaux films qui donnent au travail une place significative à l'écran. Aujourd'hui, le travail est plus que jamais une importante source d'inspiration qui offre une alternative à un cinéma « largement dédié à des intrigues construites, en règle générale, autour des relations amoureuses et des problèmes du couple » (Cadé 237).

Une étude sur la représentation du travail dans le cinéma contemporain s'impose, ne serait-ce que pour examiner l'image du travail à l'écran et essayer de « saisir le regard qu'une société porte sur elle-même » (Cadé 10). En France, la conception du travail a évolué au gré des mutations socio-économiques survenues au cours du XXe siècle. La notion du « travail-obligation » qui perçoit le travail « comme un devoir à l'égard de la collectivité, de la famille et de soi-même » (Mermet 264) prédomina en France pendant la période de prospérité qui marqua le début des Trente Glorieuses (1945–1975). Cette notion fut remise en question au milieu des années 1960 quand de nouvelles revendications pour plus de liberté personnelle provoquèrent une certaine hostilité contre « les contraintes liées à la vie professionnelle » (Mermet 264). Une vingtaine d'années plus tard, avec l'avènement d'une crise économique et la hantise du spectre du chômage, une conception « sécuritaire du travail » (Mermet 265) est née. Ce n'est qu'en 1998, au sortir de la crise, que les Français présentent de nouvelles revendications à propos de leur vie professionnelle et obtiennent l'amélioration des conditions de travail et la diminution graduelle de la durée du travail. Ainsi avec la loi des 35 heures, passée en 1998 et mise en place en 2000, « le début du XXIᵉ siècle marque […] le passage d'une civilisation centrée sur le travail à une autre, dans laquelle le temps libre est quantitativement et qualitativement prépondérant » (Mermet 299).

Il y a un grand choix de films qui peuvent s'associer à une étude sur la représentation du travail dans le cinéma contemporain car, d'après Michel Cadé, « chef d'œuvre, œuvre d'art ou grand public, lorsqu'il s'agit de réunir un corpus autour d'un sujet précis, toute œuvre fait sens » (34). D'après lui, le critère important à toute étude est la diversité des films choisis car la représentation du sujet doit être « suffisamment totalisante » (10). Parmi les films parus dans les dix dernières années *Ressources humaines* (1999) de Laurent Cantet, *Ça commence aujourd'hui* (1999) de Bertrand Tavernier, *Vénus Beauté (Institut)* (1999) de Tonie Marshall, *Une Hirondelle a fait le printemps* (2001) de Christian Carion, *L'Emploi du temps* (2001) de Laurent Cantet, *Au plus près du paradis* (2004) de Tonie Marshall et *Les Brodeuses* (2004) d'Eléonore Faucher se font remarquer par le grand succès qu'ils ont connu à la fois auprès du grand public et auprès des critiques de cinéma indiquant ainsi qu'ils répondent non seulement « aux aspirations du plus grand nombre » (Cadé 34), mais aussi aux critères artistiques mis en valeur par des cinéastes engagés à la fois dans l'écriture du scénario, dans l'élaboration de l'organisation dramatique et dans l'exécution de la mise en scène de leurs films (Torok 165–166).

L'analyse de « la cohérence interne » (Cadé 30) de chacun de ces films révèle que la durée filmique accordée à la représentation du travail à l'écran varie. Dans *Vénus Beauté (Institut)* et *Au plus près du paradis* de Tonie Marshall, et *Les Brodeuses* d'Éléonore Faucher, tout ce qui a trait au travail et à la vie professionnelle de l'individu se situe en marge de l'intrigue centrée sur la vie personnelle et émotionnelle de l'individu. Dans ces films, le travail est un sujet annexe qui accompagne le thème principal concernant l'amour et le bonheur, objets de poursuite dans la vie privée.

Dans ces trois films, la représentation du travail se fait d'abord par une succession d'images montrant le personnage central dans l'espace du travail. On observe les gestes qui aboutissent à un travail bien fait, un travail de qualité qui attire le respect et l'admiration de ceux qui sont à même d'en juger. Ces images montrent que les rapports de l'individu à son travail sont très positifs. La représentation du travail contraste avec celle de la vie privée qui offre le spectacle d'actions peu dignes d'éloges et peu susceptibles de conduire à une vraie satisfaction personnelle. Les deux aspects, la vie professionnelle et la vie privée, se rejoignent enfin au dénouement pour apporter à l'héroïne du film un bonheur durable.

Dans *Vénus Beauté (Institut)*, Tonie Marshall met en scène une esthéticienne qui travaille dans un salon de beauté parisien, pareil à beaucoup d'autres qui se sont ouverts en grand nombre au cours des dernières années et qui offrent des soins de beauté et de relaxation à une clientèle devenue de plus en plus nombreuse (Mermet 283). Dès le début du film, lors de la présentation du générique, le spectateur peut voir, à travers les vitres de ce salon moderne, une jeune femme occupée à placer avec soin des flacons et des bocaux sur des étagères. Elle accomplit sa tâche avec patience, avec plaisir même, recherchant ce qui va plaire au regard et contribuer à l'apparence attrayante de l'espace où elle travaille depuis longtemps. Angèle est une esthéticienne de classe. La caméra révèle aux yeux du spectateur le jeu à la fois délicat et rapide de ses doigts alors qu'elle fait des massages et offre divers soins à la clientèle en quête de quelques moments de tranquillité et de relaxation.

Il est tout à fait évident qu'Angèle aime son travail et qu'elle le fait très bien, ainsi que le confirme la réaction de plusieurs habituées du salon qui reviennent avec régularité, réclamant ses services pour divers soins esthétiques. De plus, on entend la patronne parler avec éloquence de son employée et de ses « doigts de fée ». Son estime pour Angèle l'amène à lui proposer de devenir gérante d'un autre salon de beauté qui s'ouvrira bientôt. Pour Angèle qui n'a pas d'ambition de ce côté-là, il n'est pas question de monter en grade. Elle préfère de beaucoup rester ce qu'elle est et avoir avec ses camarades esthéticiennes une conversation facile qui permet de papoter librement d'égale à égale sur les déboires de leur vie privée et de partager soucis et problèmes. Angèle trouve donc dans son travail de grandes satisfactions professionnelles et des rapports humains qui lui sont précieux.

Si la vie professionnelle d'Angèle est très satisfaisante, il n'en est pas de même pour sa vie privée. Pour Angèle, le travail est une source constante de stabilité d'autant plus importante qu'elle passe son temps en dehors du travail dans l'instabilité même. En effet, quand elle est libre, elle fréquente des endroits publics tels que restaurants, cafétérias, gares, cherchant à rencontrer des hommes avec qui elle a des liaisons de passage sans conséquence qui ne mènent à rien de sérieux. Ce sont des rencontres faites au hasard, des liaisons de peu de durée qui se terminent par une séparation souvent accompagnée de récrimination et de dédain. Ce comportement s'explique par des raisons évoquées dans le dialogue. Angèle a été marquée par ses années d'enfance. Le souvenir désastreux des rapports violents qui existaient entre ses parents et qui finirent avec le meurtre de sa mère, accusée d'adultère, et le suicide de son père, l'ont convaincue enfin et trop tard que ses accusations étaient mal fondées, que l'amour n'est pas une passion désirable. Plus tard, quand Angèle devenue adulte est tombée amoureuse pour la première fois, elle a réagi violemment et a même été la cause du défigurement de l'homme qu'elle aimait. Angèle en a conclu que l'amour n'était pas pour elle, « l'amour ça me rend méchante ». Elle refuse donc de s'y abandonner, même lorsqu'il se présente d'une façon sincère, et préfère la solitude sentimentale à laquelle son attitude la condamne.

Les liens entre vie professionnelle et vie privée se nouent quand Angèle, transformée par le travail et convaincue enfin que l'amour est possible, rejette son mode de vie et accepte le bonheur qui s'offre à elle. La vie professionnelle et la vie personnelle d'Angèle se manifestent alors ensemble dans l'espace du salon de beauté avec une dernière image qui présente la jeune femme, comblée et heureuse, portant la robe de lamé offerte par son amoureux.

Dans son film *Au plus près du paradis*, Tonie Marshall adopte le modèle de scénario déjà utilisé dans *Venus Beauté (Institut)*. Le personnage central incarné par Catherine Deneuve est une femme d'un âge mûr qui a déjà réussi dans sa carrière de critique d'art, une profession intellectuelle qui demande une formation hors du commun. Fanette possède à la fois une grande connaissance de son sujet — l'histoire de l'art et du milieu artistique contemporain — et un talent marqué pour l'écriture. Lorsqu'on la rencontre, Fanette est en train d'écrire un livre sur les œuvres de François Arnal, un peintre contemporain qui a un atelier en France et aux États-Unis. On peut la voir chez elle à son bureau alors qu'elle écrit, inspirée par les idées de l'artiste préalablement enregistrées sur cassette ou guidée par sa propre réaction aux tableaux du peintre. On apprend que Fanette a toujours fait preuve d'un intérêt soutenu pour l'art. Ses premiers efforts — dessins et croquis qu'elle a gardés depuis son jeune âge — témoignent d'une vraie passion qui, plus tard, l'a aidée à formuler ses critères professionnels. Dans une scène significative Fanette, apprenant que la toile d'Arnal qu'elle comptait photographier n'est pas disponible, réagit avec indignation à la suggestion qu'elle utilise un autre tableau. Cette réaction spontanée devant la possibilité d'un choix qu'elle juge être esthétiquement peu convenable révèle qu'elle ne peut ni ne veut compromettre son projet. Ainsi la représentation du travail dans ce film offre le point de vue d'une femme qui vise à la perfection de l'expression mise au service de l'artiste.

Si la vie professionnelle de Fanette montre une femme sérieuse qui a réussi dans sa carrière, sa vie privée révèle un personnage qui n'a pas réussi dans sa vie de femme. Fanette est, en effet, une femme d'un certain âge qui n'est pas heureuse dans sa vie personnelle. Son comportement envers les hommes qui l'admirent et désirent se faire aimer d'elle la révèle distante et indifférente. Fanette passe sa vie à regretter un amour qui aurait pu être et dans la nostalgie d'un bonheur perdu. Son état d'âme la conduit souvent au cinéma où elle revoit avec émotion *An affair to remember*, un film sentimental de Leo McCarey produit en 1957 à Hollywood. Une lettre qu'elle croit écrite par Philippe, l'amant perdu, lui donne l'espoir d'une rencontre possible à l'Empire State Building à New York. Dès lors, l'espace qui compte pour Fanette n'est pas l'espace où le travail s'effectue, mais plutôt l'étage au plus haut de l'Empire State Building où va se jouer son avenir romantique. Au dénouement, Fanette devra enfin faire un choix entre l'illusion, représentée par Philippe et un passé nébuleux, et l'amour vrai que lui offre Matt, un photographe qui travaille avec elle.

Dans *Les Brodeuses*, Éléonore Faucher présente, elle aussi, un scénario en deux parties — vie privée et vie professionnelle du personnage central. Dans ce film Claire, beaucoup plus jeune qu'Angèle et que Fanette, n'a pas encore atteint le succès professionnel qui se présente avec l'âge et l'expérience. Cette jeune adolescente se passionne pour la broderie, un art qui date du XVIe siècle et un ancien métier qui survit encore aujourd'hui. Dès le début du film, on observe la jeune fille dans la solitude de son appartement alors qu'elle forme des dessins délicats sur des tissus à l'aide de brins de fourrure, de boutons et de rondelles de métal. Ayant besoin de gagner sa vie, elle contacte Madame Mélikian, une brodeuse professionnelle qui travaille pour de grands couturiers parisiens. Cette femme, qui pleure son fils décédé dans un accident de moto-cyclette, offre à Claire la chance inespérée de gagner un peu d'argent et de donner libre cours à sa passion pour la broderie. Pour Claire, le temps du travail va se passer au sous-sol de la maison de Madame Mélikian où cette dernière a aménagé son atelier de travail. Madame Mélikian se montre d'abord peu satisfaite des efforts de Claire. Celle-ci doit passer beaucoup de temps à faire, à défaire et à refaire des broderies à la machine pour satisfaire aux critères de Madame Mélikian. À force d'efforts, la jeune fille va parvenir à faire ses preuves. Dans une scène qui en dit long sur les progrès de Claire, on voit Madame Mélikian saisir le manteau de Claire, jusque-là abandonné au dos d'une chaise dans l'atelier au sous-sol, et le suspendre sur un cintre au premier étage. Ce geste, qui se fait dans un silence où on entend seulement le tic tac de la pendule, montre que Claire et ses efforts sont enfin acceptés et qu'elle a atteint un niveau de perfectionnement qui la transforme d'apprentie en brodeuse professionnelle digne de gagner sa vie dans l'exercice de ce métier. Plus tard, un châle brodé par Claire pour Madame Mélikian attire le compliment, « C'est magnifique! ». La confirmation de ce jugement sur la qualité du travail de Claire vient du grand couturier Christian Lacroix qui accepte de donner une place à ce châle dans son défilé de mode. Claire regagne confiance en elle-même et trouve en Madame Mélikian non seulement un guide sûr mais une amie à toute épreuve qui l'aide et qu'elle veut aider à son tour. Les deux brodeuses travaillent côte à côte avec une application et une concentration accompagnées de gestes délicats et harmonieux.

Dans la vie privée, Claire s'est créé des problèmes difficiles à résoudre. Brouillée avec ses parents pour des raisons assez peu claires, elle n'a de contacts qu'avec un frère plus jeune qui, de temps à autre, vient lui rendre visite dans la petite chambre où elle habite. Les seuls moments qu'elle passe à la ferme familiale sont dans le jardin potager où, à l'insu de tous, elle rafle des choux qu'elle vend pour pouvoir se permettre d'acheter les fournitures dont elle a besoin pour faire de la broderie. Elle est enceinte d'un garçon boucher dont elle refuse toute offre d'aide financière. Devant la transformation de son corps qui commence à faire jaser, elle prétend prendre de la cortisone pour traiter un cancer, obtient un congé maladie et se rend à Angoulême auprès d'une amie d'enfance pour se cacher jusqu'à la naissance de son enfant. Sa décision est prise : elle accouchera sous X (sans révéler son nom) et donnera l'enfant à une agence d'adoption. La vie personnelle de Claire est donc difficile. Déterminée à maintenir son indépendance, elle prend des décisions qui perpétuent le silence établi entre elle et sa famille et fait face à sa situation sans vraiment entrevoir ni comprendre toutes les possibilités qui pourraient offrir communication et réconciliation. Dans ce film, la broderie marque l'acheminement progressif de l'héroïne vers le perfectionnement de son art. Au dénouement, le renouveau d'espoir et d'amour qui accompagne ses succès professionnels permet à Claire de se transformer et d'adopter de nouvelles attitudes qui vont l'aider à résoudre ses problèmes personnels et à envisager la possibilité d'une vie meilleure.

Ainsi dans *Venus Beauté (Institut)*, *Au plus près du paradis* et *Les Brodeuses*, la représentation du travail s'associe à l'intrigue et joue un rôle positif dans le développement d'attitudes qui permettent au personnage central d'améliorer sa vie privée. En revanche, dans *Ressources humaines* de Laurent Cantet, *Ça commence aujourd'hui* de Bertrand Tavernier, *Une Hirondelle a fait le printemps* de Christian Carion et *L'Emploi du temps* de Laurent Cantet, le travail se place au cœur d'un scénario qui lui accorde bel et bien la durée entière du film. En général *Ressources humaines*, *Ça commence aujourd'hui* et *Une Hirondelle a fait le printemps* explorent le travail et la réaction de ceux qui l'ont choisi comme métier devant des difficultés qu'ils ne sont pas toujours à même de maîtriser tandis que *L'Emploi du temps* examine la réaction d'un conseiller financier congédié après des années de service dans une grande entreprise.

Dans *Ressources humaines*, *Ça commence aujourd'hui* et *Une Hirondelle a fait le printemps*, l'exposition du film présente le personnage principal dans l'espace du travail. On le voit démontrant les qualités professionnelles qui vont lui permettre de faire ses preuves dans ce milieu et de mériter le respect de ses collègues. Le déroulement du film révèle ensuite une série de difficultés inattendues, apparemment insurmontables, qui amènent le protagoniste à questionner son engagement initial à la profession. Enfin, le dénouement entraîne la décision finale : il faut accepter les épreuves et les moments difficiles qui font partie du travail ou bien décider de s'en aller vers d'autres horizons.

Dans *Une hirondelle a fait le printemps*, Christian Carion choisit de centrer son intrigue sur le monde agricole. À trente ans, Sandrine Dumez, le personnage central du film, décide d'abandonner la ville où elle travaille en tant qu'informaticienne pour aller au bout de son rêve et devenir agricultrice. Son rêve est loin d'être absurde car, si l'agriculture ne représente plus qu'une fraction de ce qu'elle était au passé, il y a aujourd'hui en France un nombre important d'agricultrices exploitantes (Mermet 280). Après deux ans de formation, Sandrine s'installe dans une ferme au Vercors, au milieu d'un paysage magnifique, déterminée à gérer avec compétence tous les travaux qui s'imposent à elle au fil des saisons.

Sandrine s'acquitte avec bonheur de toutes les épreuves qui surgissent durant ce premier été à la ferme. Le spectateur suit de près ses efforts alors qu'elle pratique l'élevage de chèvres, qu'elle fait du fromage qu'elle vend sur l'Internet et qu'elle transforme sa propriété en gîte propre à accueillir des touristes qui viennent respirer l'air pur de la campagne et faire des randonnées à cheval. Ainsi, l'usage des outils de communication électroniques permet à la jeune agricultrice d'améliorer la productivité de la ferme. Jean Farjon, un fermier à la retraite, ne s'y trompe pas quand il dit à son ami, Adrien Rochas, l'ancien propriétaire de la ferme, « elle va finir par gagner sa vie mieux que toi ». C'est alors le tour d'Adrien Rochas de réagir, « Une hirondelle ne fait pas le printemps », rétorque t-il. Aux yeux de ses voisins, Sandrine n'a pas encore fait ses preuves. Il faut attendre l'hiver.

En effet, si tout semble sourire à Sandrine pendant les mois d'été, il n'en est malheureusement pas de même en hiver. Les difficultés se multiplient avec la venue du mauvais temps. Adrien, dont la santé est sérieusement compromise, doit aller à l'hôpital. Seul, sans famille comme beaucoup d'agriculteurs en France, il souffre d'arriver à la vieillesse et de ne pas avoir la possibilité d'un successeur (Mermet 280). De son côté, Sandrine souffre de se trouver isolée dans la ferme au haut du Vercors. La mauvaise mise-à-bas d'une biquette ainsi que les difficultés présentées par l'entretien quotidien de la ferme achèvent de démoraliser la jeune agricultrice qui décide de suivre les conseils de Jean Farjon et d'aller temporairement en vacances à Paris jusqu'à ce qu'elle puisse se remettre suffisamment pour reprendre son état d'agricultrice.

Un coup de téléphone annonçant la mort soudaine de Jean Farjon déclenche le dénouement. Sandrine, touchée enfin par la solitude d'Adrien, retourne à la ferme et accepte la vie parfois dure et isolée qui accompagne son travail d'agricultrice. La dernière scène du film montre Sandrine calme et sereine parmi ses chèvres, exerçant la profession et vivant le mode de vie qu'elle a choisis.

Bertrand Tavernier, dans son film *Ça commence aujourd'hui*, choisit une école maternelle située dans une région minière au nord de la France, près de Valenciennes, comme site de travail de Daniel Lefebvre, à la fois instituteur et directeur de l'école. C'est l'hiver ; il fait très froid et toute l'école ainsi que les maisons, les rues et la campagne environnantes sont plongées dans une grisaille déprimante. Dès les premières prises de vue montrant Daniel chantant une comptine traditionnelle à ses jeunes élèves assis autour de lui, on comprend qu'on est en présence d'un superbe instituteur qui aime son métier et qui l'exerce avec enthousiasme, patience et amour. C'est aussi un excellent directeur qui s'acquitte bien des tâches multiples qui sont les siennes en tant que responsable de l'école et de son bon fonctionnement. Le spectateur observe Daniel alors qu'il fait face chaque jour à des problèmes concernant les enfants et à des diffi-cultés concernant le personnel enseignant. Il y a également de temps en temps de mauvaises surprises tel le vandalisme auquel se livrent plusieurs délinquants. Daniel se heurte à tous ces problèmes avec énergie, patience et optimisme.

Il y a cependant des situations que l'individu n'a pas le pouvoir de changer. La région où se trouve l'école est ravagée par les problèmes sociaux qui accompagnent toujours l'arrivée du chômage dans une région sinistrée. Daniel doit faire face à des parents qui ne peuvent plus se permettre de payer les cotisations, pourtant minimes, que l'école leur demande. Il entend parler de souffrances extrêmes causées par la faim et le froid et il se démène auprès des fonctionnaires à la mairie et auprès des services sociaux qui sont censés venir à l'aide de ceux qui souffrent des effets de la pauvreté. Il reçoit en réponse des promesses futiles qui ne sont pas honorées et des plaintes sur le manque de main d'œuvre qui masquent l'indifférence générale. Les efforts de Daniel lui valent d'être accusé par l'inspecteur d'être trop « agitateur » et pas assez « médiateur ».

Une nouvelle annonçant le suicide de Madame Henri et la mort de ses deux enfants qui, aux prises avec une situation financière désespérée, ont vécu dans un appartement sans électricité et sans chauffage pendant tout l'hiver, amène Daniel à la décision d'abandonner son poste. Il faudra tout l'amour de Valéria, sa compagne, pour lui faire réaliser, au dénouement, qu'il aime toujours son métier malgré les problèmes qu'il ne peut maîtriser seul. Soutenu par les satisfactions de sa vie personnelle, il va pouvoir continuer sa vie professionnelle et affronter les difficultés et les déboires qui l'accompagnent.

Dans *Ressources humaines*, Laurent Cantet suit le modèle structurel développé dans les deux films précédents. Il place le travail au centre de l'intrigue et met en scène un jeune diplômé d'une école parisienne qui vient d'être embauché dans une usine se spécialisant dans la fabrication de produits métallurgiques. Franck revient dans sa ville natale pour faire un stage parmi les gestionnaires en ressources humaines de l'entreprise où son père travaille en tant que machiniste. Il y a deux classes distinctes dans ce lieu de travail : les responsables de la direction qui accueillent le jeune Franck dans leurs rangs et les ouvriers parmi lesquels se trouve Jean-Claude, le père de Franck. On décèle une grande tension entre les deux groupes — de la méfiance de la part des ouvriers et un sentiment de supériorité de la part des cadres.

L'importance du lieu de travail est soulignée dès le début du film. Le panoramique d'un espace vaste et clair d'où provient le bruit strident de machines nous aide à pénétrer dans l'espace de cet atelier où chaque ouvrier, debout devant sa machine, répète à longueur de journée les mêmes gestes mécaniques qui aboutissent à la production de pièces de métal. Jean-Claude, qui travaille à la même machine depuis 30 ans, façonne 700 pièces par heure. L'ambiance qui règne dans cet atelier est pareille, d'après Michel Cadé, à celle observée dans d'autres films de ce genre : « Au cinéma, le travail ouvrier c'est d'abord le bruit. À peine la caméra pénètre-t-elle dans l'atelier, que l'oreille du spectateur est agressée par les sons insistants et discordants des machines »

(Cadé 111). Il souligne les conditions de travail ouvrier, « L'incessant retour des mêmes gestes vide l'esprit et broie les corps » (Cadé 116).

Le travail est monotone, répétitif et devient à la longue presque inhumain, mais on s'y fait, dit Alain, un jeune ouvrier qui a été formé à la tâche par Jean-Claude. D'après lui, ce n'est pas le job dont on rêve au début de sa carrière, mais c'est une réalité qu'on apprend à accepter quand c'est nécessaire et qu'on a d'autres sources de contentement en dehors du travail. Or Jean-Claude a l'immense satisfaction d'avoir pu soustraire son jeune fils au sort de simple ouvrier et de l'avoir préparé pour une carrière de cadre. Son sentiment de fierté est bien justifié car les statistiques sur la mobilité sociale démontrent combien cette réussite est rare dans le milieu ouvrier : « On compte encore trois fois moins de bacheliers parmi les enfants d'ouvriers que parmi ceux des cadres supérieurs et des professeurs » (Mermet 281).

Dès le début de son stage, Franck est fort bien reçu par les autres cadres et par le directeur de l'usine. Tous s'empressent de lui fournir les renseignements dont il a besoin pour comprendre le fonctionnement de l'entreprise et les responsabilités qui vont être les siennes. Anxieux de se mettre au travail, il obtient l'autorisation du directeur pour un projet qui consiste à préparer un questionnaire visant à consulter les ouvriers sur l'application de la nouvelle loi des 35 heures. Inexpérimenté et encore bien naïf, il tombe des nues lorsqu'il est réprimandé par le responsable de la section pour n'avoir pas respecté la hiérarchie de l'organisation. Le questionnaire de Franck, modifié pour satisfaire aux demandes de ses supérieurs, est enfin distribué aux ouvriers et Franck éprouve la satisfaction d'avoir fait une contribution importante.

Ce sentiment de satisfaction est de courte durée cependant. La crise que Franck va vivre commence quand il découvre, tout à fait par hasard, à quelle fin le questionnaire qu'il a conçu va être utilisé. Il s'agit en effet, pour les responsables de l'entreprise, d'effectuer une manœuvre connue sous le nom de « compression du personnel » (Cadé 181). Ainsi, l'application de la nouvelle loi des 35 heures va servir de prétexte pour licencier des ouvriers dont plusieurs sont proches de la retraite — parmi eux, Jean-Claude, son père. Pour Franck, la désillusion est intense. Comme beaucoup de Français, il croit qu'une entreprise doit se distinguer par une démarche « vertueuse » (Mermet 294) et doit donc se conduire d'une façon irréprochable. L'image qu'il a de l'entreprise se dégrade et Franck se retrouve soudain dans une situation intenable. Sa loyauté envers son père qui a fait d'énormes sacrifices pour lui donner une éducation, prélude nécessaire à une carrière de cadre, l'emporte. Franck fait son choix et s'engage du côté des ouvriers et des représentants syndicaux dans leurs efforts pour organiser et déclencher une grève.

Jean-Claude cependant ne veut ni se joindre aux grévistes ni voir son fils dans leurs rangs. Son attitude semble refléter plus que la peur de voir Franck perdre son emploi de cadre et de voir se briser le rêve de toute une vie. Son attitude est celle de beaucoup de Français qui, tout en restant « attachés au principe de représentation des salariés par les syndicats » (Mermet 303), demeurent méfiants à leur égard. Beaucoup d'entre eux préfèrent discuter individuellement avec la hiérarchie ou s'unir avec d'autres salariés pour présenter leurs revendications (Mermet 303). Quoi qu'il en soit, Jean-Claude refuse de quitter sa machine même lorsque la majorité des ouvriers exige que tous participent aux revendications grévistes. Franck, à bout de patience, hurle des vérités cruelles à ce père qui veut demeurer dans l'inaction alors même qu'on menace de le mettre prématurément à la retraite pour que ce dernier abandonne enfin son poste et rejoigne les grévistes. Le dénouement révèle l'irréparable rupture qui s'est produite entre père et fils. Franck se trouve dans une situation peu enviable : isolé des ouvriers grévistes par sa formation et de sa famille à cause de la façon cruelle dont il a malmené son père, il ne lui reste plus qu'à partir et à retourner à Paris dans l'espoir de trouver une autre situation. « Ta place, elle n'est pas dans ce trou », dit Alain à Franck qui lui répond « Tu sais toi, où est ta place ? ».

Les revendications d'un cadre qui vient d'être licencié est le sujet qu'explore Laurent Cantet dans son autre film, *L'Emploi du temps*, qui se construit sur un scénario modèle qui reste unique dans l'originalité de son approche. Vincent, consultant depuis onze ans dans une grande entreprise non identifiée, vient d'être congédié. Au gré des conversations et des images du travail à l'écran, on découvre peu à peu les sources du profond mécontentement qui ont amené Vincent à se désintéresser de ses tâches professionnelles, à retarder de jour en jour le moment d'arriver à son lieu de travail et à exhiber un comportement de moins en moins professionnel. D'après le témoignage de plusieurs cadres qui travaillent au sein d'une entreprise, il existe une « culture d'entreprise » qui se présente « comme un modèle auquel chacun doit adhérer et se conformer, au risque parfois d'abandonner une partie de son identité et de sa créativité » (Mermet 296). Les cadres reprochent à l'entreprise d'exiger qu'on lui consacre non seulement le temps de sa vie professionnelle mais aussi le temps de sa vie personnelle. En plus des heures de travail, il faut être disponible, dîner avec les autres, faire partie d'une équipe sportive. La photographie annuelle de tous est un symbole important de la collectivité. Cependant, les liens d'amitiés sont rares. Les rapports qui normalement devraient se nouer entre employés ne semblent pas exister pour Vincent. Un collègue qui offre de venir à son aide et voit ses efforts repoussés par Vincent proteste qu'ils ont partagé les heures du déjeuner pendant onze ans et que cela devrait compter pour quelque chose. Une rencontre fortuite de Vincent, de Muriel et de leurs enfants avec ce même collègue, sa femme et sa petite fille démontre amplement qu'ils ne se connaissent pas et qu'il n'y a jamais eu d'échange social entre les deux familles.

Son indifférence à l'égard de ses responsabilités professionnelles ayant enfin amené Vincent à la perte de sa situation, il refuse de se confier à quiconque sur ce qui lui arrive et de chercher un nouvel emploi. Une conversation entre époux révèle l'écart qui sépare Vincent et Muriel sur le sujet du travail et explique la décision prise par Vincent de garder le silence sur sa situation. Muriel voit le travail comme une obligation à laquelle il faut s'assujettir tandis que Vincent voit le travail comme une malédiction à laquelle il veut échapper. Ainsi, la caméra va pouvoir le suivre dans ses randonnées alors qu'il passe le temps normalement consacré au travail seul dans sa voiture à faire des excès de vitesse, à écouter la radio, à chanter des chansons, et à utiliser son portable. Il se sent libre et aime sa liberté. Ce n'est que plus tard, quand des considérations pratiques de survie financière surgissent, qu'il va se mettre à chercher des combines qui lui fourniront suffisamment d'argent pour pouvoir continuer à cacher sa vraie situation à sa famille.

Dans l'immeuble, siège d'une grande entreprise probablement semblable à celle où il a travaillé, Vincent puise des idées que, grâce à son savoir professionnel, il va utiliser effectivement. On le voit passer de longues heures à travailler méthodiquement et avec soin à la préparation d'une documentation sérieuse sur la possibilité de placements monétaires en Afrique qu'il pourra présenter à de possibles investisseurs. En vérité, sa maîtrise du sujet et du jargon propres à son métier inspire confiance et il n'éprouve aucune difficulté à convaincre plusieurs contacts professionnels, séduits par la possibilité d'un rapide gain financier, de lui confier des sommes importantes à investir.

Lorsque l'échafaudage de tous les mensonges que Vincent a inventés pour cacher sa situation à sa famille se révèle à Muriel, Vincent revient chez lui et doit faire face au silence contraint de sa femme, aux accusations de son fils aîné qui juge sévèrement les actions de son père, aux regards furtifs et gênés de ses plus jeunes enfants et à la décision de son père d'intervenir pour le faire sortir de l'impasse où il s'est empêtré. En fin de compte, c'est grâce à cette intervention que les problèmes et difficultés engendrés par Vincent pourront être résolus. Au dénouement, l'offre d'un poste de cadre dans une entreprise cherchant à investir dans des pays africains sous-développés va lui être proposée. Le visage crispé de Vincent révèle l'effort qu'il fait sur lui-même pour accepter cet emploi qui lui donne la responsabilité du projet puisqu'il aura sous ses ordres une équipe de huit personnes. L'interview se termine par les phrases toutes faites qui font partie du jargon du métier. Quand il indique qu'il est motivé par l'enthousiasme et quand il affirme que ce travail ne lui fait pas peur, on peut mesurer l'échec de cet homme vaincu par la peur de perdre sa famille et forcé d'accepter ce qu'il n'a pas choisi.

Ainsi, la représentation du travail dans la série de films assemblés pour cette étude offre un regard sur la conception du travail présente dans l'univers filmique et reflétée dans la société française contemporaine. Si pour Claire dans *Les Brodeuses*, Fanette dans *Au plus près du paradis* et Angèle dans *Venus Beauté (Institut)* le travail est un moyen de gagner sa vie, il représente aussi, comme pour beaucoup de Français, « un moyen important de se réaliser » (Mermet 266). Chacune de ces trois héroïnes travaille dans des circonstances qui lui permettent de déployer sa propre créativité et de poursuivre des critères d'excellence qui lui procurent à la fois son propre sentiment de respect et l'estime des autres. De plus, le travail offre l'occasion de sortir de soi et de balayer tout ce qui n'est que rêve, illusion et erreur qui empêchent l'individu de s'ouvrir à la vie et d'accepter ce qu'elle offre de vrai, de bon et de réel. Le travail est donc le catalyseur qui permet à chacune des trois protagonistes de s'acheminer progressivement vers une nouvelle maturité émotionnelle lui offrant la possibilité d'une vie personnelle en dehors de sa vie professionnelle.

Toutefois le travail présente parfois des obstacles qui bloquent la possibilité de tout succès professionnel pour le protagoniste du film. L'analyse de *Une Hirondelle a fait le printemps* et de *Ça commence aujourd'hui* démontre que quelle que soit la difficulté — découverte de l'insuffisance de ses propres moyens pour l'accomplissement de sa tâche dans le cas de Sandrine ou irruption de problèmes sociaux sur le lieu de travail pour Daniel —, la décision de rester dans un emploi qui n'offre plus les satisfactions espérées dépend de la possibilité de trouver des satisfactions en dehors du travail. Il faut donc « inventer ou réinventer des formes d'épanouissement personnel et d'implication sociale susceptibles de remplacer ou de compléter le travail » (Mermet 264).

Quand la situation professionnelle provoque une rupture dans les rapports de « la vie familiale, amicale, personnelle » (Mermet 266) que la plupart des

Français considèrent très importants et qu'il n'offre aucune possibilité de réussite professionnelle, il n'y a pas d'autre choix que de se retirer et de partir travailler ailleurs. Dans *Ressources humaines*, Franck, aux prises avec un conflit entre ouvriers et patronat, provoque la rupture de ses rapports avec les dirigeants de l'entreprise aussi bien qu'avec sa famille lorsqu'il s'engage du côté des ouvriers. Il se retrouve seul, sans aucun espoir de réconciliation avec son père ou avec les dirigeants de l'entreprise. Il ne lui reste qu'à partir à la recherche d'un autre travail, loin d'un milieu qui ne lui offre plus aucune chance de succès.

Dans *L'Emploi du temps*, on peut voir la conséquence désastreuse subie par l'individu qui veut renoncer à l'idée de travailler pendant quelque temps pour essayer de découvrir ses propres aspirations et retrouver son enthousiasme. Vincent revendique le droit au loisir. Il aspire à une pause du travail qui lui donnera le temps de jouir de la vie et de décider de son avenir professionnel. Malheureusement pour lui, bien que le droit au temps libre soit reconnu, « la déclaration d'un droit au non-travail » (Mermet 264) n'est pas encore un bien acquis dans la société où il vit. On peut donc conclure que l'étude de la représentation du travail au cinéma permet au spectateur d'appréhender une vision du travail qui reflète celle de la société française aujourd'hui.

Références

Cadé, Michel. *L'Écran bleu : la représentation des ouvriers dans le cinéma français*. Perpignan : Presses Universitaires de Perpignan, 2004.
Mermet, Gérard. *Francoscopie 2007*. Paris : Larousse, 2006.
Torok. Jean-Paul. *Le Scénario*. Paris : Éditions Henri Veyrier, 1986.
Vanoye, Francis. *Scénarios modèles, Modèles de scénarios*. Paris : Nathan, 1991.

Filmographie

Cantet, Laurent. *Ressources humaines* (France/Royaume-Uni, 1999, 100 min.).
——. *L'Emploi du temps* (France, 2001, 123 min.).
Carion, Christian. *Une Hirondelle a fait le printemps* (France, 2001, 103 min.).
Faucher, Éléonore. *Les Brodeuses* (France, 2004, 88 min.).
Marshall, Tonie. *Au plus près du paradis* (France, 2002, 105 min.).
McCarey, Leo. *An Affair to Remember* (États-Unis, 1957, 115 min.).
Tavernier, Bertrand. *Ça commence aujourd'hui* (France, 1999, 117 min.).

21

Regard sur les musiques actuelles : nostalgie, métissage et mondialisation

OLIVIER BOURDERIONNET
University of New Orleans

On entend aujourd'hui le terme de musique populaire en France dans le sens de l'expression anglaise « popular music » mais on rencontre aussi, et de plus en plus fréquemment, l'appellation « musiques actuelles ». Celle-ci désigne l'ensemble des genres musicaux qui s'adressent à un public large, et n'inclut pas la musique classique ou contemporaine, ou encore les musiques expérimentales. Ainsi les musiques actuelles renvoient-elles autant à la chanson qu'à la techno, au rock, au jazz ou au hip-hop, en évitant d'établir des hiérarchies et de se perdre dans la taxinomie. Elles évitent également les étiquettes problématiques telles que la « world music », tout en suggérant la richesse des rencontres entre les genres qui s'opèrent dans le contexte présent de la mondialisation du son. Il s'agira ici de porter un regard sur le monde des musiques actuelles en France afin d'observer son évolution au cours des dernières décennies, et à partir de notre observation, tenter de tirer des conclusions sur ce que cet objet culturel révèle de la société française d'aujourd'hui.

Il existe dans l'histoire récente de la musique populaire en France un certain nombre de bornes qui marquent l'apparition de nouveaux genres comme le jazz et le tango, la chanson rive gauche, le rock'n'roll, le rap, toujours absorbés par l'évolution de la chanson, et que l'on associe aux développements technologiques de diffusion et de consommation qui les ont accompagnés : la TSF (télégraphie sans fil, terme appliqué aux premières radios), les tourne-disques Teppaz et les mini-postes de radio, la télévision, les radios libres, le baladeur. À ces étapes évolutives correspondent également des lieux de mémoire : L'ABC, Saint-Germain-des-Prés, Le Golf Drouot, Le Printemps de Bourges, le Festival des Musiques Métisses, le Zénith.

S'il fallait caractériser les musiques actuelles au cours de la décennie qui précède notre entrée dans le XXIe siècle, il faudrait évoquer non pas un nouveau genre musical, bien que le hip-hop et la techno viennent à l'esprit, mais plutôt faire appel à la notion de métissage qui suggère le mélange d'influences et de cultures diverses dans le contexte inédit de la numérisation accélérée des technologies de reproduction, de diffusion et de distribution. En effet, s'il apparaît difficile d'isoler un genre dominant au sein des musiques actuelles, c'est peut-être parce que la tendance au mariage des styles musicaux à laquelle on assiste depuis le milieu des années 1980 constitue en elle-même un genre qui va de pair avec la transformation progressive de la culture en un espace fragmenté de négociation identitaire, transformation elle-même étroitement liée à la remise en question du modèle social et à la mondialisation de l'économie.

Dans ce contexte, on constate un engagement grandissant des jeunes Français issus de l'immigration dans la création musicale actuelle de l'Hexagone, ainsi qu'un regain spectaculaire de la célébration de la chanson française comme patrimoine national. Ces deux phénomènes sont les manifestations complémentaires et symptomatiques d'une réalité française à laquelle nous nous intéresserons ici. Notre étude s'attachera à présenter certaines spécificités de la musique populaire de la France d'aujourd'hui, et en particulier son métissage, à l'heure où le pays connaît un débat sur la nécessité de mieux prendre en compte sa récente évolution démographique. Nous aborderons la notion de musique populaire comme espace de revendication et de négociation identitaire, et nous nous pencherons sur le rap d'aujourd'hui comme caisse de résonance des problèmes sociaux. Nous nous intéresserons ensuite à l'idée de la chanson comme patrimoine national, et à son pouvoir de légitimation, tout en évoquant le phénomène nostalgique qui accompagne le retour en grâce de cette même chanson, et les signes d'une forme de repli identitaire observables dans sa représentation cinématographique récente. La tentation du repli devra également faire l'objet d'une analyse des stratégies économiques mises en place par l'industrie du disque en France dans le contexte d'une mondialisation perçue comme une menace pesant tant sur l'économie que sur la diversité culturelle. La dernière partie de notre étude évoquera l'essor pris par le spectacle vivant de musique populaire en France depuis les années 1980, ce qui nous permettra de poursuivre notre dialogue avec la politique culturelle française et l'idée de métissage. Pour finir, nous proposerons quelques remarques sur la forte féminisation du métier de la chanson dans la dernière décennie.

Un espace de revendication sociale et de négociation identitaire

Des « mazarinades » (pamphlets contre le cardinal Mazarin au milieu du XVIIᵉ siècle) chantées sur le Pont-Neuf aux « goguettes » (cabarets où l'on chantait des textes critiques) fréquentées par les ouvriers et fermées par Napoléon III dès son accession au pouvoir en 1851, l'instrumentalisation politique de la chanson connaît, en France, une longue tradition (Robine 40). La musique populaire comme lieu de contestation sociale a donné naissance dans l'histoire récente à ce que l'on a appelé en anglais le « protest-song » qui, dans sa version française des années 1960, est connu sous le nom de « chanson engagée ». On continue aujourd'hui à parler d'artistes engagés dans l'Hexagone, mais il ne s'agit plus d'exprimer son opposition à la guerre d'Algérie ou à celle du Viêt-Nam. La prise de position pacifiste n'a pas disparu, loin de là, mais la musique populaire d'aujourd'hui résonne bien plus d'un malaise social dû à une conjoncture économique moins favorable que celle des Trente Glorieuses (période économique prospère de 1945 à 1975). Lorsqu'on prête attention aux textes des jeunes musiciens issus de l'immigration, artistes de hip-hop ou autres, on s'aperçoit que le support musical sert bien souvent de véhicule à une prise de parole sur les questions liées à l'identité et à l'intégration. Comme le rappelle Gérard Noiriel dans *Le Monde Diplomatique*, à propos de jeunes issus de l'immigration : « La plupart d'entre eux sont nés en France et possèdent la nationalité française, mais ils appartiennent généralement au monde ouvrier. À ce titre, ils sont touchés de plein fouet par les bouleversements sociaux induits par la mondialisation du capitalisme. Leurs problèmes d'intégration illustrent les difficultés que vit aujourd'hui l'ensemble des classes populaires » (4). Noiriel remarque cependant que pour les Français d'origine maghrébine, la situation est particulièrement difficile et que ce groupe fait l'objet d'une surfocalisation médiatique : « constamment renvoyés à leur origine ethnique, à une religion que la majorité d'entre eux ne pratiquent pas, à des enjeux politiques internationaux qui ne les concernent pas plus que les autres Français, ils sont victimes d'une ségrégation qui n'est pas juridique, mais administrative, économique, sociale et culturelle » (5).

Ainsi, la critique musicale dans la presse française se rend souvent coupable d'amalgames maladroits qui se traduisent par le syllogisme suivant : les rappeurs sont des beurs, les beurs habitent les cités, le rap est la musique des cités. Dans *La France de Zebda*, ouvrage consacré au groupe toulousain Zebda, Danielle Marx-Scouras met en garde contre ces associations réductrices qui, artificiellement, désignent des groupes et les enferment, alors que la réalité témoigne d'une fluidité sociale beaucoup plus complexe (103). Le cas de Zebda (1988–2004), qui est probablement un des groupes musicaux les plus emblématiques de la période à laquelle nous nous intéressons ici, illustre bien cette complexité. Marx-Scouras note que la presse parisienne a immédiatement désigné le groupe comme des rappeurs beurs alors que la musique de Zebda est relativement éloignée du rap (102). En outre, si les trois chanteurs sont issus de l'immigration maghrébine, et dotés d'une double appartenance culturelle, les autres membres sont des Gascons qui ont apporté à l'ensemble leur identité de jeunes Français, nourris autant de pop anglais que de chanson à texte. L'identité de Zebda (qui signifie « beurre » en arabe) est donc multiethnique et régionale et c'est précisément la transposition musicale de ce mélange qui a fait l'originalité du groupe, et l'a ainsi amené à symboliser, pour une partie de la jeunesse, la célébration de ce que la France est en droit d'attendre d'une société multi-culturelle et métissée. Dans la lignée de Zebda, le groupe grenoblois Gnawa Diffusion ou, plus récemment encore, Les Boukakes de Montpellier perpétuent la tradition d'une affirmation pluriethnique et pluriculturelle.

Hip-hop et « colère civique »

L'assimilation systématique du hip-hop à la jeunesse des cités, que le traitement médiatique des épisodes de violence à l'automne 2005 a largement contribué à associer de manière globale à la « racaille » selon le mot de Nicolas Sarkozy alors ministre de l'Intérieur, masque trop souvent la diversité de l'offre et des modes d'expression au sein même du genre. Il existe effectivement un rap violent, misogyne, faisant l'apologie du crime et de l'argent facile, et que l'on peut choisir de lire comme la réponse radicale à un système économique sauvage. C'est le cas du « gangsta rap » incarné en France aujourd'hui par Booba ou Alibi Montana, dans la vaine « hardcore » inaugurée par le groupe NTM, et dont la production, calquée sur un modèle américain, fait malheureuse-ment souvent l'effet d'une copie caricaturale. Mais la production hip-hop actuelle révèle également une diversité des origines régionales, ethniques et culturelles qui efface non seulement l'ancienne rivalité Paris-Marseille incarnée autrefois par les groupes NTM et IAM et qui, par l'intelligence de son discours et de ses prises de position, échappe au cercle vicieux des amalgames qui lient la banlieue aux immigrés, les immigrés aux cités (ou « quartiers sensibles »), et réduisent ces mêmes cités à un désert culturel et économique.

Un aspect des plus intéressants de la culture hip-hop actuelle en France concerne précisément la qualité d'une réflexion nuancée sur l'idée du « vivre ensemble » et s'interroge sur les manières de concilier multiculturalisme et universalisme républicain. Véronique Mortaigne rapportait récemment, dans son article « La colère civique des rappeurs », les propos du rappeur d'origine malienne, Mokobé, auteur, avec la rappeuse Diam's, de la chanson « Une nuit de flammes » qui interpelle les autorités sur l'enquête concernant les incendies parisiens dans lesquels ont péri des dizaines de « mal-logés » africains. Lors de l'entretien, Mokobé déplore que l'on associe le rap à une musique communautaire et propose une vision de la France qui est la suivante : « Ce qui est important, c'est de construire une France moderne, c'est-à-dire qui vive dans la mixité, comme on le voit dans les concerts rap… Moi, je veux pouvoir aller acheter ma baguette chez un boulanger franco-français, boire mon café chez le Portugais, acheter ma viande dans une boucherie algérienne, mon journal dans un bar PMU (pari mutuel urbain sur courses de chevaux) tenu par un Chinois ». On trouve dans la simplicité de ces propos de Mokobé, à la fois un condensé rapide de l'immigration en France au XXᵉ siècle et la suggestion que dans l'Hexagone, un certain nombre de pratiques culturelles continuent à se perpétuer au-delà des différences ethniques. On ne manquera pas pour autant de noter ici la mise en équation problématique d'une intégration réussie avec l'adoption par le plus grand nombre de pratiques communes qui consistent à aller au café, à la boulangerie, à la boucherie, à lire le journal, et à jouer au tiercé.

D'autres rappeurs, peu diffusés en radio pour la plupart, se sont vu attribuer le qualificatif d' « intellos » dans la presse. C'est le cas de groupes comme La Rumeur, le Ministère des Affaires Populaires (MAP), ainsi que des slammeurs comme Rocé et Abd Al Malik (Vigoureux 91). Ces musiciens font preuve d'un engagement politique qui témoigne d'une réflexion approfondie sur les questions de xénophobie, d'hospitalité et de tolérance religieuse. Un grand nombre de ces rappeurs sont titulaires de diplômes de l'enseignement supérieur et ils se réclament à la fois d'Afrika Bambaataa[1] et de Jacques Derrida. À l'instar de Zebda, le Ministère des Affaires Populaires, groupe originaire de Roubaix, revendique une forte identité régionale et, s'il adopte une diction plus rap que celle de Zebda, ses arrangements insistent, comme le faisaient ceux des Toulousains, sur le mélange des influences musicales. On retrouve dans leur musique, à la fois des accents du terroir, le désormais inévitable accordéon, des influences orientales et un son urbain. Les albums récents *Identité en crescendo* (2006) de Rocé et *Gibraltar* (2006) d'Abd Al Malik mettent autant l'accent sur une recherche musicale en exploitant la créativité et la versatilité des musiciens de jazz et cultivent l'aspect littéraire des textes dans la tradition de la chanson. MC Solaar, dont la carrière a débuté en 1990 avait, le premier, montré la voie en orientant le hip-hop de langue française sur ce versant littéraire et poétique. Abd Al Malik, qui se définit par ailleurs comme un « pur républicain, démocrate, laïque, noir, musulman et alsacien » (Vigoureux 91) a réussi avec *Gibraltar* (vendu à plus de 200.000 exemplaires)[2] à proposer un album novateur en matière de hip-hop qui, de surcroît, est en phase avec la chanson française classique. En effet, Abd Al Malik y rend un hommage à Jacques Brel non seulement par l'écriture, mais aussi en collaborant sur trois chansons avec Gérard Jouannest, l'ancien arrangeur, accompagnateur et compositeur du « Grand Jacques ». *Gibraltar* confirme donc l'entrée du hip-hop dans la grande famille de la chanson française dont la littérarité traditionnelle impose toujours une priorité du texte sur la musique. Mais, là où MC Solaar avait persisté dans la voix gainsbourienne et oulipienne du texte de chanson, Abd Al Malik, quant à lui, met l'accent sur d'autres expérimentations formelles comme la narration fragmentée, l'intertextualité et l'oralité.

Ce qui retient notre attention chez Abd Al Malik, c'est qu'il signale par son origine congolaise et son adolescence passée dans la cité alsacienne du Neuhof, un lien étroit avec la classe la plus défavorisée tout en faisant preuve d'une maîtrise parfaite de la langue des élites. Ceci lui permet d'accéder sans détour à la consécration médiatique de « poète de la chanson française ». Le fait qu'il ait publié *Qu'Allah bénisse la France* (2004), ouvrage autobiographique très bien accueilli par la critique et relatant son parcours d'enfant d'immigré et sa quête spirituelle, contribue, malgré les risques qu'un tel plébiscite comporte vis-à-vis de sa crédibilité, à faire de lui un modèle d'intégration qui échappe tant aux préjugés concernant les enfants des cités véhiculés par la presse, qu'à la logique d'auto-enfermement émanant d'autres formes de rap contestataires plus pessimistes.

Chanson et patrimoine national : nostalgie et repli identitaire

L'adhésion à la chanson française, que l'on constate chez Abd Al Malik ou chez Grand Corps Malade, pour parler d'un autre slammeur très écouté, est loin de se limiter au genre du hip-hop. Elle se généralise depuis quelques années et révèle un autre aspect intéressant de la musique populaire de la France d'aujourd'hui que nous souhaitons analyser à présent, à savoir le retour en faveur d'un genre traditionnellement connoté « franco-français ». Ainsi que l'écrit Véronique Mortaigne dans *Le Monde* du 4 février 2007 : « Il y a quinze ans, être classé dans la rubrique chanson française était infamant » (« La bonne santé »). Effectivement, pour nombre d'artistes, l'appellation rock était la seule concession possible au monde de la variété francophone. Ayant souffert pendant longtemps d'une image passéiste et démodée, surtout au cours des années 1980 et 1990, la chanson française se voit, aujourd'hui, à nouveau investie d'un pouvoir de légitimation artistique. Un peu comme « La Marseillaise » qui, du point de vue idéologique, a pu servir à la fois de chant de ralliement nationaliste ou d'hymne révolutionnaire international (Brunschwig, Calvet et Klein 256), le label « chanson française » est associé à une forme de poésie chantée, on lui accorde volontiers des qualités littéraires, et il évoque une résistance dans la défense de la diversité culturelle face à la mondialisation (c'est-à-dire contre le fameux « impérialisme culturel américain »). Mais ceci va également de pair avec une forme de repli identitaire national dont une des manifestations s'observe souvent dans la célébration nostalgique d'artistes disparus ou ressortis des oubliettes (comme Michel Delpech ou Henri Salvador). L'exploitation de la tendance nostalgique se nourrit, dans la musique populaire comme dans le cinéma, de l'illusion d'un passé glorieux et flatte souvent la notion d'une exception culturelle française autosuggérée.

Au cinéma, l'immense succès populaire du *Fabuleux Destin d'Amélie Poulain* (transposant au présent une France d'autrefois qui n'a jamais existé) ou des *Choristes*, peut en partie s'expliquer par la corde nostalgique que ces films font entrer en résonance, par l'image et par les sons (d'accordéon ou de vieilles chansons françaises). Le cinéma exploite depuis quelques années la perte de complexe de la variété française et participe aux efforts développés par l'industrie du disque pour exploiter au maximum ses fonds de catalogues (les rééditions de Georges Brassens, Serge Gainsbourg ou Jacques Brel se multiplient) ou encore pour réactiver la carrière d'anciens « gros vendeurs » disparus de la scène. Le récent film de Yann Moix, *Podium*, a ravivé la passion du grand public pour Claude François et pour Michel Polnareff auquel on préparait de longue date un « come-back ». Ce retour en France, très attendu, de Michel Polnareff qui vit aux États-Unis, a coïncidé avec les festivités organisées à Paris à l'occasion de la fête nationale, et a permis au président Sarkozy de

s'afficher en « fan »[3]. Le film *Jean-Philippe*, de Laurent Tuel, exploite l'engouement toujours grandissant du public français pour Johnny Hallyday, phénomène
national qui perdure et qui, à lui seul, pourrait faire l'objet d'un chapitre entier,
tant il souligne de contradictions quant à l'image que la culture française se fait
d'elle-même depuis le début de la Ve République. *Quand j'étais chanteur* de
Xavier Gianoli, mettant en scène Gérard Depardieu dans le rôle d'un chanteur
de bal a, lui aussi, fait redécouvrir un talent de la variété des années 1970, Michel
Delpech, dont la carrière a repris spectaculairement deux mois après la sortie du
film, alors qu'Universal rééditait son œuvre en un coffret de cinq CD, et publiait
un album de duos *Michel Delpech &*... avec des chanteurs de la « nouvelle
scène française» (Cali, Bénabar, Barbara Carlotti, Clarika) ainsi que d'autres
chanteurs de la génération précédente que l'on appelait alors la « nouvelle chanson
française » (Souchon, Cabrel, Voulzy, Jonasz). Les opérations de la branche
française de la « major » *Universal*, contrôlée par le groupe financier Vivendi,
multiplient les compilations thématiques et les albums où des « artistes-maison »
se retrouvent en duo sur des projets qui permettent de multiplier l'offre tout en
limitant la prise de risque.

Loi sur les quotas : diversité culturelle ou protection du marché ?

Il faut donc également comprendre le retour en faveur de la chanson
française comme le résultat d'une politique économique survenue dans une
période de grands changements pour l'industrie du disque en France et dans le
reste du monde (les producteurs se sont aperçus que la production locale était
plus rentable), mais aussi comme le résultat d'une politique culturelle visant à
défendre les industries culturelles nationales et les artistes de langue française.
C'est au début des années 1990 que s'est ouverte la discussion à propos des
quotas. Suite à une plainte déposée par l'industrie du disque auprès du Conseil
supérieur de l'audiovisuel (CSA) en 1993, une loi à été adoptée en février 1994
(Loi Carignon n° 94-88), imposant aux radios de diffuser 40% de matériel
d'expression française dont 50% de nouveaux talents. Nombreux furent ceux
qui d'emblée, annoncèrent les effets pervers qu'un tel système ne manquerait
pas d'avoir sur la diversité culturelle. Les radios allaient en effet se contenter de
jouer en boucle une minorité de jeunes talents sur-représentés sur toutes les
ondes « jeunes », et combler le reste de leur pourcentage imposé en diffusant
systématiquement les « gros-vendeurs » déjà établis. Bien évidemment, les
productions locales plus marginales furent vouées à disparaître des ondes.

Malgré de sévères frictions qui entraînèrent des aménagements de la loi en 2000 mais aussi des sanctions prises par le CSA en 2001 à l'encontre de radios comme NRJ Paris ou Kiss FM, le régime des quotas s'est peu à peu mis en place et a effectivement rempli la fonction de protection économique pour laquelle il avait été conçu. Depuis l'année 2002, les parts de marché de la consommation hexagonale réparties entre la production de variétés locale et la production étrangère sont revenues à un rapport de 60% contre 40% alors qu'en 1992, avant l'initiation des quotas, la production locale était tombée à 40% (Brunet 259). Cependant, il faut s'interroger sur la réalité qui se cache derrière le renversement spectaculaire de ce rapport, car il coïncide précisément avec l'entrée, à retardement, de l'industrie française dans la crise générale qui frappe déjà le disque dans le reste de l'Europe et en Amérique du Nord. Au début de l'année 2002, l'industrie française du disque se félicitait encore de ses bons résultats à l'ouverture du 36ᵉ Marché International du Disque et de l'Édition Musicale (Davet et Siclier). Mais l'augmentation des ventes de disques en France concernait avant tout le répertoire de la variété francophone qui, ainsi que nous l'avons montré plus haut, fait l'objet d'une multitude de stratégies commerciales[4] exploitant un catalogue ancien et favorisant des artistes ayant eu du succès entre 1960 et 1990. Le public touché appartient donc à plusieurs générations dont certaines ne pratiquent pas le téléchargement de musique et continuent à consommer de la musique par l'achat de disques sans se livrer au piratage sur l'Internet désigné comme responsable de la chute mondiale des ventes (Brunet 259). Dès l'année 2003, même si la production locale conserve 60% des parts de marché, la vente totale de disques en France accuse une baisse de 9%, alors que l'année précédente a vu l'arrivée massive de la connexion Internet à haut débit à partir d'octobre 2002 (Brunet 275).

Lors des quatre dernières années, le marché du disque a connu une baisse de près de 40% (Torregano). Si la production locale maintient son avantage sur la production étrangère, il faut garder à l'esprit que cette tendance révèle le comportement d'un groupe d'âge moins actif dans la consommation musicale que celui des jeunes internautes. Ceux-ci sont les plus grands consommateurs de musique bien qu'ils constituent le groupe qui achète le moins de disques (*European Music Consumer Survey*). Le recours au système d'échange gratuit sur Internet rend également plus difficile de vérifier si la préférence des jeunes en matière de musique a effectivement connu un renversement parallèle à celui qui se manifeste sur le « marché physique » du disque et qui favorise la production de variétés locales. Dans ce contexte de dématérialisation de la musique, les producteurs déplacent leurs opérations vers la production de concerts (Davet et Siclier). Et c'est sur cet autre aspect important des musiques actuelles, qui concerne leur représentation scénique, que nous souhaitons nous pencher à présent.

Essor du spectacle vivant

Le Centre national de la chanson des variétés et du jazz (CNV) a publié en juillet 2007 un rapport sur l'évolution du spectacle vivant en France pour les années 2005 et 2006 dans lequel apparaît une augmentation du nombre des spectacles et une présence majoritaire des concerts de chanson et de rock. Selon le Centre d'information et de ressources pour les musiques actuelles (IRMA), cette tendance n'est pas nécessairement le reflet d'une bonne santé de l'industrie du spectacle car elle peut relever d'une augmentation du nombre des entrepreneurs plutôt que d'une véritable croissance du secteur. Cependant, il est indéniable que le spectacle vivant, professionnel ou amateur, est devenu dans les vingt dernières années une pratique beaucoup plus répandue dans le paysage musical français. La politique culturelle mise en place par le ministère de la Culture à partir de 1981 lui a donné un véritable essor et a multiplié les initiatives visant à faciliter le développement d'espaces permettant d'accueillir des concerts de musique. Le soutien financier et structurel de la musique populaire mis en place par le gouvernement socialiste, la création de la Fête de la musique (programmée chaque année le 21 juin), la légalisation des radios libres, ainsi que la libéralisation des droits d'association ont permis de multiplier les possibilités offertes aux jeunes musiciens de s'exprimer dans des spectacles vivants et d'apprendre les métiers de la scène. L'artiste d'origine espagnole Manu Chao, qui a grandi en France, incarne cette génération de musiciens qui ont bénéficié de la nouvelle mise en valeur de la musique populaire à cette époque, et de la multiplication, en région parisienne, des espaces ouverts à la pratique des musiques amplifiées. La scène du rock alternatif, qui bat son plein dans la deuxième partie des années 1980 et qui a vu naître Pigalle, Les Négresses vertes, Bérurier noir et La mano negra, dont Manu Chao était un membre fondateur, correspond à la période communément identifiée comme celle où le rock français s'est débarrassé de son complexe anglo-saxon (Looseley 50). Ces groupes musicaux puisent leur originalité dans l'affirmation d'un héritage méditerranéen et notamment dans la glorification d'une gouaille parisienne revenue à la mode. S'éloignant de l'imitation du rock américain, fortement imprégné de blues et relativement éloigné de la chanson sur le plan harmonique, le mouvement du rock alternatif français a inauguré une forme de rock transculturel en mélangeant des influences musicales diverses et, dans le cas des Négresses vertes ou de Zebda, introduit un nouvel élément festif dans la prestation scénique.

Depuis les années 1980, on assiste à une forte augmentation chez les jeunes de la pratique d'une ou de plusieurs activités artistiques, de l'apprentissage d'instruments de musique et de la participation active à des manifestations musicales (Mermet 414, 468). La multiplication des festivals de musiques actuelles à l'échelle nationale, sur le modèle du Printemps de Bourges et des Francofolies créés respectivement en 1977 et en 1984, a contribué à donner au spectacle vivant une place importante dans les nouvelles pratiques sociales. Dans ce contexte, il n'est pas surprenant que la nouvelle génération d'artistes de la chanson française soit désignée aujourd'hui sous l'appellation de « nouvelle scène française ». Presque toujours auteurs-compositeurs-interprètes, ces artistes, comme Mathieu Boogaerts, Camille, Bertrand Belin, Pauline Croze, Keren Ann ou encore Emily Simon, sont arrivés dans la profession, armés d'une expérience de la scène ainsi que d'un savoir-faire musical et instrumental souvent plus développés que ceux de leurs aînés.

Une féminisation du métier

Alors que nous venons d'évoquer les noms de quelques jeunes auteurs-compositeurs-interprètes de la chanson française actuelle, il est indispensable de consacrer à présent quelques remarques sur la forte féminisation du métier à laquelle on assiste actuellement. Ce phénomène ne se limite pas à la chanson et peut se constater également dans le rap et le rock. Les années 1950 avaient vu une domination masculine quasi totale de la chanson, avec pour seules exceptions Juliette Greco et Barbara. Les années yé-yé (années 1960), en revanche, avaient vu l'arrivée massive de jeunes chanteuses de variétés pour la plupart interprètes. Dans les années 1970 et 1980, la plupart des artistes de musique populaire « légitimes » (rock et chanson confondus) étaient des hommes, les femmes étant reléguées aux formes de variétés les plus commerciales. La présence des femmes sur la scène rock et dans les studios était suffisamment exceptionnelle pour être remarquée. Les années 1970 avaient vu apparaître des artistes telles que Véronique Sanson ou Catherine Lara. Dans les années 1980, le groupe Téléphone était constitué de quatre musiciens dont une femme, la bassiste Corinne Marienneau, et le duo de rock alternatif Rita Mitsouko comprenait la chanteuse Catherine Ringer. Dans une veine plus « pop » s'imposèrent Mylène

Farmer, Patricia Kaas et Vanessa Paradis. Cette présence des femmes resta tout de même très minoritaire jusque dans la dernière décennie où l'on a vu se multiplier les arrivées de jeunes talents féminins qui, comme nous le signalions plus haut, s'affirment en tant qu'auteurs-compositeurs-interprètes et font preuve d'une autonomie grandissante sur le plan artistique : elles jouent d'un ou de plusieurs instruments (Emilie Simon, Keren Ann), écrivent leurs propres arrangements et ont fortement gagné en visibilité sur les artistes masculins de leur génération. Il est d'ailleurs très intéressant de constater que, dans le domaine de la musique populaire chantée, ce sont principalement les femmes, comme Carla Bruni, Keren Ann, Camille, ou Les Nubiennes qui parviennent actuellement à s'exporter sur le marché anglo-saxon, marché qui reste traditionnellement très fermé aux exportations francophones depuis les années 1960. Les artistes masculins présents sur le marché anglo-saxon sont généralement des artistes de musique électronique (où la partie vocale est extrêmement limitée) comme le groupe Air, ou encore des groupes de rock qui chantent en anglais comme Phoenix. La barrière de langue semble donc affecter plus les chanteurs que les chanteuses. Cependant, les ventes réalisées par les hommes sont supérieures à celles réalisées par les femmes sur le marché américain. La musique électronique française bénéficie d'un engouement international qui dépasse de loin le rayonnement de la chanson. Dans une étude récente, Olivier Donnat note une très sensible féminisation des pratiques culturelles en France avec une fréquentation plus régulière des équipements culturels, des médias culturels, et un engagement plus marqué dans la pratique artistique amateur chez les femmes (7). Il note également que l'intérêt pour la culture est aujourd'hui plus marqué chez les jeunes filles que chez les jeunes garçons. Certes, il semble difficile d'affirmer que la préférence des jeunes filles se tourne automatiquement vers des interprètes féminins. Mais si l'on combine ces tendances avec l'idée que la pratique de l'écoute de musique s'individualise et implique un processus réflexif d'identification et de projection vers des communautés imaginées, il est possible d'envisager la féminisation de la musique populaire, et notamment de la chanson (préférée par le public féminin selon l'étude de Donnat) comme la réponse à une demande générale, et qui s'inscrit également dans le phénomène plus large de l'accession encore récente des femmes à l'ensemble des professions. Le cas de la rappeuse Diam's, qui s'exprime dans un genre fort dominé par les hommes, est exemplaire à ce sujet. Elle a obtenu le chiffre de ventes de disques le plus élevé en France pour l'année 2006 avec son second album *Dans ma bulle*[5]. Pour ceux et celles qui l'écoutent, et ils sont nombreux, Diam's symbolise une voix féminine qui s'est forgé une place dans un monde masculin et propose, entre autres choses, une représentation de l'expérience quotidienne des jeunes filles issues de l'immigration vivant dans les quartiers difficiles. Mais elle traduit aussi les préoccupations d'une jeune fille française du XXIe siècle, nourrie de culture musicale et télévisuelle américaine, appartenant à la classe populaire, et qui se construit dans une société en pleine mutation.

Pour conclure cette incursion dans le monde de la musique populaire française actuelle, il nous paraît nécessaire de revenir rapidement sur un point que nous avons évoqué sans trop le développer, à savoir la prééminence du texte sur la musique et sa littérarité. En effet, des années après que la chanson poétique de Brassens, de Brel ou de Gainsbourg, a fini d'occuper le devant de la scène, les auteurs, comme le public, maintiennent une exigence narrative et discursive quant à la partie verbale de la chanson. Nous avons abordé le travail d'Abd Al Malik dont nous remarquions l'originalité musicale tout en signalant la mise en avant par la presse de l'aspect poétique de ses textes. Si l'impulsion musicale semble souvent venir de l'extérieur, et principalement des États-Unis, il semblerait que, quelle que soit la direction prise par la musique populaire française, à chaque période donnée, les artistes nouveaux soient toujours perpétuellement soucieux d'apporter une légitimité littéraire à leur production. Il faut alors s'interroger sur le rapport à l'écoute tel qu'il existe dans le bain musical franco-phone en comparaison avec celui des pays anglophones. Serait-il possible que la prosodie dans les chansons anglophones primât sur le contenu, et que le contraire fût vrai dans la musique française ? Le fait que les auditeurs anglophones restent relativement insensibles à la pop de langue française semble le suggérer. L'exemple de Serge Gainsbourg déplorant la flagrante infériorité rythmique de la phrase « Encore une fois ! » par rapport à « One more time ! » résume suffisamment bien le propos (Gasquet 39). Cependant, les auditeurs francophones souffrent en moyenne assez peu de cet écart noté par Gainsbourg, même s'il est vrai que des générations d'auteurs-compositeurs (de Charles Trenet à Corneille) se sont évertuées à élaborer des stratégies prosodiques permettant à la langue française de « swinguer » plus. Il demeure que la musique populaire française d'aujourd'hui (et depuis les années 1960) semble condamnée à exister surtout dans le monde francophone. Il faut alors en conclure que c'est avant tout la langue française et le rapport culturel au texte de ceux qui la parlent, qui fait sa spécificité. Si c'est véritablement le cas, on peut se féliciter des efforts déployés par l'industrie, les syndicats de l'édition phonographique, le ministère de la Culture, et les radios nationales, au nom de la diversité. Car, quand bien même ces efforts seraient avant tout motivés par la menace d'une perte de marché, un simple réflexe de survie, ils assurent également le maintien d'une forme d'expression transculturelle, et ralentissent le processus d'homogénéisation de la culture. Certes il est permis de se demander quelles conséquences pourront avoir, sur les mentalités, des stratégies commerciales qui consistent à promouvoir la chanson comme patrimoine national en jouant sur un sentiment de nostalgie régressive. La responsabilité des artistes exige qu'ils mettent tout en œuvre pour s'assurer la liberté de créer une musique en évolution, riche de ses influences diverses et de son attachement au français, moyen unique par lequel la musique populaire francophone pourra compenser le déficit de prestige dont elle souffre — même en France — depuis les années 1960, et continuer à augmenter son audience.

Notes

[1] Afrika Bambaataa est fondateur de la Zulu Nation ; c'est un musicien de New York actif depuis la fin des années 1970. Il est considéré par de nombreux rappeurs comme un des précurseurs du mouvement hip-hop.

[2] Classements officiels du Syndicat national de l'édition phonographique (SNEP) établis par IFOP. Voir http://www.ifop.com/europe/sondages/topalb/alb0729.stm.

[3] L'argument commercial d'une affiliation avec la chanson française n'est pas exploité uniquement par les maisons de disques et le cinéma. Les politiciens ont bien compris l'avantage que représente une association avec cette forme de culture populaire. Profitant de la récente réédition de nombreux enregistrements de Barbara dont *Barbara, les cinquante plus belles chansons*, Ségolène Royal (qui avait assisté pendant sa campagne électorale à un concert de Michel Delpech) a publié un ouvrage autobiographique intitulé *Ma plus belle histoire, c'est vous* en référence à la célèbre chanson de Barbara, « Ma plus belle histoire d'amour, c'est vous ». La liaison, puis le mariage de Nicolas Sarkozy avec la chanteuse Carla Bruni, dont la presse comparait en 2002, les chansons du premier album à celles de Georges Brassens, participent du même phénomène.

[4] Dont un autre exemple pourrait être les émissions de télé-réalité comme la « Star Academy » qui génèrent elles-mêmes les nouveaux artistes et concentrent les bénéfices télévisuels et phonographiques.

[5] Classements officiels du Syndicat national de l'édition phonographique (SNEP) établis par IFOP. Voir http://www.ifop.com/europe/sondages/topalb/alb0729.stm.

Références

Barbara. *Barbara, Les cinquante plus belles chansons*. Universal Music France 530-1811, 2007.

Barbara. « Ma plus belle histoire d'amour, c'est vous ». In *Barbara, Les cinquante plus belles chansons*. Universal Music France 530-1811, 2007.

Brunet, Alain. *Le disque ne tourne pas rond.* Montréal : Coronet liv, 2003.

Brunschwig, Chantal, Louis-Jean Calvet et Jean-Claude Klein. *Cent ans de chanson française.* Paris : Seuil, 1981.

Centre d'information et de ressources pour les musiques actuelles. « Les chiffres du spectacle : une hausse qui ne dit pas tout...». Juillet 2007 <http://www.irma.asso.fr/Les-chiffres-du-spectacle-une>.

Centre national de la chanson des variétés et du jazz. *Éléments statistiques sur la diffusion des spectacles de variétés et de musiques actuelles en 2006.* Juillet 2007 <http://www.cnv.fr/contenus/pdf/ressources/ElementsStatiDifSpec2006.pdf>.

Davet, Stéphane et Sylvain Siclier. « Une année record pour le marché français du disque ». *Le Monde*, 22 jan. 2002.

Delpech, Michel. *Inventaires.* Paris : Universal Music France, 2006.

Delpech, Michel. *Michel Delpech &...Az.* Paris : Universal Music France, 2006.

Diam's. *Dans ma bulle.* Paris : Hostile / EMI, 2006.

Donnat, Olivier. *La Féminisation des pratiques culturelles.* Bulletin du Département des études, de la prospective et des statistiques n° 147, juin 2005. Paris : La Documentation française <http://www.culture.gouv.fr:80/culture/editions/r-devc/dc147.pdf>.

European Music Consumer Survey, 2005. Jupiter Research, 2005 <http://www.jupitermedia.com/corporate/releases/05.11.29-newjupresearch.html>.

Gasquet, Lisou. *Gainsbourg en vers et contre tout.* Paris: L'Harmattan, 2003.

Looseley, David. *Popular music in contemporary France.* Oxford : Berg, 2003.

Malik, Abd Al. *Gibraltar.* Paris : Atmosphérique / Universal, 2006.

———. *Qu'Allah bénisse la France.* Paris : Albin Michel, 2004.

Marx-Scouras, Danielle. *La France de Zebda.* Paris : Autrement, 2008.

Mermet, Gérard. *Francoscopie 2007.* Paris : Larousse, 2006.

Mokobé. *Mon Afrique.* Paris: Jive Epic / Sony-BMG Music, 2007.

Mortaigne, Véronique. « La bonne santé de la chanson française ». *Le Monde*, 4 fév. 2007 <http://lemonde.fr/web/article/0,40-0@2-3232,50-863206,0.html>.

———. « La colère civique des rappeurs ». *Le Monde*, 17 mai 2007 <http://lemonde.fr/web/article/0,1-0@2-3246,36-910727,0.html>.

Noiriel, Gérard. « Petite histoire de l'intégration à la française ». *Le Monde Diplomatique*, jan. 2002 : 4–5 < http://www.monde-diplomatique.fr/2002/01/NOIRIEL/15983 >.

Robine, Marc. *Il était une fois la chanson française.* Paris : Fayard, 2004.

Rocé. *Identité en crescendo.* No Format / Universal Jazz, 2006.

Royal, Ségolène. *Ma plus belle histoire, c'est vous.* Paris : Grasset, 2007.

Torregano, Emmanuel. « Le marché du disque broie encore du noir ». *Le Figaro*, 23 jan. 2007 <http://www.lefigaro.fr/medias/20070123.FIG000000124_le_marche_du_disquebroie_encore_du_noir.php>.

Vigoureux, Elsa. « Enfants du hip-hop et de Derrida ». *Le Nouvel Observateur*, 18 mai 2006: 90–93.

Filmographie

Tuel, Laurent. *Jean-Philippe* (France, 2006, 90 min.).
Jeunet, Jean-Pierre. *Le fabuleux destin d'Amélie Poulain* (France, 2001, 120 min.).
Barratier, Christophe. *Les Choristes* (France, 2004, 95 min.).
Moix, Yann. *Podium* (France, 2004, 95 min.).
Gianoli, Xavier. *Quand j'étais chanteur* (France, 2006, 112 min.).

VII. Resources on Contemporary France –
Outils pour l'étude de la France contemporaine

22

Keeping Up with the French:
A Critical Look at Old and New Media

JAMES A. BALDWIN
Indiana University-Purdue University Indianapolis

This survey provides a brief annotated list of various periodicals and Internet resources that regularly disseminate information about aspects of life—cultural, economic, political—in contemporary France. This admittedly subjective list is designed to serve as a quick guide for teachers and students of French, as well as other Francophiles and Francophones, who want to remain *au courant* with a rapidly changing France at the end of the first decade of the twenty-first century.

Subscription information is provided for each print title, as well as information regarding Internet access. One needs to keep in mind that the content of many of these titles can also be accessed through one of the many aggregate electronic databases widely available in libraries, of which Lexis-Nexis Academic is perhaps the most widely available.

In the listings for print periodicals, sometimes derided as "old media," the information provided for each title includes: the ISSN (International Standard Serial Number), the subscription price given in dollars or euros for annual personal subscriptions to the print version within the USA, and the Internet address (URL). In some cases, the content of the print and Internet versions of the same title will differ.

Readers who wish to learn more about the history and intellectual background of the periodical literature of France might begin with the detailed studies of Jean-Marie Charon (1999) and Clyde Thogmartin (1998).

Annuals or Biennials

In essence, the following four publications are reference works, updated in print (yearly or every two years) and—in most cases—on line (where information can be updated much more frequently).

FranceGuide (2001–) [ISSN n/a]; annual (free); circulation: 43,000. French Government Tourist Office, 444 Madison Ave., 16th Floor, New York, NY 10022, USA. Internet: www.franceguide.com.

This helpful and colorful guide intended for American visitors to France is issued as an official publication by French government offices in the USA. Pertinent sections are devoted to "History & Culture," "Arts," and other categories. An electronic newsletter is available through the Web page. Specialized tourist guides have also been published as books, for gay (Trolio and Carvenant) and Jewish travelers (Kamins).

Francoscopie (1985–) [ISSN 1956-7332]; biennial (32.00 €); circulation: n/a; Editions Larousse, 21 rue du Montparnasse, 75283 Paris, FRANCE. Internet: n/a.

The 2007 edition of *Francoscopie* carries the bold subtitle "Pour comprendre les Français." This is a compendium of facts (founded and compiled by sociologist Gérard Mermet) dealing with contemporary French society and economics. *Francoscopie* is published every odd-numbered year and is similar to, if less comprehensive than, *Quid*—but for the facts aficionado just as addictive.

Quid (1963–) [ISSN 0532-6656]; annual (32.00 €); circulation: n/a. Editions Robert Laffont, 24 ave. Marceau, 75381 Paris, FRANCE. Internet: www.quid.fr.

Founded and compiled by businessman Dominique Frémy (who died in 2008), *Quid* is a very comprehensive and up-to-date one-volume reference tool focusing not just on France but on the entire world. It is thus similar to—but much larger and heavier than—the *World Almanac*. This is the place to go for comprehensive statistical information relating to every aspect of France. No print edition was published in 2008, and it is doubtful whether the print edition will continue to be published. The Web site, however, is still being updated.

World Factbook (1981–) [ISSN 0277-1527]; annual ($12.95); circulation: n/a. US Central Intelligence Agency / distributed by Skyhorse Publishing Co., 555 Eighth Ave., Suite 903, New York, NY 10018 USA. Internet: https://www.cia.gov/library/publications/the-world-factbook/.

What could be more authoritative than a reference book compiled by the CIA? Divided into sections for each independent country and dependent territory of the world, this is the place to check out who's who and what's what regarding the government and economy of France and her overseas possessions, including even tiny, remote, and uninhabited Clipperton Island (Île Clipperton).

Newspapers

Since the invention of the medium under the *Ancien Régime*, the French have been a newspaper-crazed nation. At a time when almost all American cities are down to a single daily newspaper, Paris is home to at least a dozen major daily newspapers, available at newsstands not only in Paris but all over the nation—and reflecting every possible political, social, and cultural viewpoint. In the past American libraries and individuals had to subscribe to the print versions of these newspapers, which often arrived weeks following the news reported on in them. The Web now gives convenient, instant, and free access to the news and views contained in these papers.

Seven of the most important of these newspapers, all published in Paris, are listed here. The first four are general newspapers (listed in order according to the political spectrum, from right to left). The next three newspapers are targeted at specialized readerships (folks interested in humor, sports, or reading English).

Le Figaro (1826–). Internet: www.lefigaro.fr. France's oldest daily paper, *Le Figaro*, looks at the world from the right, or rather center-right, of the political spectrum.

Le Monde (1944–). Internet: www.lemonde.fr. Begun in the ashes of World War II, *Le Monde* tends to see the world, and France, from a centrist political perspective.

Libération (1973–). Internet: www.liberation.fr. Founded by philosopher and activist Jean-Paul Sartre, *Libération* usually takes a leftist stance on the news and in its perspective on issues.

L'Humanité (1904–). Internet: www.humanite.fr. The century-old and financially troubled *L'Humanité* serves as the voice of the French Communist Party.

Le Canard enchaîné (1915–). Internet: www.canardenchaine.com. This weekly paper is France's leading humor and satirical publication, although the humor is frequently too esoteric or culture-bound for the American reader to understand or appreciate.

L'Équipe (1946–). Internet: www.lequipe.fr. What a great idea! A national daily newspaper devoted to nothing but sports! *L'Équipe* enjoys the third highest readership of all French dailies.

International Herald Tribune (1887–). Internet: www.iht.com. Published for twelve decades in Paris, this venerable daily newspaper is now the English-language "global edition" of the *New York Times*. Many articles and features are reprinted from the *Times*, but original stories relating to France are frequently published as well.

English-Language General Magazines

In addition to the "usual suspects" of *Newsweek* and *Time*, which from time to time feature news stories concerning France, two other venerable English-language general-interest magazines have over the decades tended to put a special emphasis on covering the politics, economy, and culture of the French: *The Economist* and *The New Yorker*.

The Economist (1843–) [ISSN 0013-0713]; weekly ($129.00 / yr.); circulation: 722,984. Economist Subscription Services, PO Box 46978. St. Louis, MO 62147, USA. Internet: www.economist.com.

The Economist, published in London with a European view of things, is a weekly news magazine that takes more of an interest in economics, world business, and international affairs than do American news magazines. Each weekly issue has at least one article focusing on France. Sample recent stories include "The French Language: Franglais resurgent" and "Muslim Extremism in France: Jailhouse Jihad."

The New Yorker (1925–) [ISSN 0028-792x]; weekly ($47.00 / yr.); circulation: 813,534. Condé Nast Publications, 750 Third Ave., New York, NY 10017 USA. Internet: www.newyorker.com.

The New Yorker has demonstrated since its early years a curious and deep interest in French culture. American "special correspondents" from Paris over the years have included Janet Flanner, before World War II, and, more recently, Adam Gopnik. Many of these authors' *New Yorker* stories from France were subsequently collected and published in well-received books. See, for example, Flanner (1988) and Gopnik (2000). Another recent American author who has published many stories in *The New Yorker* based on life in France is humorist David Sedaris (2008).

Popular Magazines Focusing on France

There are many popular magazines, some published in English, some in French, which portray life, lives, and events in contemporary France. Some of the more widely-known are listed here.

Elle (1945–) [ISSN 0013-6298]; weekly (72.00 € / yr.); circulation: 350,000. Hachettte Filipacchi Médias S.A., 149/151 rue Anatole France, 92523 Levallois-Perret, FRANCE. Internet: www.elle.fr.

Elle is a widely read women's magazine that covers particularly well the world of French fashion, beauty trends, style, cuisine, and the lives of celebrities. Recent articles include such titles as "Le Look du jour" and "Parfums: Les classiques se réinventent." A separate English-language edition, with independent content, is available in the USA.

L'Express (1953–) [ISSN 0014-5270]; weekly (95.00 € / yr.); circulation: 530,000. Groupe Express-Roularta, 29 rue de Châteaudun, 75308 Paris, FRANCE. Internet: www.lexpress.fr.

L'Express is perhaps France's leading weekly news magazine. It has the look of a French version of *Newsweek* or *Time*. *L'Express International* is the edition usually distributed in the USA. Several books, designed especially as readers for students of French as a foreign language and consisting of articles selected from the pages of *L'Express*, have been published. See, for example, Steele and Pavis (1993).

Le Figaro Magazine (1978–) [ISSN 0184-9336]; weekly ($250.00 / yr.) ; circulation: 646,000. Société du Figaro, 14 blvd. Haussmann, 75009 Paris, FRANCE. Internet : www.lefigaro.fr/magazine.

A spin-off of the conservative newspaper of the same name, *Le Figaro Magazine* is a popular French news magazine. It is known not only for its news coverage but for its excellent photography.

France (1989–) [ISSN 0958-8213]; monthly ($32.75 / yr.); circulation: 53,896. France, PO Box 508, Mt. Morris, IL 61054 USA. Internet : www.francemag.com.

Published originally for British residents and travelers in France, the current North American edition bears the subtitle "North America's Best-Selling Magazine about France." Contents include illustrated articles on various places of tourist interest within France, as well as a classified section listing residential properties in France for sale or rent.

France-Amérique (1828–) ISSN [0747-2757]; monthly ($50.00 / yr.); circulation 20,000. FrancePress, Inc., PO Box 9050, Maple Shade, NJ 08052 USA. Internet: www.france-amerique.com.

Owned by France's *Le Figaro*, *France-Amérique* was published in newspaper format until 2007 when it began its life as a glossy magazine. In that same year, *France-Amérique* absorbed another French-language American newspaper, the *Journal français d'Amérique* of San Francisco. *France-Amérique*'s main target audience is the native French population living in the USA. Each issue contains an insert containing the program listings for the international French-speaking television channel TV5, available via satellite in the USA (see www.tv5.org). Many articles focus on the always interesting Franco-American relationship, and there is a classified section listing France-related cultural events happening around the USA.

France Magazine (1985–) [ISSN 0886-2478]; quarterly (free); circulation: 62,000. French Embassy, 4101 Reservoir Rd., NW, Washington, DC 20007 USA. Internet: www.francemagazine.org.

Published and distributed gratis to Francophiles in the USA by the French-American Cultural Foundation of the French Embassy in Washington, DC, this is an official French government publication. *France Magazine* tends to emphasize well-illustrated stories of interest to foreign visitors to France, with many stories on French wine, French regions, and French personalities, as well as cultural events occurring around France. The advertisements give a good overview of French products for sale in the USA.

France Today (1979–) [ISSN 0895-3651]; 10 times / yr. ($45.00); circulation: 35,000. FrancePress Inc., PO Box 9050, Maple Shade, NJ 09052 USA. Internet: www.francetoday.com.

France Today is a companion magazine to *France-Amérique* but written for Francophiles who are not francophone. Many of the illustrated articles (from 2008) focus on tourism, for example, on life in Bordeaux ("Crescent City"), but there are also articles on "Sarko's Eurostar Turn" and "J. M. G. Le Clézio: The Wandering Star."

Gala (1993–) [ISSN 1243-6070]; weekly (58.00 €) ; circulation: 275,004. Prisma Presse, 73-75 rue La Condamine, 75854 FRANCE. Internet: www.gala.fr.

A magazine that resembles the USA's *People*, Gala features colorfully illustrated stories about celebrities.

Label France (1991–) [1162-6208]; quarterly (free); circulation: n/a. Ministère des Affaires Etrangères, 37 quai d'Orsay, 75007 Paris, FRANCE.

Internet: http://www.diplomatie.gouv.fr/en/france_159/label-france_2554/ presentation_8452.html.

An official publication of the French government, *Label France* (an obvious *jeu de mots*) is published in English and five other language editions as well as (*bien sûr*) French. One recent issue, for example, contains articles on the TGV, the twenty-fifth anniversary of the abolition of the death penalty in France, and why French business schools are pre-eminent in Europe.

Marianne (1997–) [ISSN 1275-7500]; weekly (138.00 €); circulation: 330,000. Développement Informatique Presse (DIP), 18-24 quai de la Marne, 75164 Paris, FRANCE. Internet : www.marianne2.fr.

Not a women's magazine as its name might suggest, *Marianne* is a news-weekly that speaks with a liberal voice on most issues. For example, the magazine has recently featured stories on the defeated Socialist presidential candidate Ségolène Royal and the left-wing Hollywood supporters of Barack Obama.

Marie Claire (1936–) [ISSN 0025-3049]; monthly (23.00 €); circulation : 500,000. Groupe Marie Claire, 10 blvd. des frères Voisins, 92792 Issy-les-Moulineaux, FRANCE. Internet : www.marieclaire.fr.

Marie Claire is a French women's magazine that not only covers the usual women's topics (fashion, cuisine, relationships), but more "serious" topics as well. *Marie Claire* has a strong interest in the success of career women around the world. A USA edition (in English, with independent content) is also published.

Le Nouvel Observateur (1964–) [ISSN 0029-4713]; weekly (133.00 €) ; circulation: 550,000. Le Nouvel Observateur, 8 rue d'Aboukir, 75002 Paris, FRANCE. Internet: http://quotidien.nouvelobs.com.

A general news magazine featuring articles on politics, business, economics, pop culture, and the arts, plus excellent book and film reviews, *Le Nouvel Observateur* (often called *Le Nouvel Obs*) is particularly good for coverage of French cultural life. Articles published in 2008 include "Mais qui est Roman Polanski ?" and "Grandes écoles: on entrebâille les portes."

Paris Match (1949–) [0397-1635]; weekly (130.00 €); circulation: 772,000. Paris Match, Hachette Filipacchi Medias S.A., Service Abonnements, 5 rue Maracci, 59884 Lille, FRANCE. Internet : www.parismatch.com.

Perhaps the quintessential French magazine and with one of the largest readerships in France, *Paris Match* stands out from the crowd of French magazines (Angeletti and Oliva 186-225). With the feel and look of the USA's now-defunct *Life* magazine, *Paris Match* is famed for its photography (sometimes a bit more daring than American readers are used to), and also for the range and quality of its stories. Sometimes, however, the magazine takes liberties. One 2007 issue featured a photo of a shirtless President Sarkozy on vacation in New Hampshire, a photo which its rival publication *l'Express* proved had been air-brushed to make *Monsieur le Président* seem to have lost a significant number of centimeters from his waistline (Gaylord)!

   Paris Notes (1992–) [1522-2896]; bi-monthly ($39.00); circulation: n/a. Mark Eversman Ed. & Publ., PO Box 3663, Manhattan Beach, CA 90266 USA. Internet: www.parisnotes.com.

   Subtitled "The Newsletter for People Who Love Paris," *Paris Notes* is an excellent tool for keeping up with sights, sites, and happenings in the City of Light, for English-speaking visitors and residents alike. A recent issue featured a list of Paris's best restaurants, as well as an article on the cobblestones of Paris, plus a short progress report on the banning of smoking in Parisian cafés.

   Le Point (1972–) [0242-6005]; weekly (145.00 €); circulation: 355,000. Sebdo Le Point, 74 ave. du Marne, 75014 Paris, FRANCE. Internet : www .lepoint.fr.

   The French obviously love their news magazines since they have so many of them. *Le Point* is regarded by many as the top competitor to *L'Express* for the distinction of being the best and most comprehensive of the many French news magazines. Recent articles feature doping in French sport, the decline of Mediterranean forests, and "Les rois bretons du jeu vidéo."

   Point de Vue (1948–) [1261-825x]; weekly (107.00 € within France) ; circulation : n/a. Point de Vue, 142 rue du Bac, 75007 Paris, FRANCE. Internet : www.pointdevue.fr.

   The point of view of *Point de Vue* is that the French reading public (or at least a segment of it) cannot get enough information about French and European aristocrats and nobility. A featured article from the 25 June–2 July 2008 issue colorfully tells the story of the "mariage royal au Portugal" of Charles Philippe d'Orléans and Diane de Cadaval. An amusing read for Americans and other republicans!

   Sport (2003–) [1764-1756]; monthly (free: distributed in French cafés and train and metro stations); circulation: 750,000. Sports Médias et Stratégie, 16-18 rue Rivay, 923000 Levallois-Perret, FRANCE. Internet : www.myfree sport.fr.

   Sport's Web site (in French) is a good place to look for well-illustrated stories about *le foot*, cycling, and other—to Americans—exotic French sporting events.

Vogue (1920–) [0750-3628]; 10 times / yr. (115.10 €); circulation: 102,297. Publications Condé Nast S.A., 56-A rue du Faubourg Saint-Honoré, 75008 Paris, FRANCE. Internet: www.vogue.fr.

At 90 years of age, *Vogue* is the *grande dame* of French fashion magazines. An American edition is also published, although with different content.

Scholarly Journals

Articles appearing in scholarly journals are written by and generally for professors and other researchers working in colleges, universities, or research institutions. These articles are generally longer, more theoretical, and more analytical than articles appearing in popular magazines. They also commonly present an issue from a greater time dimension. Not just presenting recent events or trends, the authors of these articles often seek out the roots and background of the event or trend, going back centuries if needed.

Print copies of these journals can commonly be found on the shelves of college or university libraries. Full-text electronic versions of the articles contained in these journals can be obtained through one of the aggregating database services (EBSCOhost, Historical Abstracts, J-STOR, MLA International Bibliography). Access, with appropriate ID and password, to these aggregating databases is available through many academic and larger public library Web pages.

Contemporary French and Francophone Studies (1997–) [1740-9292]; 5 times / yr. ($321.00); circulation: n/a. Routledge, 4 Park Square, Milton Park, Abington, Oxfordshire OX14 4RN, UK. Content available through: EBSCO-host. Internet: http://www.informaworld.com/smpp/title~content=t71365 1646~db=all.

This journal stresses critical analysis of current debates in the field of French studies. Sample articles from the 2008 volume include "L'Exception de la presse française" and "Belly Dancing to the *Marseillaise*: Zoulikha Bouabdellah's *Dansons*."

Contemporary French Civilization (1976–) [0147-9156]; semi-annual ($38.00); circulation: 1,100. Dept. of French, University of Illinois, Urbana, IL 61801 USA. Content available through: Historical Abstracts. Internet: http://www.french.uiuc.edu/cfc/.

This journal is similar in scope to *Contemporary French and Francophone Studies*, but frequently sees France from a more American viewpoint. Recently published articles in this journal include "Arab Masculinity and Queer Fantasy in France" and "Une mémoire plurielle parmi d'autres dans une histoire nationale."

Le Français dans le monde (1961–) [0015-9395]; 6 times / yr. (80.00 €); circulation: 12,000. CLE International, 27 rue de la Glacière, 75013 Paris, FRANCE. Content available through: MLA International Bibliography. Internet: www.fdlm.org.

Sponsored by the Fédération internationale des professeurs de français (FIPF), this journal focuses on the teaching of French language and culture, with articles submitted by teachers of French from around the world. Each issue contains a special section devoted to "Culture et société."

French Cultural Studies (1990–) [0957-1558]; quarterly ($74.00); circulation: n/a. Sage Publications Ltd., 1 Oliver's Yard, 55 City Road, London EC1 1SP, UK. Content available through: EBSCOhost. Internet: http://frc.sagepub.com.

Articles published in *French Cultural Studies* during 2008 include "Finding France on Film: Chocolat, Amélie and Le Divorce," "Building a Sexological Concept through Fictional Narrative: The Case of 'Frigidity' in Late Nineteenth-Century France," and "The Alliance Française, Empire and America."

French Politics, Culture and Society (1984–) [1537-6370]; 3 times / yr. ($53.00); circulation: n/a. Berghahn Books, Suite 812, 150 Broadway, New York, NY 10038 USA. Content available through: EBSCOhost. Internet: http://journals.berghahnbooks.com/fpcs.

This journal focuses on recent political and social events in France. Articles from 2008 issues include "Apology and the Past in Contemporary France" and "Who Is Afraid of Blacks in France?"

French Review (1927–) [0016-111x]; 6 times / yr. ($38.00); circulation: 12,000. American Association of Teachers of French, Mailcode 4510, Southern Illinois University, Carbondale, IL 62901 USA. Content (except most recent three years) available through: JSTOR. Internet: http://www.montana.edu/wwwaatf/french_review.

Sponsored and published by the American Association of Teachers of French (AATF), each issue of the *French Review* contains a special section entitled "Society and Culture." There is also a section of book reviews devoted specifically to "Society and Culture." Sample article titles from 2008 include "Julian Barnes and *The Raft of the Medusa*" and "Bloguez en français, s'il vous plaît."

Modern and Contemporary France (1980–) [0963-9489]; quarterly ($203.00); circulation: 500. Routledge, 4 Park Square, Milton Park, Abington,

Oxfordshire OX14 4RN, UK. Content available through: EBSCOhost. Internet: http://www.tandf.co.uk/journals/titles/09639489.asp.

This British journal was founded by the Association for Modern and Contemporary France. Recent articles include "Dreams of Empire: France, Europe, and the New Interventionism in Africa," "The French Campaign for Improved Road Safety," and "Breaking the Ice: A Burgeoning Post-Colonial Debate on France's Historical Amnesia and Contemporary 'Soul Searching'."

Sciences Humaines (1989–) [0996-6994]; 11 times / yr. (20.00 €); circulation: 46,604. Sciences humaines, 38 rue Rantheaume, BP 256, Auxerre 89004, FRANCE. Content available through: CNRS. Internet: http://www.scienceshumaines.com.

Issued by the Centre National de la Recherche Scientifique (CNRS), this French-language publication highlights contemporary French research in the social sciences. Research articles published in 2008 include a sociological study of "Little Jaffna," an immigrant Tamil neighborhood in Paris; and a special issue devoted to understanding Claude Lévi-Strauss, the noted French anthropologist.

The Tocqueville Review/La Revue Tocqueville (1979–) [0730-479X]; semi-annual ($45.00); circulation: 250. Journals Division, University of Toronto Press, 5201 Dufferin St., Toronto, ON M3H 5TB, CANADA. Content available through: British Library Document Supply Centre. Internet: http://www.utpjournals.com/ttr/ttr.html.

Edited by the Tocqueville Society, *The Tocqueville Review*—in the *esprit de Tocqueville*—features studies, contemporary as well as historical, of social change in the US, France, and elsewhere. Articles published in 2008 include "Retour sur une success story: Fulbright en France," "French Studies in Australia," and "La mesure de l'ethnicité au Canada."

Electronic Newsletters

Thanks to the Internet, periodicals of all sorts (commonly called "new media") are increasingly being published in electronic format only, dispensing entirely with the need for print. The following half-dozen electronic newsletters (all free) are of particular interest to Francophiles and Francophones seeking to keep up with current cultural developments in France.

France Monthly (2000–). Subscribe via Internet: www.francemonthly.com. This monthly e-newsletter, produced as a labor of love by Sylvie Rauscher of Arlington, MA, calls itself "a cultural link to 'La Belle France.'" Emphasis is on news of special interest to American tourists.

Lettres d'information: TV5 (2007–). Subscribe via Internet: http://www.tv5.org/TV5Site/abonnements/index.php. This is the electronic newsletter of the international French-speaking television network TV5. Articles feature French, European, and world news and affairs, as well as pedagogical tools to help students develop language skills using current events reported on in the articles.

Parisvoice (1986–). Subscribe via Internet: www.parisvoice.com. This e-newsletter, part of the Franglo Network operated by English-speaking expats living in Paris, is subtitled "The Newsletter for English-Speaking Parisians." *Parisvoice* is particularly rich in news of a cultural nature (art exhibits, culinary courses) regarding the French capital.

Parler Paris (2001–). Subscribe via Internet: www.parlerparis.com. Published and written by American Adrian Leeds, this is the chief competitor of *Parisvoice*, similar in content and likewise published in English. This newsletter is especially useful for people looking to purchase homes or other property in Paris.

Le Petit Journal (2004–). Subscribe via Internet: www.lepetitjournal.com. Published by France Press, which is also responsible for *France-Amérique* and *France Today*, this French-language electronic newsletter is targeted at French citizens living abroad. *Le Petit Journal* features news about political, social, economic, and cultural events not only in *la patrie* but world-wide. Non-French readers are certainly welcome.

Web in France Magazine (2007–). Subscribe via the Internet: www.webinfrance.com. Its subtitle says it all: "English-Language Online Magazine about France, for Anglophones who Love French Travel, Culture and French News." Published by the Surf Internet Group of Miami, this e-newsletter is aimed at business travelers as well as just plain tourists.

Blogs

Blogs (Web logs) are journals or diaries maintained by individuals on the Internet. As such they are wonderful places to locate opinions, commentaries, and observations, but they are generally unreliable for obtaining facts (Pollack).

The French have taken to blogs in a big way (Chaput; Delhaye and Morin). As of 2006 more than three million French Web users had created their own blogs—more than 12% of all Web users in the country. That percentage is higher than the comparable figures for Germany, the UK, or the USA (Crampton). It may be that the French have become such dedicated bloggers because of their long intimacy with the old Minitel technology, and because blogs operate in a way reminiscent of the easy social interaction characteristic of traditional French café society (Di Giovanni).

The interested reader can find lists of and links to useful French blogs at the following four Web sites.

About.com:
  http://french.about.com/od/blogs/French_Blogs.htm.
Jeff Steiner's Americans in France:
  www.americansinfrance.net/DailyLife/Blogs_About_France.cfm
DMOZ Open Directory Project:
  www.dmoz.org/World/Fran%C3%A7ais/Informatique/Internet/Weblogs/.
Meilleurs Blogs:
  www.meilleurs-blogs.com/.

Finally—and on a personal note—I would like to draw the reader's attention to two France-related blogs that are among my all-time favorites: French Word-A-Day (http://french-word-a-day.typepad.com/) and F**kFrance.com (www.f**kfrance.com). The first-listed site (alas, issues are sent out three times a week, not seven) is an award-winning and fun site useful for improving one's French vocabulary. The latter site (please fill in the missing letters of the appropriate "expletive deleted" before trying to access the Web site) proves that—in this ugly age of "freedom fries" and coarse "frog" jokes—one certainly can't please all of the people all of the time!

References

Angeletti, Norberto and Alberto Oliva. *Magazines That Make History: Their Origins, Development, and Influence.* Barcelona: Editorial Sol 90, 2004.
Chaput, Louise. "Bloguez en français, s'il vous plaît!" *French Review* 81 (2008): 734–49.
Charon, Jean-Marie. *La Presse magazine.* Collection Repères 264. Paris : La Découverte, 1999.
Crampton, Thomas. "France's Mysterious Embrace of Blogs." *International Herald Tribune* 28 July 2006, 1.
Delhaye, Marlène and Nicolas Morin. "Un panorama de la biblioblogosphère francophone à la fin de 2006." *Bulletin des Bibliothèques de France* 52.3 (2007): 88–94.
Di Giovanni, Janine. "Forget Café Society: *Le blog* Rules France." *The Independent* 4 August 2006, 12.

Flanner, Janet. *Paris Was Yesterday, 1925–1938.* New York: Viking Press, 1972.

Gaylord, Chris. "Digital Detectives Discern Photoshop Fakery." *Christian Science Monitor* 29 August 2007, 13.

Gopnik, Adam. *Paris to the Moon.* New York: Random House, 2000.

Kamins, Toni. *FranceGuide for the Jewish Traveler.* St. Petersburg, FL: French Government Tourist Office, 2004.

Pollack, Joe, "Blogs Are Not Journalism." *St. Louis Journalism Review* 35 (2005): 25, 28.

Sedaris, David. *When You Are Engulfed in Flames.* Boston: Little, Brown & Co., 2008.

Steele, Ross and José Pavis, eds. *L'Express: Aujourd'hui la France.* Lincolnwood, IL: National Textbook Co., 1993.

Thogmartin, Clyde. *The National Daily Press of France.* Birmingham, AL: Summa Publications, 1998.

Trolio, Anne-Laure and Christophe Carvenant. *FranceGuide for the Gay Traveler.* New York: French Government Tourist Office, 2006.

Appendices

Principales filières de formation

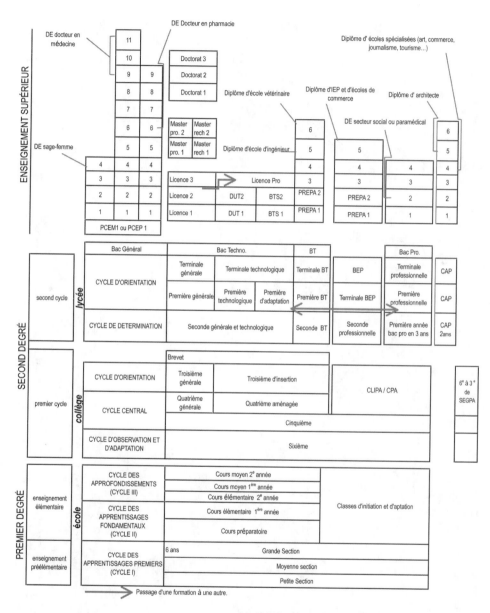

Adapté de *Repères et références statistiques sur les enseignements, la formation et la recherche* - édition 2008; p.17-18. © MEN, France

Carte administrative de la France

Collectivités d'outre-mer

MAYOTTE
0   20 km

Mamoudzou

Grande-Terre   Petite-Terre

OCÉAN INDIEN

POLYNÉSIE FRANÇAISE

SAINT-BARTHÉLEMY
OCÉAN ATLANTIQUE
0   20 km

SAINT-MARTIN
OCÉAN ATLANTIQUE
0   20 km

SAINT-PIERRE-ET-MIQUELON
0   10 km

Miquelon

OCÉAN ATLANTIQUE

Langlade

Saint-Pierre

Saint-Pierre

WALLIS-ET-FUTUNA   Wallis
Mata-Utu

OCÉAN PACIFIQUE

Futuna   Alofi

0   250 km

Nouvelle-Calédonie

0   100 km

PROVINCE NORD   PROVINCE DES ÎLES LOYAUTÉ

Nouméa   PROVINCE SUD

OCÉAN PACIFIQUE

Terres australes et antarctiques françaises

TAAF

VAL-D'OISE
ÎLE-DE-FRANCE
SEINE-SAINT-DENIS
YVELINES   HAUTS-DE-SEINE   PARIS   SEINE-ET-MARNE
SEINE   VAL-DE-MARNE
ESSONNE

PAS-DE-CALAIS
NORD-PAS-DE-CALAIS
NORD

SOMME
SEINE-MARITIME   PICARDIE
HAUTE-NORMANDIE   OISE   AISNE   ARDENNES
MANCHE   CALVADOS   EURE   MARNE   MEUSE   MOSELLE   BAS-RHIN
BASSE-NORMANDIE   LORRAINE   MEURTHE-ET-MOSELLE   ALSACE
ORNE   EURE-ET-LOIR   SEINE-ET-MARNE   CHAMPAGNE-ARDENNE   AUBE   HAUTE-MARNE   VOSGES   HAUT-RHIN
FINISTÈRE   CÔTES-D'ARMOR   ILLE-ET-VILAINE   MAYENNE
BRETAGNE   SARTHE   LOIRET   YONNE   HAUTE-SAÔNE
MORBIHAN   PAYS DE LA LOIRE   CENTRE   LOIR-ET-CHER   BOURGOGNE   CÔTE-D'OR   FRANCHE-COMTÉ   TERRITOIRE DE BELFORT
LOIRE-ATLANTIQUE   MAINE-ET-LOIRE   INDRE-ET-LOIRE   CHER   NIÈVRE   DOUBS
DEUX-SÈVRES   INDRE   SAÔNE-ET-LOIRE   JURA
VENDÉE   VIENNE   ALLIER
POITOU-CHARENTES   CREUSE   AIN   HAUTE-SAVOIE
CHARENTE-MARITIME   LIMOUSIN   PUY-DE-DÔME   RHÔNE   RHÔNE-ALPES
CHARENTE   HAUTE-VIENNE   LOIRE   SAVOIE
CORRÈZE   AUVERGNE   HAUTE-LOIRE   ISÈRE
DORDOGNE   CANTAL   ARDÈCHE   DRÔME   HAUTES-ALPES
GIRONDE   LOT   LOZÈRE   ALPES-DE-HAUTE-PROVENCE   ALPES-MARITIMES
AQUITAINE   LOT-ET-GARONNE   AVEYRON   GARD   VAUCLUSE   PROVENCE-ALPES-CÔTE D'AZUR
LANDES   TARN-ET-GARONNE   HÉRAULT   BOUCHES-DU-RHÔNE   VAR
MIDI-PYRÉNÉES   TARN   LANGUEDOC-ROUSSILLON
GERS   HAUTE-GARONNE
PYRÉNÉES-ATLANTIQUES   AUDE
HAUTES-PYRÉNÉES   ARIÈGE   PYRÉNÉES-ORIENTALES

HAUTE-CORSE
CORSE
CORSE-DU-SUD

0   100 km

Départements et régions d'outre-mer

0   20 km
GUADELOUPE

OCÉAN
Grande-Terre   La Désirade
Basse-Terre
ATLANTIQUE
Basse-Terre   Marie-Galante

OCÉAN ATLANTIQUE
Cayenne
GUYANE
SURINAM
0   100 km
BRÉSIL

0   20 km
MARTINIQUE
Fort-de-France
OCÉAN ATLANTIQUE

0   20 km
LA RÉUNION
Saint-Denis
OCÉAN INDIEN

© La Documentation française

Source : *Les dossiers d'actualité de la Documentation française.*

Authors' Biographies – Biographies des Auteurs

James A. Baldwin

James A. Baldwin is Associate Librarian, Subject Librarian for Modern Languages, and Adjunct Associate Professor of Geography at Indiana University–Purdue University Indianapolis. His publications include articles in *Anthropos*, the *Journal de la Société des Océanistes*, and the *Journal of Cultural Geography*. His research interests include bibliography, cultural landscape studies, and the historical geography of animal domestication.

Olivier Bourderionnet

Olivier Bourderionnet is Assistant Professor of French at the University of New Orleans after teaching at the University of Utah and Agnes Scott College. His research concentrates on French and Francophone popular music since WWII. He has published articles in journals such as *Contemporary French Civilization* and *Research in African Literatures*. He is currently revising his dissertation for publication under the working title: *Une poésie de l'irrévérence: la chanson à texte dans la société française des "Trente Glorieuses" à nos jours*. Another area of Bourderionnet's research focuses on post-Independence representations of Pieds-Noirs in film.

Patricia W. Cummins

Patricia Cummins, Professor of French at Virginia Commonwealth University, is the author or editor of five books and over 40 articles covering business French, second language acquisition, and medieval literature. Her articles on American and European language portfolios compare ACTFL standards to those of the Common European Framework of Reference for Languages (CEFR). The CEFR is one of the discipline-specific standards that were required as part of higher education reform in Europe. She is planning a book-length study on French national identity within the European Union.

Michel Gueldry

Michel Gueldry is Professor of French and European Studies and Director of the Program in French and Francophone Studies at the Monterey Institute of International Studies. His research interests include French political culture, French-European Union relations, France and globalization, and European-transatlantic issues (environment, security, terrorism). He is the author of numerous articles, chapters, and books, among them *France and European Integration: Toward a Transnational Polity?* (Praeger, 2001), *Les États-Unis et l'Europe face à la guerre d'Irak* (L'Harmattan, 2005), *Languages Mean Business: Integrating Languages and Cultures in/for International Professions* (Mellen Press, 2009), and two forthcoming volumes.

Edward C. Knox

Edward C. Knox is College Professor Emeritus (French), Middlebury College. His research deals with how Americans and the French write about each other. He edited a special issue of *French Politics, Culture and Society* entitled "*Déjà Views*: How the Americans Look at France," and in addition to review essays has published articles on GI Gripes about France after WWII, sojourner narratives, and how the *New York Times* looks at France.

Marie-Christine Weidmann Koop

Marie-Christine W. Koop is Professor of French Civilization and Culture and Chairperson of the Department of Foreign Languages and Literatures at the University of North Texas. She is also President of the American Association of Teachers of French (AATF) and Chair of the AATF Commission on Cultural Competence. She is an officer of the "Ordre des Palmes Académiques" and holds several other awards. Her research areas include aspects of society in France and in Québec (education, immigration, women). She has published books (with Summa Publications, Presses de l'Université Laval, Presses de l'Université du Québec, Prentice Hall), as well as numerous articles and book chapters in those areas.

Jean-Pierre Lalande

Jean-Pierre Lalande teaches Contemporary French Literature, Culture and Politics, and Contemporary European Politics at Moravian College in Bethlehem, PA. He also teaches a course on the impact of modernization on the traditional culture of several major cities in the world. His most recent lectures and publications focus on politics in France and the European Union since 2000. At the moment he is also engaged in a research project on the relationship between politics and art in Paris.

Colette G. Levin

Colette G. Levin is Associate Professor of French, Emeritus, at the University of Pittsburgh at Greensburg. Her major areas of interest are the French and Francophone cinemas and the comparative study of the representation of French and American cultures in French and Hollywood films. Publications include "Hollywood Remakes of French films: Cultural and Cinematic Transformation" in *La France à l'aube du XXIᵉ siècle: tendances et mutations* (Summa, 2000), and "Le Roman à l'écran: Modèles d'adaptation dans le cinéma québécois," in *Le Québec aujourd'hui: identité, société et culture* (Presses de l'Université Laval, 2003).

Warren Motte

Warren Motte is Professor of French and Comparative Literature and former Chairperson of the Department of French and Italian at the University of Colorado. He specializes in contemporary writing, with particular focus upon experimentalist works that put accepted notions of literary form into question. Author and editor of a dozen volumes, his most recent books include *Fables of the Novel: French Fiction since 1990* (2003) and *Fiction Now: The French Novel in the Twenty-First Century* (2008). He has published many articles and serves on the board of several journals.

Christopher P. Pinet

Christopher Pinet has served as Editor in Chief of the *French Review* for the past eleven years and has published widely on French literature of the fifteenth and sixteenth centuries, contemporary popular culture (Brassens, Cabu, Astérix, Le Petit Nicolas), French society (Azouz Begag and the *banlieue parisienne*), and French politics. He is currently completing a book on the Paris working-class suburb, Villejuif. Pinet is an officer in the "Ordre des Palmes Académiques" and teaches French at Montana State University, Bozeman.

Christian Roche

Christian Roche teaches French at the Denver Center for International Studies, a secondary school specializing in languages and cultural differences. He studied at the University of Colorado at Boulder where his doctoral dissertation explored the relations between music and literature in the works of Rameau, Rousseau, and Diderot. Roche is co-author of the textbook *Bien vu, bien dit* (McGraw-Hill) and currently he is studying the link between culture and communication strategies in language acquisition.

Johann Sadock

Johann Sadock teaches in Foreign Languages and Literatures at Massachusetts Institute of Technology. His articles have appeared in *Contemporary French and Francophone Studies, Contemporary French Civilization, Paragraphes,* and *L'Infini* (Gallimard). He was also guest co-editor of *Séfarade-Francophone/ Sephardic-Francophone*. His Web project, "Au-delà du regard: rencontres multiethniques" and his documentary, *Black, Blanc, Beur: parlons-en!*, are based on interviews with young people. These media projects were made possible by the support of MIT and the Consortium for Language Teaching and Learning.

Michel Sage

Michel Sage is Associate Professor of French at West Chester University in Pennsylvania. He is the author of articles on French and European art and literature in the seventeenth, eighteenth and twentieth centuries. His scholarly interests and recent publications concern French politics and Franco-American relations. More recently, his research and pedagogical activities include international business culture, French identity and the European Union, religion and secularism, popular culture, and the media.

Alan Singerman

Alan Singerman is Richardson Professor Emeritus of French at Davidson College. He taught French Cinema at Davidson College, was the first coordinator of its Film & Media Studies Concentration, and has taught Introduction to Film and Media Studies. He has produced numerous papers and articles on French cinema and is the author of a French cinema textbook, *Apprentissage du cinéma français. Livre de l'étudiant* (Focus Publishing, 2004), translated into English as *French Cinema. The Student's Book* (Focus Publishing, 2005).

Samia I. Spencer

Samia I. Spencer (Honorary Consul of France in Alabama and an officer of the "Ordre des Palmes Académiques") is Professor of French at Auburn University. Trained as an eighteenth-century specialist, she has published *French Women and the Age of Enlightenment* (1984 and 1992) and *Writers of the French Enlightenment* (2005), volumes 313 and 314 in the *Dictionary of Literary Biography* series. She is interested also in present-day cultural issues, among them "la francophonie" and francophone institutions, and women and politics in France and Québec.

Jacqueline Thomas

Jacqueline Thomas is Regents Professor of French at Texas A&M University-Kingsville, where she has been teaching all levels of French since 1981. A frequent presenter at conferences for foreign language teachers, Thomas is also the author of numerous articles and book chapters and of the test banks that accompany McGraw-Hill's *Vis-à-Vis*, *Rendez-vous*, and *Débuts*. Thomas was named chevalier in the "Ordre des Palmes Académiques" in 2006 and has been recognized twice for excellent teaching.

Fred Toner

Fred Toner is Associate Professor of French and former Chair of the Department of Modern Languages at Ohio University. He is the co-director of the Ohio Valley Foreign Language Alliance and President of the Ohio Foreign Language Association. He has written articles on foreign language pedagogy and methodology, 19th-century French literature, and contemporary French civilization, and is co-author of an intermediate-level French composition textbook. His latest research centers on the minority voice in contemporary France.

Rosalie Vermette

Rosalie Vermette is Professor of French and former director of the French program at Indiana University-Purdue University Indianapolis. A member of the Commission on Cultural Competence of the American Association of Teachers of French, she regularly presents at professional meetings on current cultural issues in France, including the conditions of the immigrant populations of the *banlieues*, obesity, the status of French women, and France's place in the European Union. She has published studies on medieval French hagiography as well as medieval geography and Romance literature.

Thierry Warin

Thierry Warin is Professor of Economics and Director of the Program in International Studies at Middlebury College. He has written some twenty academic articles as well as seven books. He has held positions in several universities (ESSEC Business School, HEC Paris, HEC Montréal, and the École Polytechnique de Montréal). His research focuses on international economics with a concentration on European economic integration. A former member of Harvard University's Minda de Gunzburg Center for European Studies, Professor Warin is a graduate of the ESSEC Business School (Paris).

Ann Williams

Ann Williams is Professor of French at Metropolitan State College of Denver and teaches courses in French language, culture, and literature. She has collaborated in the writing of several French textbooks, among them *Débuts* and *Bien vu, bien dit* (McGraw-Hill). She frequently gives presentations on the teaching of culture. Her current research focuses on the use of semiology in the area of translation.